Faszination Psychologie – Erleben, Verhalten, Bewusstsein

Armin Stock / Claudia Stock

Faszination Psychologie – Erleben, Verhalten, Bewusstsein

Telekolleg Multimedial Psychologie

Bibliografische Information der Deutschen Nationalbibliothek
Die Deutsche Nationalbibliothek verzeichnet diese Publikation
in der Deutschen Nationalbibliografie; detaillierte bibliografische
Daten sind im Internet über http://dnb.d-nb.de abrufbar.

TELEKOLLEG MULTIMEDIAL wird veranstaltet von den Bildungs- bzw. Kultusministerien von Bayern, Brandenburg und Rheinland-Pfalz sowie vom Bayerischen Rundfunk (BR). Dieser Band enthält das Arbeitsmaterial zu den vom Bayerischen Rundfunk im Jahr 2003 produzierten Sendungen „Faszination Psychologie – Erleben, Verhalten, Bewusstsein".

Coverabbildung: „Einbahnstraße Wahrnehmung" von Ulrich Gineiger

ISBN 978-3-631-72432-3 (Print)
E-ISBN 978-3-631-72543-6 (E-PDF)
E-ISBN 978-3-631-72544-3 (EPUB)
E-ISBN 978-3-631-72545-0 (MOBI)
DOI 10.3726/b11268

© Peter Lang GmbH
Internationaler Verlag der Wissenschaften
Frankfurt am Main 2017
Alle Rechte vorbehalten.
PL Academic Research ist ein Imprint der Peter Lang GmbH.

Peter Lang – Frankfurt am Main · Bern · Bruxelles · New York ·
Oxford · Warszawa · Wien

Das Werk einschließlich aller seiner Teile ist urheberrechtlich geschützt. Jede Verwertung außerhalb der engen Grenzen des Urheberrechtsgesetzes ist ohne Zustimmung des Verlages unzulässig und strafbar. Das gilt insbesondere für Vervielfältigungen, Übersetzungen, Mikroverfilmungen und die Einspeicherung und Verarbeitung in elektronischen Systemen.

Diese Publikation wurde begutachtet.

www.peterlang.com

Inhalt

Vorwort 4

1 Einführung in die Psychologie 5
2 Wahrnehmung und Handlungssteuerung 21
3 Lernen und Gedächtnis 37
4 Denken und Problemlösen 55
5 Motivation und Emotion 73
6 Persönlichkeitspsychologie 91
7 Gruppe, Konflikt, Mobbing 105
8 Sprache und Kommunikation 121
9 Entwicklungspsychologie 137
10 Pädagogische Psychologie 152
11 Klinische Psychologie 169
12 Psychologische Personalauswahl und Rechtspsychologie ... 186
13 Markt-, Werbe- und Konsumentenpsychologie 203

Lösungsvorschläge 216
Literaturverzeichnis 226
Register 234

Vorwort

Wenn Sie dieses Buch gelesen haben, sollte die Welt für Sie eine andere sein als zuvor. Der hierzu benötigte Aufwand ist geradezu winzig im Vergleich zu den Denk- und Betrachtungsmöglichkeiten, die sich Ihnen durch die Lektüre eröffnen werden. Psychologie war und ist immer ein aktuelles Thema. In den letzten gut hundert Jahren ist ihre Bedeutung jedoch sowohl im Gesundheitswesen als auch in Technik, Wissenschaft und Forschung immens gewachsen. Dieser Trend wird sich künftig in noch höherem Tempo fortsetzen. Wenn Sie an der faszinierenden Wissenschaft Psychologie teilhaben wollen, bietet sich Ihnen mit TELEKOLLEG MULTIMEDIAL *Psychologie* eine attraktive Einstiegsmöglichkeit.

Obwohl die naturwissenschaftliche Psychologie noch eine relativ junge Wissenschaft ist, hat sie in ihren verschiedenen Teilbereichen bereits ein beachtliches Komplexitätsniveau erreicht. Um Ihnen den Zugang so anregend und leicht wie nur möglich zu machen, wurden in dieses Buch zahlreiche Abbildungen und Tabellen eingefügt sowie eine Strukturierung des Stoffes durch viele Haupt- und Zwischenüberschriften vorgenommen. Zu Beginn eines jeden Abschnitts finden Sie Schlüsselbegriffe, die im weiteren Verlauf des Textes eine Art „roten Faden" darstellen und erläutert werden. Des Weiteren haben wir an passenden Stellen das Schlagwort **THINK!** eingefügt, um Sie auf Sachverhalte aufmerksam zu machen, die nachdenkenswert sind. Am Ende einer jeden Lektion finden Sie Fragen, die manch einer unschön als Kontrollfragen bezeichnen könnte. Versuchen Sie bitte, eine solche Einstellung erst gar nicht aufkommen zu lassen. Betrachten Sie die Fragen eher als eine Herausforderung, anhand derer Sie sich und anderen beweisen können, ob Sie etwas gelernt haben. Mit dieser Herangehensweise werden Sie die Antwortvorschläge am Ende des Buches kaum benötigen.

Die naturwissenschaftliche Psychologie braucht kritische, selbstdenkende Köpfe – lesen Sie dieses Buch und werden Sie einer. Wir wünschen Ihnen viel Erfolg!

Dr. Armin Stock
Claudia Stock

P.S. Die psychologische Forschung hat gezeigt, dass ein Postskriptum bei den Lesern besondere Beachtung erfährt. Deshalb möchten wir diese Stelle nutzen, um uns aufs herzlichste bei Frau Gabriele Rieth-Winterherbst zu bedanken, die als Lektorin ein wachsames Auge auf die Lesbarkeit und Verständlichkeit des Textes hatte, sowie bei Frau Uschi Hilbert, die das Manuskript satztechnisch in eine ansprechende Form brachte.

1 Einführung in die Psychologie

Sie wollen etwas über Psychologie lernen? Gut! Wir möchten Ihnen gerne einige Grundlagen beibringen, doch zuvor beantworten Sie uns bitte eine Frage: Wie können Sie wissen, dass Sie etwas über Psychologie lernen wollen, wenn Sie doch noch gar nicht wissen, was Psychologie ist? **THINK!** Denken Sie nach! Welche Erwartungen hatten Sie, als Sie sich für dieses Fach entschieden? Welche Hoffnungen, Wünsche oder Absichten verbinden Sie damit? Wozu möchten Sie psychologisches Wissen einsetzen? **THINK!** Überlegen Sie, und schreiben Sie als erste Aufgabe Ihre Vorstellungen, Hoffnungen und Erwartungen an die Psychologie auf ein Blatt Papier. Eine halbe Seite ist völlig in Ordnung. Wenn Sie alles geschrieben haben, legen Sie das Blatt bitte in ein Kuvert, verschließen Sie es und bewahren Sie das Ganze an einem sicheren Ort bis zum Ende dieses Kurses auf.

Ob Sie es glauben oder nicht, bereits in diesem ersten Abschnitt haben Sie sich mit ein paar grundlegenden und komplexen psychologischen Begriffen auseinander gesetzt. Sie haben über Ihre **Motivation** nachgedacht, diesen Kurs zu belegen. **Motivation** ist ein Begriff auf einem sehr hohen Abstraktionsniveau – genau wie **Denken**. Sie haben sich Ihre **Erwartungen bewusst** gemacht, hoffentlich unsere **Instruktion** befolgt, das Ganze niederzuschreiben, und haben dabei eine **Absicht** in eine **Handlung** umgesetzt. Und ganz nebenbei haben Sie auch noch **gelernt**, was wir **wollen**, wenn wir im Text das Wort **THINK!** verwenden. Bestimmt könnten Sie über Ihr **Wissen** jetzt schon mit anderen **kommunizieren** und ihnen mitteilen, dass **THINK!** immer dann im Text steht, wenn die Autoren wollen, dass man über etwas *Denk-Würdiges* nachdenkt.

Das alles sind Themengebiete der Psychologie und noch vieles mehr. Schritt für Schritt werden wir uns verschiedenen psychologischen Teilbereichen zuwenden. Damit uns dies möglichst leicht fällt, ist es unabdingbar, noch ein paar Voraussetzungen für das Verständnis der Psychologie herzustellen. Denn wenn wir Sie aus unserer Autorenperspektive betrachten, dann sehen Sie ein bisschen so aus wie ein Handwerker im blauen Anton, der zwar einen Werkzeugkoffer hat, jedoch nur mit wenigen Werkzeugen darin, mit denen er noch dazu nicht umgehen kann. So einen Gesellen würden Sie bestimmt nicht an Ihre Armaturen lassen.

Psychologie ist zwar kein Handwerk, dennoch müssen Sie auch hier den Umgang mit einer Reihe von Werkzeugen und Methoden erlernen, um Meister zu werden. Und vor allem muss zuerst Ihre Einstellung stimmen! Machen wir uns also ans Werk und tätigen den ersten „Hammerschlag"!

1.1 Psycho-*logisch* Denken – eine neue Sichtweise

Eine der größten Quellen für spannende psychologische Phänomene findet sich in der scheinbaren Trivialität des Alltags. Und gerade weil in der Regel alles so reibungslos funktioniert, sind wir ziemlich blind geworden für die wirklich fantastischen Leistungen, die unser Körper Tag für Tag zustande bringt. Die vielleicht schönste Möglichkeit, uns diese Leistungen bewusst zu machen, ist Staunen.

1.1.1 Staunen – ein verlorenes Kindheitsglück

Begriffe: Lernen ◆ Gedächtnis ◆ Motorik ◆ Wahrnehmung ◆ kognitive Fähigkeiten ◆ Sensorik (Wahrnehmungsapparat)   **Lernziele**

Stellen wir uns ein kleines Kind vor, das zum ersten Mal versehentlich eine an seiner Wiege befestigte bunte Rassel berührt. Hoppla, was war denn das? Sofort suchen die klaren Augen den Punkt, an dem die Hand gerade war. Erstaunen breitet sich über dem kleinen Gesicht aus, vielleicht ist Freude oder aber auch ein bisschen Angst dabei. Gleich noch mal mit der Hand dagegen schlagen und siehe da, es rasselt wieder. Jetzt überwiegt die Freude, und voller Staunen über den gefundenen Zusammenhang zwischen Armbewegung und Rasseln wird so lange weitergeübt, bis es etwas Neues gibt, über das man staunen könnte. Ein Prozess, der Eltern spätestens bei der ersten Blechtrommel an den Rand des Nervenzusammenbruchs treiben kann.

Die beeindruckenden Leistungen des Lernens und des Gedächtnisses

THINK! Dass Kinder immer wieder und über fast alles staunen können, ist wohl bekannt, aber warum staunen Sie als Leser eigentlich nicht darüber, dass die obige Szene bei Ihnen eine Vorstellung ausgelöst hat? Dass Sie verstanden haben, was wir Ihnen mitteilen wollen? Dass das Lesen vielleicht sogar von Gefühlen begleitet war? Nüchtern betrachtet sind die wenigen Zeilen doch nur zu Symbolen geformte Druckerschwärze. Aber Sie haben **gelernt**, sie zu lesen, Sie beherrschen die **Grammatik (Syntax)** und erkennen die **Bedeutung (Semantik)**. Erinnern Sie sich an die Zeit, als Sie Lesen lernten, als Ihr Finger Buchstabe für Buchstabe, Zeile für Zeile abfuhr und Ihre Lippen die Laute formten. Welch mühselige Arbeit! Aber sie hat sich gelohnt, denn Ihr **Gedächtnis** hat alles behalten und Ihre Augen wissen heute, wie die Zeilen mit Buchstaben abzutasten sind, um bei einem spannenden Roman höchstmöglichen Lesegenuss zu erhalten.

Ein anderes eindrucksvolles Beispiel ist das Treppenlaufen. Stellen Sie sich wieder ein Kind vor, wie es erst auf allen vieren vorwärts oder rückwärts eine Treppe erklimmt und dabei auch noch festgehalten werden muss. Aus der Perspektive des Kindes muss es wie ein Wunder erscheinen, mit welcher Geschwindigkeit Erwachsene Treppen bewältigen. Weder Stufenhöhe noch Dunkelheit schränken diese Fähigkeit ernstlich ein. Es ist ein langer Lernprozess, bis Kinder Treppen sicher und schnell bewältigen. Wir haben indes gelernt, wie man das macht, aber diese Leistung führt selten dazu, dass wir darüber staunen. Gehen Sie doch einmal schnell eine Treppe und machen Sie sich dabei Schritt für Schritt bewusst, was Ihr Körper tut. Bitte halten Sie sich dabei am Geländer fest, denn wenn man sich einen so hoch automatisierten Prozess wie das Treppenlaufen bewusst macht, kommt man schnell ins Straucheln.

Dieses Beispiel zeigt, dass unser Gedächtnis bei weitem nicht nur dazu da ist, die Inhalte verschiedener Telekolleg-Folgen zu behalten. Eine der grundlegenden Aufgaben des Gedächtnisses ist es, **motorische Programme** zur Bewältigung unseres alltäglichen Lebens zur Verfügung zu stellen. Denken Sie einmal darüber nach, welche aus Ihrer jetzigen Perspektive scheinbaren Trivialitäten des Alltags Sie einmal mühevoll gelernt haben. Das geht vom Essen mit Messer und Gabel über das Fahrradfahren bis hin zu Höchstleistungen der Motorik im Sport oder beim Spielen eines Musikinstruments. Es fallen Ihnen bestimmt noch mehr Beispiele ein, die bei genauerer Betrachtung erstaunenswert sind.

Staunen Sie nicht nur über unsere unglaublich große **Gedächtniskapazität** oder die **Flexibilität** unserer **Motorik**. Auch unsere **Wahrnehmungsmöglichkeiten** sind alles in allem nicht zu verachten. Natürlich gibt es andere Lebewesen, die uns in Teilbereichen bei weitem übertreffen, die besser hören, riechen, schmecken, fühlen oder sehen als wir. Aber nur wenige erreichen in allen Sinnen gleichermaßen gute Wahrnehmungsleistungen und besitzen zudem noch so geschickte Werkzeuge, wie es unsere Hände sind.

Die Schlüsselrolle unserer kognitiven Fähigkeiten

Das Erstaunlichste sind und bleiben jedoch unsere **kognitiven (mentalen/geistigen) Fähigkeiten**, unsere Wahrnehmung und Motorik zu steuern sowie die von unserem **Wahrnehmungsapparat**, d.h. der **Sensorik** gelieferten **Informationen zu verarbeiten**. Wir können Zusammenhänge erkennen, Wesentliches von Unwesentlichem unterscheiden, gezielt irgendwo hinschauen, hinhören, hintasten, um weitere Informationen zu erlangen. Wir sind in der Lage, Wahrnehmungseindrücke zu gruppieren, um daraus Begriffe zu abstrahieren und diese auch noch im Gedächtnis **zu speichern**, so dass sie in der Zukunft einen Einfluss auf unser Verhalten haben können. Ein Objekt, das beispielsweise aus mehreren vertikalen Gegenständen und einer darauf montierten horizontalen Fläche besteht, wird von uns sofort in die begriffliche Kategorie eines Tisches eingereiht.

Scheinbar alles Trivialitäten. Machen Sie sich jedoch einmal klar, wie viele Begriffe Sie im Laufe Ihres Lebens schon gelernt haben. Sie werden staunen. Und denken Sie daran, dass manche Begriffe ganz nah am konkreten Gegenstand sind, wie beispielsweise eine Gabel oder ein Messer; andere hingegen haben ein höheres Abstraktionsniveau und verkörpern eine Regel, wie z.B. „Abseits" beim Fußball oder eine „Rochade" beim Schachspiel. „Intelligenz" – auch ein sehr komplexer Begriff – wird unter anderem daran festgemacht, wie gut ein Mensch in der Lage ist zu abstrahieren.

Versuchen Sie sich einmal vorzustellen, was passiert, wenn wir unsere kognitiven Fähigkeiten verlieren, wie dies z.B. bei der Alzheimer Erkrankung der Fall ist. Unser Gedächtnis „weiß" plötzlich nicht mehr, was eine Gabel, was ein Messer ist, und unsere Beine erhalten im fortgeschrittenen Stadium möglicherweise nicht mehr die richtigen Kommandos dafür, wie man eine Treppe herauf- oder heruntergeht. Ohne unsere kognitiven Fähigkeiten wären wir selbst bei körperlicher Unversehrtheit nicht lebensfähig und damit auf die Hilfe anderer angewiesen. So einfach unsere Beispiele auch erscheinen mögen, dahinter verbergen sich häufig von der Wissenschaft bis heute ungelöste Fragen. Das ist Grund genug, selbst scheinbar triviale Prozesse mit Erstaunen zu betrachten und nach den Funktionsmechanismen zu fragen.

Nun aber genug gestaunt, kommen wir zu einer weiteren wichtigen Eigenschaft, die uns den Zugang zur Psychologie erleichtern wird: die Neugierde.

1.1.2 Neugierde – die Grundlage aller Wissenschaft

Begriffe   *Neugierde* ♦ *Erkenntnis* ♦ *Forschungsfelder* ♦ *Forschungsfragen*   **Lernziele**

Wenn Sie erst einmal wieder gelernt haben zu staunen, dann wird die Neugierde fast ganz von alleine kommen. **Neugierde** ist beim Kind wie beim Erwachsenen der **Erkenntnishunger**, welcher uns antreibt, Fragen zu stellen und Antworten zu suchen. Vergegenwärtigen Sie sich Ihren heutigen Tag und versuchen Sie mindestens fünf Beispiele zu finden, bei denen Sie im Grunde nicht wissen, wie etwas funktioniert. Häufig fallen uns dabei technische Geräte ein wie möglicherweise ein MP-3 Player mit seinem ausgeklügelten Kompressionsverfahren für Klangdateien. Manchmal ist es aber auch ein Nachbar, der ansonsten immer freundlich grüßt, heute aber nur ein mürrisches Knurren für uns übrig hat. Oder eine Katze, die sich veitstanzähnlich gebärdet, weil es ihr mal wieder gelungen ist, eine Maus zu fangen.

Zugegeben, es kann mühselig sein, sich andauernd zu fragen, *wie* etwas funktioniert, *warum* das so ist, *wieso* der Nachbar plötzlich unfreundlich geworden ist. Genau wie ein Kind einem mit der Zeit auf die Nerven geht, das andauernd „warum" fragt, so wären auch Sie bald erschöpft, wenn Sie alles hinterfragen würden. Suchen Sie sich deshalb Ihr eigenes **Forschungsfeld**, das Sie interessiert und für das Sie die richtigen **Forschungsfragen** stellen wollen. Vielleicht finden Sie es ja in der Psychologie oder einem ihrer Teilbereiche.

Ihre Neugierde müssen Sie dann nur noch in die richtigen Bahnen lenken. Fragen kann man aus verschiedenen Perspektiven formulieren. Sie können voller Erkenntnisdrang über einen psychologischen Gegenstand forschen. Ihre Neugierde kann sich aber auch auf die Rationalität einer Methode richten, mit der andere Forscher psychologische Phänomene zu verstehen suchen. Auch ist es möglich, dass Sie generelle Fragen aufwerfen, wie man Erkenntnisse gewinnt. Kann der Mensch sich selbst zum Objekt seiner Forschung machen? Oder braucht man dazu eine Außenperspektive? Schließlich können Sie Ihren Erkenntnishunger auch auf die Folgen möglichen psychologischen Wissens richten. Was würde aus unserem Leben werden, wenn es den Psychologen gelänge, menschliches Erleben und Verhalten mit hoher Verlässlichkeit zu prognostizieren? Welche Konsequenzen hätte ein solches Wissen?

Sie sehen schon, man kann gar nicht neugierig genug sein. Offene Fragen gibt es in der Psychologie wie Sand am Meer. Suchen Sie sich die für Sie interessantesten heraus und finden Sie Antworten. Damit Sie nicht in die Irre laufen, werden wir Ihnen in diesem Telekolleg Psychologie erste, grundlegende psychologische Erkenntnisse vermitteln und Ihnen einen Einblick in die Methoden geben, mit denen sie gewonnen wurden.

1.2 Psychologie mit naturwissenschaftlichen Methoden

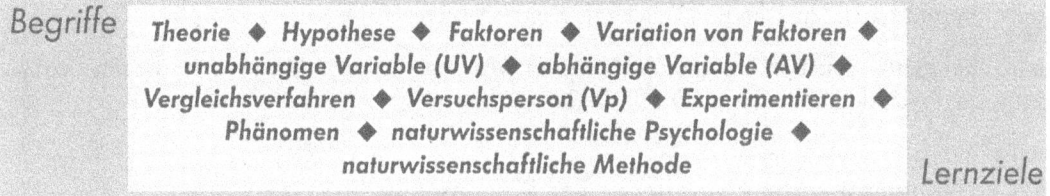

Begriffe: Theorie ♦ Hypothese ♦ Faktoren ♦ Variation von Faktoren ♦ unabhängige Variable (UV) ♦ abhängige Variable (AV) ♦ Vergleichsverfahren ♦ Versuchsperson (Vp) ♦ Experimentieren ♦ Phänomen ♦ naturwissenschaftliche Psychologie ♦ naturwissenschaftliche Methode — Lernziele

Der experimentelle Ansatz am Beispiel der so genannten T-Täuschung

Psychologie lässt sich, wie andere Wissenschaften auch, mit den unterschiedlichsten **Methoden** betreiben. Betrachten wir einmal die so genannte **T-Täuschung**: Eine senkrechte Linie steht mittig auf einer waagerechten Linie. Soweit nichts Besonderes. Nehmen Sie jedoch einmal ein Lineal und messen Sie die beiden Strecken nach. Obwohl Ihnen Ihre Augen etwas ganz anderes sagen, sind die beiden Strecken gleich lang. Wie kommt es, dass wir uns so täuschen? Offensichtlich stimmt unsere **Wahrnehmung** nicht mit der **physikalischen Realität** überein. Was ist nun richtig? Was wir sehen und erleben oder was uns das Lineal sagt? Und wie lässt sich dieses Phänomen erklären?

Wir könnten jetzt eine **Theorie** formulieren, wonach sich im Laufe der Evolution der aufrechte Gang nur bei hoch entwickelten Lebewesen wie uns Menschen ausgebildet hat und dass es deshalb nur ganz natürlich und richtig ist, dass das Aufrechte auch als das Größere wahrgenommen wird. So eine Theorie können wir nur glauben, beweisen wird sie sich wohl nie lassen. Eine andere Überlegung wäre da schon die Idee, dass vielleicht unsere Augen einen Brechungsfehler der Linse aufweisen, so dass vertikale Linien verlängert und horizontale verkürzt wahrgenommen werden. Diese **Hypothese (Annahme)** ließe sich leicht mit entsprechenden optischen Instrumenten und einem ausreichenden mathematisch-geometrischen Wissen überprüfen. Noch einfacher geht es, wenn wir die T-Täuschung einmal im Liegen betrachten. Damit würde die waagerechte Linie an die Stelle im Auge projiziert, wo vorher die senkrechte war. Gleiches gilt für die senkrechte Linie. Ist die Täuschung nun verschwunden? Offensichtlich nicht!

Es müssen also andere **Faktoren** sein, welche die Täuschung hervorrufen. Überlegen wir einmal, was wir noch alles ausprobieren können. Eine weitere Variationsmöglichkeit besteht beispielsweise darin, den Schnittpunkt der senkrechten Linie von links nach rechts entlang der waagerechten zu verschieben und jedes Mal den Täuschungsbetrag zu bestimmen. Wir könnten aber auch den Schnittpunkt der senkrechten mit der waagerechten Linie vertikal, d.h. von oben nach unten verändern. Diese **Variation von Faktoren** wird in der Fachsprache als Variation der **unabhängigen Variablen (UV)** bezeichnet. Der Längeneindruck der senkrechten Linie, d.h. das Erleben des Betrachters, wird entsprechend als **abhängige Variable (AV)** bezeichnet. Ein experimentelles Vorgehen soll uns nun dabei helfen, den Zusammenhang zwischen der UV (z.B. dem Schnittpunkt der beiden Linien) und der AV zu verstehen. Doch bevor wir dies tun können, müssen wir uns noch ein paar Gedanken über die Erfassung der abhängigen Variablen, d.h. den Täuschungsbetrag, machen. Da wir die senkrechte Linie als die größere wahrnehmen, wäre es interessant zu wissen, um wie viele Millimeter oder Zentimeter wir sie größer sehen als die waagerechte. Wir müssen also eine Methode finden, mit der wir möglichst exakt und objektiv den Längeneindruck bestimmen können.

Am einfachsten geht dies mit einem **Vergleichsverfahren**. Wir könnten beispielsweise einer **Versuchsperson (Vp)** die Täuschung zeigen und ihr parallel dazu ein Blatt Papier vorgelegen, auf dem verschieden lange, senkrechte Linien abgebildet sind. Nun soll sie diejenige Linie heraussuchen, die ihr genauso lang erscheint wie die der T-Täuschung. Mit dieser Methode würden wir das visuelle Erleben der Vp **objektiv** und **quantitativ** erfassen. Quantitativ bedeutet dabei, dass wir in der Lage wären, exakt mitzuteilen, um wie viele Millimeter der Täuschungsbetrag in Abhängigkeit von unserer Variation der unabhängigen Variablen (UV) zu- oder abgenommen hat.

Jetzt haben wir alle Werkzeuge an der Hand, um die T-Täuschung experimentell zu untersuchen! Wenn Sie möchten, probieren Sie ein paar Variationen mit Freunden aus. Falls nicht, dann schauen Sie sich einfach nur die Abbildung rechts an! Schneiden sich beide Linien exakt in der Mitte, dann verschwindet die Täuschung vollständig.

Das experimentelle Vorgehen im Überblick

Anhand dieses einfachen Beispiels haben Sie schon eine ganze Menge an grundlegendem Wissen über das **Experimentieren** erworben. Betrachten wir es noch einmal im Überblick: Zuerst haben wir ein **Phänomen** – unser Erleben stimmt z.B. nicht mit einer physikalischen Messung überein. Aufgrund dieses Phänomens formulieren wir möglichst vernünftige **Annahmen** bzw. **Hypothesen** darüber, wie es zustande kommt. Unsere Hypothesen beinhalten **Faktoren** (z.B. die Schnittpunkte der beiden Linien), die wir variieren müssen, um den **Zusammenhang** zwischen der **unabhängigen Variablen** (UV), d.h. einem bestimmten Schnittpunkt, und der **abhängigen Variablen** (AV), d.h. dem Längeneindruck, zu erfassen. Die abhängige Variable ist dabei eine **Funktion** der unabhängigen Variablen. Mathematisch lässt sich dies so darstellen: $f(UV) = AV$. Ziel ist es somit immer, den Zusammenhang zwischen einer unabhängigen Variablen und einer abhängigen Variablen zu bestimmen. Das ist in der Psychologie nicht anders als in der Physik, der Chemie oder der Biologie. Gelingt uns dies, können wir eine perfekte Vorhersage unseres visuellen Erlebnisses bei der T-Täuschung in Abhängigkeit verschiedener Schnittpunkte machen.

Psychologie als Naturwissenschaft?

THINK! Vielleicht denken Sie jetzt, dass die T-Täuschung ja nur ein ganz primitives Beispiel ist. Da mag es wohl möglich sein, das Erleben eines Menschen experimentell zu untersuchen – aber wen interessiert schon eine T-Täuschung? Die wirklich wichtigen Dinge, wie das Erleben eines Sonnenuntergangs am Meer, das Hören von Musik, Gefühle, Hoffnungen, Absichten, Wünsche, Angst, Intelligenz und Kreativität, das alles sind Dinge, die individuell bei jedem Menschen anders sind. Die Einzigartigkeit eines jeden Menschen ist etwas so Subjektives, experimentell ist das quasi unantastbar. So etwas lässt sich nur intuitiv verstehen. In andere Menschen kann man sich nur einfühlen, experimentelle Messungen nützen da gar nichts.

So oder so ähnlich wird häufig gegen eine **naturwissenschaftliche Psychologie** argumentiert. Zugegeben, viele Bereiche unseres alltäglichen Lebens kann die wissenschaftliche Psychologie bis heute nicht besser erklären, als jeder von uns dies mit seinem intuitiven Verstehen und Einfühlen in andere Menschen auch könnte. Allerdings haben die letzten 150 Jahre der Psychologiegeschichte gezeigt, dass die **naturwissenschaftliche Methode** des Experimentierens auch auf psychische Phänomene anwendbar ist und dabei zu großen Erkenntnisfortschritten geführt hat. Viele **psychologische Messmethoden** haben bereits Eingang in den Alltag gefunden, so z.B. wahrnehmungspsychologische Methoden wie die Sehschärfebestimmung beim Augenarzt oder die Hörschwellenmessung beim Ohrenarzt. Der Mensch ist hier das Messinstrument, sein Erleben wird erfasst, und damit handelt es sich um eine psychologische Messung. Auch die Herstellung von Nahrungsmitteln wird häufig mit Hilfe psychologischer Experimente optimiert. Beispielsweise kann man die Zutaten eines Kaugummis so lange verändern, bis eine möglichst große Anzahl potenzieller Kunden einen optimalen Geschmacks- und Kaueindruck erlebt. Überlegen Sie einmal, ob Ihnen noch mehr Beispiele einfallen, bei denen der Einsatz psychologischen Experimentierens lohnenswert wäre.

Psychologie im Vergleich zu anderen Wissenschaften

Bevor wir im nächsten Abschnitt etwas mehr ins Detail gehen, wollen wir noch kurz herausarbeiten, worin sich die Psychologie von anderen Wissenschaften, die sich mit der Erforschung des

Menschen befassen – wie beispielsweise der **Biologie** und der **Medizin**, aber auch der **Philosophie** – unterscheidet. Im Grunde können Sie die Antwort bereits selbst geben: Im Vergleich zur geisteswissenschaftlichen Philosophie ist es die **naturwissenschaftliche Methode**; im Vergleich zur Biologie und zur Medizin ist es u.a. der **nicht-invasive Einsatz** der naturwissenschaftlichen Methodik. Psychologen versuchen in der Regel, Erkenntnisse über die Funktionsweise unseres Gehirns zu erlangen, ohne den Schädel öffnen zu müssen. Erleben und Verhalten sollen erklärbar und prognostizierbar werden. Damit ergänzen sich die unterschiedlichen Methoden und Anwendungsbereiche von Philosophie, Psychologie, Biologie und Medizin in ihrem **gemeinsamen Ziel**, die **Funktionsweise** des **Erlebens** und **Verhaltens** von Menschen zu verstehen.

1.3 Tatendrang – oder wie Wissbegierde befriedigt wird

Bei der Beschreibung der T-Täuschung hatten wir bereits erste Grundzüge des **Experimentierens** kennen gelernt und wir konnten zeigen, dass dieser naturwissenschaftliche Ansatz auch zur Untersuchung menschlichen Erlebens geeignet ist. Nicht immer ist es jedoch möglich, gleich mit einem Experiment zu beginnen oder überhaupt eines durchzuführen. Es gibt durchaus eine Reihe von Phänomenen, die bei einem experimentellen Zugang nicht mehr natürlich wären, wie z.B. die Innigkeit der Begrüßung oder auch des Abschieds von Reisenden am Bahnhof (AV) in Abhängigkeit von der Trennungsdauer (UV). Deshalb verwendet die Psychologie neben dem Experimentieren noch andere Methoden der Erkenntnisgewinnung, wie z.B. die **systematische Verhaltensbeobachtung**, die auch von Verhaltensbiologen wie beispielsweise **Konrad Lorenz** (1903-1989) eingesetzt wurde.

1.3.1 Detektivarbeit: Observieren, Beobachten, Überwachen

Begriffe   **systematische Verhaltensbeobachtung ♦ Protokollbogen ♦ Befragung**   *Lernziele*

Denken wir an unser Beispiel der Reisenden am Bahnhof. Hier können wir durch **reine Verhaltensbeobachtung** eine ganze Menge an Erkenntnissen gewinnen. Wissenschaftlich wird es jedoch erst, wenn wir es **systematisch** angehen und damit eine Hypothese beantworten wollen. Um die Hypothese wirklich prüfen zu können, müssen wir sie **vor** der Beobachtung festlegen. Das ist wie beim Lottospielen. Nach der Ziehung zu behaupten, dass man genau diese Zahlen erwartet hat, kann jeder. Gute **Theorien**, aus denen **Hypothesen** abgeleitet sein sollten, dienen dazu, sichere **Vorhersagen** machen zu können. Ist dies nicht möglich, dann ist es auch keine gute Theorie.

Bleiben wir der Einfachheit halber bei unserer „Trennungsdauer-Hypothese". Diese könnten wir **quantitativ** formulieren, indem wir vor unserer Beobachtung die Erwartung festlegen, dass die Innigkeit der Begrüßung bzw. Verabschiedung mit der Trennungsdauer steigt. Und nun nichts wie los zum nächsten Bahnhof. **THINK!** Ist das so einfach? Oder gibt es nicht doch noch viele Punkte, die wir planen sollten, bevor wir uns auf einen zugigen, kühlen Bahnsteig stellen? Denken Sie einmal darüber nach, was bei einer solchen Beobachtung alles misslingen kann. Wir werden kaum in der Lage sein, alle Begrüßungen und Verabschiedungen zu beobachten. Wir müssen eine **Auswahl** treffen oder benötigen zusätzliche Beobachter. Wenn wir eine Auswahl treffen, besteht das Selektionsrisiko, dass nur hypothesenkonforme Szenen beobachtet und alle anderen ignoriert werden. Da das natürlich nicht passieren sollte, müssen wir vorher einen **Plan** festlegen, nach welchem ausgewählt wird. Wir könnten z.B. die **Regel** aufstellen, dass immer für die Dauer von fünfzehn Minuten ein bestimmter Abschnitt des Bahnsteigs beobachtet wird, bevor dann ein anderer dran ist. Finden innerhalb dieses **Zeitfensters** immer noch zu viele beobachtungswürdige Szenen statt, dann könnte eine Zusatzregel besagen, dass immer die Dritte genommen wird, die einem ins Auge fällt. Der Nachteil dieser Methode ist, dass wir viele Begrüßungen und Verabschiedungen nicht registrieren würden und so vielleicht wichtige Informationen übersehen.

Mit **mehreren Beobachtern** ließe sich dieses Problem in den Griff bekommen, aber auch hier tauchen neue Schwierigkeiten auf. Es muss zwischen den Beobachtern eine **Übereinstimmung** bestehen, welches **Merkmale** der Innigkeit sind. Reicht Händeschütteln schon aus? Oder muss es doch zumindest ein herzliches Drücken, ein Sich-lange-in-die-Augen-Schauen oder ein Kuss sein? Auch hier gilt, dass vor der Beobachtung festzulegen ist, welche Merkmale zu erfassen sind. Damit dies möglichst **objektiv**, d.h. beobachterunabhängig vonstatten geht, empfiehlt es sich, einen entsprechenden **Protokollbogen** vorzubereiten, auf dem die einzelnen Merkmale stehen und der Beobachter nur abzuhaken braucht, ob das betreffende Merkmal vorgelegen hat. Natürlich dürfen wir nicht vergessen, dass nach jeder Beobachtung eine **Befragung** stattfinden muss, wie lange die Trennungsdauer war oder sein wird.

Sind all die genannten Kriterien erfüllt, spricht man von einer **systematischen Verhaltensbeobachtung**. Spätestens jetzt dürfte klar sein, dass diese Form der Erkenntnisgewinnung mit einem nicht unerheblichen Aufwand verbunden ist. Das gilt natürlich auch für das **Experiment**. Im Gegensatz zur Detektivarbeit der systematischen Verhaltensbeobachtung wird hier jedoch versucht, mit kriminalistischer Logik den ursächlichen Faktoren der Phänomene, die uns interessieren, auf die Spur zu kommen.

1.3.2 Kriminalistik: Laborexperimente, Feld- und Quasiexperimente

Begriffe

Laborexperiment ♦ kontrollierte Bedingungen ♦ Experimentalgruppe ♦ Kontrollgruppe ♦ Kriterien für Experimente: Planung, Wiederholbarkeit, Objektivität, Reliabilität und Validität ♦ externe Validität ♦ Augenscheinvalidität ♦ ökologische Validität ♦ Feldexperiment ♦ Quasiexperiment

Lernziele

Die **systematische Verhaltensbeobachtung** ist zwar eine Möglichkeit, in einem **natürlichen Umfeld** Erkenntnisse zu gewinnen, aber wir haben selbst **keinen Einfluss** darauf, unter welchen Bedingungen uns diese Informationen zu Verfügung gestellt werden. Das **Laborexperiment** hingegen soll uns die Möglichkeit geben, unter **kontrollierten Bedingungen** gezielt diejenigen Variablen zu verändern, von denen wir vermuten, dass sie einen Einfluss auf unser Erleben und Verhalten haben. Damit ein Experiment auch als solches bezeichnet werden kann, muss es verschiedene **Kriterien** erfüllen. Es muss **geplant, wiederholbar, objektiv, reliabel** und **valide** sein.

Darüber hinaus muss als Ergänzung zur **Experimentalgruppe** eine **Kontrollgruppe** vorliegen und wir müssen die Möglichkeit haben, **jede experimentelle Variable zu beeinflussen**.

◆ Planung und Wiederholbarkeit
Diese beiden Kriterien sind notwendig, damit andere Wissenschaftler die Möglichkeit haben, **experimentelle Resultate zu überprüfen**. Einem Naturwissenschaftler, der eine Behauptung als Folge eines Experiments aufstellt, der aber nicht mehr sagen kann, wie er dazu gekommen ist, und der die Bedingungen des Experiments auch nicht mehr wiederholen kann, wird niemand Glauben schenken.

◆ Objektivität
Hinter diesem Begriff steht die Forderung, dass Experimente **unabhängig** von denjenigen, die sie **durchführen**, zu **gleichen Resultaten** kommen sollen. Dieses Kriterium gilt selbstverständlich auch für alle Mess- und Testverfahren. Man stelle sich nur ein Thermometer vor, das je nach Betrachter verschiedene Temperaturen anzeigt, oder einen Intelligenztest, der bei unterschiedlichen Testleitern zu differenten Ergebnissen von Hochbegabung bis Demenz führt. Die Objektivität ist eine Grundvoraussetzung für ein weiteres Kriterium: die Reliabilität.

◆ Reliabilität (Zuverlässigkeit)
Sie ist ein Maß für die **Genauigkeit**, mit der ein **Messwert** ermittelt werden kann. Kommt es bei wiederholter Messung unter vergleichbaren Bedingungen zu stark abweichenden Ergebnissen, dann spricht man von einer geringen Reliabilität, d.h. es liegt ein großer Ungenauigkeitsbereich vor. Führen jedoch mehrfache Messungen immer zum gleichen Resultat, dann werden wir den Ergebnissen eher trauen. Allerdings muss noch ein weiteres Kriterium hinzukommen: die Validität.

◆ Validität (Gültigkeit)
Die Validität ist ein **Gütemaß**, welches Auskunft darüber gibt, ob ein Experiment oder ein Test auch tatsächlich den **Sachverhalt** erfasst, den sie zu erfassen vorgeben. Bei einigen Variablen, wie beispielsweise der Rechen- oder Rechtschreibleistung, werden wir schnell Einigkeit darüber haben, ob die Mathematikaufgaben oder das Diktat tatsächlich diese Leistungen erfassen. Bei komplexen **Konstrukten** hingegen, wie der **Intelligenz**, der **Kreativität** oder auch der **Führungsqualität** von Vorgesetzten, lässt sich lange und heftig diskutieren, mit welchen Testaufgaben sie gemessen werden können.

Die Ergebnisse neu gestalteter Intelligenztests kann man beispielsweise auf ihre Übereinstimmung mit denjenigen gängiger Verfahren überprüfen. Sind die gemessenen Stichproben miteinander vergleichbar und ist die Übereinstimmung hoch, dann liegt eine hohe **externe Validität** vor. Schwierig wird es jedoch, wenn keine vergleichbaren und bereits anerkannten Messverfahren vorhanden sind. In diesen Fällen sollte zumindest eine **Augenscheinvalidität** gegeben sein und damit ein Konsens zwischen verschiedenen Menschen bestehen, dass dieses Messverfahren geeignet ist, das zu messende Konstrukt zu erfassen.

Von einem echten Experiment können wir also immer nur dann sprechen, wenn die hier genannten Kriterien erfüllt sind. Manchmal ist es allerdings notwendig, Kompromisse einzugehen. Ein **Feldexperiment**, d.h. ein Experiment im **natürlichen Lebensumfeld** hat zwar häufig den Nachteil, dass sich vieles unserer Kontrolle entzieht, dafür besteht jedoch der Vorteil einer höheren ökologischen Validität – entsprechen die Messbedingungen doch mehr unserem Alltag, als dies in einem Labor je möglich wäre. Aber auch Laborexperimente erfüllen nicht immer alle Kriterien. Wollen wir z.B. den Einfluss des Geschlechts auf die Bearbeitung bestimmter Aufgaben untersuchen, so können wir diese Variable nicht frei variieren, und deshalb wird in diesen Fällen bereits von **Quasiexperimenten** gesprochen.

1.3.3 Abwehrmaßnahmen gegen Störquellen

Begriffe

Probanden (Versuchspersonen) ◆ *Fehlervarianz (unsystematische, systematische)* ◆ *Mittelwert* ◆ *Störquellen (Störfaktoren, Fehlerquellen)* ◆ *Blockbildung* ◆ *Randomisieren* ◆ *repräsentative Umfragen*

Lernziele

Ganz gleich, ob wir nun beobachten oder im Feld bzw. Labor experimentieren, es gibt immer etwas, das schief gehen kann. Wollen wir z.B. in einem diffizilen Experiment, das hohe Konzentration verlangt, viele **Probanden (Versuchspersonen)** untersuchen, dann wird es immer wieder vorkommen, dass ein unausgeschlafener dabei ist, ein weiterer demotiviert und lustlos, ein dritter frisch verliebt und mit seinen Gedanken woanders, ein vierter erkältet, ein fünfter übereifrig usw. All dies können wir kaum vermeiden und es kann zu einer **Fehlervarianz** führen, die im schlimmsten Fall Veränderungen der AV verdeckt. Unsere in Abschnitt 1.2 aufgestellte Gleichung muss deshalb erweitert werden zu: f(UV) = AV + Fehlervarianz. Die Fehlervarianz kann systematisch oder auch unsystematisch sein. Ist sie **unsystematisch**, dann stört sie uns nicht weiter, wirkt sie sich doch im Idealfall in beide Richtungen um den zu erfassenden Messwert gleichermaßen aus, so dass sie bei der Berechnung von **Mittelwerten** herausfallen würde.

Schwieriger wird es bei der **systematischen** Fehlervarianz. Um ihren Anteil möglichst gering zu halten, gibt es eine Reihe von Techniken, die eingesetzt werden können. Am einfachsten ist es, wenn man die **Fehlerquelle** kennt und Einfluss auf sie hat. In diesem Fall **eliminiert** man sie am besten. Soll beispielsweise eine Konzentrationsleistung erfasst werden, dann wäre es sinnvoll, störenden Lärm zu eliminieren, indem man den Versuch an einem ruhigen Ort durchführt.

Manchmal erkennt man zwar eine potenzielle **Störquelle**, hat aber keinen Einfluss auf sie. In diesem Fall bietet es sich an, die Störquelle über die verschiedenen experimentellen Bedingungen **konstant** zu halten. Wirkt sie sich auf alle Bedingungen gleichermaßen aus, so wird ihr Störeinfluss unbedeutsam. Eine weitere Variante des Konstanthaltens ist die so genannte **Blockbildung**. Sie kann dann eingesetzt werden, wenn es uns möglich ist, einen potenziellen **Störfaktor** bereits im Vorfeld zu erfassen, um dann anhand dieser Erkenntnisse Gruppen zu bilden, die hinsichtlich des erkannten und gemessenen Störfaktors miteinander vergleichbar sind.

Als Zwischenfazit können wir bis hierhin schlussfolgern, dass auch die systematische Fehlervarianz in den Griff zu bekommen ist, wenn wir die Fehlerquelle einmal erkannt haben. Das Problem ist nur, dass wir nie sicher sein können, *alle* möglichen Fehlerquellen rechtzeitig zu erkennen. Unerkannte, systematische Fehlervarianz kann zum „Todesstoß" einer experimentellen Schlussfolgerung führen. Haben wir beispielsweise herausgefunden, dass übermäßige und über längere Zeit auszuführende Überstunden bei Arbeitnehmern häufig mit einem erhöhten Blutdruck einhergehen, dann wäre es eine verlockende Schlussfolgerung zu behaupten, dass Überstunden zu Herz-Kreislauf-Erkrankungen führen. Wurde bei einer solchen Untersuchung jedoch vergessen, andere Störfaktoren, wie z.B. den Kaffeekonsum, zu kontrollieren, kann man sich kaum gegen das Argument wehren, dass es gar nicht die Überstunden sind, die einen erhöhten Blutdruck bewirken, sondern möglicherweise ein zu hoher Kaffeegenuss während der Arbeitszeit.

Um Einfluss auf unbekannte Fehlervarianz jeglicher Art zu haben, hat sich die experimentelle Methodik einen starken Verbündeten gesucht: den **Zufall**. Gehen wir davon aus, dass bei den unterschiedlichen Probanden die verschiedenartigsten Störquellen vorhanden sind, dann müssen wir nur darauf achten, dass es in keiner Versuchsgruppe zu einer systematischen Häufung einer bestimmten Störquelle kommt. Am einfachsten lässt sich dies vermeiden, indem wir die Versuchspersonen zufällig auf die einzelnen Versuchsbedingungen verteilen. In der Fachsprache nennt man dies **Randomisieren**. Eingesetzt wird diese Methode u.a. auch bei **repräsentativen Umfragen**. Eine randomisierte (zufällige) Auswahl der zu Befragenden stellt sicher, dass nicht versehentlich nur die Vertreter einer bestimmten Meinung interviewt werden, sondern dass jeder die gleiche Chance hat, seine Einstellung mitzuteilen.

1.4 Psychologie & Statistik – ein starkes Team

Begriffe   **deskriptive Statistik ♦ Kennwert ♦ arithmetisches Mittel (m) ♦ Streuungsmaße: Varianz (s^2); Standardabweichung (s) ♦ Zusammenhangsmaß: Korrelation (r)**   *Lernziele*

Im vorangegangenen Abschnitt hatten wir bereits ganz nebenbei zwei Begriffe aus der **Statistik** eingeführt: den Mittelwert und die Varianz. Um sie wirklich zu verstehen, kommen wir nicht umhin, uns ein paar grundlegende Gedanken über Statistik zu machen. Für die Psychologie ist die Statistik eine Hilfswissenschaft, die es ihr ermöglicht, Daten besser zu verstehen. Die **deskriptive Statistik**, auf die wir uns hier beschränken wollen, liefert eine Reihe von **Kennwerten**, um Daten möglichst gut zu beschreiben. Wollen wir beispielsweise als Pädagogische Psychologen wissen, wie der Leistungsstand einer Jahrgangsstufe in den Schulen eines Bundeslandes ist, dann wäre es mühsam, von jedem Schüler jede einzelne Klausur anzuschauen. Einen guten Eindruck über das Leistungsniveau liefert uns stattdessen das **arithmetische Mittel (m)** der erzielten Noten (x_i). Diesen **Durchschnittswert** kennt wohl jeder aus seiner Schulzeit.

Berechnet wird der Durchschnittswert ganz einfach durch Summation der einzelnen Noten (Σx_i) geteilt durch die Anzahl aller Noten (n). Der Mittelwert ist damit ein **Schätzwert** für die Leistung der Schüler einer Jahrgangsstufe. Die Genauigkeit dieser Schätzung hängt jedoch sehr von der Streuung der Noten ab. Je kleiner diese ist, desto verlässlicher ist der Mittelwert. Um einen Eindruck über das **Ausmaß** der **Streuung** von Daten zu erhalten, wird wiederum ein Mittelwert berechnet, nämlich derjenige der **durchschnittlichen quadrierten Abweichung** jedes einzelnen Wertes (x_i) vom Mittelwert aller Werte. Diesen Kennwert bezeichnet man als **Varianz (s^2)**. Da beim Quadrieren der Abweichungen die Einheit nicht mehr sinnvoll wäre, müssen wir noch die positive Quadratwurzel daraus ziehen und wir erhalten die **Standardabweichung (s)**.

$$m = \frac{1}{n} \cdot \sum_{i=1}^{n} x_i \qquad s^2 = \frac{1}{n} \cdot \sum_{i=1}^{n} (x_i - m)^2 \qquad s = \pm\sqrt{s^2}$$

Arithmetisches Mittel — *Varianz* — *Standardabweichung*

Anhand von nur zwei Kennwerten wie Mittelwert und Standardabweichung bekommt man im Prinzip für beliebig große Datensätze einen ersten Eindruck. Statistik dient somit auch zur **Datenreduktion** und **Herausfilterung der Essenz**.

Neben diesen statistischen Kennwerten sind für die Psychologie insbesondere **Korrelationen** (Zusammenhangsmaße) von Interesse. Möchten wir beispielsweise überprüfen, ob die Gesamtnote im Schulabschlusszeugnis ein gutes Kriterium zur Vorhersage des Erfolges in einer Berufsausbildung oder in einem Studium darstellt, dann können wir die Korrelation zwischen den beiden Werten bestimmen. Die etwas längere mathematische Formel dazu wollen wir uns ersparen, stattdessen soll im Gedächtnis bleiben, dass Korrelationen auf einen Bereich von −1 bis +1 normiert sind. Eine Korrelation von Null oder nahe bei Null bedeutet, dass zwischen der Schulabschlussnote und dem Ausbildungs- oder Studienerfolg kein Zusammenhang besteht. Je weiter die Korrelation in den positiven Bereich hin zu +1 geht, desto sicherer kann man die Aussage treffen, dass ein guter Schüler auch ein guter Auszubildender oder Student sein wird. Liegt die Korrelation jedoch im negativen Bereich, dann würde sich daraus die Aussage ergeben, dass ein schlechter Schüler ein guter Auszubildender oder Student wird und ein bislang guter Schüler in der weiteren Ausbildung eher schlechte Resultate erzielen wird.

Das statistische **Zusammenhangsmaß** der **Korrelation** wird auch verwendet, um die im Abschnitt 1.3.2 bereits besprochenen Gütekriterien **Objektivität**, **Reliabilität** und **Validität** zu bestimmen. Ein **Testverfahren** ist umso verlässlicher, je näher seine Gütekriterien bei +1 liegen. Die Validität von unstrukturierten Einstellungsinterviews zur Personalauswahl liegt beispielsweise bei etwa 0,15, d.h. die Vorhersage des späteren Berufserfolgs eines Bewerbers ist anhand eines Einstellungsgesprächs so gut wie nicht möglich. Anders sieht dies für gut konstruierte Assessment-Center aus. Hier können nach derzeitigem Stand Validitäten von bis zu 0,72 erzielt werden, was eine weitaus bessere Prognose des Berufserfolgs ermöglicht. Auf beide **Personalauswahlverfahren** gehen wir in Lektion 12 näher ein.

Damit soll unser knapper Einblick in die Statistik auch schon beendet sein. Behalten Sie bitte, dass ein **Mittelwert** nur zusammen mit einem **Streuungsmaß** wirklich interpretiert werden kann und dass **Korrelationen** Maße für den **Zusammenhang zwischen zwei** oder sogar **mehreren Merkmalen** sind und in einem Bereich von −1 bis +1 abgebildet werden. Übrigens: Fast jeder bessere Taschenrechner bietet entsprechende Funktionen zur Berechnung von Mittelwert (m), Standardabweichung (s) und Korrelation (r; r für „*relation*") an.

1.5 Eine kurze Geschichte der Psychologie

Begriffe

> empirische Psychologie ♦ Wahrnehmungspsychologie ♦ Psychophysik ♦ Physiologische Psychologie ♦ experimentelle Psychologie ♦ gedächtnispsychologische Untersuchungen ♦ Denkpsychologie ♦ Gestaltpsychologie ♦ Gestaltgesetze ♦ elementaristischer Ansatz ♦ Behaviorismus ♦ Konditionierung ♦ Kognitive Wende ♦ Informationsverarbeitung ♦ Psychoanalyse ♦ Individualpsychologie

Lernziele

Gewiss haben sich Menschen seit Urzeiten mit psychologischen Fragen befasst. Ein erstes Werk über die Seele mit dem Titel „Peri Psyches" findet sich bereits bei **Aristoteles** (ca. 384 - ca. 322 v.Chr.) und auch in seiner Nachfolge haben sich viele Philosophen geisteswissenschaftlich mit psychologischen Themen auseinander gesetzt. Bis zum 19. Jahrhundert herrschte jedoch die Auffassung vor, dass eine experimentelle, naturwissenschaftliche Auseinandersetzung mit der Psychologie nicht möglich sei. Insbesondere der Philosoph **Immanuel Kant** (1724-1804) - und als solcher eine anerkannte wissenschaftliche Autorität seiner Zeit - vertrat dogmatisch diese Überzeugung und verhinderte dadurch lange die Anwendung naturwissenschaftlicher Methoden auf psychologische Forschungsgebiete.

Die Anfänge einer wissenschaftlichen Psychologie

Es mag der neue Zeitgeist des 19. Jahrhunderts gewesen sein, der - beflügelt durch große Erfolge und Fortschritte in den Naturwissenschaften, der Mathematik sowie der Technik - zu einem Umdenken in Hinblick auf die Erforschung psychologischer Fragen geführt hat. In dieser Atmosphäre des wissenschaftlichen Aufbruchs war es der Philosoph und Pädagoge **Johann Friedrich Herbart** (1776-1841), der als erster Kants Diktum überwand und damit begann, eine **empirische** (d.h. auf Erfahrung, Beobachtung und Experimenten begründete) **Psychologie** auf dem Fundament der Mathematik aufzubauen. Bereits 1824/25 publizierte er ein erstes Lehrbuch zur Psychologie mit dem plakativen Titel: „Psychologie als Wissenschaft neu gegründet auf Erfahrung, Metaphysik und Mathematik."

Die Wiege der experimentellen Psychologie

Neben den Philosophen begannen auch zunehmend mehr Mediziner und Naturwissenschaftler damit, sich psychologische Forschungsgebiete zu erschließen. **Hermann von Helmholtz** (1821-1894) beispielsweise wandte sich der **Wahrnehmungspsychologie** zu und entwickelte eine Theorie des Farbensehens sowie der Tonhöhenwahrnehmung. Der Universalgelehrte **Gustav Theodor Fechner** (1801-1887) begründete mit der **Psychophysik** gleich ein ganz neues Teilgebiet der Psychologie. Mit dem unermüdlichen Eifer zahlloser Selbstversuche untersuchte er den Zusammenhang zwischen physikalischen Größen und psychologischem Empfinden. Was Fechner für die Psychophysik leistete, gelang seinem Kollegen **Wilhelm Maximilian Wundt** (1832-1920) in vergleichbarer Weise für die **Physiologische Psychologie**. Wundt gründete darüber hinaus 1879 das weltweit erste Institut für experimentelle Psychologie, welches er mehrere Jahre selbst finanzierte, bevor es 1883/84 in die offiziellen Institute der Universität Leipzig eingereiht wurde.

Da die Universität Leipzig sowohl Fechners als auch Wundts Wirkungsstätte war, wurde sie zur Wiege der **experimentellen Psychologie**. Wissenschaftler aus den verschiedensten Ländern pilgerten dorthin, um die neuen Ansätze zu studieren und ihre Erkenntnisse anschließend in ihre Heimatländer mitzunehmen.

Erste gedächtnispsychologische Untersuchungen

Fechner wie auch Wundt befassten sich vorwiegend mit psychologischen Themen wie z.B. der Wahrnehmung. Höhere mentale Prozesse wie das Denken, das Urteilen oder auch das Behalten hielt insbesondere Wundt zumindest noch nicht für experimentell erforschbar. Ganz anderer Auffassung war **Hermann Ebbinghaus (1850-1909)**, der bereits 1880 experimentelle Ergebnisse **gedächtnispsychologischer Untersuchungen** mitteilte. Ebbinghaus lernte im Selbstversuch unterschiedlich lange Reihen sinnfreier Silben auswendig und registrierte die Anzahl an Wiederholungen, die er bis zur ersten fehlerfreien Reproduktion benötigte, sowie seine Behaltensleistungen in nachfolgenden Reproduktionstests. Anhand dieser Daten beschrieb er den Verlauf des Lernens in Form einer **Lern-** und einer **Vergessenskurve**.

Die Würzburger Schule der Denkpsychologie

Ebenso wie Ebbinghaus begann auch **Oswald Külpe (1862-1915)**, ein Schüler Wundts - zusammen mit **Karl Marbe (1869-1953)**, **Narziß Ach (1871-1946)** und **Karl Bühler (1879-1963)** - an der Universität Würzburg höhere geistige Prozesse zu untersuchen. Forschungsobjekt war jedoch nicht das Gedächtnis, sondern das **Urteilen**. Den Probanden dieser Versuche wurden Fragen gestellt, die mit „Ja" oder „Nein" beantwortet werden mussten, wie z.B.: „Kannte das Mittelalter den Satz des Pythagoras?". Mit Hilfe der Methode der **systematischen Introspektion** (einer sehr sorgfältig durchgeführten Selbstbeobachtung) sollten die Probanden im Anschluss an das Urteil ihre Denkprozesse und Denkerlebnisse mitteilen. Die Ergebnisse dieser Untersuchungen zeigten deutlich, dass Urteilen nicht nur aus sensorischen Vorstellungskomponenten besteht, sondern auch aus so genannten Bewusstseinslagen, die frei von jeglicher Vorstellung sind. Die Würzburger Psychologen untersuchten neben Urteilsprozessen auch **Willensprozesse**. Mit ihrer Forschung zur **Denkpsychologie** wurden sie weltweit sehr bekannt, so dass der Begriff der **Würzburger Schule** entstand.

Die Frankfurter und die Berliner Schule der Gestaltpsychologie

Die Würzburger Schule wurde etwa ab 1910 zunehmend von der sich schnell entwickelnden **Gestaltpsychologie** in den Hintergrund gedrängt. Wissenschaftler wie **Max Wertheimer (1880-1943)** und **Wolfgang Köhler (1887-1967)** waren maßgebliche Mitbegründer der **Frankfurter** und der **Berliner Schule der Gestaltpsychologie**. Gestaltpsychologisch denken heißt, **ganzheitlich** denken. Das Erlebnis der Wahrnehmung beispielsweise sollte nach gestaltpsychologischer Vorstellung von der Ganzheit der Erscheinung ausgehend zu den einzelnen Teilen hin analysiert werden und nicht umgekehrt. Damit setzt die Gestaltpsychologie einen **Gegenpol** zu dem **elementaristischen Ansatz**, der von Fechner und Wundt vertreten wurde und der die psychischen Erscheinungen ähnlich wie in der Chemie aus Einzelelementen zusammengesetzt sieht. Die zentrale Maxime der Gestaltpsychologie wird demgegenüber durch den bereits seit Aristoteles bekannten Satz *„Das Ganze ist mehr als die Summe seiner Teile"* ausgedrückt. In der folgenden Lektion über Wahrnehmung werden wir noch genauer auf einige **Gestaltgesetze** zu sprechen kommen.

Die Machtübernahme der Nationalsozialisten 1933 hatte auf die bis dahin weltweit anerkannte und eine führende Rolle einnehmende deutsche Psychologie eine verheerende Auswirkung. Etwa ein Drittel aller Psychologieprofessoren emigrierte oder wurde mit Berufsverbot belegt. Die verbliebenen wandten sich systemkonform Fragen der Wehrmachtspsychologie, der Rassenpsychologie und der Rassentypologie zu.

Der Behaviorismus und die Konditionierung

In Amerika entstand durch Psychologen wie **John B. Watson** (1878-1958), **Edward L. Thorndike** (1874-1949) und **Burrhus F. Skinner** (1904-1990) zeitparallel zur Würzburger Schule und zur Gestaltpsychologie der **Behaviorismus**. Seine Maxime bestand darin, dass *nur* das **objektiv beobachtbare Verhalten** zentraler Forschungsgegenstand einer naturwissenschaftlichen Psychologie sein kann. Nicht beobachtbare Bewusstseins- oder Denkprozesse wurden tabuisiert. Verhalten wird vom Behavioristen als **Reaktion** auf eine gegebene Situation gesehen, welches bei positiven Konsequenzen verstärkt und bei negativen abgeschwächt wird.

Das Erklärungsprinzip, das dem Behaviorismus zugrunde lag, war die **Konditionierung**. Sie wurde von dem Physiologen **Iwan Petrowitsch Pawlow** (1849-1936) bei seiner Arbeit mit Hunden entdeckt. Konditionieren bedeutet zu lernen, in einer bestimmten Situation mit einer spezifischen Verhaltensweise zu reagieren. Dies kann wie bei Pawlows Hund dadurch geschehen, dass ein **zu konditionierender Stimulus** wie eine Glocke mit einem **unkonditionierten Reiz** (Futter) verbunden wird, der natürlicherweise zur gewünschten **Reaktion** (Speichelfluss) führt. Bereits nach kurzer Zeit kann der Speichelfluss allein durch die Glocke ausgelöst werden. Eine Konditionierung lässt sich aber auch dadurch erzielen, dass ein spezifisches, situationsabhängiges Verhalten positiv verstärkt wird.

Die Kognitive Wende

Der Behaviorismus dominierte die psychologische Forschung weit über den Zweiten Weltkrieg hinaus. Erst langsam zeichnete sich eine erneute Umorientierung ab, die als **Kognitive Wende** (kognitiv: „die Erkenntnis betreffend", „erkenntnismäßig") bezeichnet wird. Der Mensch wird hierbei als informationsverarbeitendes Wesen gesehen, das die Reize seiner Umwelt analysiert und gegebenenfalls entsprechendes Verhalten initiiert. Mit Hilfe von Computermodellen und programmierten neuronalen Netzen wird versucht, menschliches Verhalten zu simulieren oder sogar künstliche Intelligenz zu erzeugen. In dieser Phase einer **Psychologie der Informationsverarbeitung** befinden wir uns auch heute noch. Allerdings scheint sich bereits wieder eine Neuorientierung anzukündigen, bei der die Fragen der Informationsverarbeitung von neuen Themen, wie der Entstehung von **Bewusstsein** und **Intentionalität*** abgelöst werden. Schritt für Schritt nähert sich so die Psychologie den größten und bislang ungelösten Rätseln des Menschseins.

---

* Unter Intentionalität wird heutzutage Unterschiedliches verstanden: z.B. kognitive Prozesse, bei denen wir denkend einen intentionalen Bezug zu anderen Dingen herstellen; Überzeugungen, die immer Überzeugungen von etwas sind; Wünsche, die in Beziehung zum Gewünschten stehen; und auch Handlungen, die intentional auf ein Ziel gerichtet sind.

Psychoanalyse und Individualpsychologie

Vielleicht haben Sie in diesem kurzen Überblick der Geschichte der wissenschaftlichen Psychologie Namen wie **Sigmund Freud** (1856-1938), **Carl Gustav Jung** (1875-1961) und **Alfred Adler** (1870-1937), den Begründern der **Psychoanalyse** und der **Individualpsychologie**, vermisst. Dies geschah nicht ohne Grund. Es ist zwar zweifelsohne richtig, dass Freud mit der Unterteilung der Seele in „Unbewusstes", „Vorbewusstes" und „Bewusstes" sowie seinem dynamischen Menschmodell einer Trias von „Ich", „Es" und „Über-Ich" therapeutisches Neuland betreten hat und damit zu einer Popularisierung der Psychologie, insbesondere in künstlerischen und kulturellen Kreisen, beitrug. Dennoch war bereits ihm selbst klar, dass die Psychoanalyse als individuelle Erfahrung nicht in die Welt der akademischen Wissenschaften integriert werden kann. Schon zu seinen Lebzeiten war Freud in wissenschaftlichen Kreisen nicht unumstritten.

Carl Gustav Jung und Alfred Adler verband mit Freud eine langjährige Zeit gemeinsamen Denkens. Jung löste sich jedoch 1909 von Freud aufgrund von Differenzen bei der Deutung von Träumen. Freuds Vorgehensweise, alle Traumbilder auf „verdrängte" Wünsche zurückzuführen, war ihm zu eng. Auch Adler trennte sich 1911 endgültig von Freud und gründete einen „Verein für freie Psychoanalyse", der 1913 zum „Verein für Individualpsychologie" umbenannt wurde.

In der heutigen psychologisch-universitären Forschung und Lehre spielt die Psychoanalyse, wenn überhaupt, nur noch eine geringe Rolle. Ihre Bedeutung ist vorrangig im historischen Kontext zu sehen.

Aufgaben

1. Erläutern Sie die Begriffe der unabhängigen und der abhängigen Variablen anhand des Beispiels der T-Täuschung.
2. Beschreiben Sie kurz und im Überblick das experimentelle Vorgehen.
3. Überlegen Sie sich mindestens fünf Bereiche, bei denen Ihnen der Einsatz einer experimentell-naturwissenschaftlichen Psychologie sinnvoll erscheint.
4. Grenzen Sie die Alltagsbeobachtung von der systematischen Verhaltensbeobachtung ab.
5. Nennen Sie die wichtigsten Kriterien für ein Experiment.
6. Warum ist das Vorhandensein einer Kontrollgruppe beim Experimentieren so wichtig?
7. Definieren Sie die Begriffe „Reliabilität" und „Validität".
8. Nennen Sie zwei Arten von möglichen Störquellen, die bei Experimenten auftreten können. Was kann man gegen sie machen?
9. Welche Vorteile bietet der Einsatz statistischer Verfahren in der Psychologie?
10. Erzählen Sie einer Freundin oder einem Freund die kurze Geschichte der wissenschaftlichen Psychologie und weisen Sie dabei besonders auf diejenigen Punkte hin, die Ihnen selbst bislang unbekannt waren.

zur Lernkontrolle

2 Wahrnehmung und Handlungssteuerung

Schauen Sie einmal hinter sich! Aber blicken Sie dabei bitte nicht über die Schulter, sondern versuchen Sie einen Eindruck zu gewinnen, wie das aussieht, was Sie **nicht** sehen können. Die visuelle Welt hinter Ihnen ist weder diffus noch schwarz, sie ist einfach nicht da. Vielleicht entspricht das in etwa dem Eindruck, den ein Blinder hat. Und nun stellen Sie sich bitte ein gleiches Nichts des Hörens vor! Nicht nur wirkliche Ruhe, sondern vielmehr das gänzliche Fehlen eines jeglichen akustischen Eindrucks. Setzen Sie dieses Gedankenspiel auch für die anderen **Sinnesempfindungen** des Schmeckens, Fühlens und Riechens fort. Die Bedeutsamkeit jeglicher Wahrnehmung für unser Leben dürfte Ihnen jetzt sehr bewusst sein.

Doch hören wir an dieser Stelle noch nicht auf mit dem Nachdenken über Wahrnehmung. **THINK!** Ist Wahrnehmen ein passiver Prozess auf uns einströmender Reize oder nehmen wir nur wahr, was wir auch wahrnehmen wollen, d.h. diejenigen Objekte, denen wir uns handelnd zuwenden? **Wahrnehmung** und **Handlung** sind nicht voneinander zu trennen. Wir sehen nur das, worauf wir den Blick durch eine Augenbewegung richten; wir fühlen in der Regel nur diejenigen Dinge, nach denen wir tasten; wir schmecken nur die Speisen, die wir in den Mund führen usw. Da Wahrnehmungen die **Folge** von Handlungen sind, behandeln wir beide Themengebiete in dieser Lektion. Beginnen wir zuerst mit einem kurzen Einblick in die physiologischen Aspekte der Wahrnehmung.

2.1 Sinnesphysiologische Grundlagen der Wahrnehmung

Begriffe

> **Sinnesrezeptoren** ◆ **äußere Reize** ◆ **Mechanorezeptoren (Druck, Berührung, Vibration)** ◆ **Sinnesmodalitäten (z.B. Sehen, Hören, Geschmack, Geruch, Tasten)** ◆ **Reizqualitäten**

Lernziele

Grundsätzlich können wir nur diejenigen Reize direkt wahrnehmen, für die wir entsprechende Sinnesrezeptoren besitzen. **Sinnesrezeptoren** sind, vereinfacht gesagt, **spezialisierte Zellen** unseres Körpers, die auf einen **spezifischen äußeren Reiz** reagieren. In der Haut beispielsweise verfügen wir über **Mechanorezeptoren (Tastsinne)**, mit denen **Berührungen** abgebildet werden. Berührungen können z.B. Druck-, Druckänderungs- oder Vibrationsempfindungen sein bzw. Kombinationen dieser Empfindungen, so genannte **komplexe Sinneseindrücke**. Das Streicheln über die Haut ist ein solcher komplexer Sinneseindruck.

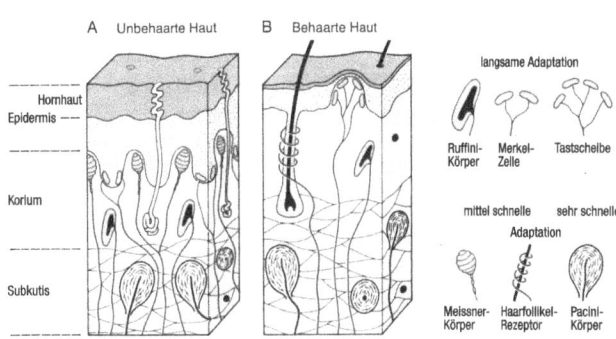

Abb. 2.1 Verschiedene Rezeptortypen in der behaarten und unbehaarten Haut*

---

* Bildquelle: Birbaumer, N. & Schmidt, R.F. (1996), S. 330. *Biologische Psychologie.* Berlin: Springer.

Legt man beispielsweise verschieden schwere Gewichte auf die Haut, so werden in **Druckrezeptoren** wie den **Merkel-Zellen** und den **Tastscheiben** dem Gewicht entsprechend elektrische Impulse (Aktionspotenziale) generiert, die man an den ableitenden Nervenfasern mit Elektroden messen kann. Im Grunde ist dies eine Art elektrische Waage unserer Haut. Andere Sinneszellen wie die **Meissner-Körperchen** und die **Haarfollikel-Rezeptoren** reagieren nicht auf den Druck, sondern auf die **Geschwindigkeit von Druckänderungen**, wie sie z.B. beim Anziehen von Kleidungsstücken entstehen. Und schließlich sollen auch noch die **Pacini-Körperchen** erwähnt sein, die darauf spezialisiert sind, **Vibrationen** zu erkennen. Abb. 2.1 veranschaulicht die Lage der einzelnen Mechanorezeptoren in der behaarten und der unbehaarten Haut.

Für einen Psychologen, der verstehen möchte, wie Empfindungseindrücke bei Berührungen zustande kommen, ist es unausweichlich, sich mit der Sinnesphysiologie der Haut zu befassen. Soll hingegen der **visuelle Wahrnehmungsprozess** beim Betrachten eines Gemäldes, z.B. des Malers Pieter Bruegel (ca. 1525-1569), oder das **akustische Erleben** eines Klavierkonzerts von Sergej Rachmaninow (1873-1943) verstanden werden, so kommt man um die Sinnesphysiologie des **Sehens** und **Hörens** nicht herum. Die **physiologische Betrachtung** der Sinnesrezeptoren (d.h. das Aufklären ihrer chemischen, physikalischen und biologischen Funktionsweise) ist dabei nur

Sinnesmodalität	Rezeptortypen	Abgebildete Reizqualität
Sehen	• **Stäbchen** (peripher auf der Netzhaut) • **Zapfen** (zentral auf der Netzhaut)	• Schwarzweißsehen bei schlechter Beleuchtung (skotopisches Sehen) • Farbensehen bei guter Beleuchtung (photopisches Sehen)
Hören	• **Äußere Haarzellen** des Innenohres • **Innere Haarzellen** des Innenohres	• Überführen des Schallsignals in ein körpereigenes mechanisches Signal: die Wanderwelle des Innenohres (Cochlea) • Umwandlung des mechanischen Signals in ein bioelektrisches Signal, d.h. Codierung von Tonhöhe und Schalldruck
Gleichgewicht	• **Haarzellen** in den Bogengängen des Gleichgewichtsapparats	• Abbildung von Translations- (z.B. Fahrstuhl) und Rotationsbeschleunigungen (z.B. Kopf drehen)
Geschmack	• **Schmeckzellen** (in den Geschmacksknospen der Zunge)	• Abbildung verschiedener Geschmacksempfindungen, wie süß, sauer, salzig, bitter, metallisch, alkalisch
Geruch	• **Riechzellen** im Riechorgan der Nase	• Abbildung von ca. 10.000 unterscheidbaren Gerüchen, die sich grob in 7 Duftklassen einteilen lassen: blumig, ätherisch, moschusartig, kampferartig, schweißig, faulig, stechend
Tasten	• **Merkel-Zellen, Ruffini-Körperchen, Tastscheiben** • **Meissner-Körperchen, Haarfollikel-Rezeptoren** • **Pacini-Körperchen**	• Intensitätsdetektor zur Abbildung der Druckstärke • Geschwindigkeitsdetektor zur Abbildung von Reizänderungen wie z.B. bei Berührungen • Beschleunigungsdetektor zur Abbildung von Vibrationen

Tab. 2.1 Überblick über verschiedene Sinnesrezeptoren und ihre Aufgaben

ein erster, im wahrsten Sinne des Wortes oberflächlicher Schritt der Analyse. Das **psychologische Erleben**, d.h. die bewusste Wahrnehmung findet im Verlauf der Weiterleitung der Aktionspotenziale unserer Sinneszellen in unser **Gehirn** statt. Welche **Leitungsbahnen** die verschiedenen Signale unserer Sinneszellen einschlagen, haben die Physiologen aufgeklärt. Welche psychischen Empfindungen auf den verschiedenen Verarbeitungsebenen stattfinden, ist bisher jedoch nur für relativ einfaches Reizmaterial erforscht worden. Leider haben wir hier nicht den Platz, ausführlicher auf die Physiologie unserer verschiedenen **Sinnesmodalitäten** einzugehen. Bei Interesse können Sie dies jedoch in verschiedenen Biologie- und Physiologielehrbüchern nachlesen. Eine kleine Auswahl finden Sie in der Literaturliste am Ende dieses Bandes. Tab. 2.1 soll nur einen kurzen Überblick über verschiedene Sinnesrezeptoren und die von ihnen abgebildeten **Reizqualitäten** geben.

Selbstverständlich gibt es neben den in der Tabelle genannten sieben Sinnen noch weitere Sinne: für **Durst** und **Hunger**, für die **Thermorezeption** (Temperatursinn), für die **Nozizeption** (Schmerzsinn) sowie für die **Propriozeption** (Tiefensensibilität von Körperbewegungen; Stellung des Körpers im Raum), so dass man von elf Sinnen sprechen kann.

2.2 Zur Psychologie der Wahrnehmung: Grundbegriffe der Psychophysik

Begriffe   **physikalischer Reiz ♦ phänomenales Erleben ♦ Genauigkeitsintervall ♦ Dynamikbereich ♦ Differenzierbarkeit**   *Lernziele*

So wichtig die Sinnesphysiologie für das Verstehen von Wahrnehmungs**prozessen** auf der einen Seite ist, so reicht sie auf der anderen Seite zumindest bis jetzt noch nicht aus, um den psychischen Wahrnehmungs**eindruck** zu erklären. Da die Intensität, mit der unsere Sinneszellen auf äußere Reize reagieren, von den physikalischen Eigenschaften dieser Reize abhängt, ist es möglich, eine **Psychophysik** der Wahrnehmung zu betreiben und damit den **Zusammenhang** zwischen **physikalischem Reiz** und **phänomenalem (psychischem) Erleben** zu beschreiben.

Als Hauptbegründer dieses Ansatzes kann **Gustav Theodor Fechner** genannt werden, der 1860 die *„Elemente der Psychophysik"* veröffentlichte. Fechner betrachtete die menschlichen Wahrnehmungsleistungen auf eine ähnliche Art und Weise, wie wir auch im Alltag über Messgeräte sprechen. Ein Personenwaage beispielsweise hat je nach Güte ein **Genauigkeitsintervall** zwischen 100 Gramm und einem Kilogramm. THINK! Mit welcher Genauigkeit können Menschen Gewichte einschätzen? Darüber hinaus verfügt eine Personenwaage auch über einen **Dynamikbereich**. Das ist der Bereich, in dem überhaupt Werte abgebildet werden. Die meisten Waagen zeigen bei Gewichten unter zwei Kilogramm nichts an und bei mehr als 150 Kilogramm ist die Skala schon am Ende. THINK! Wie groß ist der Dynamikbereich, in dem Menschen Gewichte wahrnehmen können? Und ist die menschliche **Differenzierbarkeit** verschiedener Gewichte immer genau die gleiche oder hängt dies vom Ausgangsgewicht ab? Wenn Sie ein bisschen mitgedacht haben, dann werden Ihnen viele Ähnlichkeiten zwischen technischen Messinstrumenten und menschlichen Wahrnehmungsleistungen aufgefallen sein.

2.2.1 Akustische Wahrnehmung

> **Begriffe**
> Wahrnehmungsschwelle (Absolutschwelle) ♦ Dynamikbereich ♦ Gehör ♦ Lautstärke (Schalldruckpegel) ♦ Tonhöhe (Frequenz) ♦ Unterschiedsschwelle (Ebenmerklichkeit) ♦ Unsicherheitsintervall ♦ Weber'sches Gesetz ♦ Lautheitseindruck ♦ Skalierungsverfahren ♦ Lokalisation (von Geräuschen) ♦ auditorisches System ♦ interaurale Laufzeitunterschiede ♦ interaurale Intensitätsunterschiede ♦ laterale und vertikale Raumorientierung
> **Lernziele**

Wahrnehmungsschwelle und Dynamikbereich

Jede Wahrnehmung fängt bei der **Wahrnehmungsschwelle (Absolutschwelle)** an und hört bei hohen **Reizintensitäten** häufig mit dem Übergang zu **Schmerz** auf. Dazwischen befindet sich der **Dynamikbereich**. Das **Gehör** ist das empfindlichste Sinnesorgan unseres Körpers und hat eine sehr niedrige Wahrnehmungsschwelle. Bereits geringste Luftdruckschwankungen führen zu einem akustischen Eindruck. Neben sehr leisen Geräuschen ist unsere akustische Wahrnehmung aber auch in der Lage, selbst extrem hohe Schalldrücke als Klangereignis abzubilden. Vom leisesten noch hörbaren bis zum lautesten Geräusch besteht eine billionenfache Steigerung an Schalldruck.

Da niemand mit einem solch großen Zahlenumfang zurechtkommt, werden **Schalldruckpegel**, d.h. die **Lautstärke (Schallintensität)**, in logarithmischer Form als **Dezibel (dB)** wiedergegeben. Ein normales Gespräch entspricht dabei etwa 60 dB, lauter Straßenlärm ungefähr 80 dB und ein kräftiger Donner etwa 120 dB. Ist man für längere Zeit Schalldruckpegeln von über 90 dB ausgesetzt, muss langfristig mit einer irreversiblen Schädigung des Gehörs gerechnet werden. Es stimmt nachdenklich, wenn man weiß, dass in den meisten Discotheken höhere Schalldruckpegel alltäglich sind.

Doch zurück zum Dynamikbereich. Beim Hören gibt es diesen nicht nur für die Schallintensität, sondern auch für die **Tonhöhe**, die physikalisch als **Frequenz**, d.h. in **Schwingungen pro Sekunde (Hertz, Hz)** ausgedrückt wird. Üblicherweise hören wir in einem Frequenzbereich zwischen etwa 20 bis 16.000 Hz. Kinder können in der Regel noch höherfrequentere Geräusche wahrnehmen, mit dem Alter lässt diese Fähigkeit allerdings immer mehr nach, bevor sich schließlich bei vielen eine Altersschwerhörigkeit entwickelt.

Die Wahrnehmungsschwelle von Tönen hängt nicht nur von deren Schalldruckpegel, sondern auch von ihrer Frequenz ab. Am empfindlichsten ist unser Gehör in einem Bereich von etwa 300-5000 Hz. Töne, die darunter oder darüber liegen, benötigen zunehmend mehr Schalldruck, um als gleich laut wahrgenommen zu werden. Diese **tonhöhenabhängige Empfindlichkeit** unseres Gehörs spielt bei der Messung von **Störlärm**, wie er u.a. bei einem Rasenmäher entsteht, eine wichtige Rolle. Die Lärmemission eines Rasenmähers wird nämlich in dB(A) gemessen, was nichts anderes bedeutet, als dass tieffrequente und hochfrequente Töne genau wie bei unserer Hörschwelle weniger stark gewichtet werden.

Unterschiedsschwelle und Weber'sches Gesetz

Neben der Wahrnehmungsschwelle gibt es noch die **Unterschiedsschwelle**, die auch als **Ebenmerklichkeit** bezeichnet wird. Sie ist definiert als der **kleinste Unterschied** zwischen **zwei Reizen**, der **gerade eben** noch wahrgenommen werden kann. Nehmen Sie einfach einmal ein Radio zur Hand, das auf Zimmerlautstärke eingestellt ist. Dann drehen Sie den Lautstärkeregler langsam auf, bis Sie den Eindruck haben, dass es gerade eben ein bisschen lauter geworden ist. Drehen Sie nun den Regler weiter, bis es wieder eine Ebenmerklichkeit lauter geworden ist usw. Schnell werden Sie bemerken, dass Sie mit zunehmender Lautstärke immer mehr am Regler drehen müssen, bis die Unterschiedsschwelle überwunden ist. Hinter diesem Phänomen verbirgt sich das **Weber'sche Gesetz**. Es besagt, dass ein **Reiz proportional** zu seinem **Ausgangswert wachsen** muss, damit er als gerade eben größer wahrgenommen wird. Da die Unterschiedsschwelle im Erleben konstant ist, lässt sich das Weber'sche Gesetz mathematisch folgendermaßen ausdrücken:

$$\boxed{\frac{\Delta S}{S} = \text{konstant}}$$ (mit ΔS = Reizzuwachs; S = Ausgangsreiz)

Das Weber'sche Gesetz kann man im Alltag häufig beobachten. So nehmen wir beispielsweise jeden neuen Zweig an einer Zimmertanne sofort wahr, wohingegen eine Tanne im Wald schon ein gutes Stück wachsen muss, bevor wir einen Unterschied entdecken. Auch beim Kauf eines neuen Autos erscheint das schicke Radio als Zubehör nicht zu teuer, was vermutlich der Fall wäre, wenn wir das gleiche Radio für eine alte Rostlaube erstehen würden. Und schließlich hat es auch eine gute Wurstverkäuferin im Gefühl, um wie viel ein Stück Wurst zu groß abgeschnitten werden kann, damit der Kunde auf die Frage „Darf es ein bisschen mehr sein?" noch mit „Ja" antwortet, weil seine Unterschiedsschwelle noch nicht überschritten ist.

Die Unterschiedsschwelle gilt selbstverständlich nicht nur in eine Richtung. Schließlich kann man ja auch fragen, um wie viel ein Reiz kleiner werden muss, bis dies gerade eben wahrgenommen wird. Beide Unterschiedsschwellen zusammen bilden das **Unsicherheitsintervall**, in dem Menschen zwischen Reizen nicht mehr sicher differenzieren können. Die obere und untere Grenze des Unsicherheitsintervalls bzw. die Unterschiedsschwellen sind per Definition so festgelegt, dass die menschliche Wahrnehmung hierbei nur in 50% der Fälle den Unterschied zwischen den Reizen wahrnimmt.

Lautheitseindruck und Lokalisation von Geräuschen

Die bis hierhin am Beispiel des Hörens erläuterten Begriffe geben Auskunft über die Leistungsfähigkeit unserer Sinnesorgane in Grenzbereichen. Im Alltag kommt es zwar durchaus vor, dass wir z.B. in einer lauten Gaststätte die Worte unseres Gesprächspartners gerade noch so hören können, weil sie an unserer Wahrnehmungsschwelle für Sprachlaute bei Störgeräusch liegen. Viel häufiger sind jedoch diejenigen Bedingungen, bei denen die Reize deutlich **überschwellig** sind. Selbstverständlich lässt sich auch dieser Bereich psychologisch erfassen. Die in Abb. 2.2 dargestellte Skala ist eine Möglichkeit hierzu.

Der **Lautheitseindruck** eines Ereignisses soll in einem ersten Schritt einer der **verbalen Kategorien** zugeordnet werden. Das Sommerfest der Nachbarn würden wir beispielsweise als „laut" bezeichnen. In einem zweiten Schritt lässt sich dann anhand der Zahlen von 31–40 festlegen, wie laut es exakt ist. Geht es eher in Richtung „mittel", werden wir wohl Werte im Bereich von 34–31 vergeben. Im anderen Falle, bei einer Tendenz zu „sehr laut", liegt unser Urteil wahrscheinlich bei Zahlen höher als 37. So einfach kann man menschliches Erleben wie das Hören **psychologisch messen** oder, wie man in der Fachsprache sagt, **quantitativ bestimmen**.

Skalierungsverfahren wie das der **Kategorienunterteilung** (siehe Abb. 2.2) werden auch zur Bestimmung des Hörverlusts bei Schwerhörigen eingesetzt. Hierzu spielt man dem Patienten definierte Geräusche verschiedener Lautstärke und Tonhöhe vor, die dieser bezüglich ihrer wahrgenommenen Lautheit mit Hilfe einer solchen Skala beurteilen soll. Im Vergleich zur Normkurve einer normalhörenden, repräsentativen Stichprobe lässt sich dann der individuelle Hörverlust feststellen.

Bleiben wir noch ein bisschen beim Hören. Inzwischen haben wir gelernt, dass unser psychologischer **Tonhöheneindruck** mit der Frequenz des dargebotenen Tones zusammenhängt. Der **Lautheitseindruck** hingegen wird nicht nur vom Schalldruckpegel eines Geräusches bestimmt, sondern zusätzlich von den Frequenzen des Klangereignisses, da das Hören für verschiedene Tonhöhen unterschiedlich empfindlich ist.

Neben der Wahrnehmung von Lautheit und Tonhöhe kann unser Gehör aber auch den Ort von Geräuschen bis auf etwa 3 Winkelgrade genau **lokalisieren**. Diese Leistung vollbringt das **auditorische System**, indem es zwischen linkem und rechtem Ohr (d.h. **interaural**) **Laufzeit-** und **Intensitätsunterschiede** auswertet. Tritt ein Schallereignis rechts von uns ein, dann erreichen die Schallwellen das Trommelfell des rechten Ohres früher als das des linken. Solche Laufzeitunterschiede können vom auditorischen System bis zu der Winzigkeit von 20 µs ausgewertet werden. Zusätzlich ist auch die Intensität des Schalldrucks am linken Ohr geringer als am rechten. Das auditorische System ist in der Lage, Intensitätsunterschiede bis hin zu 1 dB Differenz zu erkennen (vgl. Zenner, 1994).

Laufzeit- und Intensitätsunterschiede sind zwar gut dazu geeignet, die **seitliche (laterale) Position** einer Schallquelle zu identifizieren, ermöglichen es aber nicht, auch deren **vertikale** Position zu bestimmen. Zur vertikalen **Raumorientierung** benötigen wir die Ohrmuscheln, die sich je nach Auftreffwinkel des Schallsignals minimal verformen und damit das akustische Signal modulieren. Offensichtlich dienen diese **modulierten Signale** im Vergleich mit **erlernten Klangmustern** dazu, die vertikale Raumorientierung einer Schallquelle festzustellen.

Nachdem wir bislang einige der grundlegenden Begriffe der Wahrnehmungspsychologie anhand von akustischen Beispielen erläutert haben, wenden wir uns im Folgenden den Mechanismen des Sehens zu.

	**
schmerzhaft	53
laut	52
	51
	50
	49
	48
	47
	46
sehr laut	45
	44
	43
	42
	41
	40
	39
	38
	37
	36
laut	35
	34
	33
	32
	31
	30
	29
	28
	27
	26
mittel	25
	24
	23
	22
	21
	20
	19
	18
	17
	16
leise	15
	14
	13
	12
	11
	10
	9
	8
	7
	6
sehr leise	5
	4
	3
	2
	1
nichts gehört	0

Abb. 2.2 Skala zur Bestimmung des Lautheitseindrucks nach Heller (1985)

2.2.2 Visuelle Wahrnehmung

Begriffe

skotopisches Sehen (Schwarzweißsehen) ◆ photopisches Sehen (Farbensehen) ◆ trichromatische Theorie des Farbensehens ◆ Kontraste ◆ Kontrastverstärkung ◆ rezeptive Felder ◆ laterale Inhibition ◆ binokulare Tiefeninformation ◆ monokulare Tiefenkriterien ◆ visuelles System ◆ Bewegungswahrnehmung

Lernziele

Das Sehen von Licht und Farben

Auf der **Retina** (Netzhaut) des menschlichen Auges befinden sich zwei verschiedene Arten von Sinnesrezeptoren: die **intensitätssensitiven Stäbchen** und die **spektralsensitiven Zapfen**. Während die Stäbchen für das Sehen bei einer **sternenklaren Nacht**, das so genannte **skotopische Sehen (Schwarzweißsehen)**, zuständig sind, werden die Zapfen zum Sehen bei Tageslicht (**photopisches Sehen**) eingesetzt. Die Verteilung beider Rezeptortypen auf der Retina ist derart, dass sich die Zapfen fast ausschließlich auf der **Fovea centralis**, dem Punkt schärfsten Sehens befinden, wohingegen die Stäbchen in der **Peripherie** der Netzhaut zu finden sind. Da die Stäbchen keine Farben abbilden können, sind wir bei **Nacht** weitgehend **farbenblind** und unser schärfstes Sehen findet in der Peripherie der Netzhaut statt. Bei **hellem Licht** hingegen werden alle fokussierten Objekte durch die Linse auf den Punkt schärfsten **Farbensehens** projiziert. Die dort vorhandenen Zapfen lassen sich in drei Typen unterscheiden, die für **Licht verschiedener Wellenlänge** unterschiedlich empfänglich sind. So gibt es eine Art von Zapfen, die besonders auf **kurzwelliges, blaues** Licht (ca. 440-490 Nanometer Wellenlänge) anspricht, eine weitere, die für **mittelwelliges, grünes** Licht (ca. 490-540 nm) sensitiv ist, und eine dritte Art, welche am stärksten auf **langwelliges, rotes** Licht (ca. 630-700 nm) reagiert.

Die **trichromatische Theorie des Farbensehens** von **Thomas Young** (1773-1829) und **Hermann von Helmholtz** (1821-1894) postulierte bereits frühzeitig die Existenz dieser drei **unterschiedlich farbsensitiven Rezeptoren** und dass aus deren Signalen jeder beliebige Farbeindruck kombiniert werden kann. Ihre physiologische Bestätigung fand sie jedoch erst im 20. Jahrhundert. Eine technische Umsetzung dieses Wissens ist beispielsweise beim Farbfernsehen gegeben. Auch hier wird jeder beliebige Farbeindruck durch Mischung der drei **Primärfarben** Rot, Grün und Blau erzeugt.

Die Wahrnehmung von Kontrasten

Abb. 2.3
Hermann von Helmholtz unterschiedlich kontrastreich dargestellt.

Die Wahrnehmung von **Kontrasten** ermöglicht es uns, Objekte im Raum leichter zu erkennen, indem Konturen wie Ecken und Kanten stärker akzentuiert werden. Die kontrastarme und kontrastreiche Abbildung eines Gemäldes von Hermann von Helmholtz verdeutlicht dies (vgl. Abb. 2.3).

Dass unser visuelles System Kontraste beim Übergang zwischen verschiedenen Graustufen akzentuiert erscheinen lässt, wird beeindruckend durch Abb. 2.4 demonstriert. Obwohl jedes einzelne Feld mit einem physikalisch homogenen Grau ausgefüllt ist, haben wir den phänomenalen Eindruck, als würde an den Rändern das jeweils linke Feld zunehmend dunkler und das jeweils rechte Feld zunehmend heller. Wenn Sie es nicht glauben, dann decken Sie einfach die umliegenden grauen Felder mit einem Blatt Papier ab.

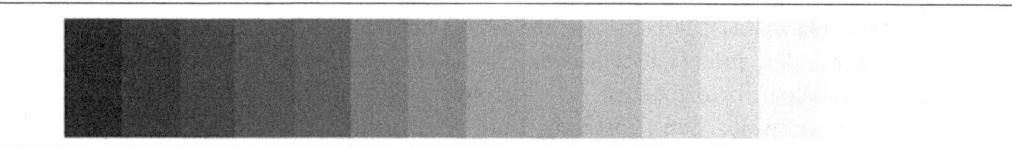

Abb. 2.4 Akzentuierung von Konturen durch Kontrastverstärkung

Die **Kontrastverstärkung** an den Rändern zwischen zwei Graustufen lässt sich neurophysiologisch durch so genannte **rezeptive Felder** der **Ganglienzellen** erklären. Ganglienzellen sind den Sinnesrezeptoren nachgeschaltete Nervenzellen. Die Information vieler Sinnesrezeptoren wird auf eine Ganglienzelle gebündelt und es entsteht ein rezeptives Feld. Zwei Typen dieser rezeptiven Felder lassen sich unterscheiden: die **ON-Zentrum-Neurone** und die **OFF-Zentrum-Neurone**.

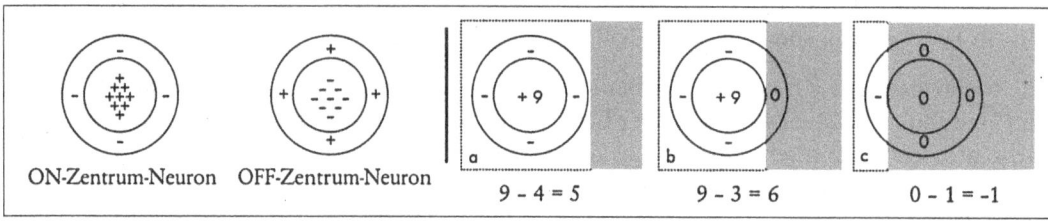

Abb. 2.5 Schematische Darstellung rezeptiver Felder der Ganglienzellen und ihre Funktionsweise der Kontrastverstärkung

Das der Kontrastverstärkung zugrunde liegende physiologische Prinzip ist die **laterale Inhibition** (seitliche Hemmung). Wird beispielsweise das rezeptive Feld eines ON-Zentrum-Neurons von einer homogenen Fläche beleuchtet, dann wird das Zentrum erregt und die Peripherie gehemmt. Die sich in der Summe ergebende **Aktivierung** bestimmt den **Helligkeitseindruck** (Abb. 2.5, rechte Seite, Bild a). Wird nun die Peripherie des rezeptiven Feldes geringer beleuchtet, dann verkleinert sich der hemmende Anteil, so dass ein Eindruck größerer Helligkeit entsteht (Abb. 2.5, Bild b). Ist schließlich auch das ON-Zentrum auf die dunklere Fläche gerichtet, entsteht der Eindruck größerer Dunkelheit, da nur noch ein aktivierter, hemmender Anteil der Peripherie des rezeptiven Feldes übrig bleibt (Abb. 2.5, Bild c).

Da das alles doch ein bisschen kompliziert war, wenden wir uns nun dem Sehen von Tiefe zu.

Die Wahrnehmung räumlicher Tiefe

Die Wahrnehmung **räumlicher Tiefe** (das **Tiefensehen**) geschieht sowohl **binokular** durch die Auswertung der **Informationen** von **Konvergenzwinkel** und **Querdisparation** unserer *beiden* Augen, als auch **monokular** durch eine Reihe von **Tiefenkriterien**, die mit nur *einem* Auge wahrgenommen werden können.

Fixieren wir ein Objekt mit beiden Augen, dann **konvergieren** die **Blickachsen** auf das Objekt. Je weiter das Objekt von uns entfernt ist, desto kleiner wird dieser Konvergenzwinkel. Nehmen Sie einfach einmal einen Stift und halten Sie ihn sich so nahe vor das Gesicht, dass Ihre Augen Mühe haben, ihn noch scharf zu sehen. Jetzt erleben Sie die Arbeit der Augenmuskulatur. Strecken Sie nun langsam den Arm aus und achten Sie darauf, wie die Augenmuskeln die Stellung der beiden Augen anpassen. Der anfangs große Konvergenzwinkel verkleinert sich mit zunehmender Entfernung immer mehr. Noch besser können Sie dies beobachten, indem Sie einem anderen Menschen bei dieser Demonstration auf die Augen schauen. Die Auswertung des Konvergenzwinkels zum Tiefensehen ist dem **visuellen System** jedoch nur bis zu einer Entfernung von etwa drei Metern möglich. Darüber hinaus werden die Winkelunterschiede zu klein, um einen Eindruck von räumlicher Tiefe zu ermöglichen.

Neben dem Konvergenzwinkel nutzt das visuelle System die Tatsache, dass unsere Augen durchschnittlich etwa 6 cm **auseinander liegen (Querdisparation)** und damit **zwei perspektivisch verschiedene Abbilder** eines betrachteten Objektes liefern. Schließen Sie einmal das *linke* Auge und halten Sie Ihre beiden Zeigefinger so vor das *rechte* Auge, dass Sie diese in einer Linie sehen. Fixieren Sie den hinteren Zeigefinger und betrachten Sie das Ganze nun mit dem *linken* Auge. Was ist passiert? Jetzt sehen Sie die beiden Zeigefinger nicht mehr in einer Linie, sondern versetzt. Für die Querdisparationsinformation gilt allerdings das Gleiche wie für den Konvergenzwinkel: Mit zunehmender Entfernung reicht der Augenabstand nicht mehr aus, um noch einen Tiefeneindruck zu erreichen.

Halten Sie sich doch bitte nochmals ein Auge zu und schauen Sie im Raum herum und in die Ferne. Ist die Welt jetzt zweidimensional? THINK! Warum ist sie es eigentlich nicht? Sie ist es

Monokulare Tiefenkriterien	Beispiel
Überlappung	Verdeckt ein Objekt A Teile eines Objektes B, so wird A vorne und B hinten gesehen. Die Überlappung liefert allerdings keine Entfernungsinformation, sondern nur relative Tiefe.
Größe	Ein großes Objekt erscheint näher als ein kleineres.
Linearperspektive	Verlaufen parallele Geraden, wie z.B. Eisenbahnschienen, in die Ferne, so konvergieren sie auf einem Punkt der Retina. Diese Konvergenz kann man in Zeichnungen einsetzen, um scheinbar parallelen Linien einen Tiefeneindruck zu verleihen.
Atmosphärische Perspektive	Durch Partikel in der Atmosphäre, wie z.B. Staub, Ruß oder Nebel, werden weit entfernte Objekte unschärfer gesehen als nahe. Deshalb erscheinen uns die Berge an klaren Tagen so sehr nah, obwohl sie weit weg sind.
Licht und Schatten	Sie geben Auskunft über die Position der gesehenen Objekte zur Lichtquelle und vermitteln einen dreidimensionalen Eindruck.

Tab. 2.2 Übersicht über die verschiedenen monokularen Tiefenkriterien

deshalb nicht, weil es neben den beiden **binokularen Informationssystemen** Konvergenzwinkel und Querdisparation auch **monokulare Informationen** – wie beispielsweise die **Linearperspektive** oder **Licht und Schatten** – gibt, die auf räumliche Tiefe schließen lassen (vgl. dazu auch Tab. 2.2).

Die Wahrnehmung von Bewegungen

Es existieren vielfältige Möglichkeiten, den visuellen Eindruck einer Bewegung hervorzurufen. Neben den **realen Bewegungen** gibt es noch **Scheinbewegungen**, die durch spezifische visuelle Reize induziert werden (**induzierte Bewegungen**) oder durch **Bewegungsnachwirkungen** entstehen. Doch bevor wir diese kurz besprechen, können wir noch eine kleine Demonstration einschieben:

Fixieren Sie wieder einmal mit einem Auge ein Objekt vor Ihnen. Stoßen Sie dann bitte vorsichtig mit einem Finger ein paar Mal gegen das untere Augenlid des Auges, mit dem Sie das Objekt betrachten. Sie werden sehen, dass es sich nun bewegt. THINK! Wie kann sich etwas bewegen, von dem wir wissen, dass es sich in Wirklichkeit nicht bewegt? Die einfachste Erklärung, dass unser Auge durch den Finger bewegt und dadurch das fixierte Objekt auf eine andere Netzhautstelle projiziert wird, ist zwar einleuchtend, aber nicht korrekt. Untersuchungen von Lawrence Stark und Bruce Bridgeman (1983) haben gezeigt, dass sich das Auge beim Drücken mit dem Finger so gut wie nicht bewegt. Um es allerdings in seiner Position zu halten, ist eine dem Fingerdruck entgegengerichtete Aktivität der Augenmuskulatur notwendig. Offenbar wird diese Aktivierung der Augenmuskulatur bei der Wahrnehmung mit berücksichtigt, so dass sich das Objekt unserem Fingerdruck entgegen zu bewegen scheint.

Neben dieser Form der **Scheinbewegung** gibt es noch eine weitere, sehr bekannte: das **Phi-Phänomen**. Falls Sie den Fernsehbeitrag über die Geschichte der Psychologie in Folge 1 aufmerksam verfolgt haben, dann haben Sie das Phi-Phänomen schon einmal gesehen. Die Scheinbewegung wird dabei hervorgerufen, indem man räumlich voneinander getrennte Lampen kurz nacheinander (40–200 ms Abstand) aufleuchten lässt. Dadurch entsteht der Eindruck, als hätten sich die zuerst aufleuchtenden Lampen zu einer zweiten Position hin bewegt.

Eine andere Möglichkeit, den Bewegungseindruck eines Objektes zu **induzieren**, besteht darin, um das Objekt herum ein größeres Objekt zu bewegen. Klingt kompliziert, ist aber genau die Ursache dafür, warum wir den Vollmond in einer stürmischen Nacht durch die Wolken jagen sehen. Obwohl wir wissen, dass sich die Wolken bewegen, haben wir dennoch den Eindruck, als würde sich der Mond bewegen.

Als Letztes sollen noch kurz die **Bewegungsnachwirkungen** erläutert sein. Viele haben das bestimmt schon einmal selbst erlebt: Steht man längere Zeit auf einer Brücke und schaut in den darunter fließenden Bach, dann hat man beim Hochschauen den Eindruck, als würde sich die ganze Welt in entgegengesetzter Richtung bewegen. Gleiches kann man auch bei längeren Zugfahrten und einem Platz gegen die Fahrtrichtung erleben. Die physiologische Erklärung dieser Bewegungsnachwirkungen ist wiederum die **laterale Inhibition**. Man geht dabei von entgegengesetzten **Bewegungsdetektoren** im visuellen System aus, die sich normalerweise gegenseitig hemmen und so im Gleichgewicht halten. Wird nun eine Art von Detektor durch das lange Betrachten einer Bewegung ermüdet, dann kann er den anderen nicht mehr hemmen, so dass ein entgegengesetzter Bewegungseindruck entsteht.

2.3 Wahrnehmung als Prozess der Informationsverarbeitung

Begriffe

psychologischer Prozess des Wahrnehmens ◆
Verarbeitung sensorischer Informationen ◆
„bottom-up"-Prozesse (aufsteigende Reizverarbeitung) ◆
„top-down"-Prozesse (absteigende Prozesse)

Lernziele

Bislang haben wir uns überwiegend auf Wahrnehmungsprozesse der untersten Ebene beschränkt. Physiologische Aspekte der Weiterleitung und Verschaltung der neuronalen Signale unserer Sinneszellen bis hin zu den sensorischen Feldern der Großhirnrinde haben wir dabei bewusst ausgespart. Wir sollten uns jedoch fragen, wie man sich den **psychologischen Prozess des Wahrnehmens** vorstellen kann. Abb. 2.6 zeigt am Beispiel des Sehens eine **Modellvorstellung** der bei der **Verarbeitung sensorischer Informationen** involvierten Mechanismen.

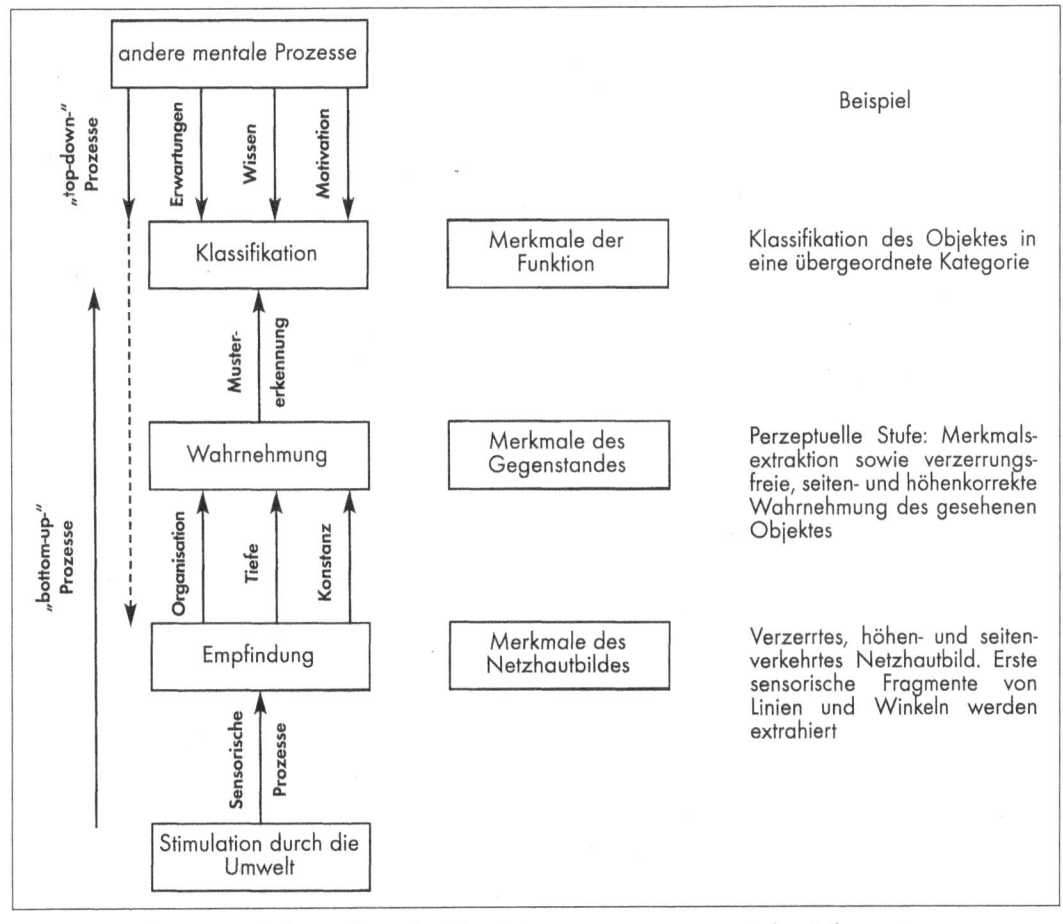

Abb. 2.6 Modellvorstellung des Verarbeitungsprozesses sensorischer Informationen, erstellt nach Zimbardo (1995, S. 162)

Der Prozess der **Klassifikation** oder des **bewussten Erkennens** eines gesehenen Objektes wird als von zwei Seiten beeinflusst dargestellt. Zum einen gibt es eine **aufsteigende Reizverarbeitung (bottom-up)**, welche die Information der Sinnesrezeptoren in immer umfassenderer Weise analysiert und strukturiert sowie die verschiedenen charakteristischen Merkmale eines Objektes nach und nach herausarbeitet. Dieser Prozess findet jedoch nicht vollautomatisch nach immer gleichen Regeln statt, sondern wird von **absteigenden (top-down) mentalen Prozessen**, wie z.B. Erwartungen und Wissen, modifiziert. Beide Prozesse dienen dem gemeinsamen Ziel, die **funktionale, handlungsrelevante Bedeutung** eines Objektes zu erkennen.

„**Top-down**"-Einflüsse bei der Wahrnehmung lassen sich an **Bildvorlagen** demonstrieren, die auf mindestens zwei Arten wahrgenommen werden können oder die sich je nach Erwartung im visuellen Eindruck verändern. Abb. 2.7 gibt jeweils ein Beispiel. Die linke Seite der Abbildung stellt das Portrait einer jungen Frau dar. Die Gesichtszüge lassen sich zwar nur erahnen, aber dennoch handelt es sich eindeutig um eine junge Frau. Erstaunlicherweise wird der ganz offensichtlich dargestellte Saxophonist von uns erst dann so richtig erkannt, wenn wir nach ihm suchen. Zeigen Sie dieses Bild doch einmal jemand anderem und beginnen Sie damit, dass hier ein Saxophonist gezeigt wird und dass Sie die Abbildung nicht sehr gelungen finden. Vermutlich wird Ihre Versuchsperson das Portrait der jungen Frau nicht wahrnehmen und erstaunt sein, wenn Sie sie darauf hinweisen.

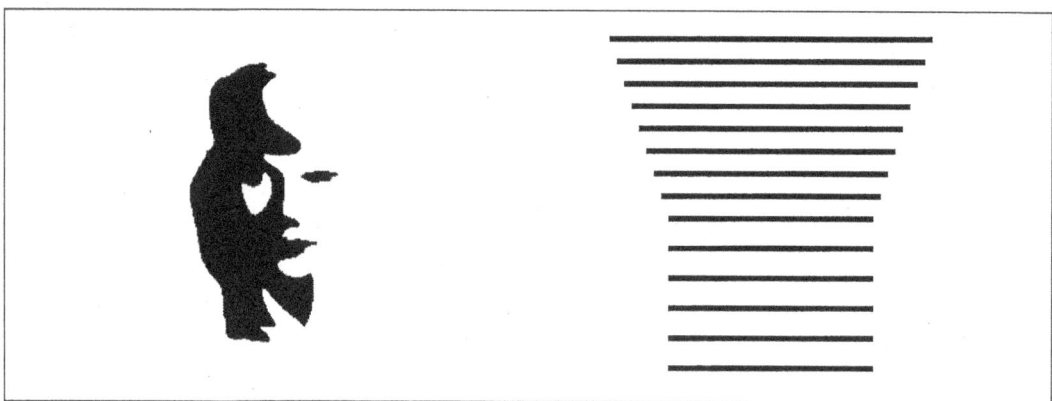

Abb. 2.7 Doppeldeutige Bildvorlagen zur Demonstration von „top-down"-Einflüssen bei der Wahrnehmung

Die rechte Seite der Abb. 2.7 zeigt auf den ersten Blick eine Reihe von waagerechten Linien auf einem homogenen weißen Hintergrund. Stellen wir uns nun vor, dass die Linien ein kleines Schnapsglas darstellen sollen, dann entsteht der Eindruck, als ob der Hintergrund hinter den Linien ein bisschen grauer geworden ist und sich somit die Kanten des Schnapsglases vor dem restlichen Hintergrund deutlicher abzeichnen.

Physikalisch hat sich bei beiden Beispielen an der Abbildung nichts geändert. Einzig und allein die **Einstellung** des Betrachters hat sich „top-down" auf seine Wahrnehmung ausgewirkt.

2.4 Perzeptuelle Organisation mit Hilfe der Gestaltgesetze

Begriffe

**perzeptuelle Organisation ♦ Gestaltgesetze
(Figur-Grund, Nähe, Gleichheit, Geschlossenheit, gute Fortsetzung,
Symmetrie, Prägnanz, gemeinsames Schicksal)**

Lernziele

Mindestens gleichermaßen erstaunlich wie der gerade erlebte „top-down"-Einfluss ist die **Leichtigkeit**, mit der uns das Erkennen von Objekten gelingt. Einen großen Anteil daran haben verschiedene **Gestaltgesetze**, die dazu dienen, die Informationen der Sinnesrezeptoren **perzeptuell** (d.h. für die **bewusste Wahrnehmung**) zu **organisieren**.

Die **strukturierende Wirkung** der **Gestaltgesetze** kann besonders eindrucksvoll an Bildvorlagen erlebt werden, bei denen unser visuelles System schwer arbeiten muss, um die dargestellten Objekte wahrnehmbar zu machen. Abb. 2.8 zeigt eines der bekanntesten Beispiele. Kennt man den Inhalt dieses Bildes noch nicht, wird man nur eine Ansammlung von schwarzen Flecken auf weißem Grund wahrnehmen, wobei bereits ein erstes Gestaltgesetz zum Tragen gekommen ist: die **Figur-Grund-Unterscheidung**. Dieses Gestaltgesetz führt dazu, dass der größere Flächenanteil in der Regel als Hintergrund gesehen wird und der kleinere Anteil als Vordergrund.

Abb. 2.8 Fotografie von R.C. James zur Demonstration der Wirkung von Gestaltgesetzen

Versuchen Sie doch einmal die weißen Flecken im Vordergrund und die schwarzen im Hintergrund zu sehen. Sie werden merken, wie schwer das ist. Betrachten Sie das Bild einfach noch ein Weilchen länger. Sobald Ihr visuelles System seine Arbeit getan hat, werden Sie einen Dalmatiner sehen, der mit seiner Schnauze auf einem Weg schnüffelt. Allerdings wird es Ihnen jetzt nicht mehr gelingen, nur noch schwarze Flecken auf weißem Hintergrund wahrzunehmen.

Neben dem Gestaltgesetz der Trennung von Figur und Grund gibt es noch zahlreiche weitere, von denen die am häufigsten genannten das **Gesetz der Nähe; der guten Fortsetzung; der geschlossenen Gestalt; der Gleichheit; der Symmetrie, der Prägnanz** und **des gemeinsamen Schicksals** sein dürften (siehe auch Tab. 2.3).

Nachdem wir bis hierhin einen ersten Eindruck der Wahrnehmungspsychologie vermittelt haben, wollen wir uns auf den verbleibenden Seiten dieser Lektion noch ein wenig mit der Handlungssteuerung befassen.

Gestaltgesetz	Beschreibung	Beispiel
Nähe	Nah beieinander liegende Objekte werden als zusammengehörig wahrgenommen.	
Gleichheit	Gleich aussehende Objekte werden eher als zusammengehörig wahrgenommen.	
Geschlossenheit	Das Gesetz der Geschlossenheit dient zur Figurbildung. Geschlossenere Objekte werden leichter gruppiert gesehen als offene.	[ ] [ ] [ ] [ ]
Gute Fortsetzung	Betrachtet man nur den linken Teil, so entsteht der Eindruck, dass sich die geschlängelte und die gerade Linie fortsetzen. Dass die gute Fortsetzung täuscht, zeigt der rechte Teil der Abbildung.	
Symmetrie	Symmetrische Figuren werden leichter als Gestalt wahrgenommen, wodurch sogar das vertraute Lesen der Schrift erschwert wird.	WAHRNEHMUNGSPSYCHOLOGIE
Prägnanz	Prägnanz bedeutet soviel wie „gute Gestalt". Jedes Reizmuster wird auf die einfachste Art und Weise wahrgenommen. Bsp.: Gesehen wird ein Rechteck und ein Dreieck, aber kein kompliziertes „Elfeck".	
Figur-Grund	Die nach dem dänischen Psychologen Rubin benannte Rubinsche Vase demonstriert das Problem der Figur-Grund-Unterscheidung.	
Gemeinsames Schicksal	Objekte, die in eine gemeinsame Richtung deuten oder sich gemeinsam bewegen, werden gruppiert wahrgenommen.	

Tab. 2.3 Überblick über verschiedene Gestaltgesetze und ihre Wirkweise

2.5 Die spannende Frage der Handlungssteuerung

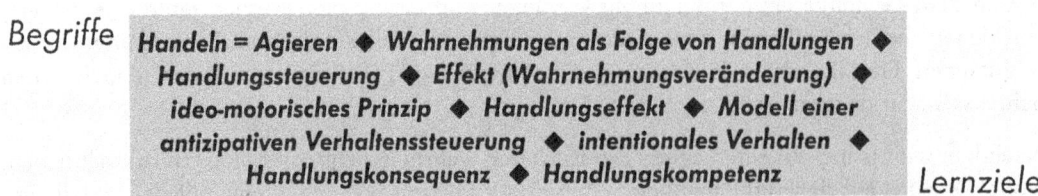

Begriffe: Handeln = Agieren ◆ Wahrnehmungen als Folge von Handlungen ◆ Handlungssteuerung ◆ Effekt (Wahrnehmungsveränderung) ◆ ideo-motorisches Prinzip ◆ Handlungseffekt ◆ Modell einer antizipativen Verhaltenssteuerung ◆ intentionales Verhalten ◆ Handlungskonsequenz ◆ Handlungskompetenz

Lernziele

Wahrnehmung ist, so kann man sagen, eine **Form des Handelns**. Denn erstens nehmen wir nur diejenigen Dinge wahr, denen wir unsere **Sinnesrezeptoren** in irgendeiner Weise **handelnd zu-**

wenden. Und zweitens dienen **Handlungen** dazu, **Veränderungen** in der **Umwelt** zu erzielen, d.h. einen gewünschten **Wahrnehmungseindruck** herzustellen. Ist dieser erreicht, können wir uns handelnd daran machen, die nächste Wahrnehmung hervorzurufen.

Dieser Gedanke mag zuerst ein wenig ungewöhnlich erscheinen, herrscht doch üblicherweise die Annahme vor, dass Handlungen die Folge unserer Wahrnehmungen sind. Wenn dem allerdings so wäre, dann würden wir zu <u>reagierenden</u> Wesen gemacht, die auf eine Wahrnehmung mit einer bestimmten Verhaltensweise antworten – ganz wie der **Behaviorismus** das gesehen hat. Genau andersherum zu denken und **Wahrnehmungen** als **Folge** unserer **Handlungen** zu sehen, hat den Vorteil, dass Menschen als **agierende** Wesen betrachtet werden können, die ihre Umwelt nach ihren Wünschen und Vorstellungen gestalten.

Verfolgen wir diese Überlegung weiter, dann muss ein Mensch, um aktiv auf seine Umwelt einwirken zu können, einmal **gelernt** haben, *welche* Handlungen zu *welchen* Wahrnehmungen, d.h. Effekten in der Umwelt führen. Haben wir beispielsweise den Wunsch, in einem dunklen Raum das Licht einzuschalten, dann führt diese Vorstellung dazu, dass wir nach dem Öffnen der Tür nach rechts oder links fassen (handeln) und einen Lichtschalter betätigen. Dies funktioniert in der Regel recht gut, da wir gelernt haben, in welcher Höhe und auf welcher Seite der Tür für gewöhnlich Lichtschalter zu finden sind.

Auf einen einfachen Nenner gebracht, erfolgt **Handlungssteuerung** dadurch, dass wir Menschen zuerst lernen, welches **Verhalten** zu welchen **Effekten (Wahrnehmungsveränderungen)** in der Umwelt führt. Haben wir dieses Wissen einmal ausreichend verlässlich erworben, dann reicht die bloße (auch unbewusste) **Vorstellung** der zu erzielenden Wahrnehmungsveränderung aus und automatisch vollzieht unser Körper die richtige Handlung. Dieser Gedanke wird in der Fachsprache als das **ideo-motorische Prinzip** bezeichnet. Die **Idee** eines **Handlungseffektes** steuert die **Motorik**. Das ideo-motorische Prinzip wurde theoretisch bereits zu Beginn des 19. Jahrhunderts formuliert, aber erst in den letzten Jahren gelang es der Psychologie, zunehmend mehr experimentelle Belege für seine Richtigkeit zu erbringen. **Joachim Hoffmann** (1993) konzipierte auf der Grundlage des ideo-motorischen Prinzips ein **lernabhängiges Modell einer „antizipativen Verhaltenssteuerung"** (Abb. 2.9).

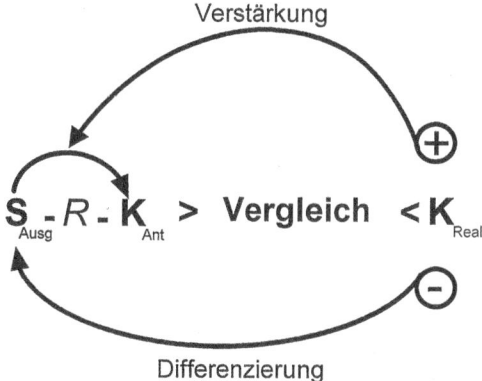

Abb. 2.9 Modellvorstellung eines Lernmechanismus zum Aufbau verhaltenssteuernder Antizipationen (Erwartungen)*

Gemäß Hoffmanns Modell ist **intentionales Verhalten R** in einer spezifischen **Ausgangssituation** S_{Ausg} stets von **Antizipationen** K_{Ant} der erfahrungsgemäß eintretenden **Handlungskonsequenzen** begleitet. Diese **erwarteten (antizipierten)** Konsequenzen werden mit den **real eintretenden** Konsequenzen K_{real} verglichen. Stimmen sie überein, wird die **S-R-K-Beziehung** ver-

---

* Bildquelle: Hoffmann, J. (1993), S. 44, *Vorhersage und Erkenntnis*, Göttingen: Hogrefe.

stärkt. Ist eine Differenz eingetreten, wird gelernt, dass sich die gegebene Ausgangsbedingung in irgendeiner Weise von der gewohnten unterscheidet und andere Verhaltensweisen R erfordert, um die gewünschte Konsequenz zu erzielen.

Bislang ist die Psychologie nur in der Lage, die Steuerung einfacher menschlicher Verhaltensweisen zu erklären, und es wird wohl noch einige Zeit dauern, bevor die Komplexität menschlichen Handelns letztendlich verstanden wird und auch Roboter gebaut werden können, die selbstständig lernend **Handlungskompetenz** erwerben.

Aufgaben

1. Beschreiben Sie in eigenen Worten, was unter Sinnesmodalitäten und was unter Sinnesrezeptoren zu verstehen ist.
2. Erstellen Sie unter Einbezug der Begriffe: „physikalischer Reiz", „Teilgebiet", „phänomenales Erleben", „Zusammenhang" und „Psychophysik" eine sinnvolle Aussage.
3. Welche der folgenden Aussagen sind richtig, welche falsch? Erklären Sie einem beliebigen anderen Menschen, warum dies so ist.
    a) Das Genauigkeitsintervall entspricht dem Dynamikbereich.
    b) Die Unterschiedsschwelle ist im phänomenalen Erleben immer gleich.
    c) Das Unsicherheitsintervall besteht aus zwei Unterschiedsschwellen.
    d) Die Absolutschwelle ist das Gleiche wie die Unterschiedsschwelle.
    e) Der Dynamikbereich ist für alle Sinnesrezeptoren gleich.
    f) Der Dynamikbereich beginnt an der Absolutschwelle.
4. Beschreiben Sie die Aussage des Weber'schen Gesetzes.
5. Warum ist es so wichtig, Kontraste wahrnehmen zu können, und wie wird dies durch rezeptive Felder unterstützt?
6. Nennen Sie fünf Kriterien monokularer Tiefeninformation und malen Sie – wenn Sie möchten – ein Bild, das alle verwendet.
7. Unterscheiden Sie zwischen „bottom-up"- und „top-down"-Prozessen der Informationsverarbeitung.
8. Zählen Sie so viele Gestaltgesetze auf wie Ihnen einfallen!
9. Wie lernen Menschen ihre Handlungen zu steuern?

zur Lernkontrolle

3 Lernen und Gedächtnis

Menschen kommen nur mit sehr wenigen angeborenen Verhaltensmöglichkeiten auf die Welt und müssen alle anderen zum Leben notwendigen **Fähigkeiten** und **Fertigkeiten** durch **Lernvorgänge** erwerben. Damit wird der Mensch zum Lernriesen unter den Lebewesen. Möglich wird dies durch die Speicher- und Verknüpfungsmöglichkeiten, welche uns die Milliarden von Nervenzellen unseres Gehirns zur Verfügung stellen. Obwohl ein Lernen ohne Gedächtnis und ein Gedächtnis ohne Lernen nicht denkbar sind, haben sich in der psychologischen Forschung verschiedene Zweige etabliert, die ihre Interessensschwerpunkte mehr auf Prozesse des Lernens oder mehr auf solche des Gedächtnisses, d.h. des Behaltens und Vergessens, legen. Beginnen wir mit dem Lernen.

3.1 Zur Psychologie des Lernens

3.1.1 Behaviorismus kontra Kognitivismus

Begriffe **Lernen ◆ Behaviorismus ◆ Stimulus-Response-Assoziationen (Reiz-Reaktions-Verknüpfungen) ◆ Kognitivismus ◆ Response-Effect-Assoziationen** *Lernziele*

Lernen kann als jede **umgebungsbezogene Verhaltensänderung** bezeichnet werden, die als Folge einer individuellen **Informationsverarbeitung** eintritt (Klix, 1971). Eine **Theorie des Lernens** ist deshalb auch immer eine **Theorie des Verhaltens**. Die Psychologen, die sich als erste beobachtbaren Verhaltensänderungen infolge von Lernprozessen zuwandten, waren Behavioristen wie **John B. Watson** (1878-1958), **Edwin R. Guthrie** (1886-1959), **Edward L. Thorndike** (1874-1949) und **Burrhus F. Skinner** (1904-1990).

Der Begriff des **Behaviorismus** wurde 1913 von Watson geprägt. Unter den behavioristischen Lerntheorien versteht man all diejenigen Ansätze, welche beim Lernen von einem Aufbau von **Stimulus-Response-Assoziationen** ausgehen, oder anders ausgedrückt, von **Reiz-Reaktions-Verknüpfungen**. Da ein Stimulus oder Reiz nichts anderes als eine spezifische Situation ist, kann man auch von **Situations-Reaktions-Verknüpfungen** sprechen. **Verhaltenskonsequenzen** oder **Verhaltenseffekte** haben beim Behaviorismus nur eine untergeordnete Rolle als **Verstärker** oder **Abschwächer** des in einer bestimmten Situation gezeigten Verhaltens. Damit erwähnen wir auch gleich die **kognitivistische** Gegenposition zu den S-R-Theorien, die den Schwerpunkt des Lernens auf den Aufbau von **Response-Effect-Assoziationen** legen, welche situationsabhängig (S) erworben werden können.

Die gesamte Grundlagenforschung des Lernens dreht sich folglich mehr oder weniger darum, welche **Assoziationen** unter welchen **Bedingungen** und in welcher **Reihenfolge** zwischen einer **Situation (Stimulus, Reiz, S)**, einem **Verhalten (Response, R)** und einer **Konsequenz (Effekt, E)** aufgebaut werden. Letztendlich geht man davon aus, dass sich jegliche Art von Lernen aus dem Aufbau von **S-R-E-Assoziationen** erklären lässt, also auch die erworbene Angst vor Fahrstühlen,

Menschenansammlungen oder Spinnen als Beispiele für Phobien (vgl. hierzu Lektion 11, Abschnitt 11.2.1), aber in gleicher Weise auch das Lernen eines Instrumentes oder des Autofahrens.

Die behavioristischen Theorien des Lernens, mit denen wir hier beginnen wollen, sind zwar alt, aber keineswegs veraltet, gehören sie doch mit zu den wissenschaftlichen Grundlagen der in vielen Fällen psychischer Erkrankungen so erfolgreichen Verhaltenstherapie (vgl. hierzu Lektion 11, Abschnitt 11.3.3).

3.1.2 Der konditionierte Reflex oder wie Pawlow auf den Hund kam

Begriffe

klassische Konditionierung ♦ Reizsubstitution ♦ *Stimulus (S; Reiz)* ♦ *unkonditionierter Stimulus (UCS)* ♦ *unkonditionierte Reaktion (UCR)* ♦ *konditionierter Stimulus (CS)* ♦ *konditionierte Reaktion (CR)* ♦ Reflex ♦ Preparedness

Lernziele

Viele der **behavioristischen Lerntheorien** basieren auf dem Modell der **klassischen Konditionierung** des Physiologen **Iwan Petrowitsch Pawlow** (1849–1936). Pawlow forschte über Verdauungsprozesse bei Tieren, als ihm auffiel, dass seine Versuchshunde nach einiger Zeit im Labor bereits damit anfingen Speichel abzusondern, wenn sie nur den Versuchsleiter sahen, der ihnen üblicherweise Fleischpulver ins Maul gab. Da Hunde, die noch nicht so lange im Labor waren, dieses Verhalten nicht zeigten und erst dann speichelten, wenn sie das Futter tatsächlich bekamen, musste es eine eigene Erklärung für das abweichende Verhalten der Hunde bei längerer Laborerfahrung geben.

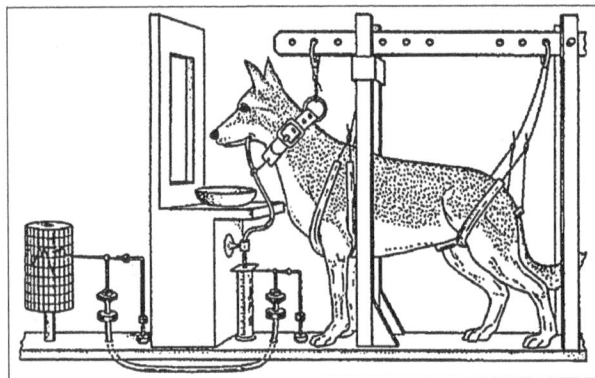

Abb. 3.1
Pawlow untersuchte Verdauungs- und Konditionierungsprozesse bei Hunden mit einer Apparatur wie dieser. Durch das Fenster konnten dem Hund gezielt Reize dargeboten werden und der Speichelfluss wurde über einen Kymographen (eine sich drehende Trommel mit einer Schreibnadel) exakt registriert.*

Pawlow erklärte die Verhaltensänderung der Hunde mit einem Lernen durch **Reizsubstitution**, dem **Konditionieren**. Und das funktioniert folgendermaßen: Stellen Sie sich vor, ein Hund sieht in seinem Futternapf ein Stück Fleisch. Daraufhin beginnt er reflexhaft zu speicheln. In der Terminologie des Behaviorismus lässt sich der Sachverhalt folgendermaßen beschreiben: Ein

---

* Bildquelle: Lefrançois, G.R. (1986), S. 18. *Psychologie des Lernens*. Berlin: Springer.

unkonditionierter Stimulus (UCS), in unserem Fall das Fleisch, führt zu der **unkonditionierten Reaktion (UCR)**, dem Speichelfluss. Ertönt nun beispielsweise kurz vor der Darbietung des Fleisches eine Glocke, so wird diese zu einem **zu konditionierenden Stimulus (CS)**. Nach einigen gemeinsamen Darbietungen führt bereits die Glocke allein (Substitution) zur **konditionierten Reaktion (CR)** des **Reflexes** des Speichelns.

Das klassische Konditionieren setzt also eine natürlicherweise vorhandene UCS-UCR-Beziehung voraus, an die ein **CS** gekoppelt werden kann. Der UCR ist dabei immer ein Reflex. Beim Menschen geht dies z.B. mit dem Lidschlussreflex als Folge eines Luftstoßes auf das Auge besonders gut. Koppelt man den Luftstoß mit einem Ton, dann wird sich schon bald das Auge auf den Ton alleine hin schließen.

Das Erfreuliche oder auch Erschreckende an der klassischen Konditionierung ist, dass sie bei den richtigen Bedingungen **automatisch** eintritt. Aus diesem Grund versuchen z.B. Werbeagenturen immer wieder, Produkte durch Konditionierung mit emotional positiven Attributen zu versehen. Bilder, die z.B. Geborgenheit oder Erotik (UCS) ausstrahlen, führen beim Betrachter zu positiven Emotionen (UCR). Wird nun wiederholt kurz vor den entsprechenden Bildern das zu bewerbende Produkt gezeigt (CS), dann sollte – sofern die Konditionierung erfolgreich war – das Produkt nach einiger Zeit selbstständig die Emotionen hervorrufen können (CR), wenn auch vielleicht nur in geringerer Intensität.

Die **Geschwindigkeit**, mit der eine klassische Konditionierung vonstatten geht, hängt von verschiedenen Faktoren ab. Wichtig ist zum einen die **Erkennbarkeit** oder **Auffälligkeit** des zu konditionierenden Stimulus (CS). Ist er gut wahrnehmbar, wie z.B. eine Glocke, und hebt sich von anderen Reizen ab, dann ist er leicht zu konditionieren. Zum anderen ist auch die **zeitliche Abfolge** von CS und UCS von Bedeutung. Am effizientesten lässt sich ein CS konditionieren, wenn er kurz vor dem UCS beginnt und während des UCS anhält. Dies nennt man **verzögerte Konditionierung**. Ähnlich effizient ist auch die **Spurenkonditionierung**, bei welcher der CS vor dem UCS beginnt, aber mit dem Eintreten des UCS endet. Weniger wirksam oder nur schwer zu konditionieren ist die **Simultan-** bzw. **rückwirkende Konditionierung**, bei welcher der CS parallel zum oder nach dem UCS dargeboten wird.

Neben der zeitlichen Abfolge spielt noch die **Preparedness** (Bereitschaft) für den Erwerb bestimmter CS-CR Beziehungen eine Rolle. Mit der Preparedness erklärt man, dass nicht jedes beliebige Verhalten jedem Tier gleichermaßen ankonditioniert werden kann. Je unnatürlicher das Verhalten für das Tier ist, desto schwieriger wird in der Regel auch die Konditionierung. Besonders „prepared" sind Tiere und Menschen dafür, Assoziationen zwischen Reizen und Übelkeit verursachenden Nahrungsmitteln aufzubauen. Wer sich einmal in einem Fischrestaurant so richtig den Magen verdorben hat, weiß ein Lied davon zu singen. Die Erinnerungen an viele Details des Restaurants können ganz unabhängig von der Vorstellung des Fischs noch für lange Zeit Übelkeit hervorrufen. Erstaunlich ist, dass dieser spezielle Fall der Konditionierung selbst dann noch stattfindet, wenn die Reaktion der Übelkeit erst Stunden später eintritt. THINK! Denken Sie einmal darüber nach, warum dies ein so wichtiger Lernmechanismus ist.

3.1.3 John Watson und der kleine Albert

Begriffe

Angstkonditionierung ♦ Generalisierung des CS ♦
Löschung der Konditionierung ♦ Ermüdungsmethode ♦
Schwellenmethode ♦ Methode der inkompatiblen Reize

Lernziele

Was Pawlow an Hunden demonstrierte, konnte Watson auch an Menschen zeigen. Berühmt-berüchtigt wurde seine Konditionierung des kleinen Albert. Albert, ein elf Monate alter Junge, hatte gerade ein zutrauliches Verhältnis zu weißen Ratten aufgebaut, als es sein Schicksal wollte, dass er Watson in die Hände fiel und eine **Angstkonditionierung** über sich ergehen lassen musste. Watson war generell davon überzeugt, dass jegliches menschliches Verhalten die Folge eines Lernprozesses sei. Er behauptete sogar, dass, wenn man ihm ein Dutzend gesunder Babys – egal welcher Herkunft – gebe und man es ihm freistelle, in welcher Umgebung und auf welche Art und Weise er sie aufziehen kann, er aus jedem machen könne, was er wolle, vom Arzt über den Künstler bis hin zum Bettler oder Dieb. Einen genetischen Einfluss gab es seiner Auffassung nach nicht. Zum Glück bekam er die Babys nicht und nur dem kleinen Albert wurde durch Watson eine Angst vor Ratten beigebracht. Watson gelang diese Angstkonditionierung, indem er immer dann, wenn Albert eine weiße Ratte (CS) zu sehen bekam, hinter ihm ein unangenehmes, lärmendes Geräusch (UCS) machte, was bei Albert dazu führte, dass er zusammenzuckte, wegzukrabbeln versuchte und zu weinen begann (UCR). Es dauerte nicht lange, da löste allein die weiße Ratte bei Albert die Angstreaktion (CR) aus.

Ob Albert diese Angst vor Ratten jemals wieder überwand, ist unbekannt, da er Watson zuvor entzogen wurde. Möglicherweise hatte Albert in seinem späteren Leben aber auch Angst vor weißen Mäusen und anderen kleinen Pelztieren. In diesem Fall würde man von einer **Generalisierung des CS** sprechen, d.h. ähnliche Reize (Stimuli) wie der ursprüngliche CS führen gleichermaßen zur CR. Hoffnung für den kleinen Albert machen jedoch zahlreiche Experimente, die zeigen, dass eine einmal gelernte Konditionierung auch wieder **gelöscht** werden kann. Möglich ist dies durch verschiedene Methoden des Behavioristen Guthrie, von denen wir hier kurz die Ermüdungs- und die Schwellenmethode sowie die Methode der inkompatiblen Reize skizzieren wollen.

♦ Ermüdungsmethode
   Die Ermüdungsmethode basiert auf der Tatsache, dass unser Körper nicht beliebig lange dazu in der Lage ist, eine konditionierte Reaktion (CR) wie z.B. Angst zu zeigen. Wird der angstauslösende Reiz (CS), beispielsweise der Blick von einem hohen Turm, anhaltend oder in häufiger Wiederholung dargeboten, dann ermüdet die Angstreaktion des Körpers nach einiger Zeit. Nach Guthrie bildet sich jetzt eine **neue Verknüpfung** zwischen den ursprünglich angstauslösenden Reizen und dem wieder normalen Verhalten des Organismus aus. Treten künftig diese Reize (von einem Turm schauen) wieder auf, dann sollte der Organismus mit der dazu neuesten Reaktion antworten.

♦ Schwellenmethode
   Bei der Schwellenmethode wird ein Reiz, der normalerweise eine unerwünschte Reaktion wie z.B. Angst auslöst, mit einer Intensität dargeboten, die gerade noch nicht zum Eintreten der

Angst führt. Dies hat zur Folge, dass ein anderes Verhalten als Angst (z.B. tiefe Entspannung durch gleichzeitiges autogenes Training) mit dem Reiz gekoppelt wird. Im weiteren Verlauf wird nun die Reizintensität langsam erhöht, ohne dass die unerwünschte Reaktion dabei ausgelöst werden soll. Schrittweise baut so der Organismus ein neues Verhalten für den entsprechenden Reiz auf.

- ◆ **Methode der inkompatiblen Reize**
  Die Methode der inkompatiblen (nicht miteinander zu vereinbarenden) Reize besteht darin, den Reiz dann darzubieten, wenn eine Ausführung des Verhaltens nicht möglich ist. Beispielsweise könnte man einen Patienten, der sich zwanghaft nach jeder Berührung mit einem Objekt die Hände reinigt, in eine Umgebung versetzen, in der er mit verschiedenen Objekten hantieren muss, es aber keine Möglichkeit gibt, sich die Hände zu waschen. Auch hier sollte ein neues Verhalten anstelle des Waschzwangs mit den Reizen verbunden werden.

Alle drei Verfahren sind auch heute noch in modifizierter Form in der **Verhaltenstherapie**, auf die wir in Lektion 11 näher eingehen, unter dem Schlagwort der **Konfrontationsverfahren** zu finden (Reinecker, 1999). Sie werden nicht nur zur **Löschung der klassischen Konditionierung** erfolgreich eingesetzt, sondern auch bei der **operanten Konditionierung**, der wir uns jetzt zuwenden wollen.

3.1.4 Der Erwerb komplexen Verhaltens durch operantes Konditionieren

Begriffe — **operantes Konditionieren ◆ Thorndike's Law of Effect ◆ situationsabhängiges Verhalten ◆ Skinner-Box ◆ Verstärkung ◆ Verstärkungspläne (kontinuierliche, intermittierende)** — *Lernziele*

Thorndike's Law of Effect

Das Modell der klassischen Konditionierung ist zur Erklärung menschlichen Lernens viel zu eingeschränkt, um eine größere Bedeutung zu erlangen. Schließlich reagieren Menschen nicht nur auf äußere Reize, sondern wirken **aktiv**, d.h. **operant** auf ihre Umwelt ein. Führt ein **operantes Verhalten** in einer bestimmten Ausgangssituation zu positiven Konsequenzen, dann wird besonders schnell eine Verbindung zwischen der Situation und dem Verhalten aufgebaut und das Verhalten wird bei erneutem Vorliegen der Situation mit höherer Wahrscheinlichkeit wiederholt, d.h. es hat eine **operante Konditionierung** stattgefunden. Hat das Verhalten hingegen negative Konsequenzen, nimmt die Wahrscheinlichkeit ab, dass es in der gleichen Situation nochmals ausgeführt wird. Im Wesentlichen beschreiben die beiden letzten Sätze **Thorndike's Law of Effect** (1913). Dieses Gesetz betont die Wirkung der **Verhaltenskonsequenzen** für den Aufbau von **Stimulus-Response-Assoziationen**. **Situationsabhängiges Verhalten** wird dann besonders gut erlernt, wenn es zu angenehmen Konsequenzen führt.

Die Skinner-Box

Burrhus F. Skinner war davon überzeugt, dass menschliches Verhalten zum größten Teil operant sei, und er erforschte, wie sich die **Art der Verstärkung** sowie unterschiedliche **Verstärkungs-**

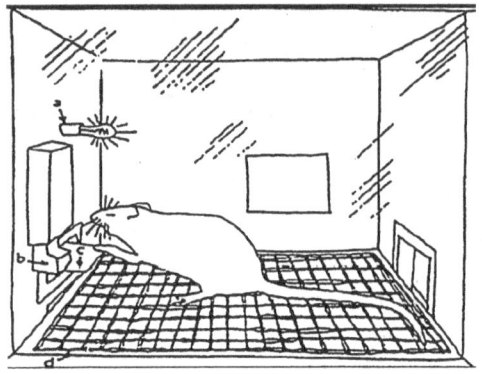

Abb. 3.2
Skizze einer Skinner-Box*
a = Licht, b = Futtermagazin,
c = Hebel, d = elektr. Gitter

pläne auf den Lernfortschritt beim **operanten Konditionieren** auswirken. Sein Versuchsgerät war die so genannte **Skinner-Box**, ein spezieller Käfig, in dem z.B. Ratten oder Tauben verschiedene Verhaltensmöglichkeiten hatten und durch Futtergaben oder leichte Elektroschocks für ihr jeweiliges Verhalten belohnt oder bestraft werden konnten. In Bezug auf die Variable der Verstärkung unterschied Skinner, wie Tab. 3.1 zeigt, vier verschiedene Arten.

Arten der Verstärkung	Beispiel	Wiederholungswahrscheinlichkeit
Positive Verstärkung	Konzentriertes Lernen → gute Noten (angenehm) Verhalten hat eine positive Konsequenz, wird belohnt.	hoch
Bestrafung	Schwarzfahren in der Straßenbahn → Geldbuße Verhalten hat eine negative Konsequenz.	gering
Negative Verstärkung	Gehörschutz bei lautem Arbeitslärm → Ruhe (angenehm) Verhalten entfernt negative Reize.	hoch
Entzug	Zu „sportlicher" Fahrstil → Führerscheinentzug (unangenehm) Verhalten entfernt positive Reize.	gering

Tab. 3.1 Überblick über verschiedene Arten der Verstärkung

Welche dieser Verstärkungsmöglichkeiten am effizientesten ist, muss von Fall zu Fall entschieden werden. Am angenehmsten ist es selbstverständlich, mit positiver bzw. negativer Verstärkung zu operieren. Bestrafung oder Entzug sind häufig nicht nur für den, der sie erleben muss, unangenehm, sondern auch für denjenigen, der sie durchsetzen soll.

Neben der Art der Verstärkung ist auch der **Verstärkungsplan** sowohl für den Erwerb als auch für das Löschen des Verhaltens von Bedeutung. Differenziert werden können **kontinuierliche** Verstärkungspläne, bei denen jedes korrekte Verhalten verstärkt wird, von **intermittierenden** Verstärkungsplänen, die nicht jedes richtige Verhalten verstärken. Die intermittierenden Verstärkungspläne lassen sich noch weiter unterteilen in variable oder feste **Quoten-** und **Intervallverstärkungen** (vgl. auch Tab. 3.2).

---

* Bildquelle: Lefrançois, G.R. (1986), S. 36. *Psychologie des Lernens*. Berlin: Springer.

Verstärkungsplan	Beispiel		Effizienz bezüglich Erwerb / Löschen
Kontinuierliche Verstärkung	Jedes gezeigte richtige Verhalten wird verstärkt.		schnell / schnell
Intermittierende Verstärkung	Quotenverstärkung	**fest:** z.B. jede 7. Reaktion verstärkt	mittel / mittel
		variabel: im Mittel jede 7. Reaktion	langsam / langsam
	Intervallverstärkung	**fest:** z.B. jede 1. Reaktion im Zeitintervall	mittel / mittel
		variabel: im Mittel 1 Reaktion/Zeitintervall	langsam / langsam

Tab. 3.2 Überblick über verschiedene Verstärkungspläne und ihre Effizienz beim Erwerb und beim Löschen von Verhalten

THINK! Berücksichtigen Sie doch einmal das Wissen dieser Tabelle und überlegen Sie, wie ein Verstärkungsplan aussehen könnte, damit ein Spieler an einem Glücksspielautomat möglichst lange verweilt. Da wir verschiedene Verstärkungspläne miteinander koppeln können und ein Glücksspielautomat nicht jedes Mal einen Gewinn ausschüttet, wäre es vielleicht ganz sinnvoll, am Anfang einen variablen Quotenverstärkungsplan mit einer hohen Verstärkungsrate einzusetzen, der langsam in einen variablen Intervallverstärkungsplan mit bedeutend niedrigerer Quote überführt wird. Sicherlich gibt es auch noch andere Möglichkeiten, deren Effizienz sich experimentell austesten lässt. Generell kann man jedoch sagen, dass eine **kontinuierliche Verstärkung** besonders gut für einen **schnellen Erwerb** von Verhalten geeignet ist und eine **intermittierende Verstärkung** für die **Aufrechterhaltung** einmal gelernten Verhaltens.

3.1.5 Verschiedene Arten des Lernens

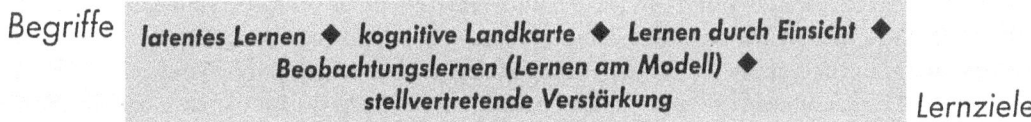

Begriffe: latentes Lernen ◆ kognitive Landkarte ◆ Lernen durch Einsicht ◆ Beobachtungslernen (Lernen am Modell) ◆ stellvertretende Verstärkung

Lernziele

Latentes Lernen

Bereits zu Zeiten des Behaviorismus gab es kritische Stimmen, die darauf aufmerksam machten, dass jegliche Art von Verhalten zielgerichtet sei und dass Menschen und Tiere nicht nur dann lernen, wenn sie dafür belohnt werden, sondern einfach aus dem **Bedürfnis** heraus, Erkenntnisse über ihre Umwelt zu gewinnen. Prominentester Vertreter dieser Richtung war **Edward C. Tolman** (1886-1959), der mit seinen Mitarbeitern das **latente Lernen** bei Ratten entdeckte.

In einem dieser Experimente (Buxton, 1940) mussten Ratten einige Nächte in einem großen Labyrinth verbringen, ohne gefüttert zu werden. Gab man ihnen nach der letzten Nacht am einen Ende des Labyrinths in einer „Zielbox" kurz ein bisschen Futter, ohne dass sie davon satt wurden, und setzte sie dann am anderen Ende des Labyrinths in eine „Startbox", dann lief die überwiegende Mehrheit von ihnen ohne Irrwege direkt zur Futterquelle in der „Zielbox" zurück.

Mit behavioristischen Überlegungen ist dieses **zielgerichtete Verhalten** der Ratten nicht zu erklären, wurden sie doch für kein Verhalten im Labyrinth jemals verstärkt und hätten eigentlich nichts lernen dürfen. Offensichtlich hatten die Ratten auch **ohne Verstärkung** in den vorangegangenen Nächten eine **kognitive Landkarte** des Labyrinths erlernt, auf die sie zurückgreifen konnten, um ein bestimmtes Ziel zu erreichen. Diese Art des Lernens wird als **latent** (d.h. vorhanden, aber noch nicht in Erscheinung tretend) bezeichnet, weil sich die **Veränderung des Verhaltens** erst mit **zeitlicher Verzögerung** beobachten lässt.

Lernen durch Einsicht

Eine andere Art des Lernens, bei der sich der Erwerb eines neuen Verhaltens nicht nach und nach aufbaut, sondern plötzlich offensichtlich wird, ist das **Lernen durch Einsicht**. Der Gestaltpsychologe **Wolfgang Köhler** (1887-1967) konnte diese Lernform während eines Forschungsaufenthaltes in einer Primatenstation auf Teneriffa zeigen. Er bot seinen Versuchsschimpansen verschiedene Leckerbissen zwar in Sicht-, nicht aber in Reichweite an. Zuerst versuchten die Schimpansen typischerweise die Früchte direkt zu erreichen, was ihnen aber misslang. Nach einer Weile gaben sie diese Versuche auf und betrachteten einfach die Situation und die ihnen im Käfig verfügbaren Gegenstände. Die Einsicht kam häufig ganz plötzlich und die Schimpansen fingen damit an, sich die Früchte mit Hilfsgeräten wie zusammengesteckten Stöcken oder aufeinander gestellten Kisten zu holen.

Lernen durch Einsicht, das beim **Lösen von Problemen**, wie z.B. dem Erreichen von Nahrung, durch eine **Umstrukturierung der Situation** erzielt wird, ist gekennzeichnet durch eine **plötzliche** und nicht graduelle **Veränderung des Verhaltens**. Das neue Verhalten kann danach sofort wiederholt und auch auf ähnliche Aufgaben transferiert werden.

Beobachtungslernen (Lernen am Modell)

Menschen müssen nicht zwangsläufig selbst ein bestimmtes Verhalten ausführen, um etwas zu lernen. Häufig reicht es schon, einfach jemand anderen dabei zu beobachten. Insbesondere **Albert Bandura** erforschte das **Beobachtungslernen**, welches häufig auch als **Lernen durch Nachahmung, Lernen am Modell** oder **Imitationslernen** bezeichnet wird. Banduras Auffassung nach ist das Lernen am Modell mit den Lernprinzipien des Behaviorismus vereinbar. Wichtig ist dabei die **stellvertretende Verstärkung** des Modells. Kommt man selbst in eine ähnliche Situation wie das Modell und wurde das Verhalten des Modells in dieser Situation verstärkt, dann kann dies dazu führen, dass das Modellverhalten nachgeahmt wird.

In einem inzwischen klassischen Experiment zum Beobachtungslernen (Bandura, Ross & Ross, 1963) wurden Vorschulkinder in vier Gruppen eingeteilt. Eine Gruppe A beobachtete einen aggressiven Erwachsenen, der z.B. eine Puppe mit einem Stock verprügelte und sich auf sie setzte. Gruppe B sah das gleiche Verhalten des Erwachsenen, aber in Form eines Filmes. Gruppe C wurde eine als Katze verkleidete Figur im Film gezeigt, die das gleiche aggressive Verhalten ausführte, und Gruppe D schließlich war die Kontrollgruppe ohne Darbietung aggressiven Verhaltens. Anschließend wurden die Kinder in einen Raum gebracht, in dem sich die Spielpuppe befand. Die Ergebnisse waren erschreckend. Die Kinder der Gruppen A-C zeigten im Vergleich zur Kontrollgruppe doppelt so viele aggressive Verhaltensweisen gegenüber der Puppe.

Das Lernen am Modell liefert uns die Möglichkeit, **komplexe Verhaltensakte** schnell zu erwerben, ohne dass jeder einzelne Verhaltensschritt ausgeführt und verstärkt werden muss. Besonders effizient ist es, wenn:

- beobachtet werden kann, dass das **Verhalten des Modells verstärkt** wird;
- das **Modell beliebt** ist, **respektiert** wird, einen **hohen Status** genießt;
- sich der **Beobachter** als **dem Modell ähnlich** erlebt und sich mit ihm **identifizieren** kann;
- der **Beobachter** dafür **verstärkt** wird, dass er dem **Modell** gegenüber aufmerksam ist;
- das **Verhalten des Modells** gut wahrnehmbar ist und sich von **konkurrierenden Modellen** abgrenzt.

Vielleicht haben Sie auf den vorangegangenen Seiten über Lernen etwas vermisst, was man üblicherweise im alltäglichen Gebrauch des Begriffes darunter versteht, nämlich das Einspeichern und Abrufen von Wissen. Diese Art des Lernens wird in der Psychologie innerhalb der Gedächtnisforschung behandelt, um die es im nächsten Abschnitt geht.

3.2 Zur Psychologie des Gedächtnisses

Begriffe

> *Ersparnismethode* ♦ *Vergessenskurve* ♦ *retrospektives Gedächtnis* ♦ *Gedächtnismodule* ♦ *sensorisches Gedächtnis* ♦ *ikonisches (visuelles) Gedächtnis* ♦ *Echogedächtnis (akustisches Gedächtnis)* ♦ *Kurzzeit- und Arbeitsgedächtnis (KZG)* ♦ *Langzeitgedächtnis (LZG)* ♦ *Meta-Gedächtnis* ♦ *deklaratives (semantisches) Gedächtnis* ♦ *episodisches Gedächtnis* ♦ *prozedurales Gedächtnis* ♦ *prospektives Gedächtnis*

Lernziele

Stellen Sie sich einmal vor, Ihr Gedächtnis würde plötzlich nicht mehr funktionieren. THINK! Welche Ausfallserscheinungen würden auftreten? All das mühselig erlernte Schulwissen wäre verloren, all die Dinge unseres alltäglichen Lebens hätten weder Namen noch Bedeutung, und noch schlimmer, auch unsere Motorik könnten wir nicht richtig gebrauchen, da viele erlernte Bewegungsabläufe nicht mehr abrufbar wären. Ohne Gedächtnis sind wir nicht handlungsfähig. Grund genug, das Gedächtnis gut zu erforschen.

Ersparnismethode und Vergessenskurve

Bereits früh in der Geschichte der wissenschaftlichen Psychologie begann **Hermann Ebbinghaus** (1850-1909) damit, einen experimentellen Zugang zum Gedächtnis zu eröffnen. Dies gelang ihm, indem er die **Komplexität** des vom Gedächtnis zu behaltenden Materials auf ein Minimum reduzierte. Er verwendete einfache, sinnfreie Silben, deren einzige Regel darin bestand, dass sie aus einer **Konsonant-Vokal-Konsonant-Folge** aufgebaut waren. Eine typische Silbenreihe sah dann beispielsweise so aus:

JIH, BAZ, FUB, YOX, SUJ, XIR, DAX, LEQ, VUM, PID, KEL, WAB, TUV, MOG, GEK, HIW

Mit diesem Material konnte weitgehend sichergestellt werden, dass **kein Vorwissen** den Lernprozess beeinträchtigen würde – den DAX als Börsenindex gab es zu Zeiten von Ebbinghaus noch nicht. Ebbinghaus lernte diese und viele andere Silbenreihen zum Takt eines Metronoms, bis er sie zum ersten Mal fehlerfrei in der richtigen Abfolge auswendig sagen konnte (**Lernkriterium**). Als abhängige Variable registrierte er die **Behaltensleistungen pro Lerndurchgang** sowie die **Anzahl der Wiederholungen** bis zum Erreichen des Lernkriteriums. War eine Silbenreihe einmal gelernt, überprüfte Ebbinghaus in verschiedenen zeitlichen Intervallen, wie viel er davon noch im Gedächtnis behalten hatte. Je nach Zeitintervall benötigte er bis zum erneuten Erreichen des Lernkriteriums verschieden viele Wiederholungen, aber in der Regel weniger als beim ersten Erlernen der Silbenliste. Man sparte also beim Wiederholen Lerndurchgänge und deshalb nannte Ebbinghaus diese Methode zur Untersuchung des Gedächtnisses die **Ersparnismethode**.

Die Ersparnismethode ist nicht nur zum **Aufspüren von Gedächtnisinhalten** sehr sensibel. Sie verdeutlicht auch, dass wir einmal **Gelerntes** selbst dann schneller **wieder erlernen**, wenn wir subjektiv den Eindruck haben, dass wir uns an gar nichts mehr erinnern können. Lernen lohnt sich also immer!

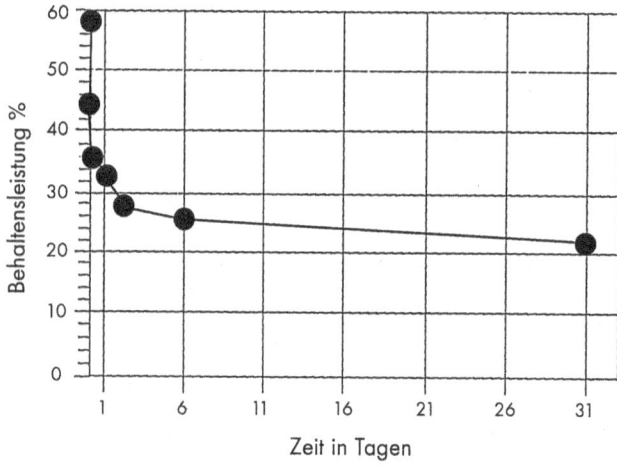

Abb. 3.3
Vergessenskurve für sinnfreie Silben nach den Originaldaten von Ebbinghaus (1880)

Im Resultat seiner umfangreichen Studien ermittelte Ebbinghaus eine **Vergessenskurve** (Abb. 3.3). Das Charakteristische dieser Kurve zeigt sich darin, dass **Vergessen kein linearer Prozess** ist. Bereits wenige Tage nach Erreichen des Lernkriteriums ist ein Großteil der sinnfreien und damit bedeutungslosen Silben wieder vergessen. Ein kleiner Rest von gut 20% bleibt jedoch lange abrufbar. Beim **Lernen** ist der Verlauf **umgekehrt**. Zuerst steigt die Anzahl gelernter Silben stark an, aber die Kurve wird zunehmend flacher und es dauert lange, bis alles richtig abgespeichert ist.

Die Ebbinghaus'sche Vergessenskurve ist typisch für **sinnfreies Material**, das nicht mit anderen Gedächtnisinhalten verknüpft werden kann. Im Alltag haben wir diese Art von Lernmaterial wohl eher selten. Besitzt der zu lernende Stoff für uns eine Bedeutung und kann er mit vorhandenem Wissen verbunden werden, dann verläuft die Vergessenskurve deutlich flacher.

Ging Ebbinghaus noch von *einem* Gedächtnis aus, so differenzieren wir mittlerweile verschiedene Arten des Gedächtnisses, die sich auf einer ersten Ebene in ein **retrospektives**, d.h. in die **Vergangenheit** gerichtetes, und in ein **prospektives**, d.h. in die **Zukunft** gerichtetes, Gedächtnis unterteilen lassen.

Das retrospektive Gedächtnis

Da das **retrospektive Gedächtnis** bislang weit genauer untersucht wurde als das prospektive, wollen wir uns ihm zuerst zuwenden. Abb. 3.4 zeigt einen Überblick über die verschiedenen **Gedächtnismodule** des retrospektiven Erinnerns.

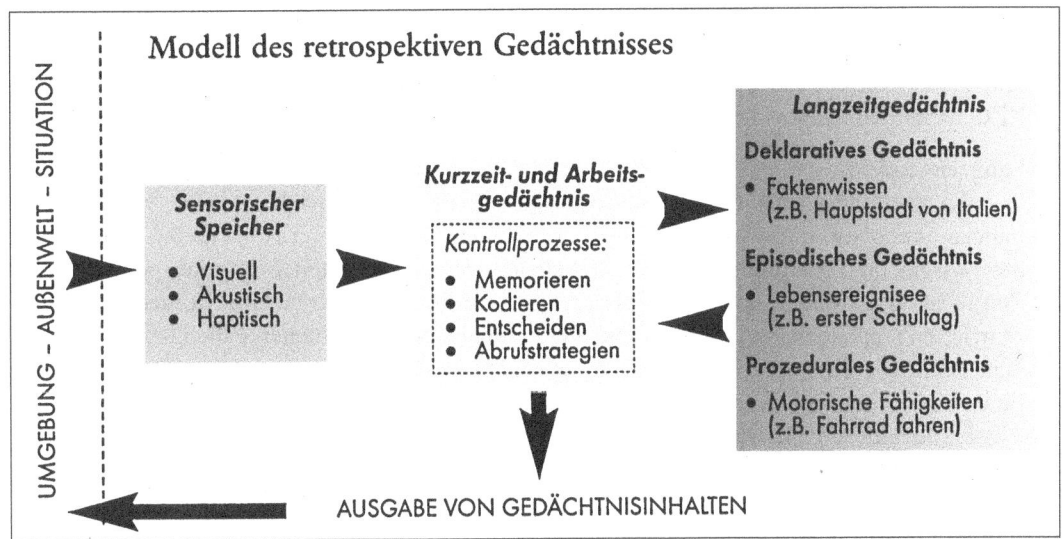

Abb. 3.4 Modulares Gedächtnismodell retrospektiven Erinnerns
(haptisch: den Tastsinn betreffend; olfaktorisch: den Geruchssinn betreffend)

◆ Sensorisches Gedächtnis (Sensorischer Speicher)
  Jegliche Art von **Information** der Außenwelt wird zunächst durch unsere **Sinnesorgane** im **sensorischen Gedächtnis** zwischengespeichert. **Visuelle** Eindrücke, wie z.B. die Leuchtspur einer schnell im Kreis bewegten Wunderkerze, werden von uns nur deshalb als Kreisbewegung wahrgenommen, weil das sensorische oder, wie es in diesem Fall auch heißt, **ikonische Gedächtnis** die Leuchtspur für eine kurze Zeit **speichern** kann. Beim **Hören** wird der sensorische Speicher auch als **Echogedächtnis** bezeichnet. Es ermöglicht uns, etwas, das gerade eben gesagt wurde, zu wiederholen, selbst wenn wir den Inhalt in keiner Weise verstanden haben.

◆ Kurzzeit- und Arbeitsgedächtnis
  Das **sensorische Gedächtnis** unserer verschiedenen Sinnesorgane speichert die Information aus der Umwelt bis zu etwa einer **halben Sekunde** möglichst realitätsnah ab. Danach muss die Information vom **Kurzzeit- und Arbeitsgedächtnis (KZG)** behalten und weiterverarbeitet werden oder sie geht verloren. Das KZG besitzt die Fähigkeit zur Speicherung über **mehrere Sekunden** und kann durchschnittlich 7 +/- 2 **Einheiten** (**chunks**; engl. für „Brocken, großes

Stück") behalten. Einzelne chunks können miteinander zu neuen chunks verknüpft werden (**chunking**), wodurch sich die Behaltensleistung des KZG beachtlich erhöhen lässt. Eine längere Zahlenfolge wie z.B. die Kontonummer 7-5-8-3-8-9-0-2-6 kann man sich in Form von 9 chunks nur schwer merken, wesentlich einfacher geht es, wenn man daraus drei neue chunks bildet: 758-389-026. Sagt man sich diese ein paarmal innerlich vor, dann haben sie eine gute Chance längerfristig behalten zu werden. Dieses **innerliche Wiederholen** wird als **rehearsal** bezeichnet.

Obwohl das Kurzzeitgedächtnis nur eine **begrenzte Kapazität** besitzt und die Behaltensdauer für nicht beachtete Inhalte kaum mehr als **20 Sekunden** beträgt, hat es doch eine bedeutsame Funktion, da es das einzige Gedächtnismodul ist, welches es uns erlaubt, seine Inhalte **bewusst** zu erleben, zu verarbeiten, zu organisieren und zu reflektieren. Es übernimmt die Informationen aus dem sensorischen Gedächtnis, macht sie für unser Bewusstsein verfügbar und bereitet sie für die anhaltende Speicherung im Langzeitgedächtnis vor. Außer über das KZG haben wir keinen direkten Zugriff auf das sensorische Gedächtnis oder das LZG.

◆ Langzeitgedächtnis

Das **Langzeitgedächtnis (LZG)** ist sozusagen unser **Hauptspeicher**. Seine **Kapazität** ist **nahezu unendlich**, und wenn uns etwas einmal nicht einfällt, dann ist es häufig ein Problem des missglückten **Abrufens**. Treffen wir beispielsweise einen alten Bekannten nach längerer Zeit unerwartet wieder, dann kann es durchaus vorkommen, dass uns im Moment, trotz konzentrierten Nachdenkens, dessen Name nicht einfällt. In vielen solchen Fällen ist der gesuchte Name jedoch nicht vergessen, sondern erscheint dann plötzlich ein paar Tage später im Bewusstsein. Schließlich wussten wir ja auch, dass wir den Namen kennen müssen. Das Wissen **über** die Inhalte des Gedächtnisses nennt man übrigens **Meta-Gedächtnis**.

Das Langzeitgedächtnis kann weiter unterteilt werden in ein deklaratives (semantisches), ein episodisches und ein prozedurales Gedächtnis.

Das **deklarative** bzw. **semantische Gedächtnis** repräsentiert unser **Faktenwissen**, wie z.B. bei einem guten Fußballreporter, der alle Regeln über das Fußballspielen in- und auswendig kann und der genau weiß, in welchen Ländern wann eine Weltmeisterschaft ausgetragen wurde und wer welches entscheidende Tor geschossen hat. Möglicherweise hat er auch ein WM-Spiel selbst kommentiert und kann sich noch gut an die ganze Atmosphäre im tobenden Stadion erinnern. Diese Erinnerungen werden ihm von seinem **episodischen Gedächtnis** bereitgestellt, welches unsere **Lebensereignisse** abspeichert. Aber wie das manchmal bei Sportreportern der Fall ist, kennen sie sich zwar theoretisch gut mit dem Fußballspiel aus, aber ihr **prozedurales Gedächtnis** beinhaltet keine ausreichenden **motorischen Fähigkeiten**, um selbst Fußball spielen zu können.

Es gibt verschiedene Möglichkeiten, **Inhalte** vom Arbeitsgedächtnis in das LZG **zu transferieren**. Eine davon ist die bereits von Ebbinghaus angewandte Methode **fortwährender Wiederholung**. Die **Geschwindigkeit**, mit der man beim Wiederholen lernt, hängt jedoch auch stark von unserer **Aufmerksamkeit, Konzentration, Motivation** und **emotionalen Einstellung** ab. Haben wir einmal eine Abneigung gegen ein Themengebiet entwickelt, dann werden wir wesentlich mehr Wiederholungen brauchen, um einen neuen Stoff zu lernen, d.h. im Gedächtnis abzulegen. Ist uns andererseits etwas besonders wichtig oder ist es mit starken Emotionen besetzt, dann reicht manchmal schon ein einmaliges Erleben und wir behalten es möglicherweise ein Leben lang.

Dies bezeichnet man auch als **one-trial-learning**. THINK! Denken Sie einmal darüber nach, welche Erlebnisse Ihnen nur einmal widerfahren sind, die Sie aber bis heute nicht vergessen haben, und was all diesen Situationen gemeinsam ist. Und wenn Sie gerade so beim Nachdenken sind, dann überlegen Sie doch bitte auch, was Ihre früheste Kindheitserinnerung ist. Kommen Sie dabei über das Kindergartenalter hinaus? Wirklich sichere Erinnerungen an etwa die ersten drei Lebensjahre haben nur die wenigsten.

Das prospektive Gedächtnis

Neben dem bislang besprochenen retrospektiven Gedächtnis verfügen wir auch über ein **prospektives Gedächtnis**, welches uns die Fähigkeit gibt, **Absichten** in die **Zukunft** hinein korrekt **zu erinnern** und **auszuführen**. Prospektives Erinnern ist von einer Reihe von Faktoren abhängig, wie z.B. dem Lebensalter oder dem Stress durch Arbeitsbelastung, dem man gerade unterliegt. Viel bedeutsamer ist jedoch die **Wichtigkeit** der Absicht, die erinnert werden soll. Ein erstes Treffen mit der neuen Freundin oder dem neuen Freund wird man wohl kaum vergessen, die Vornahme, am Tag danach einen Termin beim Zahnarzt zu vereinbaren, schon eher.

Neuere Studien (z.B. Gollwitzer, 1999) verweisen darauf, dass **Vornahmen** insbesondere dann ausgeführt werden, wenn sie nicht nur allgemein formuliert wurden, wie die Neujahrsvornahme mit dem Rauchen aufzuhören, sondern wenn in ihnen **genau festgelegt** wird, **wann**, **wo** und **wie** die Vornahme umgesetzt werden soll, z.B. am Neujahrstag nach dem Frühstück alle Zigaretten, Aschenbecher und Feuerzeuge zu entfernen und jedem Wunsch nach einer Zigarette mit einem Kaugummi zu begegnen.

3.3 Zur Psychologie des Vergessens

3.3.1 Das Gedächtnis – ein dynamisches System

Begriffe

> **Reorganisation von Gedächtnisinhalten ♦ Traumschlaf (REM-Phase) ♦ Tiefschlaf ♦ primacy-recency-effect ♦ Emotionalität (beim Lernen) ♦ Verarbeitungstiefe**

Lernziele

Im Gegensatz zu anderen Speichermedien wie einem Buch, einer CD, DVD oder Festplatte ist unser **Gedächtnis** ein **dynamisches System**, ein sich ständig veränderndes **neuronales Netz**. Die Inhalte des LZG werden immer wieder **umorganisiert** und dabei z.B. zu **funktionalen** oder **kategorialen Strukturen** zusammengefasst. Und nicht nur das, sie werden auch häufig vereinfacht, wobei das Wesentliche erhalten bleibt, die Details jedoch zunehmend schlechter erinnert werden. Jeder weiß, dass in der Rückschau vieles anders erscheint als zum aktuellen Zeitpunkt, und auch das Anglerlatein, bei dem der Fisch mit zunehmendem Abstand zum Angelerfolg immer größer wird, ist ein illustratives Beispiel für die Fehler unseres Gedächtnisses.

Die **Reorganisation von Gedächtnisinhalten** erfolgt zu großen Teilen während des Schlafens und zwar nicht nur im **Traumschlaf** (REM-Phasen; von engl. rapid eye movements), wie man lange angenommen hatte, sondern wahrscheinlich auch im **Tiefschlaf**, worauf neuere Studien hindeuten (z.B. Born & Plihal, 1997). Ausreichender Traum- und Tiefschlaf ist eine Voraussetzung dafür, dass Gelerntes nicht so schnell vergessen wird. Nächtelanges Lernen vor einer Prüfung wäre demnach zumindest für ein längerfristiges Behalten nicht besonders effizient. Optimaler wäre es, lange vor dem Prüfungstermin immer ein bisschen zu lernen und bei den kurzfristigen Wiederholungen auf die **Ersparniseffekte** zu setzen.

Die **Vergessenskurve** für sinnfreie Silben hatten wir bereits im Abschnitt 3.2 kennen gelernt (vgl. Abb. 3.3). Gekennzeichnet war sie durch ein starkes Vergessen in den ersten Tagen nach dem Lernen. Für bedeutungsvolles Material verläuft die Vergessenskurve zwar auch monoton fallend, aber deutlich flacher. Betrachtet man die Behaltensleistung für die einzelnen sinnfreien Silben oder auch bedeutungshaltigen Begriffe einer längeren Reihe, dann lässt sich feststellen, dass der Anfang und das Ende einer Reihe besser erinnert werden als der mittlere Teil. Diese Phänomen nennt man den **primacy-recency-effect**. Möchten Sie beispielsweise bei einem Vorstellungsgespräch einen bleibenden Eindruck hinterlassen, dann sollten Sie aus gedächtnispsychologischer Sicht darauf achten, die wichtigen Botschaften am Anfang (primacy) und am Ende (recency) des Gesprächs zu vermitteln.

Neben der **Art des Materials** und der **Position** in der Folge des Lernstoffs sind die **Emotionalität beim Lernen** sowie die **Verarbeitungstiefe** wichtige Faktoren, die das Behalten positiv beeinflussen. Eine hohe Emotionalität ist beim Lernen eines monotonen, uninteressanten Stoffes manchmal nur schwer zu erzielen, auch wenn sie uns das Lernen wesentlich erleichtern würde. In solchen Fällen bietet sich die Arbeit in einer Gruppe an. Das steigert die Motivation und gemeinsam macht es auch mehr Spaß. Auf die Verarbeitungstiefe haben wir selbst mehr Einfluss als auf unsere Emotionen. Ein Text wird beispielsweise dann besser behalten, wenn man ihn nicht nur liest, sondern ihn auch in eigenen Worten zusammenfasst.

3.3.2 Theoretische Ansätze zur Erklärung des Vergessens

Begriffe **Spurenzerfallsthese** ♦ **Gedächtnisspur** ♦ **Interferenzen zwischen Gedächtnisinhalten** ♦ **proaktive Interferenz** ♦ **retroaktive Interferenz** ♦ **Abruf von Gedächtnisinhalten (recall, recognition)** ♦ **motiviertes Vergessen** *Lernziele*

Aus Sicht der psychologischen Forschung gibt es verschiedene Erklärungsansätze dafür, warum wir überhaupt vergessen oder etwas nicht mehr abrufen können. Dazu gehören u.a. die Hypothese des **Spurenzerfalls**, die Annahme von **Interferenzen**, die **Schwierigkeiten beim Abrufen** sowie Mechanismen eines **motivierten Vergessens**.

- ♦ Spurenzerfallsthese

    Die Spurenzerfallsthese geht davon aus, dass jede aufgenommene Information zu einer **Gedächtnisspur** führt. Mit zunehmender Zeit verblasst diese Spur immer mehr und kann irgendwann nicht mehr erkannt werden. Die Spurenzerfallsthese ist sehr plausibel, entspricht sie doch unserem Erleben sowohl für das Kurzzeit- als auch für das Langzeitgedächtnis. Nur wenn wir uns z.B. eine neu zu merkende Zahlenkombination im KZG immer wieder vorsagen (**rehearsal**), können wir den Zerfall der Gedächtnisspur verhindern. Gleiche Erfahrungen machen wir mit dem LZG. Eine Geheimnummer oder ein Passwort, welches wir längere Zeit nicht mehr benötigt haben, kann möglicherweise nur noch unsicher wiedererinnert werden. Allerdings gibt es auch Hinweise, die gegen eine Spurenzerfallsthese sprechen, wie z.B. das Fahrradfahren oder das Schwimmen, welches man trotz einer langen Zeit ohne Übung nicht verlernt.

- **Interferenzen zwischen Gedächtnisinhalten**
  Die Annahme von Interferenzen zwischen Gedächtnisinhalten bezeichnet die Überlegung, dass alte Informationen neue bzw. neue Informationen alte **überlagern** können. Wer einmal seine Wohnung umgeräumt oder sein CD- oder Bücherregal neu geordnet hat, wird vermutlich noch längere Zeit ein bestimmtes Objekt an seinem alten Ort gesucht haben. Dies wird als **proaktive Interferenz** bezeichnet. Sie drückt aus, dass alte Gedächtnisinhalte zeitlich neuere proaktiv hemmen. Genauso gibt es aber auch die **retroaktive Interferenz**, von der man immer dann spricht, wenn etwas neu Gelerntes einen daran hindert, sich an das alte zu erinnern.

- **Abruf von Gedächtnisinhalten**
  Beim Abruf von Gedächtnisinhalten lassen sich zwei Möglichkeiten unterscheiden: das **aktive Abrufen (recall)** und das **passive Wiedererinnern (recognition)**. Wenn Ihnen z.B. nicht spontan einfällt, wer vor Roman Herzog Bundespräsident war (recall), dann werden Sie sich dennoch vermutlich sofort wieder daran erinnern, wenn Ihnen eine Auswahl folgender Namen gegeben wird: Theodor Heuss, Walter Scheel und Richard von Weizsäcker. Sollten Sie auch bei diesem Versuch der recognition noch kein Wiedererkennen erleben, dann muss selbst jetzt Ihr Wissen noch nicht gänzlich vergessen sein. Raten Sie einfach mal und schlagen dann in einem Lexikon nach. Falls Sie die Antwort irgendwann einmal gewusst haben, wird Ihre Rateentscheidung davon positiv beeinflusst werden und Sie werden mehr als nur einen Zufallstreffer landen.

- **Motiviertes Vergessen**
  Das motivierte Vergessen geschieht im Alltag häufig dann, wenn es sich um Dinge oder Menschen handelt, an denen wir **kein Interesse** haben, mit denen wir nichts zu tun haben wollen. Eine Einladung zu einer Party, auf die wir eigentlich nicht gehen wollen, wird genauso leicht vergessen, wie der Name eines Menschen, an dessen Bekanntschaft uns nichts liegt. Motiviertes Vergessen kann aber auch dazu dienen, **unangenehme** und **traumatische Erlebnisse** aus unserem Bewusstsein zu verbannen und sie – wie Freud dies ausdrückte – **zu verdrängen**. Wirklich vergessen sind sie dabei nicht unbedingt, mit Sicherheit ist jedoch ihr **Abruf blockiert**.

3.3.3 Pathologische Störungen des Gedächtnisses

Begriffe   retrograde Amnesie ◆ anterograde Amnesie   *Lernziele*

Krankheitsbedingte (pathologische) Beeinträchtigungen des Gedächtnisses werden als **Amnesien** bezeichnet. In der Regel treten sie infolge einer **organischen Erkrankung** oder **Verletzung** des Gehirns auf, wie z.B. nach einem Schlaganfall, nach Unfällen mit Kopfverletzung oder bei der Alzheimer'schen Erkrankung. Amnesien können aber auch die Folge von **Schockzuständen** sein und damit eine **psychische Ursache** haben.

Prinzipiell lassen sich zwei Arten von Amnesien unterscheiden: die **retrograden,** d.h. die in die **Vergangenheit** gerichteten, und die **anterograden,** d.h. die auf die **Zukunft** gerichteten, Amnesien. Bei retrograden Amnesien sind entweder die Gedächtnisinhalte als solche zerstört oder der Abruf noch vorhandener Gedächtnisinhalte ist nicht mehr möglich. Bei anterograden Amnesien ist das Einspeichern von Inhalten in das Gedächtnis gestört. Alles, was bis zu einem bestimmten Zeitpunkt gelernt wurde, kann noch abgerufen werden, aber es ist nicht mehr möglich, Neues zu lernen. Patienten mit anterograden Amnesien vergessen alles Neue sehr schnell. Hat man ihnen gerade etwas erzählt, dann kann man ihnen nach kurzer Zeit das Gleiche nochmals erzählen und sie werden es nicht bemerken.

3.4 Lern- und Gedächtnisstrategien

Begriffe — *Mnemotechniken* ♦ *Mindmapping (visuell, akustisch)* ♦ *Tu-Effekt* ♦ *Gedächtnistafel* — *Lernziele*

Zweifelsohne gibt es **Mnemotechniken**, die es uns ermöglichen, aus unserem Gedächtnis beeindruckende Leistungen herauszuholen. Wunder- oder Allheilmittel sind sie jedoch nicht und häufig ist auch der Erwerb einer Mnemotechnik nicht ohne Aufwand zu bewältigen. Auch diverse Werbebotschaften, die versprechen, innerhalb von kürzester Zeit eine beliebige Fremdsprache mit der „Super-Lern-Methode XY" quasi im Schlaf zu erwerben, sind mit dem gleichen Argwohn zu betrachten, wie man dies bei einer Werbung täte, die verspricht, dass man nach dem Absolvieren eines kurzen Fitnessprogramms am „Ironman"-Wettbewerb auf Hawaii mit guten Gewinnchancen teilnehmen könnte.

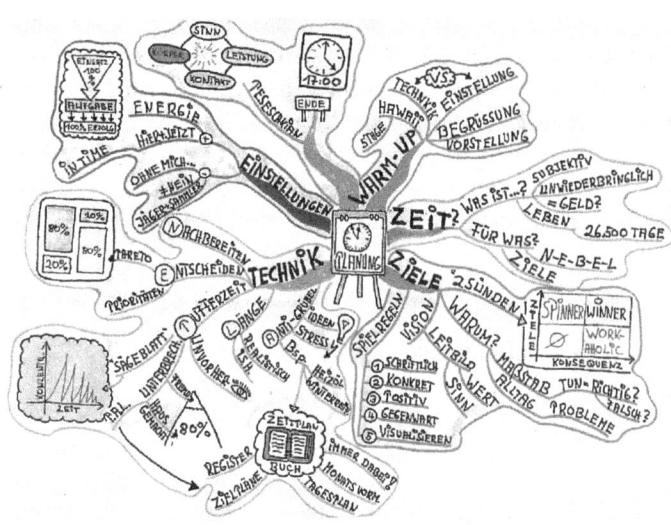

Abb. 3.5 Beispiel für ein Mindmapping zum Thema Zeitmanagement (Quelle: www.denkzeichen.de)

Wenn Sie diese Lektion aufmerksam gelesen haben, dann können Sie jetzt Forderungen an eine gute Mnemotechnik stellen. THINK! Was müsste sie leisten? Sie sollte uns Spaß machen, sollte uns helfen, den Lernstoff zu verarbeiten und zu strukturieren. Sie sollte den Lernstoff an etwas anknüpfen können und sollte auf alle Fälle einen möglichst sicheren Abruf gewährleisten. Und genau das machen Lern- und Gedächtnisstrategien. Das **Mindmapping**, bei dem der zu behaltende Inhalt in Form einer strukturellen Landkarte visualisiert werden soll, erhöht beispielsweise die **Verarbeitungstiefe**, mit der wir einen Lernstoff behandeln, und zwingt uns, ihn zu strukturieren.

Eine Lernstrategie wie das Mindmapping ist jedoch nicht für jeden geeignet. Manche Menschen malen einfach nicht gerne, sondern singen lieber oder hören sich gerne einen Text an. Eine Art **akustisches Mindmapping** könnte man so gestalten, dass man das zu lernende Wissen in eigenen Worten strukturiert und aufarbeitet und dieses dann möglichst rhythmisch oder teilweise auch gesungen auf ein Tonband aufnimmt. Eine solche Kassette kann man dann bei den verschiedensten Gelegenheiten abhören (**Wiederholungen**), so dass sich der Stoff gut einprägen lässt.

Eine weitere Möglichkeit, sich etwas besser zu merken, besteht darin, das **prozedurale Gedächtnis** einzubeziehen. Anhand der Finger etwas aufzuzählen, ist dabei gewiss noch die primitivste Methode. Probieren Sie doch einfach mal, eine lange Einkaufsliste zu lernen und machen Sie dabei bei jedem Produkt, das Sie kaufen wollen, irgendeine **Körperbewegung**, von der Sie meinen, dass sie gut dazu passen würde. Die Gedächtnisforscher würden dann einen **Tu-Effekt** erwarten, der darin besteht, dass Sie so mehr Produkte wieder abrufen können als ohne die körperliche Bewegung. Doch Vorsicht: für Prüfungen ist diese Strategie nur bei kleinen Bewegungen geeignet. Ein Redner jedoch, der Platz zum Gestikulieren hat, kann die ganze Struktur seines Vortrags an bestimmten Bewegungen verankern.

Zum Abschluss dieser Lektion wollen wir noch eine der beeindruckendsten Mnemotechniken vorstellen, die auch von vielen Gedächtniskünstlern eingesetzt wird: die **Gedächtnistafel**. Diese Tafel ermöglicht es, bis zu fünfzig Begriffe bei **einmaligem** Sehen oder Hören in der richtigen Reihenfolge wiederzugeben. Alles, was man zur Vorbereitung tun muss, ist zu lernen, welches Bild der Tafel zu welcher Zahl gehört. Da die Bilder aber häufig die

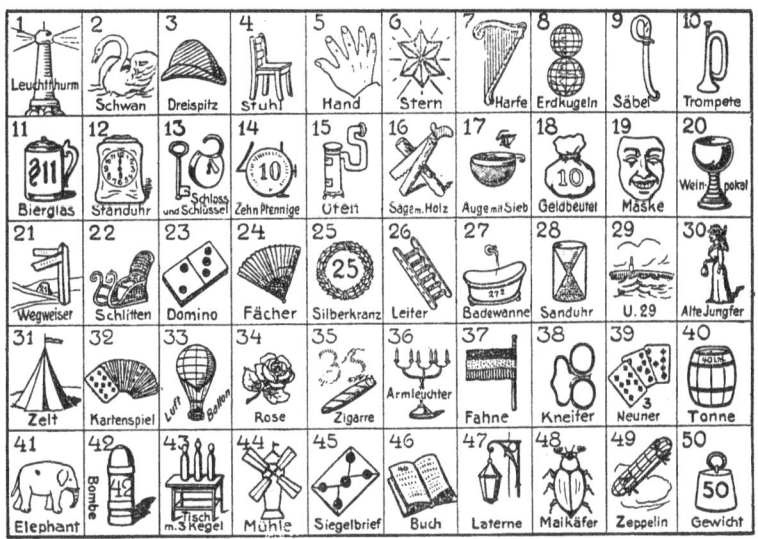

Abb. 3.6 Gedächtnistafel
(nach einem Originalsystem von Ernest Thorn)

Zahlen in sich tragen, ist dies nicht allzu schwer. Wenn die Tafel einmal gelernt ist, dann muss man sich nur noch von jemandem viele Begriffe sagen lassen, die man mit Hilfe der Gedächtnistafel sofort behalten möchte. Jeden Begriff verknüpft man dann auf möglichst ungewöhnliche Art visuell mit einem Bild der Tafel. Der Abruf geht verblüffend einfach. Stellt man sich das entsprechende Bild der Tafel vor, dann fällt einem auch sofort der mit diesem Bild verknüpfte Begriff ein. Da man ja gelernt hat, welches Bild welche Nummer trägt, kann man sogar auf Fragen antworten wie: „Was war der 34. Begriff?".

Die Gedächtnistafel nutzt zwei effektive Strategien. Erstens fördert sie eine **vertiefte Verarbeitung** des Lernstoffes und zweitens stellt sie den **Abruf** sicher, indem der Lernstoff mit etwas verankert wird, das gut im Gedächtnis abgespeichert ist.

Aufgaben / **zur Lernkontrolle**

1. Eine der theoretischen Annahmen des Behaviorismus ist, dass beim Lernen Stimulus-Response-Assoziationen aufgebaut werden. Was versteht man darunter?

2. Beschreiben Sie das Prinzip der Konditionierung nach Pawlow.

3. Welche Methoden kennen Sie, mit denen man erlernte, aber unerwünschte Verhaltensweisen abbauen kann? Erklären Sie deren Funktionsweise einem Freund.

4. Warum ist die Wiederholungswahrscheinlichkeit für eine bestimmte Verhaltensweise bei der negativen Verstärkung hoch?

5. Komplexes menschliches Verhalten kann zwar durch Verstärkungspläne konditioniert werden, es gibt aber noch eine weitere, im Alltag recht häufig anzutreffende Möglichkeit. Welche könnte dies sein?

6. Nennen Sie die verschiedenen Module des retrospektiven Gedächtnisses.

7. Welches Wissen beinhaltet das prozedurale Gedächtnis, welches das deklarative Gedächtnis?

8. Dass wir etwas vergessen, kann an so genannten Interferenzen von Gedächtnisinhalten liegen. Welche zwei Arten lassen sich diesbezüglich unterscheiden?

9. Lernen Sie die am Ende der Lektion dargestellte Gedächtnistafel auswendig und lassen Sie sich auf der nächsten Party dafür bewundern, dass Sie bis zu fünfzig, Ihnen beliebig zugerufene Begriffe nach einmaligem Hören in jeder gewünschten Abfolge (vorwärts, rückwärts, durcheinander) wiedergeben können.

4 Denken und Problemlösen

Denken *und* Problemlösen lautet die Überschrift dieser Lektion. Vielleicht irritiert das ja den einen oder anderen ein wenig, denn – so könnte man sich fragen – ist Problemlösen überhaupt auf der gleichen Ebene anzusiedeln wie Denken? Oder ist nicht vielmehr Problemlösen die Folge von Denkprozessen? Kann es überhaupt ein Problemlösen ohne Denken geben oder ein Denken, ohne dabei Probleme zu lösen und seien es auch noch so kleine? Lassen sich Denken und Problemlösen anhand charakteristischer Merkmale und Eigenschaften voneinander trennen? Wann sprechen wir davon, dass jemand gedacht hat, und was muss gegeben sein, um zu sagen, hier wurde ein Problem gelöst?

All diese Fragen betreffen die Verwendung der **Begriffe** „Denken" und „Problemlösen". Beide sind auf einem **hohen Abstraktionsniveau**, und es lässt sich mit wenigen Worten kaum beschreiben, was unter Denken oder unter Problemlösen zu verstehen ist. Sicherlich gehören Prozesse wie **Informationsverarbeitung, Aufmerksamkeit, Erinnern, Zwischenspeichern, Konzentration** und vieles mehr dazu. Aber auch das sind wieder **komplexe** Begriffe. Anders sieht dies mit vielen Begriffen des **alltäglichen Lebens** aus wie beispielsweise Tisch, Stuhl, Teller, Messer, Löffel, Kaffee, Brot, Eier usw., die wiederum Merkmale anderer Begrifflichkeiten sein können, wie in diesem Fall dem Frühstück.

Die **Fähigkeit**, **Begriffe zu bilden** und damit **abstrakte Repräsentationen** der Welt aufzubauen, ist nicht nur eine **Grundvoraussetzung** für **Wahrnehmung** und **Denken**, sondern sie **basiert** bereits auf **Wahrnehmungs-** und **Denkprozessen**. Doch wie werden Begriffe eigentlich geprägt? THINK! Bevor Sie weiterlesen, denken Sie bitte einmal kurz darüber nach, anhand welcher Kriterien man Begriffe bilden kann.

4.1 Die Bildung von Begriffen

4.1.1 Merkmalstheoretische Ansätze

Begriffe

> **Begriffsbildungsprozess** ◆
> **klassifizierungsrelevante (charakteristische) Merkmale** ◆
> **Merkmalstheorien** ◆
> **Verknüpfungsoperatoren (Boolesche Operatoren)**

Lernziele

Den **Prozess** der **Bildung von Begriffen** kann man gut bei **Kindern** während des **Spracherwerbs** beobachten. Da wird beispielsweise eine Katze gesehen und das Kind sagt „Wau Wau", woraufhin meistens eine Korrektur durch die Eltern erfolgt: „Nein, das ist kein Wau Wau, sondern eine Katze". Gibt die Korrektur darüber hinaus noch Hinweise, *warum* es sich hierbei nicht um einen Hund handelt, z.B. weil die Kopfform andersartig ist, und wird das Kind noch ermutigt, „Katze" zu sagen, kann der Begriffsbildungsprozess beschleunigt werden. Im Laufe der Zeit lernen Kinder, was Hunde von Katzen unterscheidet und viele weitere begriffliche Differenzierungen mehr.

Obwohl es zahlreiche individuelle Typen von Hunden und Katzen gibt, verfügen sie jeweils über gemeinsame **klassifizierungsrelevante**, d.h. **charakteristische Merkmale**, wie z.B. die Kopfform oder die Art der Bewegungen. Nach diesen Überlegungen wäre Begriffsbildung nichts anderes als die **Abstraktion** klassifizierungsrelevanter Merkmale. Doch wie finden wir heraus, was klassifizierungsrelevant ist und was nicht? Würden die Eltern dem Kind nur sagen, dass das eine Katze ist, und ihm nicht mitteilen warum, dann müsste es selbstständig lernen, was Katzen von Hunden unterscheidet.

Hulls Experimente mit „chinesischen" Schriftzeichen

Die Psychologie hat bereits in den zwanziger Jahren des letzten Jahrhunderts damit begonnen, den Prozess der Begriffsbildung im psychologischen Laboratorium **experimentell** zu untersuchen. Einer dieser Pioniere war **Clark L. Hull** (1884-1952). Als Versuchsmaterial verwendete er zahlreiche Kärtchen, auf denen jeweils ein Symbol abgebildet war, das einem chinesischen Schriftzeichen ähnelte. Die Kärtchen wurden beispielsweise in sechs gleich große Stöße zu jeweils fünf Karten aufgeteilt und gut gemischt. Der Versuchsleiter nahm nun den ersten Stoß in die Hand, zeigte der Versuchsperson die erste Karte und sagte dazu: „Dieses Zeichen heißt: *yer*". Nachdem die Versuchsperson das Zeichen betrachtet hatte, kam die zweite Karte dran, die z.B. ein *li* zeigte (vgl. dazu auch Abb. 4.1). Waren alle Karten des ersten Stoßes einmal dargeboten, so sollte die Versuchsperson im zweiten Durchgang versuchen, die Karten jetzt selbstständig zu benennen. War ihre Antwort richtig, bekam sie einen Pluspunkt, war sie falsch, gab es einen Minuspunkt, und der richtige Name wurde ihr erneut gesagt. Der erste Stoß wurde nun so lange bearbeitet, bis die Versuchsperson keine Fehler mehr machte. Dann wurde der zweite Kartenstoß in Angriff genommen, der wiederum Zeichen wie *yer* und *li* enthielt, jedoch jeweils in anderer Gestaltung (vgl. Abb. 4.2).

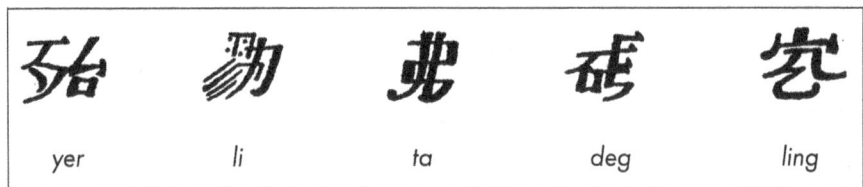

Abb. 4.1 Beispiele für die von Hull in einem Kartenstoß dargebotenen Zeichen

Wenn Sie möchten, können Sie das einmal selbst ausprobieren. Versuchen Sie doch, die Zeichen des zweiten Kartenstoßes richtig zu benennen, und schreiben Sie die Antwort darunter.

Abb. 4.2 Weitere Beispiele der von Hull dargebotenen Zeichen

Gewiss haben Sie jetzt erlebt, dass Begriffsbildung eine ganze Menge mit Denken zu tun hat. Mit Hilfe der Abb. 4.3 können Sie alle Zeichen sehen und Ihre Antworten überprüfen.

Hulls Resultate dieses Experiments ergaben, dass die Versuchspersonen von Kartenstoß zu Kartenstoß die Bezeichnungen den Symbolen schneller richtig zuordnen konnten, bis sie schließlich genau wussten, welches die klassifizierenden Merkmale eines *yer, li, ta, deg* oder *ling* waren. Abb. 4.3 zeigt nochmals alle Symbole im Überblick, wobei das **zur Unterscheidung heranzuziehende Merkmal** als erstes Zeichen einer jeweiligen Reihe dargestellt ist.

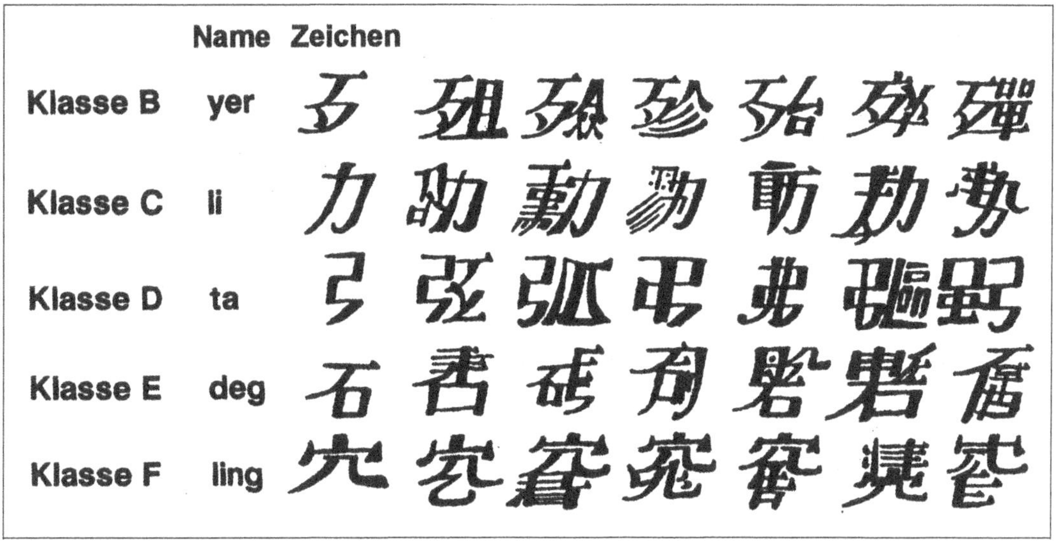

Abb. 4.3 Überblick des von Clark L. Hull (1920) verwendeten Materials zur Untersuchung der Begriffsbildung

Hulls Experimente haben zahlreiche Nachfolgeuntersuchungen mit verschiedensten Variationen angeregt. Allen gemeinsam war jedoch der **Grundgedanke**, dass **Begriffe** durch **Klassifikationen** von **Objekten** nach ihren jeweils **charakteristischen Merkmalen** aufgebaut werden. Aus diesem Grund werden solche Ansätze als **Merkmalstheorien** bezeichnet.

Verknüpfung relevanter Merkmale durch Boolesche Operatoren

Doch wie erkennt man, welche Merkmale **relevant** und welche **irrelevant** sind? Und nicht nur die Relevanz als solche spielt eine Rolle, sondern auch die **Art der Verknüpfung** zwischen verschiedenen relevanten Merkmalen. Ein Auto beispielsweise kann anhand von Merkmalen wie Rädern **und** Sitzmöglichkeit **und** Lenkrad als Begriff definiert sein. Wäre dies der Fall, dann müssten wir auch bei jedem Gokart von einem Auto sprechen, denn es verfügt ebenfalls über diese drei Merkmale. Weitere **Verknüpfungsoperatoren**, so genannte **Boolesche Operatoren**[*] müssen hinzukommen, um ein Auto von einem Gokart unterscheiden zu können, so z.B.: **nur dann, wenn** Räder, Sitzmöglichkeit, Lenkrad **und** ein Motor vorhanden sind, handelt es sich um ein Auto.

---

[*] benannt nach dem englischen Mathematiker George Boole (1815-1864), dem Begründer der mathematischen Logik

Die hier skizzierten Überlegungen zur Differenzierung von Begriffen anhand der Booleschen Verknüpfung relevanter Merkmale konnten in einigen Experimenten gut zur Beschreibung der Ergebnisse eingesetzt werden. Allerdings mussten dabei nur einfache Begriffe voneinander unterschieden werden. Für komplexere Begriffe hingegen wäre die permanente Bereitstellung von Merkmalslisten durch das Gedächtnis und deren Verknüpfung durch Boolesche Operatoren ein unökonomischer Weg des Erkennens und der Klassifikation. Einfacher geht es vielleicht durch Prototypen.

4.1.2 Prototypentheorie der Begriffsbildung

Begriffe — **Prototyp ♦ Familienähnlichkeit ♦ Typikalität** — *Lernziele*

Nach der **Prototypentheorie** wird ein **Objekt** als zugehörig zu einer **begrifflichen Kategorie** klassifiziert, wenn es dem **Prototypen** dieser Kategorie ähnlicher ist als demjenigen einer anderen. Prototypen können als Folge unserer Lebenserfahrung mit verschiedenen Objekten einer **Objektklasse** gewonnen werden. Ein Kind beispielsweise, das den Begriff „Hund" lernt, wird anhand seiner Erfahrungen mit verschiedenen Hunden den Prototypen eines Hundes entwickeln, sozusagen den „Idealhund". Alle Hunde zusammen haben eine gewisse **Familienähnlichkeit** mit dem Prototypen und jeder einzelne Hund ist in seiner **Typikalität** näher oder weiter vom Prototypen entfernt. Ganz konkret besitzen ein Labrador, ein Beagle, ein Windhund und ein Pitbull Terrier eine Familienähnlichkeit, auch wenn sie – wie die Mitglieder einer richtigen Familie – unterschiedliche Eigenschaften und Charakterzüge aufweisen. Der Labrador und der Beagle sind gewiss dem prototypischen Hund ähnlicher als der magere Windhund oder der bullige Pitbull, was durch ihre Typikalität ausgedrückt wird.

Die Typikalität eines Hundes oder auch anderer Mitglieder einer Begriffsklasse lässt sich **experimentell** messen. Bietet man beispielsweise Versuchspersonen verschiedene Tierbilder auf einem Computerbildschirm der Reihe nach dar und gibt ihnen die Aufgabe, bei Erscheinen eines Hundes ganz schnell eine rechte Taste zu drücken und bei der Darbietung eines anderen Tieres eine linke Taste (**Wahlreaktionsversuch**), dann gelingt ihnen dies bei prototypischeren Hunden schneller als bei solchen, die weiter vom Prototypen entfernt sind.

Der Vorteil der Prototypentheorie liegt auf der Hand. Je komplexer die Begriffe sind, desto eher lassen sie sich mit Hilfe von Prototypen klassifizieren und desto schwieriger wird es, wenn dazu Merkmalslisten verwendet werden. So ist z.B. der Begriff „Spiel" durch Merkmalslisten nicht mehr zu klassifizieren, denn THINK! – wie viele Merkmale sollte man für ein Spiel annehmen? An den prototypischen Ansätzen ist allerdings zu kritisieren, dass sie bislang keine überzeugende Erklärung dafür anbieten, wie sich ein Prototyp überhaupt entwickelt, d.h. wie er gelernt wird und wie er im Gedächtnis repräsentiert ist.

4.1.3 Begriffsbildung als Netzwerk relationaler Verknüpfungen

Begriffe

Relation (Beziehung) ◆ *relationale Verknüpfung* ◆ *semantisches Netzwerk* ◆ *Ober-Unterbegriffsrelation* ◆ *Unter-Oberbegriffsrelation* ◆ *Handlungsrelation* ◆ *Eigenschaftsrelation*

Lernziele

Noch ein wenig komplexer als die Merkmals- und die Prototypentheorie erscheint der Ansatz, Begriffe als **Netzwerke relationaler Verknüpfungen** darzustellen. Begriffe können auf verschiedenen Ebenen angesiedelt sein. Sie können **ober-, unter-** oder **nebengeordnete Begriffe** darstellen und in **Beziehung**, d.h. **Relation** zueinander stehen. „Erbsen" und „Karotten" sind einander nebengeordnete Begriffe und stehen zu „Gemüse" in einer **Unter-Oberbegriffsrelation**, genauso wie „Gemüse" wiederum zu „Nahrungsmittel". Das Erfassen dieser Relationen vollziehen wir mit genau der gleichen Leichtigkeit wie die Begriffe uns selbst unmittelbar die Bedeutung des Bezeichneten erleben lassen. Ganz offensichtlich lernen wir nicht nur Begriffe, sondern auch die Relationen zwischen ihnen. Man geht davon aus, dass Begriffe und Relationen in einem **semantischen*** **Netzwerk** im Gedächtnis abgelegt sind. Abb. 4.4 veranschaulicht ein solches Netzwerk.

Die in der Abbildung dargestellten **Verbindungen (Kanten)** zwischen einzelnen **Begriffen (Knoten)** repräsentieren unterschiedliche Relationen. Die Verknüpfung zwischen „Küche" und „Topf" ist z.B. eine **Ober-Unterbegriffsrelation**, diejenige zwischen „Geschirr" und „Abwaschen" eine **Handlungsrelation** und die zwischen „Kühlschrank" und „Weiß" eine **Eigenschaftsrelation**.

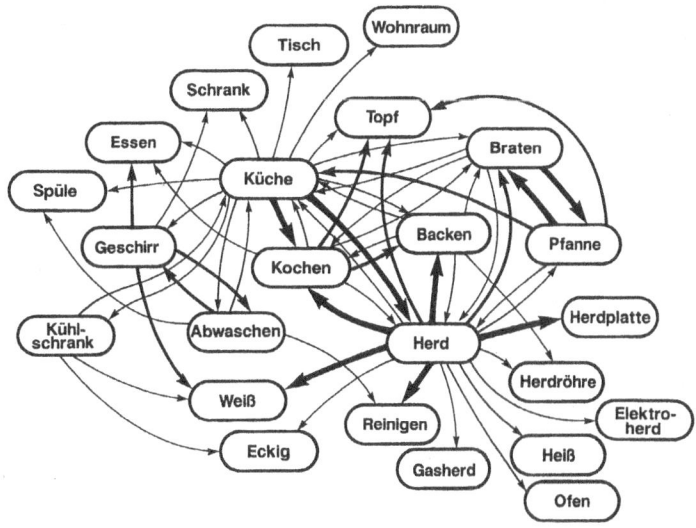

Abb. 4.4 Illustration eines semantischen Netzwerks für den Bereich Küche**

Obwohl verschiedene Experimente Belege dafür erbrachten, dass unterschiedliche Relationen zwischen Begriffen psychologisch zu differenzieren sind, gibt es auch Kritik an diesem Ansatz. Ein Hauptpunkt ist, dass er bislang noch keine Antwort auf die grundsätzliche Frage gegeben hat, *wie* sich all diese „**Begriffsknoten**" und „**Relationskanten**" ausbilden.

---

* Die Semantik ist ein Teilgebiet der Sprachwissenschaft und befasst sich mit der Bedeutung oder dem Inhalt eines Begriffes, Satzes oder Textes.
** Bildquelle: Hoffmann, J. (1993), S. 136. *Vorhersage und Erkenntnis*. Göttingen: Hogrefe.

Zum Abschluss des gewiss nicht leicht nachzuvollziehenden Themengebietes der Begriffsbildung sei noch angemerkt, dass es Experimente gibt, die darauf hindeuten, dass dieser Prozess nicht nur durch **explizite** (d.h. ausdrückliche, ganz bewusste) Belehrung vonstatten gehen kann. Vielmehr besteht auch die Möglichkeit, begriffliche Klassifikationen **implizit** (d.h. nicht bewusst) zu erwerben. Bereits Hull hatte in den Experimenten mit den chinesisch anmutenden Symbolen darüber berichtet, dass die Versuchspersonen die Klassifikationen zunehmend schneller vollzogen, und zwar noch bevor sie mitteilen konnten, welches die unterscheidenden Merkmale waren. Sie mussten demnach über ein **implizites Wissen** verfügen.

Da wir Begriffe und begriffliche Relationen nicht um ihrer selbst willen bilden, ist zu fragen, worin der **Zweck der Begriffsbildung** besteht. Auf diese Frage gibt es zumindest *eine* Antwort. Begriffsbildung dient, wie andere kognitive Prozesse auch, der **Sicherstellung** des **Erfolges unseres Verhaltens** unter **wechselnden Umgebungsbedingungen**. Oder wie es **Joachim Hoffmann** 1993 einmal formuliert hat: „Erscheinungen werden zu Begriffen zusammengefasst, weil im Umgang mit ihnen gleiche Verhaltensweisen gleichermaßen zum Erfolg führen, weil sie *funktional äquivalent* [gleichwertig] sind".

4.2 Problemlösen

Die **Funktionalität von Objekten** ist nicht nur, wie wir gerade besprochen hatten, für die Begriffsbildung von Bedeutung, sondern auch für das **Problemlösen**. So manches Mal scheitern wir an Aufgaben einfach „nur" deshalb, weil die zur Erreichung des vorgegebenen Ziels verfügbaren Mittel **funktional gebunden** sind und einer neuartigen funktionalen Verwendung nicht unmittelbar zur Verfügung stehen. Wir werden gleich darauf zurückkommen, doch zuvor sollten wir uns den Begriff „Problem" verdeutlichen. Was meinen wir eigentlich, wenn wir sagen, dass etwas ein Problem ist? THINK! Lassen Sie sich nicht durch die scheinbare Trivialität dieser Frage davon abhalten, darüber nachzudenken, welches die charakteristischen Merkmale von Problemen sind. Formulieren Sie mindestens drei Kriterien, bevor Sie weiterlesen.

Die Psychologie hat sich mit der **Definition** dessen, was ein Problem ist, viel Freiraum für alle nur denkbaren Problemvariationen offen gelassen. Ein **Problem** ist einfach dadurch definiert, dass es

- ◆ einen **Ausgangszustand** von Objekten, vorhandenen Informationen und situativen Bedingungen besitzt. Soweit entspricht dies jeder nur möglichen Situation. Um zu einem Problem zu werden, muss zu diesem Ausgangszustand
- ◆ ein anzustrebender **Zielzustand** hinzukommen. Können wir durch unsere vorhandenen Denkmöglichkeiten vom Ausgangszustand zum Zielzustand gelangen, dann haben wir zwar gedacht, aber als Problem haben wir das gewiss noch immer nicht empfunden, es war eher eine Aufgabe. Deshalb muss es als ein weiteres Kriterium
- ◆ **Hindernisse** geben, die dafür verantwortlich sind, dass die zur Problemlösung erforderlichen Denk- und Verhaltensweisen nicht offensichtlich werden.

Erst wenn diese **drei Kriterien** *gemeinsam* auftreten, kann man von einem Problem sprechen. Die zur **Lösung** benötigten **Denkprozesse** sind dabei immer **zielgerichtet**.

Die psychologische Erforschung von **Problemlöseprozessen** begann erst mit verhältnismäßig einfachen Aufgaben, deren Lösungswege noch in allen Teilschritten durchschaubar waren. Dieser Bereich der Forschung wird deshalb auch als „einfaches" Problemlösen bezeichnet. Ihm gegenüber steht das „komplexe" Problemlösen. Hierbei handelt es sich zumeist um Computersimulationen komplexester Art, wie z.B. die Leitung einer fiktiven Zuckerfabrik (Berry & Broadbent, 1984), den Posten eines Entwicklungshelfers in „Tanaland" (Dörner, 2001) oder das Amt des Bürgermeisters von „Lohhausen" (Dörner et al., 1983). All diese Aufgaben werden von den Versuchspersonen zwar mehr oder minder gut bewältigt, jedoch ohne dass diese die Zusammenhänge in allen Einzelheiten durchschauen. Komplexes Problemlösen ist beispielsweise auch beim Umgang mit dem „System Natur" sowie bei wirtschaftlichen, politischen oder gesellschaftlichen Problemen gefordert. Doch beginnen wir mit dem einfachen Problemlösen und kehren zur bereits angedeuteten funktionalen Gebundenheit zurück.

4.2.1 Einfaches Problemlösen

Begriffe: funktionale Gebundenheit ◆ Einstellung ◆ Kontext ◆ Vorerfahrungen ◆ algorithmische Verfahren ◆ heuristische Verfahren ◆ Mittel-Ziel-Analyse *Lernziele*

Funktionale Gebundenheit – Dunckers „Schachtelaufgabe"

Der Gestaltpsychologe **Karl Duncker** (1903-1940) machte 1935 eine erstaunliche Beobachtung. Bei der so genannten **Schachtelaufgabe** erhielten seine Versuchspersonen den Auftrag, drei kleine Kerzen an einer Tür in Augenhöhe anzubringen. Auf einem Tisch wurden ihnen dazu verschiedenste, mehr oder minder taugliche Gegenstände angeboten, u.a. Klammern, Papierstücke, Bindfäden, Bleistifte, Stanniol, Aschenbecher, Holzstücke etc., aber auch die „kritischen" Gegenstände, die zur Problemlösung benötigt wurden: einige Reißnägel, drei kleine Pappschachteln, die etwa die Größe gewöhnlicher Streichholzschachteln besaßen, sowie die drei Kerzen. Die Lösung der Aufgabe war denkbar einfach, so sollte man meinen, denn die Versuchspersonen mussten ja nur unter den verfügbaren Gegenständen die drei Schachteln nehmen und mit jeweils einer Reißzwecke an der Tür befestigen, so dass sie den Kerzen als Standfläche dienen konnten.

Duncker führte nun eine entscheidende Variation in diese Aufgabe ein. Der einen Versuchsgruppe wurden die Schachteln in ihrer **vertrauten Funktion**, d.h. als Behältnis angeboten. Eine Schachtel beinhaltete die Kerzen, eine zweite die Reißnägel und die dritte schließlich einige Streichhölzer. Zusammen mit dem anderen, zur Problemlösung unbrauchbaren Material lagen sie auf dem Tisch. Bei der zweiten Versuchsgruppe hingegen waren die Schachteln leer und somit **funktional ungebunden**. Die von Duncker erzielten Resultate dieses Versuches waren deutlich. In der Versuchsgruppe mit den leeren, funktional ungebundenen Schachteln fanden alle Versuchspersonen die Lösung der gestellten Aufgabe. Waren die Schachteln jedoch mit Versuchsmaterial gefüllt, wie dies in der anderen Versuchgruppe der Fall war, dann führte dies dazu, dass nicht einmal die Hälfte der Versuchspersonen eine Lösung fand.

Duncker folgerte aus diesem und weiteren, ähnlichen Experimenten mit vergleichbaren Resultaten, dass **Objekte** vorrangig in ihrer **aktuellen Funktionalität** wahrgenommen werden und deshalb im Problemlöseprozess nicht so flexibel eingesetzt werden können. Ein guter Problemlöser wäre demnach jemand, dem es leichter als anderen gelingt, **funktionale Gebundenheiten zu überwinden**. THINK! Versuchen Sie doch einmal die funktionale Bindung einer vollen Mineralwasserflasche aufzuheben und treten Sie dabei in Wettbewerb mit der Familie, Freunden oder Bekannten. Mal sehen, wer die meisten alternativen Einsatzmöglichkeiten findet.

Einstellung – Luchins' Wasserkrüge

Manchmal ist es nicht die funktionale Gebundenheit, die uns daran hindert, für ein Problem eine Lösung zu finden, sondern es ist unsere **Einstellung**, welche uns anhaltend auf den falschen Weg führt. Erleben kann man diese Wirkung beispielsweise beim Lösen von Mathematikaufgaben. Hierbei kommt es gelegentlich vor, dass man fest davon überzeugt ist, dass eine Aufgabe auf eine bestimmte Art und Weise zu lösen sei, wie eben andere, gleich erscheinende Aufgaben auch. So manche Stunde kann man mit einer falschen Einstellung verbringen, ohne das Matheproblem zu bewältigen. Macht man sich jedoch von der falschen Einstellung frei, indem man eine Zeit lang etwas anderes tut, dann „sieht" man danach die Lösung häufig sofort und fragt sich, warum man so blind gewesen ist.

Die hier beschriebene Wirkung von Einstellungen hat **Abraham Luchins** in inzwischen bereits als klassisch zu bezeichnenden Experimenten untersucht. Wenn Sie möchten, können Sie das einfach einmal ausprobieren. Die Aufgabe ist die folgende: Sie haben drei Krüge A, B, C mit unterschiedlich viel Wasser vor sich und sollen in einem der Krüge eine vorgegebene Wassermenge erreichen. Wie würden Sie die einzelnen Aufgaben der folgenden Tabelle **der Reihe nach** lösen?

Aufgabe Nr.		Fassungsvermögen leerer Wasserkrüge			geforderte Wassermengen
		A	B	C	
1		29	3	nicht vorhanden	20
2	E1	21	127	3	100
3	E2	14	163	25	99
4	E3	18	43	10	5
5	E4	9	42	6	21
6	E5	20	59	4	31
7	K1	23	49	3	20
8	K2	15	39	3	18
9		28	76	3	25
10	K3	18	48	4	22
11	K4	14	36	8	6

Tab. 4.1 Umfüllaufgaben nach Luchins (1942)

Luchins untersuchte mit dieser Aufgabe über 900 Versuchspersonen, darunter waren sowohl Grundschüler als auch Studenten und Doktoranden. Die **Experimentalgruppen** ließ er jeweils alle Aufgaben der Reihe nach abarbeiten. Die **Kontrollgruppen** durften nach der **Einführungsaufgabe Nr. 1** gleich mit Nr. 7 weitermachen. Die **Aufgaben 2–6 (E1–E5)** dienten dazu, experimentell eine **Einstellung** für eine bestimmte Lösung hervorzurufen, denn das auszuführende Rechenschema war jeweils, den Krug B zu nehmen, davon den Krug A abzuziehen und dann noch zweimal den Krug C (B-A-2C). Bereits nach fünf dieser Einstellungsaufgaben löste die Experimentalgruppe auch die **kritischen Aufgaben K1** und **K2** nach diesem Schema und war blind für die **einfachere Lösung A-C** bzw. **A+C**. Den Versuchspersonen der Kontrollgruppe passierte dies nicht.

Die **Aufgabe Nr. 9** diente dazu, die Experimentalgruppe von ihrer **Blindheit** für die **einfachere Lösung** zu befreien, denn sie konnte nicht mit dem gewohnten Weg B-A-2C gelöst werden. Zwar hatten manche Versuchspersonen durch ihre Einstellung zuerst Probleme, überhaupt eine Lösung für die Aufgabe 9 zu finden, die nachfolgenden Aufgaben 10 und 11 lösten durch den Einfluss der Aufgabe 9 aber bereits mehr Versuchspersonen der Experimentalgruppe auf die einfachere Art und Weise. Eine weitere Möglichkeit, die Einstellung zu durchbrechen, bestand darin, dass ein Teil der Versuchspersonen instruiert war, nach der Aufgabe 6 auf ihr Antwortblatt den Satz „Don't be blind" zu schreiben. Allein diese Aufforderung erleichterte es ihnen, in Aufgabe 9-11 die ökonomischere Lösung einzusetzen.

Der Kontext – das Kannibalen-Missionare-Problem

Über einen weiteren negativen Einfluss von Einstellungen bzw. **Vorerfahrungen** berichten **Bernd Jülisch** und **Werner Krause** (1976). Sie untersuchten das so genannte **Kannibalen-Missionare-Problem** unter verschiedenen **Kontexten**. Bei diesem Problem geht es um fünf Kannibalen und fünf Missionare, die an einem Fluss aufeinander treffen und an das andere Ufer gelangen wollen. Die Kannibalen geben sich recht friedlich, solange sie nicht in der Mehrheit sind. Ist dies jedoch der Fall, fangen sie sofort damit an, die Missionare zu verspeisen. Es muss also unbedingt vermieden werden, dass die Missionare in der Minderheit sind. Zur Überquerung des Flusses steht allerdings nur ein Boot zur Verfügung, welches maximal drei Personen trägt und mindestens von einer Person besetzt sein muss. Die Aufgabe besteht darin, mit möglichst wenigen Überfahrten die Kannibalen und Missionare ans andere Ufer zu bringen und zwar lebend.

Jülisch und Krause ließen dieses Problem von drei Versuchspersonengruppen unter verschiedenen Kontexten bearbeiten. Die erste Gruppe führte es wie üblich mit Missionaren und Kannibalen durch. Der zweiten Versuchsgruppe wurden anstelle von Missionaren und Kannibalen gelbe und rote Chips gegeben und die Gruppe wurde **mengentheoretisch** instruiert (z.B.: „*die Menge der gelben Chips darf nicht in der Minderheit sein*"). Die dritte Gruppe erhielt eine **mathematische (vektoralgebraische) Instruktion**, die das Problem in gleicher Weise vom inhaltlichen Kontext befreite wie die mengentheoretische Instruktion. Trotz der unterschiedlichen Instruktionen bleibt das Problem selbstverständlich immer das gleiche und ist im Optimalfall mit 15 Zügen zu bewältigen.

Die Ergebnisse von Jülisch und Krause stimmen nachdenklich. Unter der Versuchsbedingung des **Missionare-Kannibalen-Kontextes** benötigten die Versuchspersonen gut 20 Züge mehr als das Optimum von 15, wohingegen die Versuchspersonen der **kontextfreien, mengentheoretischen** bzw. **vektoralgebraischen Instruktion** nur 9 bzw. 7 Züge über dem Optimum lagen. Wie kann das sein, dass ein und dasselbe Problem je nach inhaltlichem Zusammenhang zu einer unterschiedlichen Schwierigkeit führt? Jülisch und Krause erklären das Resultat damit, dass im ersten Fall durch die Instruktion das Wissen über Kannibalen und Missionare im **Arbeitsgedächtnis** aktualisiert und verfügbar wird und in der Folge zu der Tendenz führt, die Gruppe der „schwachen Missionare" möglichst nicht zu trennen. Diese **kontextbedingte Einstellung** hat jedoch eine größere Zahl von Fehlzügen zur Folge, als dies beim nüchternen Verschieben bedeutungsfreier Mengen oder auch bei der rein mathematischen Lösung des Problems der Fall ist.

Das von Luchins nachgewiesene Phänomen der **Einstellung**, Dunckers **funktionale Gebundenheit** und auch die von Jülisch und Krause demonstrierten Effekte der **Bedeutung des Kontextes** haben sich **negativ** auf das **Problemlösen** ausgewirkt. Kommt man bei einem Problem einmal nicht weiter, sollte man sich demzufolge fragen, ob man nicht gerade in die Falle von Einstellung, funktionaler Gebundenheit oder Kontext geraten ist. Allerdings sind **Vorerfahrungen** nicht immer nur negativ zu sehen. Insbesondere in Fällen, in denen eine ähnliche Verfahrensweise oder Verwendung eines Objektes Sinn macht und dies vielleicht sogar durch einen ähnlichen Kontext angeregt wird, ist Vorerfahrung ein wichtiger positiver Faktor. Sonst würde ja alles Lernen, Üben und Trainieren auch keinen Nutzen haben.

Die Mittel-Ziel-Analyse – das Turm-von-Hanoi-Problem

THINK! Zum Abschluss dieses Abschnittes über einfaches bzw. elementares Problemlösen können Sie sich noch an einer weiteren Aufgabe versuchen, dem so genannten **Turm-von-Hanoi-Problem** (vgl. Abb. 4.5). Die Aufgabenstellung ähnelt der des Kannibalen-Missionare-Problems. Versuchen Sie doch einmal auf Anhieb, den optimalen Lösungsweg mit nur 7 Schritten zu erreichen.

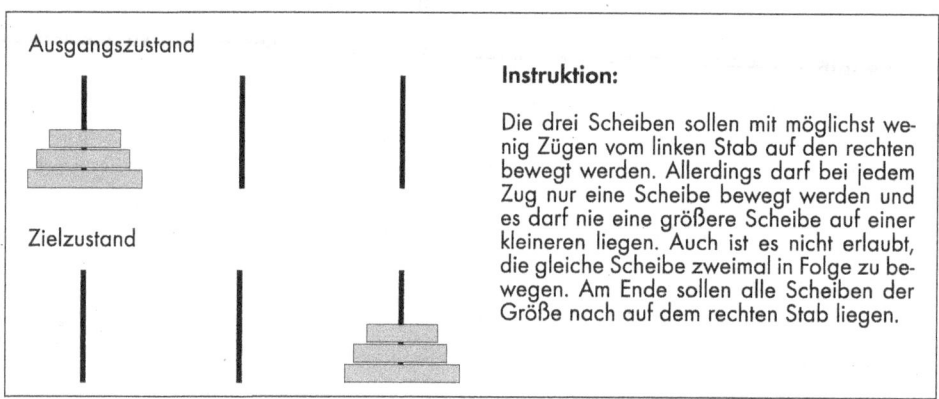

Abb. 4.5 Darstellung und Instruktion des Turm-von-Hanoi-Problems

Bereits beim Turm-von-Hanoi-Problem mit nur drei Scheiben ist der **Problemraum** der möglichen Züge so umfangreich, dass die meisten Menschen nicht den Aufwand betreiben würden, eine algorithmische (d.h. einem Rechenverfahren folgende) Lösung dafür zu suchen. **Algorithmische Verfahren** der Problemlösung führen jedoch garantiert zum Erfolg, da sie den Problemraum **systematisch** und **vollständig** absuchen. Ihnen gegenüber stehen die so genannten **heuristischen Verfahren**, die zwar nicht immer, aber dennoch häufig zum Erfolg führen. Heuristiken sind eine Art Faustregel, mit der man bei komplexen Problemen oder schwierigen Entscheidungssituationen, bei denen **nicht alle Informationen** zur Verfügung stehen oder verarbeitet werden können, dennoch einen hohe Erfolgsquote erzielen kann.

Für das Turm-von-Hanoi-Problem könnte eine Heuristik lauten: Wähle in jedem Durchgang (trial) den **wichtigsten Unterschied** zwischen dem **Ausgangszustand** und dem **Zielzustand** aus und mache dessen **Beseitigung** zum aktuellen **Teilziel**. Diese heuristische Vorgehensweise nennt man die **Mittel-Ziel-Analyse**.

Die Mittel-Ziel-Analyse für das Turm-von-Hanoi-Problem ließe sich folgendermaßen verbalisieren:

> 1. Stimmt der gegebene Zustand mit dem angestrebten Zielzustand überein? → Nein!
> 2. **Wichtigster Unterschied:** Die große Scheibe liegt nicht auf dem rechten Stab.
> 3. **Ziel:** Bewege die große Scheibe vom linken Stab auf den rechten Stab.
> 4. Kann dieses Teilziel aktuell ausgeführt werden? → Nein!
> 5. **Wichtigster Unterschied:** Die mittlere Scheibe liegt auf der großen Scheibe.
> 6. **Ziel:** Bewege die mittelgroße Scheibe vom linken auf den mittleren Stab.
> 7. Kann dieses Teilziel aktuell ausgeführt werden? → Nein!
> 8. **Wichtigster Unterschied:** Die kleine Scheibe liegt auf der mittleren Scheibe.
> 9. **Ziel:** Bewege die kleine Scheibe vom linken Stab auf den rechten Stab.
> 10. Kann dieses Teilziel aktuell ausgeführt werden? → Ja!
> 11. Bewege die kleine Scheibe vom linken Stab auf den rechten Stab.
> 12. usw.

Wird diese Reihe konsequent weitergeführt, dann ist das Problem schnell gelöst. Die eingesetzte **Heuristik des wichtigsten Unterschieds** half uns dabei, mit einem **Minimum an Informationen** auszukommen.

4.2.2 Komplexes Problemlösen

Begriffe — ***Variablenzahl*** ♦ ***Variablenvernetzung*** ♦ ***Transparenz*** ♦ ***Eigendynamik*** ♦ ***dialektische Barriere*** ♦ ***Lohhausen-Simulation*** ♦ ***ökologische Validität*** — *Lernziele*

Die bislang dargestellten Untersuchungen zum einfachen Problemlösen haben uns zwar Erkenntnisse darüber geliefert, welche Faktoren eine erfolgreiche Lösung der Aufgabe behindern können, mit dem **wirklichen Leben** hatten die gestellten Aufgaben aber nur wenig gemeinsam. Eine häufig vorgebrachte Kritik gegenüber den Untersuchungen zum einfachen Problemlösen ist deren mangelnde **ökologische Validität**. Im „richtigen Leben", so die Kritiker, sind Probleme im Allgemeinen viel komplexer. Doch wodurch definiert sich ein komplexes Problem in Abgrenzung zum einfachen Problem? Nach **Dietrich Dörner (1979)** sind **komplexe Probleme** durch **fünf Merkmale** charakterisiert:

♦ Variablenzahl – bei komplexen Problemen ist die **Anzahl variierbarer Größen** wesentlich **umfangreicher** als z.B. beim Turm-von-Hanoi-Problem.

♦ Variablenvernetzung – die verschiedenen Variablen sind **keine voneinander unabhängigen Größen**, sondern sie treten in Beziehung zueinander, sind miteinander vernetzt.

♦ Transparenz – komplexe Probleme zeichnen sich dadurch aus, dass dem Problemlöser **nicht alle** Variablen und deren Vernetzungen bekannt sind. Je mehr unbekannt bleiben, desto höher ist die **Intransparenz.**

♦ Eigendynamik – im Gegensatz zu einfachen Problemen liegt bei komplexen Problemen eine Eigendynamik des Systems vor. Selbst wenn der Problemlöser gar nicht handelt, kann sich die **Situation** permanent **ändern**.

- **Dialektische Barriere** – von einer dialektischen Barriere spricht man, wenn es sich um ein **offenes** komplexes Problem handelt, d.h. weder Ausgangszustand noch Zielzustand noch die einsetzbaren Handlungsmöglichkeiten sind eindeutig definiert. Will man beispielsweise das Wohlbefinden von Menschen in einem Entwicklungsland erhöhen, so ist dies ein dialektisches Problem, bei dem der zu erreichende Zielzustand erst einmal entworfen werden muss, bevor man in Abhängigkeit von den weitgehend unklaren Ausgangsbedingungen die Handlungsmöglichkeiten und deren Konsequenzen erkunden kann. Im weiteren Verlauf wird das angestrebte Ziel überprüft und eventuell modifiziert oder durch ein neues ersetzt. Diese **Vielzahl möglicher Ziele** bei komplexen Problemen wird **Polytelie** genannt.

Die Lohhausen-Simulation

Das wohl bekannteste Beispiel eines Experiments zur Erforschung menschlichen Denkens und Verhaltens im Umgang mit komplexen Problemen ist die **Lohhausen-Simulation** von Dörner et al. (1983). Lohhausen ist eine Art Computerspiel, bei dem die Versuchspersonen die Rolle des Bürgermeisters der Kleinstadt Lohhausen für zehn Jahre bzw. 120 Monate übernehmen sollen. Der folgende Ausschnitt der Instruktion, welche die Versuchspersonen gemeinsam mit einem Stadtplan von Lohhausen erhielten, vermittelt einen Eindruck der zu bewältigenden, komplizierten, aber ökologisch validen Aufgabe.

> „Stellen Sie sich vor, Sie werden plötzlich Bürgermeister von Lohhausen (an der Lohe). Lohhausen ist ein Kleinstädtchen mit 3372 Einwohnern und liegt in einer hübschen, waldreichen Gegend etwa 60 Kilometer von einer größeren Stadt entfernt. Auf dem Stadtplan sehen Sie, dass es einen Bahnhof gibt; außer durch die Eisenbahn ist Lohhausen noch durch Buslinien mit der Außenwelt und der näheren Umgebung verbunden [...]
> Die ökonomische Basis der Stadt, wenn auch nicht die einzige Einnahmequelle, ist eine Uhrenfabrik, die Sie leicht im Stadtplan finden werden. Außerdem gibt es eine Bank, Gaststätten, Lebensmittelhändler, Textilwaren- und andere Geschäfte [...] Sie betreten also nun am 2. Januar 1976 das Rathaus, um Ihr neues Amt anzutreten. [...] im Gegensatz zur Realität haben Sie fast diktatorische Vollmachten. Alles, was Sie beschließen, wird tatsächlich durchgeführt. Ihre Aufgabe ist es, für das Wohlergehen der Stadt in der näheren und ferneren Zukunft zu sorgen. Was Sie dafür unternehmen, ist Ihre Sache [...] Der Versuchsleiter präsentiert für Sie so etwas wie eine allgemeine Informationsquelle. Er hält für Sie detaillierte Informationen bereit, nach denen Sie nur fragen müssen [...] Fragen Sie ihn also, wenn Sie Ihr Bild über Lohhausen vervollständigen wollen. Natürlich können Sie nur solche Dinge erfragen, die in der Realität auch für Sie erfahrbar wären. [...]
>
> In jeder der 8 folgenden Versuchssitzungen haben Sie 2 Stunden Zeit, um Maßnahmen zu überlegen und Entscheidungen zu treffen. Innerhalb dieser 2 Stunden können Sie überlegen und fragen, wie Sie wollen. Sie können sich für bestimmte Maßnahmen entschließen, diese wieder rückgängig machen, ganz wie Sie wollen. Am Schluss der Sitzung sollten Sie sich aber für bestimmte Maßnahmen fest entscheiden. Diese werden dann durchgeführt, was konkret so aussieht, dass sie dem Computer, der Lohhausen simuliert, zugeführt werden. Der Computer simuliert sodann Lohhausen für den Zeitraum, den Sie wünschen, mindestens aber einen Monat. Bei der nächsten Sitzung bekommen Sie dann Nachricht über die Effekte Ihrer Bemühungen.
> Insgesamt müssen Sie in dem Versuch 10 Jahre überbrücken. D.h. dass Sie in der achten Sitzung den Zeitraum so festlegen müssen, dass er bis zum 120. Monat geht. Wie Sie diesen Zeitraum von 120 Monaten auf die 8 Sitzungen verteilen, ist im übrigen Ihre Sache."
>
> (Dörner et al., 1983, S. 105-107; zitiert nach Hussy, 1993).

Die Instruktion verwendet häufig Formulierungen, die den Versuchspersonen viele Freiräume geben, aber weder das Ziel noch die Ausgangssituation noch die einsetzbaren Verhaltensmöglichkeiten klar definieren. Über die in der Computersimulation eingesetzten Variablen und deren Vernetzungen haben die Probanden zumindest zu Beginn des Experiments kein Wissen. Tatsächlich kommen in der Lohhausen-Simulation über 2000 Variable zum Einsatz, die untereinander vielfältig vernetzt sind. Das Problem der Leitung dieser Kleinstadt ist damit so komplex, dass die Versuchspersonen innerhalb der acht durchgeführten Sitzungen vermutlich nur einen Bruchteil der darin enthaltenen Zusammenhänge erahnen können.

Von den zahlreichen **Ergebnissen,** die aus den Lohhausen-Daten errechnet wurden, können wir hier nur auf wenige eingehen. Von Interesse dürfte jedoch sein, wie sich erfolgreiche von weniger erfolgreichen Probanden unterscheiden und ob es Zusammenhänge mit Persönlichkeitsmerkmalen wie Intelligenz, Kreativität, Extraversion* und Selbstsicherheit gibt. Die **abhängige Variable** des **Erfolges** einer Versuchsperson wurde aus **sechs Teilkriterien** zu einem **Generalgütekriterium** verrechnet. Erfolgreich war eine Versuchsperson u.a. dann, wenn die Finanzlage der Stadt am Ende günstig, das Kapital der Uhrenfabrik gestiegen, die Zahl der Arbeitslosen niedrig geblieben und die allgemeine Zufriedenheit der Lohhausener hoch war. Bewertet wurde außerdem, wie sich die Probanden in Bezug auf ihren Erfolg selbst einstuften und ob sie vom Versuchsleiter als erfolgreich angesehen wurden. Bleibt allerdings anzumerken, dass die meisten der Versuchspersonen Lohhausen nahezu in den Ruin geführt haben, was bedeutet, dass sie mit der Komplexität des Systems Lohhausen nicht zurechtkamen.

Die **erfolglosen Versuchspersonen** unterschieden sich von den erfolgreicheren darin, dass sie

- von Thema zu Thema „vagabundierten" oder sich in einem irrelevanten Teilthema abkapselten;
- die jeweiligen Umstände weniger genau analysierten;
- nur wenige Entscheidungen trafen und diese nicht koordinierten; sie handelten „ad hoc";
- weniger Selbstreflexion und Selbstorganisation zeigten;
- mehr Informationen von außen benötigten;
- weniger vorausplanten und vororganisierten.

Was die Frage nach einem möglichen Zusammenhang zwischen dem Abschneiden im Lohhausen-Experiment und **individuellen Persönlichkeitsmerkmalen** betrifft, so erbrachten die Ergebnisse weder eine signifikante Korrelation (Zusammenhang) mit der Intelligenz noch mit der Kreativität der Versuchspersonen. Stattdessen gab es aber einen **statistisch** sicheren **positiven Zusammenhang** zwischen dem **Erfolg** in Lohhausen und der **Extraversion** sowie **Selbstsicherheit** der Probanden. Dies erscheint nicht unplausibel, da eine stark ausgeprägte Extravertiertheit dazu beiträgt, sich vermehrt Informationen beim Versuchsleiter zu beschaffen, um damit die Transparenz des Problems zu erhöhen. Eine große Selbstsicherheit könnte dabei geholfen haben, Misserfolge besser wegzustecken und schneller weitere Lösungsversuche auszuprobieren, ohne vorzeitig zu resignieren.

Der **fehlende Zusammenhang** zwischen **Intelligenz** und **Erfolg** beim **komplexen Problemlösen** wurde in der wissenschaftlichen Fachwelt ausführlich diskutiert und auf den Faktor der **Intrans-**

---

* Eine **extravertierte Persönlichkeit** zeichnet sich durch ein hohes Maß an Geselligkeit, Kontaktfreudigkeit, Gesprächigkeit, Aufgeschlossenheit, Lockerheit, Lebhaftigkeit und Sorglosigkeit aus.

parenz komplexer Probleme zurückgeführt, der nicht in Übereinstimmung mit der Transparenz typischer Intelligenztestaufgaben steht (z.B. Putz-Osterloh & Lüer, 1981). Über diesen Einwand hinaus wurde das Lohhausen-Experiment aus verschiedensten Richtungen heftig kritisiert. Ohne darauf im Detail einzugehen, sei an dieser Stelle nur erwähnt, dass sich Lohhausen durch die **Vielzahl** von **freien Entscheidungsmöglichkeiten**, welche die Probanden in ihrem Denken und Handeln zur Verfügung haben, experimentell kaum noch kontrollieren lässt. Damit ist jegliche Interpretation von Ergebnissen mit Vorsicht zu betreiben. Andererseits hat Lohhausen den Weg für zahlreiche Nachfolgeuntersuchungen geebnet und die Wichtigkeit des Faktors der **ökologischen Validität** psychologischer Experimente hervorgehoben.

4.2.3 Begriffsbildung, Problemlösen, Denken: Wie hängt das alles zusammen?

Begriffe: Denkprozesse ♦ produktives Denken ♦ reproduktives Denken ♦ schlussfolgerndes Denken ♦ logisches Denken ♦ Darstellung von Gehirnaktivitäten — **Lernziele**

Bereits in der Einleitung zu dieser Lektion hatten wir angemerkt, dass **Denken** gewissermaßen ein **Oberbegriff** zur **Begriffsbildung** ist und auch das **Problemlösen** einen **Teilaspekt** des Denkens darstellt. Die Schwierigkeit bei der **Untersuchung von Denkprozessen** liegt darin, dass wir sie **nicht direkt beobachten** können und sich ihr Vorhandensein nur anhand von Verhaltensweisen oder Verhaltensänderungen feststellen lässt. Ein ähnliches Problem hatten wir ja schon bei der Definition des Begriffes „Lernen".

In Abgrenzung zu anderen psychologischen Prozessen, wie z.B. denjenigen der Wahrnehmung und des Gedächtnisses, sind Denkprozesse in Anlehnung an **Walter Hussy** (1993) zumindest durch die folgenden **vier Merkmale** charakterisiert:

♦ Sie sind **zielgerichtet**.
♦ Sie sind nicht allein auf das Entdecken und Erkennen von Reizen beschränkt → **Abgrenzung zur Wahrnehmungspsychologie**.
♦ Sie sind nicht allein auf das Speichern und Abrufen von Informationen aus dem Gedächtnis beschränkt → **Abgrenzung zur Lern- und Gedächtnispsychologie**.
♦ Sie verarbeiten Informationen, woraus **neue** Lösungen entstehen (**produktives Denken**) oder frühere Lösungen erfolgreich eingesetzt werden (**reproduktives Denken**).

Wahrnehmung, Aufmerksamkeit, Motivationen, Emotionen, Lernen, Gedächtnis, Persönlichkeit usw. – all dies spielt eine Rolle beim Denken. Der entscheidende Punkt ist jedoch, dass Denken darüber hinausgeht, **Informationen verarbeitet** und **neue Schlussfolgerungen** daraus zieht (**schlussfolgerndes Denken, logisches Denken**).

Bislang sind wir nicht in der Lage, Denkprozesse unseres Gehirnes unmittelbar zu beobachten und sie zugleich so zu verstehen, wie wir dies beispielsweise bei der menschlichen Sprache können. Wir sehen die Bewegungen des Artikulationsapparates und verstehen das Gesagte. Es hat eine unmittelbare Bedeutung für uns. Zwar ist es heutzutage technisch möglich, Denkprozesse bildlich darzustellen, aber ihre **Bedeutung** müssen wir uns nach wie vor **mittelbar** erschließen. Wir können den Versuchspersonen nur geschickt gewählte Aufgaben stellen, die zu ganz bestimmten Denkprozessen führen sollten, und dabei am lebenden Gehirn beobachten, wo Energie verbraucht wird bzw. wo elektrische Ströme in besonderer Weise ableitbar sind. Mit diesem Vorgehen lässt sich recht genau lokalisieren, an welchen Orten im Gehirn welche Denkprozesse vorrangig stattfinden. Ein Verständnis komplexer Denkprozesse auf neuronaler Ebene konnte unseres Wissens aber bis heute nicht gewonnen werden. Hier besteht sicherlich noch eines der größten und spannendsten interdisziplinären Forschungsfelder der Zukunft. Die Entwicklung der **Gehirnstrommessung** sowie **bildgebender Verfahren** öffnet ein wenig das Tor in diese Richtung. Tab. 4.2 gibt einen Überblick über verschiedene Verfahren zur **Darstellung geistiger Aktivität** (vgl. Wiech et al., 2001).

Methode	Eigenschaft
EEG Elektroenzephalografie	Ableitung elektrischer Aktivitäten des Gehirnes an verschiedenen Orten mittels Elektroden. **Vorteil:** das EEG ist sehr schnell. **Nachteil:** es erfasst nur die oberen Gehirnschichten und ist anatomisch nicht sehr präzise.
MEG Magnetenzephalografie	Aufzeichnung schwacher Magnetfelder im Gehirn, die infolge der Bewegung elektrischer Ladungen entstehen. **Vorteil:** genauso schnell wie das EEG bei hoher räumlicher Auflösung. **Nachteil:** tiefere Gehirnschichten sind nur eingeschränkt abbildbar.
PET Positronen-Emissions-Tomografie	Ermöglicht die Abbildung von Parametern des Hirnstoffwechsels, z.B. regionaler Glukose- oder Sauerstoffverbrauch. **Vorteil:** kann auch zur Bestimmung von Rezeptorverteilung und Rezeptorendichte eingesetzt werden. **Nachteil:** radioaktive Belastung der Patienten, geringe räumliche und zeitliche Auflösung.
fMRI (Kernspintomografie) funktionelle Magnetresonanztomografie	Computergestütztes Verfahren zur Visualisierung des Gehirnes. **Vorteil:** höhere zeitliche und räumliche Auflösung als bei PET, keine radioaktive Substanz nötig. **Nachteil:** indirektes Maß für die neuronale Aktivität.

Tab. 4.2 Überblick über verschiedene Methoden zur bildhaften Darstellung von Gehirnaktivitäten

4.3 Kreativität

„Entdecken Sie sich selbst durch die Kraft der Kreativität", „Kreatives Denken als Schlüssel zum Erfolg", „Kreatives Malen für Anfänger". So oder ähnlich wird heutzutage und praktisch auf allen Kommunikationskanälen das schillernde **Schlagwort Kreativität** benutzt oder, besser gesagt, abgenutzt. Obwohl die Begriffe „Kreativität" und „kreatives Denken" allgegenwärtig sind, ist es dennoch erstaunlich schwierig, sie klar zu definieren, sind sie einmal ihres Schlagwortcharakters beraubt. Und noch schlimmer – obwohl eigentlich kaum einer weiß, was kreatives Denken eigentlich ist, wird es höher geschätzt als vernünftige Überlegungen und logische Schlussfolgerungen. Viele Firmen verschleudern Unsummen an selbsternannte Gurus, die versprechen, das kreative Potenzial der Mitarbeiter zu erhöhen. Getreu dem Motto *„selbst Denken macht klug"*, ob nun kreativ gedacht oder nicht, sollten Sie THINK! zuerst einmal selbst überlegen, welche Merkmale und Eigenschaften einen kreativen Menschen als Persönlichkeit auszeichnen bzw. welches die Kriterien für kreatives Denken sein könnten.

4.3.1 Kreatives Denken

Begriffe — **kreativer Denkprozess ♦ Präparationsphase ♦ Inkubationsphase ♦ Illuminationsphase ♦ Verifikationsphase** — *Lernziele*

Bleiben wir zuerst beim **kreativen Denken**, schließlich handelt diese Lektion ja vom Denken und Problemlösen. Üblicherweise sprechen wir von der **kreativen Lösung** eines Problems, wenn sie auf einem **neuen Weg** oder in einer bisher nicht da gewesenen Art und Weise erzielt wurde. Auch ein **kreatives Produkt** ist vor allem durch das Merkmal der **Neuartigkeit** charakterisiert. Darüber hinaus werden zur Beschreibung kreativer Prozesse und Produkte noch Eigenschaften wie die **Nützlichkeit** bzw. **Brauchbarkeit**, die Originalität, der **Wert** und auch die **Realitätsangepasstheit** genannt (Meißner, 1999), aber auch kontrovers diskutiert. Ein Kunstwerk, das beispielsweise von vielen Menschen als kreativ angesehen wird, ist möglicherweise weder nützlich noch realitätsangepasst. Müssten jedoch alle oben genannten Kriterien vorhanden sein, könnte man hier nicht ernsthaft von einer kreativen Leistung sprechen. Mit Ausnahme des Merkmals der Neuartigkeit dürfte es auch schwer werden, die anderen Merkmale **objektiv zu definieren**, denn was der eine für nützlich hält, empfindet ein anderer als völlig unbrauchbar usw. Selbst in Bezug auf die Neuartigkeit ließe sich noch streiten, ob eine auf das Individuum bezogene Neuartigkeit reicht oder ob sie vielmehr sogar weltweit gelten muss. Entdeckt z.B. ein Kind zum ersten Mal für sich einen neuen Lösungsweg für ein Problem, so ist dies individuell gewiss eine kreative Leistung gewesen, für einen Erwachsenen hingegen, der das Kind dabei beobachtet, nur ein Entwicklungsschritt.

Wenn es so schwer ist, das **Produkt** eines **kreativen Denkprozesses** zu definieren, kann man überlegen, ob es nicht eher möglich ist, den **Prozessverlauf** durch eine Differenzierung in verschiedene Phasen genauer zu erfassen. Weit verbreitet ist bis heute eine der ältesten Einteilungen, wonach sich der kreative Prozess in **vier Phasen** gliedern lässt (Wallas, 1926 und Meißner, 1999):

❶ Phase der **Präparation** – das Problem wird bewusst, entsprechendes Wissen wird gesammelt

❷ Phase der **Inkubation** – die „schöpferische" Phase, die vorbewusste Weiterverarbeitung

❸ Phase der **Illumination** – der „plötzliche" Einfall

❹ Phase der **Verifikation** – die Lösungsbeurteilung.

Das eigentlich „kreative Element" wird dabei häufig den Phasen 2 und 3 zugeordnet, so dass der Eindruck entsteht, eine kreative Lösung würde einem „plötzlich" nur so zufallen, unbewusst und ohne Anstrengung entstehen und sich erleuchtend in einem Aha-Erlebnis manifestieren. Allzu gerne wird dabei vergessen, dass die Präparationsphase, d.h. die Phase, in der eine intensive und Kraft kostende Auseinandersetzung mit dem Problem stattfindet, die entscheidende Voraussetzung für eine kreative Lösung darstellt. In dieser Phase wird entweder umfangreiches Wissen erworben oder es wird bereits vorhandenes Wissen eingesetzt, um durch denkendes Kombinieren und Umgestalten zu einer Problemlösung zu finden.

4.3.2 Kreative Persönlichkeit

Begriffe **divergentes Denken ♦ produktives Denken ♦ konvergentes Denken ♦ reproduktives Denken** *Lernziele*

Nach dem Psychologen **Joy P. Guilford** (1897-1988) zeichnen sich **kreative Persönlichkeiten** durch die Fähigkeit zu **divergentem Denken** aus. Divergentes Denken führt zu **neuartigen, bislang unbekannten** Problemlösungen. Guilfords (1950) Begriff des divergenten Denkens entspricht weitgehend demjenigen des **produktiven Denkens** der Gestaltpsychologen (z.B. Karl Duncker) und ist von **konvergentem Denken** bzw. **reproduktivem Denken** abzugrenzen. Konvergentes Denken wird typischerweise bei **Intelligenztestaufgaben** gefordert, und deshalb ist es auch nicht verwunderlich, dass es nur geringe Zusammenhänge (Korrelationen) zwischen Intelligenz und Kreativität gibt.

Guilford entwickelte zahlreiche **Tests** zur Messung der **individuellen Kreativität**. Vor allem die folgenden **vier Bereiche** sollen dabei die **Fähigkeit zu divergentem Denken** erfassen (zitiert in Anlehnung an Asendorpf, 1996):

♦ **Sensitivität** gegenüber Problemen – indem z.B. nahe liegende Erklärungen von Sachverhalten geschildert werden und dann nach Alternativerklärungen gefragt wird.

♦ **Flüssigkeit** des Denkens – indem z.B. möglichst viele Verwendungsmöglichkeiten eines Ziegelsteins innerhalb von zwei Minuten aufgezählt werden sollen – vom Baustein bis zum Kopfkissen für einen asketischen Mönch.

♦ **Originalität** des Denkens – indem z.B. nach entfernt liegenden Analogien zu vorgegebenen Aussagen gefragt wird.

♦ **Flexibilität** des Denkens – getestet durch Aufgaben, die das Überwinden von Bindungen und Einstellungen erfordern.

Trotz der verschiedensten Ansätze zur Erfassung individueller Kreativitätsleistungen, wie z.B. dem hier skizzierten Ansatz von Guilford, herrscht bis heute in der wissenschaftlichen Psychologie weder Einigkeit darüber, wie die kreative Leistung einer Person durch Testverfahren verlässlich zu prognostizieren ist, noch darüber, wie und durch welche Methoden sie effizient zu fördern wäre. Vor diesem Hintergrund sollten vorhandene Kreativitätstest- und Förderungsverfahren sowie der existierende, populärwissenschaftliche „Kreativitätsmarkt" kritisch betrachtet werden.

Aufgaben

1. Welche theoretischen Ansätze zur Erklärung der Bildung von Begriffen kennen Sie?
2. Beschreiben Sie Clark L. Hulls Experiment mit den chinesisch anmutenden Schriftzeichen zu Begriffsbildung.
3. Was unterscheidet einfache von komplexen Problemen? Geben Sie jeweils ein Beispiel.
4. Was versteht man unter „funktionaler Gebundenheit"?
5. Erstellen Sie unter Verwendung der folgenden Wörter einen sinnvollen Satz: Denken, Problemlösen, Begriffsbildung, Oberbegriff, zielgerichtet, produktives Denken, reproduktives Denken.
6. Welche vier Verfahren zur bildhaften Darstellung von Gehirnaktivitäten kennen Sie?
7. Beschreiben Sie die vier Phasen des kreativen Denkprozesses.

zur Lernkontrolle

5 Motivation und Emotion

Ein Mensch läuft und läuft und läuft - einen Marathon. Haben Sie sich vielleicht auch schon einmal gefragt, wieso jemand eine solche Tortur auf sich nimmt und wie er sich dabei auch noch gut fühlen kann? Der griechischen Sage nach lief der Soldat Diomedon 490 v.Chr. von Marathon nach Athen, um die freudige Botschaft des Sieges der Griechen über die Perser zu verkünden. Das erklärt seine **Beweggründe**, wie er sich dabei **gefühlt** hat, wissen wir nicht. Auch wenn dies ein extremes Beispiel ist, sind wir damit mitten in zwei Themenbereichen angelangt, die unser tägliches Leben lenken und begleiten – die Rede ist von **Motivationen** und **Emotionen**. In dieser Lektion wollen wir sie an alltäglicheren Beispielen näher unter die Lupe nehmen.

5.1 Motivation

Warum hat jemand aus Ihrem Bekanntenkreis kein Auto, obwohl er es sich leisten kann und sein Leben ohne Pkw sichtbar umständlicher wird? Sind es wirklich nur Umweltaspekte oder hat er vielleicht doch Angst, selbst zu fahren, oder will er einfach nur auffallen? Warum sieht Ihr Nachbar heute aus, wie aus dem Ei gepellt, obwohl er seinem Äußeren sonst wenig Beachtung schenkt? Hat er ein Vorstellungsgespräch oder ist er frisch verliebt? Wie schaffen es Feuerwehrleute, in ein brennendes Haus einzusteigen, obwohl sie wissen, dass sie sich dabei selbst in Gefahr begeben? Und warum lesen Sie dieses Buch und wie schaffen Sie es, die damit verbundenen zusätzlichen Anstrengungen durchzustehen? Was treibt Sie an?

Mit diesen Fragen sind wir mitten in Problembereichen, mit denen sich die **Motivationspsychologie** beschäftigt: Fragen nach dem „Warum" und „Wozu" von **Handlungen**, nach ihrer **Aufrechterhaltung** und nach dem Einfluss von **persönlichen Dispositionen** und **situationalen Variablen**.

5.1.1 Über Bedürfnisse, Motive und Triebe

Begriffe — Motivation ◆ Motiv ◆ Trieb (angeboren, erworben) ◆ Bedürfnis ◆ Mangel (Deprivation) ◆ Stimulation ◆ Anreiz — *Lernziele*

Einmal abgesehen von Reflexen, also durch spezifische Reize ausgelösten automatischen Reaktionen, wird nahezu unser gesamtes **Verhalten**, d.h. sowohl die **sichtbaren** als auch rein **kognitive Handlungen**, also gedankliche und emotionale **Prozesse**, durch Motivationen bestimmt. Unter **Motivation** verstehen wir dabei alle in uns ablaufenden Prozesse und Faktoren, die unser Verhalten **auslösen**, auf ein angestrebtes Ziel hin **steuern** und **aufrechterhalten**. In den meisten Situationen nehmen wir das als ganz normal hin und denken nicht weiter darüber nach, warum wir etwas tun oder unterlassen. Aufmerksam werden wir häufig erst, wenn sich etwas ganz Besonderes ereignet, z.B. wenn sich ein Mensch anders verhält, als wir es gewohnt sind. Dann fragen wir uns, welche Motive er hat.

Unter einem **Motiv** versteht man den primär **psychologisch** und **sozial bedingten Beweggrund** für eine bestimmte Handlung. Ein Motiv wäre z.B. der Wunsch, im Vorstellungsgespräch einen möglichst positiven Eindruck auf den zukünftigen Vorgesetzten zu machen. Um dies zu erreichen, werden wir nicht zuletzt sehr genau auf das eigene, äußere Erscheinungsbild achten. Dagegen werden primär **biologische Beweggründe**, die das Verhalten steuern, auch als **Triebe** bezeichnet. Beide Begriffe lassen sich unter der Bezeichnung „**Bedürfnisse**" zusammenfassen.

Generell gibt es zwei **Bedingungen** für die Aktivierung von Bedürfnissen: zum einen **Deprivation**, d.h. **Mangel** (z.B. Durst durch Wassermangel im Körper), zum anderen von außen kommende **Stimulation** oder Darbietung eines **Anreizes**. So lösen laute Geräusche häufig ein Fluchtmotiv aus oder eine in Aussicht gestellte Belohnung ein Leistungsmotiv. Da **Triebe** überwiegend aus internen biologischen Bedürfnissen – wie z.B. Hunger, Durst, Schlaf oder Sexualität – hervorgehen, gelten sie als **angeboren** und nicht durch Lernprozesse beeinflussbar. Bei **Motiven** hingegen nimmt man an, dass sie überwiegend infolge von **Lernprozessen**, also durch **Konditionierung** entstanden sind. Daher findet sich in der Literatur zuweilen auch die Bezeichnung **erworbene, sekundäre Triebe**.

5.1.2 Menschliche Motivstrukturen

Begriffe: **Bedürfnishierarchie ♦ niedere Bedürfnisse ♦ höhere Bedürfnisse ♦ Mangelmotivation ♦ Wachstumsmotivation ♦ Motivklassen: Anschlussmotiv, Machtmotiv, Leistungsmotiv** — *Lernziele*

Motive lösen also Handlungen aus. Aber einer Handlung geht meistens nicht nur ein einzelnes Motiv, sondern ein ganzes Bündel von Motiven voraus. Die tatsächliche Handlung richtet sich nach dem stärksten Motiv, andere Motive werden abgedrängt und/oder später befriedigt. Ein **Modell**, das sich mit der Bedeutsamkeit verschiedener Motive bzw. Motivklassen befasst und hohe Bekanntheit erlangt hat, ist die **Bedürfnishierarchie** von **Abraham H. Maslow** (1908-1970). Abb. 5.1 gibt das Modell grafisch wieder*.

Maslows Theorie geht von einer **stufenartigen** Motiventwicklung aus, wobei die jeweils höher stehenden Bedürfnisse erst dann wirksam werden, wenn die darunter stehenden weitgehend befriedigt sind. Die unterste Ebene bilden die **basalen physiologischen Bedürfnisse** wie Hunger oder Durst. Sind diese befriedigt, werden wir durch **Sicherheitsbedürfnisse** motiviert, auf deren Befriedigung die **Bindungsbedürfnisse** folgen. Auf der obersten Stufe der Bedürfnishierarchie steht das Bedürfnis nach **Selbstverwirklichung**. Die **niederen** Bedürfnisse lösen, so Maslow, eine **Mangelmotivation** aus, die **höheren** eine **Wachstumsmotivation**, also das Streben sich weiterzuentwickeln. Maslow ging davon aus, dass die meisten Menschen die gleiche Hierarchie an Bedürfnissen besitzen und dass diese Hierarchie in ähnlicher Form in allen Kulturen anzutreffen ist.

Auf den ersten Blick klingen die Überlegungen Maslows ganz überzeugend. Man kann wohl ohne Zweifel davon ausgehen, dass alle anderen Bedürfnisse (wie z.B. Selbstachtung) hinten an-

---

* Das Modell entstand 1943. Später kamen weitere Bedürfnisklassen hinzu, wie beispielsweise die Transzendenz als oberstes Ziel. Diese erweiterte Aufteilung konnte sich jedoch nicht durchsetzen. Wir haben uns daher auf Maslows ursprüngliche Bedürfnishierarchie beschränkt.

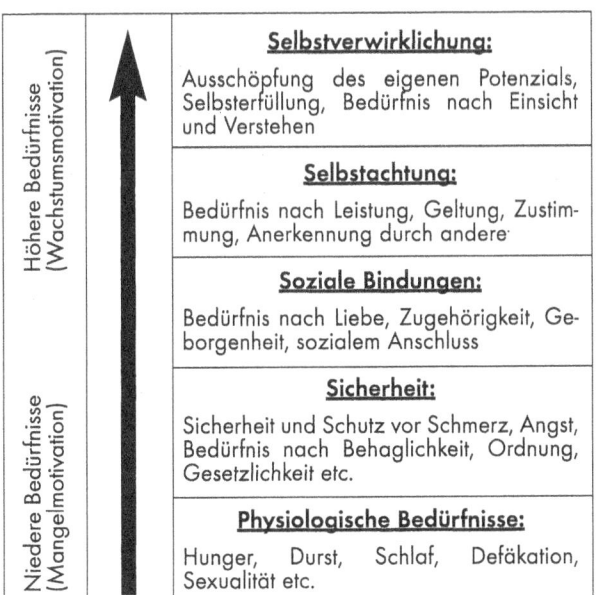

Abb. 5.1 Bedürfnishierarchie nach Maslow

stehen, wenn man Hunger oder Durst leiden muss. Ähnliches gilt in Situationen, in denen die leibliche Sicherheit in Gefahr ist, wie z.B. in Kriegsgebieten. Maslows Kritiker merkten aber u.a. an, dass es andererseits auch Menschen gibt, für die das Bedürfnis nach Liebe oder anderen sozialen Bindungen nicht so bedeutsam ist wie das Bedürfnis nach Selbstachtung. Man denke hier an Personen, die nach außen sehr stark und karrierebewusst wirken und Autorität ausstrahlen, die aber nur wenig Bedürfnis nach menschlicher Nähe zeigen. Maslow verteidigte sein Modell damit, dass sich in diesem Fall hinter der Suche nach Anerkennung durch andere auch ein Ausdruck für die Suche nach Zuneigung, also nach sozialer Bindung verbirgt.

Dennoch muss generell in Frage gestellt werden, ob Selbstverwirklichung oder Selbstachtung wirklich höherwertigere Motive sind als z.B. das Bedürfnis nach sozialen Bindungen und ob es überhaupt eine hierarchische **Bedürfnis**- bzw. **Motivstruktur** gibt, die für *alle* Menschen gleichermaßen gilt. Empirisch (d.h. durch Beobachtung oder experimentell) ließ sich dies zumindest bisher nicht nachweisen. Derzeit geht die Forschung von **drei unterschiedlichen Motivklassen** aus: dem **Anschlussmotiv**, dem **Machtmotiv** und dem **Leistungsmotiv**. Auf Letzteres werden wir später noch näher eingehen.

5.1.3 Die Bedeutung von Zielen, Erwartungen und persönlichen Werten

Begriffe **individuelle Motivstrukturen ♦ Lernerfahrungen ♦ Handlungsziele ♦ Erwartungs-Wert-Theorie** *Lernziele*

Neuere Ansätze der Motivationspsychologie gehen einen anderen Weg. Sie nehmen an, dass jeder Mensch **individuelle Motivstrukturen** ausbildet. Ausschlaggebend sind dabei seine **Lernerfahrungen** und deren **Interpretation**. Wie ist das zu verstehen? Nehmen wir an, jemand wächst in einem Elternhaus auf, das sehr auf die Verwirklichung der eigenen Interessen achtet, das Kind immer zu Höchstleistungen antreibt und, wenn es diese erbringt, dafür belohnt. In diesem Fall ist es wahrscheinlich, dass in dem Kind oder späteren Erwachsenen das Motiv entsteht, die eigenen Potenziale weitestgehend auszuschöpfen. Vielleicht hat das Kind die Erfahrungen im Elternhaus aber eher als Leistungsdruck empfunden, konnte den Erwartungen der Eltern auch nicht gerecht werden und hat elterliche Zuwendung vermisst, die es in anderen Familien kennen gelernt hat. Dann ist es nicht verwunderlich, wenn das Motiv der sozialen Bindung bei ihm ein höheres Gewicht bekommt als das Motiv, immer der Beste zu sein.

Unser Beispiel zeigt, dass durch bestimmte, individuelle Lernerfahrungen **spezifische Motive** ausgebildet werden. Motive wiederum umfassen verschiedene **Handlungsziele**. Im ersten Fall könnte ein Hauptziel z.B. sein, es beruflich möglichst weit zu bringen, Karriere zu machen. Im zweiten Fall taucht dieses Ziel vielleicht gar nicht oder nur untergeordnet auf. Im Vordergrund steht vielmehr das Ziel, eine Familie zu gründen und möglichst viel Zeit mit ihr zu verbringen.

Gesetzte Ziele sind wichtig, um die Motivation über einen längeren Zeitraum aufrechtzuerhalten, denn Ziele führen dazu, dass man zu ihrer Erreichung **Anstrengungen** aufbringt, konkrete **Strategien** ausbildet und **Selbstverpflichtungen** eingeht, sich also an das **Erreichen** des Ziels gebunden fühlt.

Ob wir uns aber bestimmte Ziele überhaupt setzen, hängt zunächst von der Bedeutung bzw. dem **Wert** ab, die diese Ziele für uns **persönlich** haben. Wenn uns also die „große Karriere" nicht so wichtig ist, werden wir sie nicht ernsthaft anstreben und folglich keine entsprechenden Ziele entwickeln. Neben diesem Aspekt der Zielsetzung spielt aber auch die **Erwartung**, das angesteuerte Ziel überhaupt erreichen zu können, eine entscheidende Rolle. Wenn jemand beispielsweise trotz aller Anstrengungen das Abitur nur mit Ach und Krach erreicht hat und das Lernen für ihn schon immer eher eine Qual war, wird er sich wohl kaum als nächstes Ziel ein Medizinstudium setzen – und zwar schon allein deshalb nicht, weil er sich dem nicht gewachsen fühlt, d.h. keine **Erfolgserwartung** hat. Dieser Ansatz beschreibt eine bekannte Motivationstheorie: die **Erwartungs-Wert-Theorie** der Motivation.

Unsere bisherigen Beispiele zielten bereits auf die Leistungsmotivation ab, und tatsächlich ist dies auch die am häufigsten untersuchte Motivationsart. Wenden wir uns ihr deshalb in einem eigenen Abschnitt zu.

5.1.4 Die Leistungsmotivation

Begriffe: Leistungsmotivation ♦ Erwartungs-Wert-Modelle ♦ Leistungshandeln ♦ Kontrollüberzeugung (intern, extern) ♦ Attribution ♦ Attributionsstile (internal, external) ♦ intrinsische Motivation ♦ extrinsische Motivation *Lernziele*

Unter der **Leistungsmotivation** verstehen wir das **Bedürfnis, etwas zu leisten**. Es ist von Mensch zu Mensch oder auch von Kultur zu Kultur **unterschiedlich** stark **ausgeprägt**. Vor allem in Industrienationen werden Menschen vornehmlich nach ihrer persönlichen Leistung bewertet. Aber nicht nur zwischen verschiedenen Menschen (**interindividuell**), sondern auch innerhalb ein und derselben Person (**intraindividuell**) sind unterschiedliche Ausprägungen der Leistungsmotivation festzustellen. Kaum jemand verspürt das Bedürfnis, auf allen Gebieten gleichermaßen gute Leistungen zu erbringen. Damit wären wir wohl auch überfordert. Einmal abgesehen von der Tagesform hängt das Bedürfnis, auf einem Gebiet etwas zu leisten, von früheren Erfolgs- und Misserfolgserfahrungen auf eben diesem Gebiet ab, und auch davon, wie viel es uns bedeutet (Erwartungs-Wert-Modell).

Erwartungs-Wert-Modelle und Leistungsmotivation

Vor allem für die Erklärung von **leistungsmotiviertem Handeln (Leistungshandeln)** haben sich die **Erwartungs-Wert-Theorie** und die darauf aufbauenden **Modelle** als bedeutsam herausgestellt. Die so genannten Erwartungs-Wert-Modelle beziehen neben den **Erwartungs-** und **Werteinschätzungen** auch die **Ausgangssituation** und die **Folgen des Handlungsergebnisses** mit in die Betrachtung des Motivationsprozesses ein. Abb. 5.2 gibt diesen Zusammenhang mit Hilfe des in der Psychologie sehr bekannten Erwartungs-Wert-Modells von **Heinz Heckhausen** (1926–1988) schematisch wieder. Wir erläutern das Ganze an einem Beispiel.

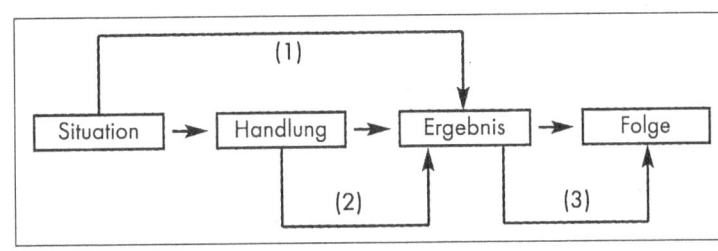

Abb. 5.2
Handlungsbezogene Erwartungen im Motivationsprozess nach Heckhausen (1989, vereinfacht)

Nehmen wir an, eine Person soll für eine Prüfung lernen. Ob sie sich tatsächlich hinsetzt und lernt, hängt von folgenden Bedingungen ab: Wenn die Wahrscheinlichkeit, dass sie auch ohne zu lernen, ein gutes Ergebnis erzielen wird, sehr hoch ist, wird sie sich kaum zum Lernen motivieren können. Diese Einschätzung wird als **Situations-Ergebnis-Erwartung (1)** bezeichnet. Allerdings sind in den wenigsten Fällen die eigenen Fähigkeiten so gut ausgeprägt, dass man es sich leisten könnte, ohne Vorbereitung in eine Prüfung zu gehen. Ob unser Prüfling aber tatsächlich lernt, hängt von zwei weiteren Einschätzungen ab. Die erste betrifft die Erwartung, dass die Handlung (also das Lernen) auch tatsächlich zum gewünschten Ergebnis (einer guten Note) führt – sie wird als **Handlungs-Ergebnis-Erwartung (2)** bezeichnet. Diese Erwartungsart haben wir bereits im Abschnitt 5.1.3 kennen gelernt. **Anstrengung** und **Ausdauer** beim Lernen (**Ausdruck der Leistungsmotivation**) werden besonders dann hoch sein, wenn auch die Handlungs-Ergebnis-Erwartung hoch ausfällt. Schließlich spielt noch eine Rolle, welche Folgen wir dem Ergebnis zuschreiben – die **Ergebnis-Folge-Erwartung (3)**. Angenommen, unser Prüfling braucht unbedingt eine gute Note in seiner Prüfung, z.B. weil die Note ausschlaggebend dafür ist, ob er einen bestimmten Ausbildungs- oder Studienplatz bekommt. In einer solchen Konstellation wird seine Anstrengung größer sein als in Fällen, in denen der Studienplatz allein vom Bestehen der Prüfung abhängt und es nicht auf die Note ankommt.

Fassen wir also zusammen: Die Wahrscheinlichkeit, dass jemand eine Leistungshandlung zeigt (in unserem Beispiel das Lernen) bzw. dass Leistungsmotivation vorliegt, hängt von **drei Faktoren** ab: einer möglichst geringen Situations-Ergebnis-Erwartung, einer möglichst hohen Handlungs-Ergebnis-Erwartung und einer möglichst hohen Ergebnis-Folge-Erwartung.

Neben den Erwartungs- und Werteinschätzungen spielt noch ein dritter Prozess eine Rolle – die **Ergebnisattribution**. Was hinter diesem abstrakten Begriff steckt und warum er so wichtig ist, wollen wir im nächsten Abschnitt durchleuchten.

Der Einfluss von Attributionsstilen

Bereits vor fünfzig Jahren (1954) formulierte **Julian B. Rotter** als einer der ersten die Annahme, dass die generelle Kontrollüberzeugung einen Einfluss darauf hat, ob eine Person die **Erwartung** ausbildet, eine Aufgabe meistern zu können. Rotter unterschied hierbei zwischen einer **internen Kontrollüberzeugung** – also der *(generellen)* Ansicht, dass wir in der Lage sind, **Ereignisse** durch unser Handeln **zu beeinflussen** – und einer **externen Kontrollüberzeugung**, wenn wir uns entsprechende Einflussmöglichkeiten nicht zuschreiben.

Rotters Überlegungen finden sich später auch in den so genannten **Attributionstheorien** wieder. Unter dem Begriff „Attribution" wird die Ursachenzuschreibung für Ereignisse oder Erfahrungen verstanden. Wenn also jemand glaubt, dass er vor allem wegen seines Äußeren gemocht wird, dann attribuiert er die Zuneigung anderer Menschen auf sein Aussehen. Von einem **Attributionsstil** sprechen wir dann, wenn ein **konsistentes** (beständiges) **Muster** für Ursachenzuschreibungen existiert. Verdeutlichen wir dies wieder anhand eines Beispiels:

Zwei Schüler schreiben eine Eins in einer Mathematikklausur, sie reagieren aber unterschiedlich auf das Ergebnis. Der eine ist zufrieden und stolz, der andere kann sich nicht richtig über diese Leistung freuen und ist eher erleichtert. Wie kommen diese unterschiedlichen Reaktionen zustande? Der scheinbare Widerspruch löst sich auf, wenn man weiß, dass der erste Schüler seine Leistungen internal, d.h. auf seine mathematischen Fähigkeiten, attribuiert hat, wohingegen der andere seinen Erfolg externalen Faktoren zuschreibt. Er meint, dass er diesmal einfach nur Glück hatte. Wir haben es hier also mit einem **internalen** oder **externalen Attributionsstil** zu tun bzw. einer entsprechenden Kontrollüberzeugung.

Neben der Art der Kontrollüberzeugung ist für die Stärke der Leistungsmotivation aber zusätzlich auch die **Stabilität** der Attribution von Bedeutung. Ist jemand der Überzeugung, dass sein Erfolg auf seine Fähigkeiten zurückzuführen ist, dann handelt es sich hier um eine **stabile Attribution**. Glaubt er hingegen, dass er nur deshalb Erfolg hatte, weil er sich einmal über alle Maßen angestrengt hat, dann ist diese **Attribution instabil** oder **variabel**. Tab. 5.1 gibt die verschiedenen Attributionsstile unter Berücksichtigung der Kontrollüberzeugung und Stabilität wieder.

		Kontrollüberzeugung	
		internal	external
Stabilität	**stabil**	Fähigkeit	Aufgabenschwierigkeit
	variabel	Anstrengung	Glück/Zufall

Tab. 5.1 Attributionsstile für eigene Leistungen

Für **leistungsmotivierte** und, was die eigenen Fähigkeiten betrifft, **optimistischere** Personen ließ sich feststellen, dass sie Erfolge internal und stabil (auf ihre Fähigkeiten), Misserfolge aber external und variabel (also auf Pech), eventuell auch internal-variabel (auf eine zu geringe Anstrengung) attribuieren. **Pessimistischere** Personen erklären im Gegensatz dazu ihre Erfolge vorwiegend external-variabel (mit Glück), ihre Misserfolge hingegen internal-stabil (zu geringe Fähigkeiten).

Die Art der **Attributionsstrategie** hat letztendlich auch Einfluss auf unser **Selbstwertgefühl** und unsere **Selbstwirksamkeitserwartung**. Was sich hinter diesen beiden Begriffen verbirgt, wird als Teil der **Persönlichkeitspsychologie** in Lektion 6 im Zusammenhang mit den sozial-kognitiven Ansätzen behandelt. An dieser Stelle soll deshalb nicht vorgegriffen werden – wenn Sie jedoch Lust haben und (intrinsisch) motiviert sind, können Sie gerne einmal „vorlesen".

Intrinsische und extrinsische Motivation

Vollziehen wir eine **Handlung** in erster Linie **um ihrer selbst willen**, d.h. weil sie uns Spaß macht, dann sind wir **intrinsisch motiviert**. Wenn aber eine Tätigkeit nur deshalb ausgeführt wird, weil mit ihr bestimmte **Konsequenzen** verbunden sind, sprechen wir von **extrinsischer Motivation**. Wenn wir unseren Hobbys nachgehen, sind wir in den meisten Fällen intrinsisch motiviert, denn wir unternehmen diese Aktivitäten freiwillig und genießen sie, ohne dass wir dafür extern belohnt werden. Die Quelle der Motivation kommt quasi von „innen heraus". Arbeit wird meist weniger positiv gesehen. Nach der zuvor gegebenen Definition würde man annehmen, dass sie häufig extrinsisch motiviert ist, denn viele Menschen gehen ihr nach, weil sie dafür bezahlt werden (Erwerbstätigkeit) oder weil es einfach nötig ist (z.B. Säubern der Wohnung). Dennoch kann auch Arbeit intrinsisch motiviert sein, nämlich dann, wenn wir uns wirklich für den Inhalt unserer Tätigkeit interessieren, nicht nur für deren Folgen wie Entgelt oder Anerkennung.

◆ **Auswirkungen auf die Leistungsmotivation von Kindern**

Weil die intrinsische Motivation (scheinbar) unabhängig von äußeren Umständen aus uns selbst herauskommt, wird sie vielfach als die „bessere" und stärkere Motivationsart angesehen, die es möglichst lange zu erhalten gilt. Unter anderem aus dieser Überlegung heraus werden seit einigen Jahren in den ersten beiden Grundschuljahren keine **Schulnoten** mehr vergeben. Denn die meisten **Schulanfänger** sind entgegen weit verbreiteter Annahmen stark **intrinsisch motiviert**, in die Schule zu gehen, schließlich beginnt etwas Neues für sie. In einem solchen Fall sind **extrinsische Anreize** bzw. **Belohnungen/Verstärkungen** – zu denen auch die Schulnoten gehören – nicht nur unnötig, sie können sogar dazu beitragen, die intrinsische Motivation durch eine extrinsische zu ersetzen.

Bereits vor dreißig Jahren stellten Forscher (Lepper et al., 1973) in einem **Feldexperiment** diese **scheinbar paradoxe Wirkung** von **Belohnungen** auf die **intrinsische Motivation** fest. Sie ermittelten zuerst durch Beobachtung die Interessen von Kindern (z.B. Malen, Basteln etc.). Danach wurden die Kinder in drei Gruppen eingeteilt. Alle Kinder durften weiter ihren bisherigen Tätigkeiten nachgehen. Die Kinder der Experimentalgruppe wussten aber, dass sie später für diese Tätigkeit belohnt würden. Eine der beiden Kontrollgruppen wurde am Ende ebenfalls belohnt, bekam dies aber vorher nicht mitgeteilt. Die Belohnung war somit eine Überraschung. Die Kinder der zweiten Kontrollgruppe erhielten gar keine Belohnung. Zwei Wochen später wurden die Kinder erneut beobachtet, mit folgenden Ergebnissen: Die Kinder der Experimentalgruppe verbrachten nun weniger Zeit mit den zuvor präferierten Tätigkeiten, in den Kontrollgruppen konnten hingegen keine Veränderungen festgestellt werden.

Diese Beobachtungen wurden dahingehend interpretiert, dass die Kinder der Experimentalgruppe durch die bereits zu Beginn in Aussicht gestellte, externe Belohnung zu der Überzeugung gelangt waren, in erster Linie aufgrund dieser Belohnung gehandelt zu haben, und sich damit ihre intrinsische Motivation verringert hatte. Das Verhalten wird aufgrund der fehlenden intrinsischen Motivation auch dann nicht mehr oder nur noch in geringerem Umfang gezeigt, wenn die externe Belohnung in Zukunft wegfällt. Im Gegensatz dazu waren die Kinder der Kontrollgruppe, die ebenfalls eine Belohnung erhalten hatten, nach wie vor intrinsisch motiviert: Da sie nichts von der späteren externen Belohnung wussten, schrieben sie weiterhin den Grund ihrer Handlung ihrer inneren Motivation zu. **Externe Belohnung** bzw. **Verstärkung** wirkt also dann schädlich auf die intrinsische Motivation, wenn dadurch die **Ursachenzuschreibung** vom **internen** auf den **externen Verstärker** umgelenkt wird.

Letztendlich kann man lerntheoretisch davon ausgehen, dass auch **intrinsische Motivationen** in der persönlichen Lerngeschichte durch **verstärkende Konsequenzen** entstanden sind. Wenn ein Kind beispielsweise weniger materielle Anreize, sondern eher **Zuneigung** oder **Lob** dafür erhält, dass es malt, singt, liest oder was auch immer tut, und wenn es für die Fähigkeit, eine bestimmte Leistung erbringen zu können, belohnt wird, **ohne** – und das ist wichtig – dass dies als **Kontrolle** dieser Tätigkeiten empfunden wird, wirkt diese Art der Belohnung **stimulierend**. Mit der Zeit wird diese externe Verstärkung **internalisiert** (verinnerlicht), es entsteht eine **innere Selbstverstärkung**, die wir dann als intrinsische Motivation wahrnehmen.

◆ **Auswirkungen auf die Leistungsmotivation von Erwachsenen**

Lassen sich die für Kinder erzielten Forschungsergebnisse auf die Leistungs- oder Arbeitsmotivation von **Erwachsenen** übertragen? Arbeitgeber könnten danach ja argumentieren, dass **Arbeitsentgelt** als **externe Belohnung** die intrinsische Motivation von Arbeitnehmern senkt. Ganz so einfach verhält es sich allerdings nicht. Die materielle Belohnung der Arbeitsleistung stellt im Gegenteil die Basis, die Grundvoraussetzung für die Arbeitsaufnahme dar, schließlich sichert man sich damit den Lebensunterhalt und erhält seine Arbeitskraft. Auf die **intrinsische Motivation** hat das Arbeitsentgelt aber nur geringen oder keinen Einfluss, hier spielen andere Motivatoren eine Rolle: Aus der **Arbeitspsychologie** wissen wir, dass u.a. Faktoren wie die wahrgenommene (d.h. subjektiv empfundene) **Autonomie** bei der Arbeitsausführung, die persönlichen **Entwicklungsmöglichkeiten**, **Freiräume** oder die **Anforderungsvielfalt** und die **Bedeutsamkeit** der **eigenen Leistung** zur Erhaltung oder Steigerung der intrinsischen Motivation beitragen. **Anerkennung** ist für die Arbeitsleistung natürlich ebenso bedeutsam.

Umgekehrt findet sich bei Tätigkeiten, bei denen diese Faktoren nicht verwirklicht werden können und damit eine eher geringe intrinsische Motivation anzunehmen ist – wie z.B. bei der Arbeit am Fließband – eine stärkere Fokussierung auf **externe, materielle Anreize**. So dienen Akkordlöhne dazu, die **extrinsische Motivation** der Arbeitnehmer zu steigern und sie zu höheren Leistungen anzutreiben.

Alle Modelle, mit denen wir uns bisher beschäftigt haben, gingen implizit von einem **rational handelnden Menschen** aus. Sie haben dabei etwas sehr Wichtiges außer Acht gelassen – die menschlichen Emotionen.

5.2 Emotion

Haben Sie heute schon einmal gelacht? Oder waren Sie wütend oder enttäuscht? In welcher Stimmung sind Sie gerade - gut oder schlecht? Kennen Sie den Auslöser für Ihre Stimmung, oder scheint sie eher grundlos? Wenn Sie sich Ihren Alltag vorstellen, gibt es da Momente, in denen Sie keine Stimmungen oder Emotionen spüren? Wohl kaum. Klangen die Motivationstheorien bisher sehr rational, wenn beispielsweise, um zu einer Entscheidung zu gelangen, Erwartungen mit Werten verrechnet wurden, so ist zu bedenken, dass neben diesen Abwägungen auch Emotionen einen Einfluss nehmen können.

5.2.1 Definition und Begriffsbestimmungen

Begriffe — **Emotionen ♦ Gefühle ♦ Stimmungen ♦ Affekt** — *Lernziele*

Stimmungen, Gefühle, Emotionen. In der Alltagssprache werden diese Begriffe häufig synonym gebraucht. Die Psychologie hat aber für jeden eine spezielle Definition:

- **Emotionen** sind komplexe Muster von Veränderungen unserer **physiologischen Erregung**, des **Gefühls**, der **Kognitionen** und unseres **Verhaltens**. Wichtig: Sie treten als **Reaktion** auf individuell bedeutsame Situationen auf, besitzen dementsprechend eine **hohe Intensität**, halten aber nur eher **kurz** an. Betrachten wir z.B. die Furcht: Wenn wir uns vor etwas fürchten, dann steigt der Puls, Schweiß bricht aus und die Muskeln verkrampfen (physiologische Komponente), außerdem fühlen wir Angst (Gefühl), wir denken, dass etwas Negatives passieren könnte (Kognition) und wir weichen zurück (Verhalten).

- **Gefühle** spielten bereits bei der Definition von Emotionen eine Rolle. Sie entstehen durch die **Bewertung von Ereignissen** (z.B. Hund bedeutet Gefahr), sind also eng mit den emotionsbezogenen Kognitionen verknüpft. Gefühle können sowohl **emotionaler** (Angst etc.) als auch **nicht emotionaler** Natur sein (beispielsweise Müdigkeit).

- **Stimmungen** sind im Vergleich zu den Emotionen **lang anhaltende** und **weniger intensive** Zustände und stellen **keine Reaktion** auf ein **spezifisches Ereignis** dar. Emotionen können in Stimmungen nachklingen, aber das die Emotion auslösende Ereignis ist dann nicht mehr präsent. Wenn man morgens mit schlechter Laune aufsteht, weiß man oft nicht warum. Man ist dann in einer schlechten Stimmung. Diese negative Stimmung kann aber durch ein Ereignis durchbrochen werden - wenn z.B. plötzlich ein unerwarteter, positiv bewerteter Brief eintrifft. Danach ist es nicht ungewöhnlich, wenn die Stimmung für den Rest des Tages weniger negativ, vielleicht sogar positiv ist.

- Schließlich gibt es noch einen weiteren Begriff, der in der psychologischen Fachliteratur häufiger auftaucht und deshalb hier erklärt werden soll - der **Affekt**. Im allgemeinen Sprachgebrauch wird hierunter eine extreme Reaktion verstanden, häufig im Zusammenhang mit Straftaten. Das Strafgesetzbuch sieht z.B. Schuldmilderungsgründe oder Schuldausschlussgründe bei Handlungen im Affekt vor. In der Emotionspsychologie wird der Begriff aber gänzlich anders, viel allgemeiner gebraucht. Der Affekt stellt hier den **Oberbegriff** für **Stimmungen** und **Emotionen** dar.

Nachdem wir diese vielfältigen Begrifflichkeiten geklärt haben, stellt sich die Frage: Warum erleben wir eigentlich Emotionen? Wozu sind sie gut? Wäre es nicht manchmal besser, keine Emotionen zu besitzen? Man denke nur an die Prüfungsangst. Andererseits wäre es aber auch schade, wenn man nicht verliebt sein könnte – oder? Also woher kommen Emotionen? Sind sie angeboren oder erlernt? Diesen Fragen werden wir uns gleich zuwenden. Zuvor soll jedoch besprochen werden, welche verschiedenen Arten von Emotionen es gibt.

5.2.2 Emotionsarten

Begriffe **Grundemotionen (angeborene, primäre Emotionen) ◆ Mischformen ◆ basale Eigenschaften der Emotionen** *Lernziele*

THINK! Bevor Sie weiterlesen, versuchen Sie zunächst einmal, für sich eine Sammlung verschiedenster Emotionen zu erstellen.

Die Frage nach den Emotionsarten ist sehr alt. Bereits **Wilhelm Wundt** – einer der Pioniere der Psychologie – unterschied 1896 zwischen den **drei Dimensionen**:

◆ angenehm vs. unangenehm
◆ ruhig vs. erregend
◆ entspannend vs. anspannend.

Nach Wundt gab es viele verschiedene Versuche, Emotionen zu klassifizieren. Einer der heute bekanntesten ist die Klassifikation von **Robert Plutchik** (1980). Er unterschied insgesamt **acht angeborene, primäre Emotionen**, so genannte **Grundemotionen**. Sie sind in Abb. 5.3 im Inneren des Kreises dargestellt. Die Grundemotionen variieren in ihrer **Ähnlichkeit** (Angst und Überraschung sind sich demnach ähnlicher als Angst und Freude), und immer zwei der primären Emotionen bilden genau **entgegengesetzte Paare** (z.B. Freude und Traurigkeit oder Erwartung und Überraschung). Alle anderen Emotionen, die wir

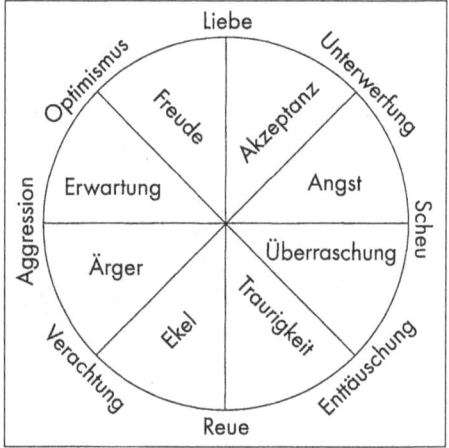

Abb. 5.3 Emotionsarten nach Plutchik

erleben, stellen Mischungen dieser Grundemotionen dar. Die **Mischformen** aus im Kreis nebeneinander liegenden Emotionen sind außerhalb des Kreises wiedergegeben. So entsteht nach Plutchik Liebe aus Freude und Akzeptanz, Verachtung aus Ärger und Ekel.

Natürlich ist Plutchiks Modell nur *eine* Möglichkeit der Klassifizierung. Daneben gibt es auch verschiedene andere Modelle mit einer von Plutchik abweichenden Anzahl und Zusammenstellung von Emotionen. Vielleicht ist es ja gar nicht möglich, jemals alle emotionalen Zustände festzuhalten und zu beschreiben, weil z.B. allein durch den Gebrauch verschiedener Sprachen Menschen unterschiedliche Möglichkeiten haben, ihre Emotionen verbal auszudrücken. So geht man davon aus, dass im Deutschen die Beschreibung emotionaler Zustände detaillierter möglich ist als im Englischen, weil die deutsche Sprache mehr Wörter zur Differenzierung von Emotionen aufweist.

Wie dem auch sei, Einigkeit herrscht zumindest darüber, dass **alle Emotionen** die beiden folgenden **basalen Eigenschaften** gemeinsam haben:

◆ Sie lassen sich mindestens in den **Ausprägungen „angenehm"** oder **„unangenehm"** beschreiben.

◆ Sie wirken sich **motivierend** und **handlungseinleitend** (bzw. **handlungsunterbrechend**) aus.

5.2.3 Emotionen – angeboren oder erlernt?

Begriffe *Auslösung von Emotionen ◆ angeborene, emotionale Reaktion ◆ erlernte, emotionale Reaktion ◆ genetisch bedingte Mechanismen ◆ Lernmechanismen* *Lernziele*

Doch nun zurück zur Frage, inwieweit Emotionen erlernt oder angeboren sind. Wir haben gesehen, dass auch Plutchik in seinem Modell von angeborenen Grundemotionen spricht. Heute geht man davon aus, dass sowohl angeborene als auch erlernte Komponenten eine Rolle spielen.

Einen Beleg dafür, dass **Emotionen angeboren** sind, liefert uns die Beobachtung von **Säuglingen** und **Kleinkindern**. Bereits Neugeborene zeigen bei Ekel den gleichen Gesichtsausdruck wie Erwachsene. Über alle Kulturen hinweg beginnen Säuglinge, wenn sie etwa ein bis zwei Monate alt sind, zu lächeln. Ebenso in allen Kulturen beginnen Kinder nahezu gleichzeitig mit ca. 8 Monaten zu fremdeln, sie zeigen also Angst vor ihnen unbekannten Menschen, die auch als Trennungsangst von den Eltern interpretiert wird. In beiden Fällen geht man davon aus, dass die plötzlich einsetzende kindliche Fähigkeit, die Emotionen Freude oder Angst zum Ausdruck zu bringen, mit der **Veränderung** und **Reifung** bestimmter **Nervenbahnen** im **Gehirn** des Kindes zusammenhängt. Der **Zeitpunkt** dieser Veränderungen im Gehirn scheint in unserem **genetischen Code** angelegt zu sein.

Ob aber ein **bestimmter Reiz** tatsächlich eine **bestimmte Emotion auslöst**, hängt nicht immer bzw. nicht nur von angeborenen Mechanismen ab. Wenn wir Angst empfinden und das Bedürfnis haben davonzulaufen, weil wir vor einem Hund von beeindruckender Größe stehen, der gerade die Zähne fletscht, dann ist diese **emotionale Reaktion** wohl **angeboren**, weil der Anblick des Hundes eine körperliche Bedrohung für uns darstellt. Warum aber empfinden viele Menschen – wenn auch in verschieden starker Ausprägung – Angst, wenn sie vor einer größeren Gruppe sprechen sollen? Kleine Kinder scheinen wenig Probleme damit zu haben, die Aufmerksamkeit vieler auf sich zu ziehen, viele Erwachsene hingegen schon. Sie haben **gelernt** (z.B. durch **operante Konditionierung** oder **Beobachtung**), dass sie in einer solchen Situation positiv oder negativ bewertet werden können und dies positive oder negative Konsequenzen nach sich ziehen kann. Dem Reiz „Gruppe" wird also eine bestimmte Bedeutung zugeschrieben, und diese Bedeutung wurde wiederum im Laufe des Lebens gelernt.

Doch nicht nur bei der Frage, ob Emotionen überhaupt auftreten, spielen **genetisch bedingte Mechanismen** *und* **Lernmechanismen** eine Rolle. Das Gleiche gilt auch für die **Art des Emotionsausdrucks**. Bereits auf **Charles Darwin** (1809-1882) geht die Ansicht zurück, dass der

Emotionsausdruck (also z.B. das Lachen bei Freude) im Organismus angelegt, also angeboren ist. Wir können lediglich lernen, den Emotionsausdruck zu kontrollieren. So z.B. wenn man das Motto verinnerlicht: *„Man gibt sich in der Öffentlichkeit keine Blöße!"*, und tatsächlich den vollen emotionalen Ausdruck (beispielsweise Weinen) aufspart, bis man zu Hause oder an einem anderen unbeobachteten Ort angekommen ist.

5.2.4 Emotionsausdruck

Begriffe: Emotionsausdruck ♦ stimmliche Merkmale ♦ Körperhaltung ♦ Körperbewegungen ♦ Mimik ♦ kulturelle Überformungen ♦ universelle Gesichtsausdrücke ♦ Aktivierungsmuster ♦ echte und falsche Mimiken ♦ echte und vorgetäuschte Emotionen ♦ facial-feedback **Lernziele**

Zu Beginn des Abschnitts 5.2.1 haben wir festgestellt, dass sich **Emotionen** nicht nur in inneren Vorgängen (wie physiologischer Erregung, Gefühlen und Kognitionen), sondern auch im **Verhalten** äußern. Damit werden unsere **eigenen** Emotionen für unsere **Umwelt** zugänglich. Und umgekehrt können wir am Verhalten **anderer** erkennen, wie diese sich gerade fühlen, welche Emotionen sie empfinden. Wir können dazu verschiedene **Indikatoren** heranziehen, u.a. folgende:

♦ **Stimmliche Merkmale** – wenn beispielsweise die Stimme eines Kommunikationspartners zittert, lässt sich dies als Zeichen von Nervosität oder Angst deuten.
♦ **Körperhaltung** – sie kann entspannt sein oder auch verkrampft oder distanziert.
♦ **Körperbewegung** inklusive **Gestik** (Bewegung der Gliedmaßen, vor allem der Hände) – wirkt unser Gegenüber z.B. ruhig oder hektisch?
♦ Und nicht zuletzt – die **Mimik** eines Menschen.

Die Mimik

Besonders die **Mimik**, d.h. der Gesichtsausdruck ist ein recht zuverlässiges Mittel, um den aktuellen emotionalen Zustand unseres Gegenübers zu **entschlüsseln** – oder unseren eigenen **mitzuteilen**. Nicht nur in unserem engeren Umkreis, sondern **kulturübergreifend** sind **bestimmte Emotionen** mit **bestimmten Gesichtsausdrücken** verbunden. Man braucht also keinen Dolmetscher, um sie richtig zu deuten. Auch dies spricht übrigens dafür, dass Emotionen – zumindest zum Teil – **angeboren** sind. Natürlich gibt es daneben auch **gelernte, kulturelle Überformungen**. Beispielsweise zeigen Männer in unserem Kulturkreis Emotionen weit weniger deutlich als Frauen, besonders wenn es sich um Gefühle wie Angst oder Traurigkeit handelt (denn nach einem gängigen Klischee weinen Männer ja nicht). Oder denken wir an asiatische Kulturen, die für uns fast ausschließlich zu lächeln scheinen, weil ihre kulturellen Regeln es verbieten, die wahren Emotionen in der Öffentlichkeit preiszugeben.

Trotz dieser kulturellen Überformungen sind wir aber in der Lage, zumindest sieben Gesichtsausdrücke bei Menschen aus der ganzen Welt nahezu eindeutig zu entschlüsseln: **Angst, Ekel,**

Freude, Trauer, Überraschung, Verachtung und Wut. Abb. 5.4 gibt diese **universellen Gesichtsausdrücke** wieder. Versuchen Sie es doch auch einmal und entziffern Sie diese sieben Emotionen anhand der Abbildung. In der Fußnote zu dieser Seite finden Sie die Auflösung*.

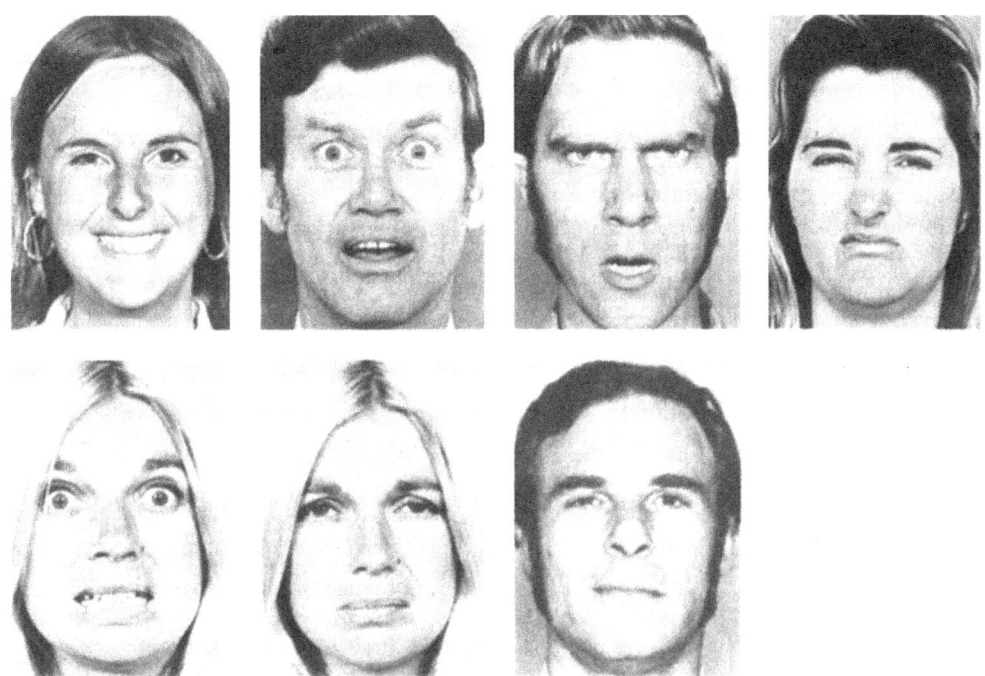

Abb. 5.4 Die sieben universellen Gesichtsausdrücke nach Ekmann (1987)

Die Forschergruppe um **Paul Ekman** führte Anfang der 70er Jahre des letzten Jahrhunderts mit Menschen aus den verschiedensten Kulturkreisen (z.B. USA, Japan, Neu-Guinea) folgendes **Experiment** durch: Die Versuchspersonen bekamen Fotos vorgelegt oder Videoaufzeichnungen vorgeführt, mit der Aufgabe, die dort gezeigten Gesichtsausdrücke einzuschätzen. Das Ergebnis: Die meisten Mimiken konnten ziemlich präzise erkannt werden. Die Trefferquoten lagen ungefähr zwischen 70% und 90%. Probleme bereitete lediglich die Differenzierung der Emotionen Angst und Überraschung. Woran liegt das? THINK! Vielleicht finden Sie bereits selbst einen Teil der Antwort, wenn Sie die entsprechenden Fotos in Abb. 5.4 betrachten.

Jede Mimik entsteht durch ein **komplexes Muster** von **Anspannung** bzw. **Entspannung verschiedener Gesichtsmuskeln**. Bei Wut, Ekel und auch Traurigkeit werden die Augenbrauen zusammengezogen, die Muskeln im Wangen-, Augen- und Mundbereich sind jedoch jeweils verschieden aktiviert, so dass sich die Emotionen leicht voneinander unterscheiden lassen. Das Charakteristische an den Emotionen Angst und Überraschung sind die nach oben gezogenen Augenbrauen. Auch der Ausdruck im Mund- und Augenbereich scheint ähnlich zu sein – in beiden

---

* Von links nach rechts sind folgende Emotionen abgebildet: oben – Freude, Überraschung, Wut und Ekel; unten – Angst, Trauer und Verachtung.

Fällen ist der Mund geöffnet und die Augen sind „aufgerissen", d.h. das obere Augenlid ist stark angehoben. Der Unterschied besteht in der gerunzelten Stirn bei der Emotion Angst. Die Ähnlichkeit zwischen den beiden Gesichtsausdrücken bzw. die Ähnlichkeit der **Aktivierungsmuster** der Gesichtsmuskeln erklärt, warum es Probleme bereitet, die beiden Emotionen nur anhand der Mimik richtig einzustufen.

„Echte" und „falsche" Mimik

Die Differenzierung bestimmter Emotionen fällt uns also nicht ganz so leicht. Dennoch sind wir – mit einiger Übung – sogar in der Lage, nicht nur zwischen echten Emotionen zu differenzieren, sondern auch **echte** von **falschen Mimiken** zu unterscheiden. Denn es ist gar nicht so einfach, Emotionen vorzutäuschen. In manchen Fällen ist aber genau das erforderlich, weil unsere **kulturellen Regeln** es von uns verlangen. Wenn wir z.B. von unserem Chef gemaßregelt werden und darüber wütend sind, ist diese erste, spontane Emotion eventuell berechtigt, in den meisten Fällen wäre es aber nicht klug, unsere Wut auch offen zu zeigen. Wir werden also bewusst versuchen, uns – einschließlich des Gesichtsausdrucks – unter Kontrolle zu halten.

Wir sehen: **Vorgetäuschte Emotionen** sind **bewusst gesteuert**, **echte** hingegen **entstehen spontan**. Bildgebende Verfahren, die Gehirnaktivitäten sichtbar machen, zeigen, dass echte und unechte Emotionen in **verschiedenen Gehirnarealen** produziert werden. Dies führt unter anderem dazu, dass echte Emotionen – was die Aktivierung der Gesichtsmuskulatur betrifft – *symmetrischer* aussehen als unechte. Außerdem lassen sich bestimmte Muskeln nicht so gut willentlich kontrollieren wie andere. So können bei unechten Emotionen die Mundwinkel nur *gemeinsam* mit den Kinnmuskeln bewegt werden. Ein anderes Beispiel: Wird Freude nur vorgetäuscht, werden die Augenmuskeln nicht in der gleichen Weise aktiviert, wie es bei dem echten Gefühl der Fall wäre. Wir kennen dies schon aus dem Volksmund: *„Das Lächeln erreichte nicht die Augen."* Manchmal setzen sich auch die echten Emotionen für Sekundenbruchteile gegenüber den unechten durch und „huschen" über das Gesicht – dies ist aber nur schwer feststellbar.

Das alles sind Merkmale, an denen man einen „gekünstelten" Gesichtsausdruck erkennen kann. Doch nicht nur die Mimik ist von Bedeutung. So ist beispielsweise auch die **Gesichtsfarbe** nur schwer kontrollierbar. Erröten, Erblassen oder Schwitzen können also gleichfalls „verräterisch" wirken.

Insgesamt gesehen ist somit der **Gesichtsausdruck** eine sehr gute, aber nicht hundertprozentig zuverlässige **Informationsquelle** des emotionalen Erlebens unserer Mitmenschen. Denn je nachdem, wie gut der Betreffende die eigene Mimik unter Kontrolle hat oder wie aufmerksam das Gegenüber ist, lassen sich wahre Gefühle auch hinter einer Maske verbergen. Und dies muss nicht immer negativ sein, sondern kann das soziale Zusammenleben sogar erleichtern. Wenn z.B. jeder seine Aggressionen frei zur Schau stellen würde, wäre die Rate der Auseinandersetzungen wahrscheinlich deutlich höher, weil damit zu rechnen ist, dass sich die Zielperson der Aggressionen provoziert fühlt und ebenfalls aggressiv reagiert. Also kann ein bisschen Schauspielern auch positive Konsequenzen nach sich ziehen.

Mimik und emotionales Erleben

Bisher haben wir Mimiken hauptsächlich dahingehend betrachtet, welche Informationen sie uns über die Emotionen anderer liefern. Und wir sind dabei indirekt davon ausgegangen, dass die Emotionen den Gesichtsausdruck beeinflussen bzw. „produzieren". Gibt es wirklich nur diese eine **Wirkungsrichtung** oder **beeinflussen** unsere **Mimik** oder unsere **Körperhaltung** auch umgekehrt unser **emotionales Empfinden**?

> *Experiment – Gesichtsausdruck, Körperhaltung und emotionales Erleben*
>
> *Machen Sie doch einmal folgendes Experiment: Nehmen Sie einen Stift an einem Ende in den Mund und halten Sie ihn nur mit den Zähnen. Die Lippen dürfen den Stift nicht berühren! „Horchen" Sie in sich hinein, d.h. achten Sie auf Ihre Emotionen. Verändert sich etwas in Ihrem Empfinden? Verändern Sie jetzt <u>nicht</u> die Stiftposition, sondern halten Sie den Stift jetzt nur mit den Lippen und nicht mehr mit den Zähnen, wie bei einem Strohhalm. Und nun „horchen" Sie wieder in sich hinein. Fühlen Sie sich jetzt ein wenig besser oder schlechter? Versuchen wir es mit einem zweiten Experiment: Setzen Sie sich mit gebeugtem Rücken auf einen Stuhl, ganz in sich versunken, und verharren Sie eine Weile. Und nun setzen Sie sich ganz aufrecht hin, mit geradem Rücken. Verändert sich etwas in Ihrem Empfinden?*

Nun, wie auch immer Ihre Erfahrungen gerade waren, dies waren Fragestellungen, die verschiedene Forscher in Experimenten umgesetzt haben. Auch Strack et al. (1988) ließen ihre Probanden auf die zwei verschiedenen Arten einen Stift mit dem Mund halten, die wir gerade beschrieben haben. Dabei sollten sie Cartoons lesen. In der ersten Variante (Stift mit den Zähnen gehalten) schätzten die Probanden die Cartoons lustiger ein als in der zweiten Variante (Stift mit den Lippen gehalten). Dies wird damit erklärt, dass im ersten Fall der Gesichtsausdruck „Lächeln" erleichtert wurde, im zweiten Fall aber erschwert. Eine eher **lächelnde Mimik** bzw. damit einhergehende bestimmte **Muskelaktivierungen** im Gesicht werden als **Information** an unser **Gehirn** weitergeleitet – „*ich lächle*" – und dort mit **positiven Emotionen** in Verbindung gebracht. Demnach lösen Emotionen nicht nur bestimmte Gesichtsausdrücke aus, der Prozess funktioniert ebenso in die andere Richtung, d.h. gezielte Mimiken können unser emotionales Erleben verändern – nach dem Motto: „*Lächle, und Du fühlst Dich besser*". Dieses Phänomen wird auch als **facial-feedback** bezeichnet.

Doch nicht nur die Gesichtsmuskulatur hat Einfluss auf unsere Emotionen. Wie ist es Ihnen bei unserem zweiten Versuch mit gebeugtem oder geradem Rücken ergangen? Ähnliches wurde mit Probanden in einem Experiment von Stepper und Strack (1993) angestellt. Sie mussten zusätzlich noch eine Aufgabe bearbeiten. Das Ergebnis war, dass die Probanden in aufrechter Sitzhaltung (mit geradem Rücken) bei erfolgreicher Bewältigung der Aufgabe ein stärkeres Gefühl von Stolz hatten als jene in der zusammengesunkenen Haltung. Auch hier wird argumentiert, dass die **Körperhaltung** über **angespannte** oder **entspannte Muskelgruppen** unserem **Gehirn Rückmeldung** darüber gibt, wie wir uns gerade fühlen. Mit anderen Worten: Jeder weiß, wenn wir stolz sind, stehen, sitzen oder bewegen wir uns aufrechter, als wenn wir uns z.B. schämen. Aber umgekehrt fühlen wir uns auch stolzer, wenn wir uns aufrecht halten. Fazit: Man kann seine **Stimmung** durch eine **gezielte Körperhaltung** selbst „überlisten".

5.2.5 Emotionale Belastung und Stress

Begriffe: *Stress* ♦ *Stressoren* ♦ *Stressreaktionen* ♦ *Allgemeines Adaptationssyndrom* ♦ *Distress* ♦ *Eustress* ♦ *Stressprävention* ♦ *Stressbewältigung*

Lernziele

In den beiden letzten Abschnitten dieser Lektion gehen wir noch einmal zurück zu der Feststellung, dass **Emotionen** zumindest die **Ausprägungen** „angenehm vs. unangenehm" aufweisen und **motivierend** wirken (vgl. Abschnitt 5.2.2). Betrachten wir zunächst die erste Aussage und beziehen dabei einen weiteren, mittlerweile alltäglichen Gesichtspunkt ein – den Stress.

Es besteht ein enger Zusammenhang zwischen unangenehmen bzw. negativen Emotionen (wie Ärger oder Angst) und Stress. Unter dem Begriff „Stress" verstehen wir eine Vielfalt von **physiologischen** und **psychischen Reaktionen** unseres Körpers auf Reize, die sein **Gleichgewicht** stören und seine **Bewältigungsfähigkeiten** fordern bis überfordern. Die stressauslösenden Reize werden auch **Stressoren** genannt und können **physischer** (z.B. **Schmerzreiz**), **psychischer** (**Prüfungsangst** etc.) und **sozialer Art** (z.B. **Mobbing**) sein.

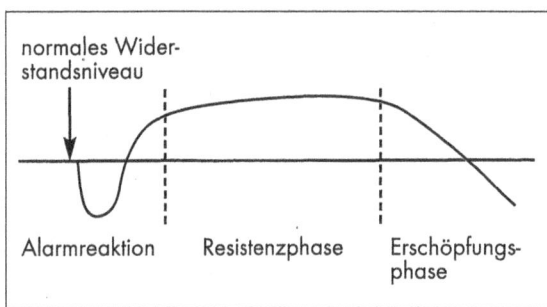

Abb. 5.5 Allgemeines Adaptationssyndrom nach Selye (1956)

Zurück zu den **Stressreaktionen**: Diese besitzen also zunächst eine **physiologische Komponente**. Durch die Ausschüttung von Adrenalin steigen die Herzschlagrate und der Blutdruck, die Atmung beschleunigt sich und es wird vermehrt Schweiß gebildet. Dies sind nur einige physische Reaktionen auf eher **kurzzeitigen Stress**. Das Ganze läuft wie eine **Alarmreaktion** des Körpers ab. Bei **Dauerstress** scheint die betroffene Person erst einmal **resistenter** gegen den Stressor zu werden, die physiologischen Alarmsignale gehen wieder zurück. Gleichzeitig werden aber im Körper **Hormone** ausgeschüttet (v.a. Cortisol), die sich auf Dauer u.a. negativ auf das Herz-Kreislauf-System, das Magen-Darm-System und das Immunsystem auswirken können. In der Folge steigt die Wahrscheinlichkeit an Bluthochdruck und Magengeschwüren zu erkranken oder einen Herzinfarkt zu erleiden. Wird der Körper zu lange einem oder mehreren Stressoren ausgesetzt, kann er die **Resistenz** nicht mehr aufrechterhalten und **Erschöpfung** setzt sich durch, die im Extremfall sogar zum Tod führen kann. Der soeben beschriebene Vorgang wird nach dem Mediziner **Hans Selye** (1956) auch als **Allgemeines Adaptationssyndrom*** bezeichnet (vgl. Abb. 5.5).

Neben diesen physiologischen Komponenten gibt es aber auch, wie bereits erwähnt, **psychische Komponenten**, wobei sich die **Stressreaktionen** auf folgenden **Ebenen** ausdrücken:

---

* Ein **Syndrom** ist dadurch gekennzeichnet, dass einzelne, für sich unspezifische Krankheitsmerkmale zusammentreffen und ein **spezifisches Krankheitsbild** ergeben.

- im **Verhalten** – z.B. durch Flucht aus der Situation oder durch erhöhten Nikotin- und Alkoholkonsum. Leichter Stress wirkt sich dabei eher aktivierend aus, z.B. essen oder trinken wir mehr. Extremer Stress hingegen hemmt Verhalten und kann zu einem Schockzustand führen.

- in den **Kognitionen** – hier stellt sich einerseits die Frage, ob eine Situation als stressig bewertet wird oder nicht. Wird ein potenzieller Stressor eher als nicht überfordernde Herausforderung angesehen, kann auch so genannter **positiver** Stress (**Eustress**[*], im Gegensatz zum bisher beschriebenen **schädlichen** Stress, dem **Distress**) die Folge sein. Daneben wirkt sich (Di-)Stress u.a. negativ auf die Aufmerksamkeit und auf Problemlösefähigkeiten aus, z.B. wenn alternative Möglichkeiten durch eine stressbedingt eingeschränkte Sichtweise nicht mehr wahrgenommen werden.

- und natürlich in den **Emotionen** – hier schließt sich der Kreis. Betrachten wir noch einmal das Allgemeine Adaptationssyndrom, dann treten vor allem in der Alarmphase emotionale Reaktionen wie Angst oder Wut auf. Depressive Zustände sind eher in der Erschöpfungsphase zu erwarten. Wird der Stress aber als Eustress erlebt, sind positive Emotionen am wahrscheinlichsten.

Folglich ist es nur sinnvoll, bei der **Stressprävention** und **Stressbewältigung** auf allen Ebenen anzusetzen – z.B. durch **Entspannungstrainings** (diese zielen auf das Verhalten und auf physiologische Komponenten gleichermaßen ab) sowie durch Übungen, die die **Neubewertung** (Kognitionen) von **Stressoren** und der **eigenen Fähigkeiten** zum Ziel haben und dadurch indirekt auch auf die emotionale Reaktion Einfluss nehmen.

5.2.6 Einfluss der Emotion auf die Motivation

Begriffe

> *handlungseinleitende Wirkung (von Emotionen)* ◆
> *handlungsunterbrechende Wirkung (von Emotionen)* ◆
> *motivationale Komponente von Emotionen* ◆
> *motivationaler Zustand* ◆

Lernziele

Diese Lektion haben wir den Motivationen und Emotionen gewidmet. Welcher Zusammenhang besteht nun zwischen den beiden Thematiken? Wir hatten bereits im Abschnitt 5.2.2 erwähnt, dass **Emotionen** sowohl eine **handlungseinleitende** als auch **handlungsunterbrechende**, und damit auch eine **motivierende Wirkung** besitzen. Wenn Sie z.B. im Garten sitzen und ein Buch lesen und plötzlich taucht ein alter Freund auf, den Sie lange nicht mehr gesehen haben, dann werden Sie höchstwahrscheinlich – aus Überraschung und Freude – Ihre bisherige Tätigkeit unterbrechen und auf diesen Freund zulaufen, um ihn willkommen zu heißen. Wenn Ihnen übel mitgespielt wurde und ein Rachegefühl in Ihnen aufsteigt, dann werden Sie nicht nur nach Rache(handlungs)möglichkeiten suchen, sondern auch an dem Racheverhalten festhalten, bis Sie Ihr Ziel erreicht haben. Hier sehen wir eine weitere **motivationale Komponente** der Emotionen: Das **Verhalten** wird auf ein **spezielles Ziel** hin ausgerichtet und bis zur **Zielerreichung** aufrechterhalten.

---

[*] Auf **Eustress** ist das Allgemeine Adaptationssyndrom nicht anwendbar.

Emotionen geben außerdem **Rückmeldung** über unseren **aktuellen motivationalen Zustand**. Prüfungsangst sagt uns z.B., dass diese Situation (die Prüfung) für uns von besonderer Bedeutung ist und dass wir gleichzeitig das Bedürfnis verspüren, eine angemessene Leistung zu erbringen (vgl. Abschnitt 5.1.4, Leistungsmotiv). Andererseits rufen motivationale Zustände wie z.B. das Leistungsmotiv auch Emotionen hervor. Wenn jemand von sich erwartet, immer zu den Besten in seinem Fach zu gehören, dann fördert dies auch wieder Leistungsängste.

Fazit: Emotionen beeinflussen die Motivation und umgekehrt.

Aufgaben

1. Definieren Sie die Begriffe „Motivation", „Motiv", „Bedürfnis" und „Trieb".
2. Beschreiben Sie Maslows Bedürfnishierarchie. Bilden Sie zu jeder Stufe ein eigenes Beispiel.
3. Von welchem Ansatz gehen die Erwartungs-Wert-Theorien der Motivation aus?
4. Welchen Einfluss haben Attributionsstile auf die Motivation? Geben Sie zwei eigene Beispiele.
5. Grenzen Sie die Begriffe „Emotion", „Stimmung" und „Affekt" voneinander ab. Welche Grundeigenschaften weisen Emotionen auf?
6. Nennen Sie die verschiedenen Arten des Emotionsausdrucks und beschreiben Sie diese an zwei Grundemotionen nach Plutchik.
7. Beschreiben Sie die facial-feedback-Theorie.
8. Worin unterscheiden sich Eustress und Distress. Nennen Sie je ein eigenes Beispiel.

zur Lernkontrolle

6 Persönlichkeitspsychologie

Die **Persönlichkeitspsychologie** befasst sich mit individuellen, charakteristischen Besonderheiten menschlichen Erlebens und Verhaltens und menschlicher Eigenschaften. Sie betrachtet also nicht wie z.B. in der Sozial- oder Entwicklungspsychologie für möglichst viele Menschen geltende Gesetzmäßigkeiten, sondern ganz bewusst das **Individuum** und hinterfragt u.a. die Bedingungen individueller Unterschiede, die Häufigkeit ihres Auftretens, ihre Stabilität und natürlich ihre Messbarkeit. Thema dieser Lektion sind verschiedene **Persönlichkeitstheorien**, ausgewählte **Persönlichkeitseigenschaften** und **Tests** zu ihrer Erfassung.

6.1 Theoretische Ansätze

Seit Beginn der psychologischen Forschung beschäftigen sich Psychologen auch mit der Erforschung der „Persönlichkeit" des Menschen. Aber was ist das eigentlich, die Persönlichkeit? THINK! Für gewöhnlich versteht man unter der **Persönlichkeit** eines Menschen die Gesamtheit seiner Eigenschaften, in denen er sich von anderen Menschen unterscheidet (Asendorpf, 1996). Auf eine **einheitliche, wissenschaftliche** Definition des Begriffes konnte man sich bis heute jedoch nicht festlegen. Grund dafür sind u.a. die verschiedenen Ansätze, die seit den letzten hundert Jahren zur Erklärung herangezogen wurden. Wir betrachten diese Vielfalt von Ansätzen exemplarisch in weitgehend chronologischer Reihenfolge.

6.1.1 Freuds psychodynamische Persönlichkeitstheorie

Begriffe

Es, Ich und Über-Ich ◆
frühkindliche Entwicklungsphasen (anal, oral, phallisch)

Lernziele

Eine in der westlichen Welt weit verbreitete und einst sehr populäre Theorie ist die von **Sigmund Freud** (1856-1939) entwickelte **dynamische Persönlichkeitstheorie** (1980). Zentral sind dabei zwei Postulate: die Unterscheidung von **drei Instanzen (Es, Ich und Über-Ich)** und die Existenz dreier **frühkindlicher Entwicklungsphasen (anal, oral, phallisch)**, die - so Freud - einen die Persönlichkeit prägenden Einfluss haben.

Freud glaubte, dass der Mensch zum Zeitpunkt seiner Geburt nur mit angeborenen Instinkten bzw. Trieben ausgestattet sei, die nach Lustbefriedigung und Vermeidung unangenehmer Erfahrungen (wie Schmerzen etc.) streben. Den Träger dieser **primitiven Triebe** nannte er das **Es**. Durch den Kontakt zur Umwelt bilde sich im Laufe des menschlichen Lebens eine zweite Instanz - das **Ich** - heraus, die als Träger des **bewussten Erlebens** angesehen werden könne und der eine **vermittelnde Funktion** zwischen den Wünschen des Es und den Forderungen der Umwelt zukomme. Das Ich versuche - so Freud - seine „Aufgabe" durch Änderung oder Anpassung an die Umwelt sowie durch Unterdrückung der Wünsche des Es zu meistern. Eine bedeutende Rolle habe hierbei die dritte Instanz - das **Über-Ich**. Freud schrieb dem Über-Ich - als Träger des Gewissens, das sich durch die Verinnerlichung elterlicher oder gesellschaftlicher Werte und Normen herausbilde - eine Kraft zu, die die Aktivitäten des Ich und damit auch die Ausweitung des Es kontrolliere. Letztendlich würden über diesen Prozess die Aktivitäten des Es in das Unbewusste verdrängt, wo sie aber auch weiterhin wirksam seien. Nach Freud ist die Persönlichkeit eines Menschen durch das Wechselspiel und die verschieden starken Ausprägungen dieser drei Instanzen bedingt.

Neben den drei Instanzen spielt nach Freud auch das Ausmaß der **frühkindlichen Triebbefriedigung** eine Rolle für die Persönlichkeitsbildung. Würde dem Es in den eingangs genannten drei Phasen zu stark nachgegeben oder würden die Triebe zu extrem eingeschränkt, käme es zu einer **Fixierung**, die sich auch im Erwachsenenalter im Persönlichkeitsbild ablesen ließe (vgl. dazu Tab. 6.1).

Phase	Alter	Triebbefriedigung	Fixierung im Erwachsenenalter
oral	1. Lj.	mit dem Mund (Saugen, Kauen etc.)	• zu starker oraler Konsum (Essen, Trinken, Rauchen) • zu starke Abhängigkeit von anderen Personen
anal	2.-3. Lj.	durch den Anus (Ausscheiden oder bewusstes Zurückhalten der Exkremente)	• (zum Teil zwanghafte) Ordnungsliebe - bis zur Pedanterie • Geiz und Eigensinn
phallisch	3.-5. Lj.	durch Penis oder Vagina (Rivalität mit gleichgeschlechtlichem um gegengeschlechtliches Elternteil)*	• Ödipuskomplex (z.B. wenn der Sohn sich nicht ausreichend mit dem Vater identifizieren konnte) • z.B. machohaftes Verhalten

Tab. 6.1 Phasentheorie der Persönlichkeitsentwicklung nach Freud – bezogen auf die frühe Kindheit (Lj. = Lebensjahr)

Auch wenn Freuds Theorie eine weite Verbreitung erlangt hat – empirische Beweise fanden sich weder für die Existenz der Instanzen Es, Ich und Über-Ich noch für die Bedeutung oraler, analer oder phallischer Stimulation auf die Persönlichkeitsentwicklung. Außerdem wurde kritisiert, dass Freuds Persönlichkeitstheorie hauptsächlich aus Gesprächen mit neurotischen Patienten entstanden sei und dann auf den Rest der Bevölkerung übertragen wurde, ohne die Zulässigkeit dieser Generalisierung zu prüfen (Asendorpf, 1996). Die klassischen psychoanalytischen Annahmen spielen heute in der empirischen Persönlichkeitspsychologie keine Rolle mehr.

6.1.2 Ansatz der Persönlichkeitstypen und Persönlichkeitseigenschaften

Begriffe **Persönlichkeitseigenschaften ♦ Persönlichkeitstypen ♦ Temperament ♦ Konstitutionstypen ♦ zweidimensionales Persönlichkeitssystem ♦ die „Big Five"** *Lernziele*

Temperament und Persönlichkeitstypen

Der Versuch, Menschen aufgrund ihrer **Persönlichkeitseigenschaften** in bestimmte **Typen** zu unterteilen, ist uralt. Im 5. Jahrhundert v. Chr. unterschied **Hippokrates** (ca. 460 v.Chr.–370 v.Chr.)

---

* Dieser Konflikt würde – nach Freuds Überzeugung – erfolgreich gelöst durch die Identifikation mit dem gleichgeschlechtlichen Elternteil und der Übernahme der Werte dieses Elternteils.

auf Basis spezifischer **Temperamente*** die folgenden vier Typen: **sanguinisch** (heiter, aktiv), **melancholisch** (grüblerisch, traurig), **phlegmatisch** (schwerfällig, teilnahmslos) und **cholerisch** (erregbar, reizbar).

Eine der bekanntesten **Typenlehren** neuerer Zeit stammt von **Ernst Kretschmer** (1888-1964). Er betrachtete bestimmte Körperbauformen und unterschied dabei drei **Konstitutionstypen**: den **leptosomen** (mager, schmal, hoch aufgeschossen), den **athletischen** (breitschultrig, schmales Becken, muskulös) und den **pyknischen** (rundlich, untersetzt, gedrungen, kurzer Hals). Kretschmer behauptete, dass den entsprechenden Typen ganz spezielle Persönlichkeitseigenschaften zuzuordnen seien (s. Tab. 6.2), die in abgeschwächter Form an **psychiatrische Symptome** erinnerten (Herkner, 1992). So plausibel Kretschmers Annahmen vielleicht klingen, sie wurden später verworfen, da sie sich nicht durch empirische Studien bestätigen ließen.

Körperbautyp	Persönlichkeitstyp	Anlehnung an
leptosom	schizothym	schizophrene Symptome: → gefühlsarm oder zu starke Gefühle → ichbezogen und überempfindlich → in sich gespalten und distanziert zur Umwelt
athletisch	viskös (zähflüssig)	epileptische Symptome: → ruhig, bedächtig, unerschütterlich → im Denken festgefahren
pyknisch	zyklothym	manisch-depressive Symptome: → rascher Stimmungswechsel, Gefühle leicht erregbar → gesellig, gutmütig und realistisch

Tab. 6.2 Zusammenhang zwischen Konstitutionstyp und Persönlichkeit nach Kretschmer (1921, 1961)

Bei genauerer Betrachtung wird aus den beiden Beispielen der **Ansatz** (aber auch das **Problem**) der Typenlehre deutlich: Menschen wurden aufgrund bestimmter Ähnlichkeiten oder hervorstechender Merkmale wie in Schubladen in **Kategorien** eingeteilt, die sich **gegenseitig ausschlossen**. Sie konnten nur dem einen *oder* anderen Typ angehören. Fließende Übergänge oder Gegensätze in einer Person (z.B. leptosom *und* gesellig) wurden kaum berücksichtigt.

Eysencks zweidimensionales Persönlichkeitssystem

Ein Ansatz, der diesen Kritikpunkt aufgreift, ist die Persönlichkeitstheorie von **Hans Jürgen Eysenck** (1916-1997). Er beschrieb die Persönlichkeitseigenschaften nicht nur anhand *einer* Kategorie, sondern spannte einen **zweidimensionalen Raum** auf, in dem sich seiner Meinung nach alle Persönlichkeitsvariationen erklären lassen (vgl. Abb. 6.1). Die beiden **Hauptdimensionen** nannte er **Extraversion** (E) (mit den Extrempunkten **extravertiert** und **introvertiert**) und **Neurotizismus** (N) (mit den Extremen **stabil** und **instabil**). Mit Hilfe eines von ihm erstellten **Persönlichkeitsfragebogens**** versuchte er, die entsprechenden Variationen zu erfassen.

---

* Unter **Temperament** versteht man Besonderheiten in der Art und Weise des individuellen Verhaltens (wie Impulsivität, Schüchternheit, Ausdauer, Nervosität etc.).

** Der EPI (Eysenck Persönlichkeitsinventar, 1983) ist einer der bekanntesten **Persönlichkeitstests** und wird seit 1974 auch im deutschen Sprachraum angewandt.

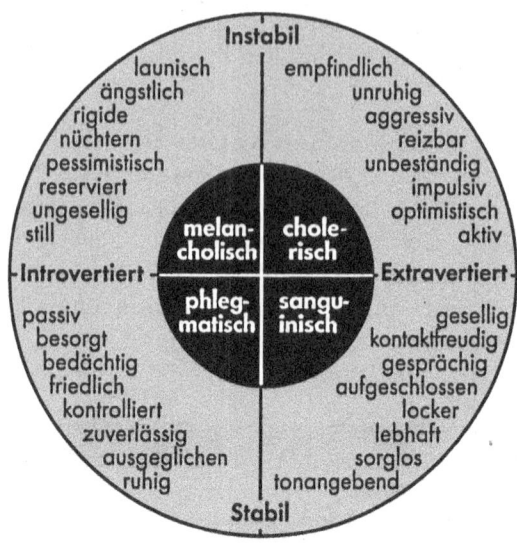

Abb. 6.1 Zweidimensionales Persönlichkeitssystem Eysencks (1953)

Extravertierte Menschen sind – so Eysenck – impulsiv, kontaktfreudig und brauchen, um ihre maximale Leistungsfähigkeit zu erreichen, eine höhere Erregung als Introvertierte, die eher zurückhaltend und vorsichtig erscheinen. So lässt sich auch erklären, dass manche Menschen besser mit Hintergrundmusik lernen können (Extravertierte) als andere (Introvertierte).

Da der Begriff „Neurotizismus" etwas Stigmatisierendes an sich hat, sollte man heutzutage besser von der Dimension der **emotionalen (In-)Stabilität** sprechen. Nach Eysenck sind Menschen mit hohen N-Werten (also emotionaler Instabilität) emotional empfindlicher, ängstlicher und stressanfälliger (weniger belastbar) als jene mit geringen N-Werten. Sie würden daher auch häufiger über subjektive psychische und körperliche Beschwerden berichten bzw. sich um ihre Gesundheit sorgen. Wo steckt das Problem bei dieser Definition? THINK! Auch Menschen mit *tatsächlich* vorhandenen Krankheiten (z.B. Krebskranke) klagen über Schmerzen und Gesundheitsängste – und erfüllen so die Kriterien von Eysencks Neurotizismus-Kategorie. Sie aber als neurotisch oder instabil abzustempeln, würde ihrer Situation nicht gerecht.

Die „Big Five"

Eysencks Ansichten führten dennoch einen Schritt weiter auf dem Weg zu einer modernen Theorie der Persönlichkeitseigenschaften. Heute geht man davon aus, dass sich Menschen nicht in der Art ihrer Eigenschaften unterscheiden, sondern im **Grad ihrer Ausprägungen**. Nach sorgfältigen Analysen nimmt man mittlerweile (mindestens) **fünf Persönlichkeitsfaktoren** an – die „Big Five" (Theorie von McCrae & Costa, 1987) –, die sich bei allen Menschen in unterschiedlicher Ausprägung wiederfinden (vgl. dazu Tab. 6.3)*. Mit diesem Modell lassen sich die individuellen Ausprägungen der Persönlichkeit ziemlich genau erfassen.

Aber auch der Ansatz der Persönlichkeitseigenschaften hat wie jede Theorie seine Schwachstellen:

- **Relevante Persönlichkeitsdimensionen** müssen erst aufwändig herausgearbeitet werden, z.B. durch **Befragungen** der Bevölkerung nach persönlichkeitsbeschreibenden Adjektiven oder auch durch **Analysen** vorhandener Tests sowie Lexika der jeweiligen Sprache. Die verschiedenen Adjektive werden dann durch statistische Verfahren nach Ähnlichkeit zusammengefasst und zu wenigen Persönlichkeitsdimensionen verdichtet. Dabei können aber meist nicht alle Beschreibungen berücksichtigt werden – so fehlen bei den „Big Five" z.B. Eigenschaften, die die Gesundheit oder die Sexualität betreffen.

---

* Auch hierzu wurde ein Test entwickelt – der NEO-FFI (FFI = Fünf Faktoren Inventar) nach Costa & McCrae (1989), der seit 1993 in einer deutschen Fassung vorliegt.

negativer Pol	Faktor	positiver Pol
nervös, ängstlich, empfindlich	Neurotizismus	ausgeglichen, ruhig, gefasst
schüchtern, ruhig, vorsichtig	Extraversion	gesellig, impulsiv, gesprächig
eigenwillig, reizbar, missgünstig	Verträglichkeit	hilfsbereit, einfühlsam, tolerant
sorglos, skrupellos, unbeständig	Gewissenhaftigkeit	zuverlässig, ordentlich, ethisch
analytisch, konventionell	Offenheit für Erfahrungen	gebildet, kreativ, intellektuell

- Persönlichkeitseigenschaften lassen sich **nicht direkt** messen, sondern nur auf dem Umweg der **Selbsteinschätzung** (der eigenen Person) oder der **Fremdeinschätzung** (durch andere Personen) mittels Fragebögen oder Interviews. Hierbei können sich jedoch Fehler einschleichen, z.B. weil jemand die Fragen nicht wahrheitsgemäß, sondern eher „sozial erwünscht" beantwortet. Bei der Konstruktion eines Fragebogens wird man also versuchen, solche Items (Fragepunkte) nicht zu verwenden.

- Der Ansatz liefert keine Erklärungen über die Entstehung oder Stabilität von Persönlichkeitseigenschaften, sondern gibt nur eine **Zustandsbeschreibung**.

6.1.3 Behavioristische Ansätze

Begriffe   **individuelle „Verstärkungsgeschichte"** ◆ **Konditionierung (klassische, operante)** ◆ **Bedeutung der Lernerfahrungen**   *Lernziele*

Auch lerntheoretische Erkenntnisse hatten ihre Auswirkung auf die Persönlichkeitsforschung und finden sich in den so genannten **behavioristischen Ansätzen** wieder. Wie wir bereits aus Lektion 3 wissen, betrachten streng behavioristische Theorien nur **von außen beobachtbares Verhalten** und den Einfluss der **aktuellen Situation**. Nicht beobachtbare, innere Vorgänge werden ignoriert. Die behavioristische Annahme, dass primär die Reizbedingungen der Umwelt bestimmen, welches Verhalten **gelernt** bzw. **gezeigt** wird und welches nicht, spiegelt sich auch im **behavioristischen Persönlichkeitsbild** wider: Die individuelle Persönlichkeit eines Menschen entsteht, so die Theorie, durch seine **individuelle „Verstärkungsgeschichte"** bzw. Lerngeschichte, d.h. alle im bisherigen Leben erfahrenen Belohnungen und Bestrafungen üben über den Weg der **klassischen** und der **operanten Konditionierung** einen Einfluss auf das momentane Verhalten aus. Wenn Menschen in gleichen Situationen verschieden reagieren, sei dies auf unterschiedliche Verstärkungserfahrungen zurückzuführen.

Forscher wie **John Watson** (1930) waren sogar der Auffassung, dass man jeden Menschen durch eine gezielte Manipulation der Umwelt in jede beliebige Richtung trainieren könne. So ließe sich aus jedem Menschen ein Arzt, Musiker, Handwerker etc. oder auch Krimineller machen - eben je nach Umweltbedingung. Der Behaviorismus **verneint** dabei den Einfluss **genetischer** und **biologischer Faktoren** (wie Intelligenz, spezielle Fähigkeiten etc.) gänzlich. Watson bezeichnete die Persönlichkeit eines Menschen als „... *Endprodukt unseres Gewohnheitssystems* ...".

Auch wenn **Lernerfahrungen** sicher eine große Rolle in unserem Leben spielen, lassen sich Persönlichkeitsunterschiede nicht ausschließlich auf die Lerngeschichte reduzieren. Entwicklungspsychologische Studien konnten zeigen, dass schon Neugeborene Unterschiede in der Dauer ihrer Aufmerksamkeit, in ihrer motorischen Aktivität und ihrem Schlaf-Wach-Rhythmus aufweisen (Asendorpf, 2002). In Studien aus der Klinischen Psychologie wird auch deutlich, dass z.B. Kinder depressiver Eltern ein höheres Risiko besitzen, an affektiven Störungen zu erkranken, auch wenn sie gar nicht bei ihren leiblichen Eltern aufwachsen, lernbedingte Einflüsse also ausgeschlossen werden können (Birbaumer & Schmidt, 1996). Letztendlich ist auch die Ausprägung von Eigenschaften wie der **individuellen Intelligenz** - wie wir später noch sehen werden - zumindest zum Teil **erblich**, also **genetisch** bedingt.

6.1.4 Sozial-kognitive Ansätze

Begriffe reziproker Determinismus ◆ Modell-Lernen ◆ Selbstwirksamkeitserwartung ◆ Erfolgs- und Misserfolgserwartung ◆ Selbstwirksamkeit ◆ Selbstwertgefühl ◆ Selbstkonzept ◆ reales und ideales Selbst ◆ Selbstbestätigung *Lernziele*

Aus der Kritik an den behavioristischen Ansichten wuchsen auch in der Persönlichkeitspsychologie neue Theorien - z.B. die **sozial-kognitiven Ansätze**. Ihnen ist die Vorstellung gemeinsam, dass nicht nur die Umwelt einen Einfluss auf die Persönlichkeit eines Menschen und sein Verhalten hat (wie im Behaviorismus angenommen), sondern dass umgekehrt auch der Mensch seine **Umwelt** durch sein **Verhalten** beeinflusst. Dieser Zusammenhang wird als **reziproker Determinismus** (wechselseitige Bestimmung) bezeichnet. Abb. 6.2 stellt ihn schematisch dar.

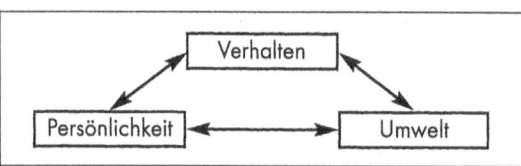

Abb. 6.2 Reziproker Determinismus

Ein Vertreter dieser Ansicht ist **Albert Bandura** (1986), dessen **Theorie des Modell-Lernens** wir bereits in Lektion 3 (Abschnitt 3.1.5) kennen gelernt haben. Bandura betont, dass neben dem reziproken Determinismus bei der Persönlichkeitsbildung bzw. der Ausbildung bestimmter Verhaltensweisen auch kognitive Prozesse wie die **Beobachtung** eine große Rolle spielen.

Wir erinnern uns: Es kann auch dadurch gelernt werden, dass eine andere Person bei einem bestimmten Verhalten beobachtet wird, die infolge ihres Verhaltens positive Konsequenzen (also Belohnung) erlebt (**stellvertretende Verstärkung**). Ob die beobachtende Person das beobachtete Verhalten später wirklich zeigt, hängt aber zusätzlich davon ab, ob sie der Überzeugung ist, dieses Verhalten auch erfolgreich ausführen zu können - sie bezieht also **Erwartungen** über ihre **eigenen Fähigkeiten** in den Entscheidungsprozess mit ein. Dies wird in der Psychologie als **Selbst-

wirksamkeitserwartung bezeichnet. Ein Beispiel: Wenn Sie einer Opernsängerin beim Singen einer Arie zuhören und beobachten, dass sie für diese Leistung stehende Ovationen erhält, dann werden Sie wahrscheinlich dennoch nicht auf die Idee kommen, selbst auf die Bühne zu steigen, um eine Arie zu singen, weil Sie befürchten müssten, dass das Publikum unter Protest den Saal verlässt (es sei denn natürlich, Sie wären OpernsängerIn). Sie werden bei dieser Entscheidung gelenkt durch Ihre Erwartung, dass Sie zu dieser Leistung nicht in der Lage sind. Dabei spielt es keine Rolle, ob Sie vielleicht objektiv doch über diese Fähigkeit verfügen - es kommt allein auf Ihre **subjektive Einschätzung** an.

Die Selbstwirksamkeitserwartung hat also einen entscheidenden Einfluss darauf, ob wir eine Aktivität in Angriff nehmen oder nicht. Aber nicht nur das: Sie beeinflusst auch das Ausmaß und die Dauer unserer Anstrengungen, die wir bei einem Verhalten aufbringen - also unsere **Leistungsmotivation** (die wir bereits in der vorangegangenen Lektion behandelt haben). Wenn wir beispielsweise davon überzeugt sind, aufgrund unserer **Fähigkeiten*** in einer Examensarbeit eine gute Note erzielen zu können, dann werden wir in **Erwartung des Erfolgserlebnisses** wahrscheinlich länger und intensiver lernen, als wir es tun würden, wenn wir der Überzeugung wären, dass wir trotz aller Anstrengungen aufgrund unserer **geringen** Fähigkeiten erfolglos bleiben, also eine **Misserfolgserwartung** hätten. Die Qualität und das Ausmaß unserer Selbstwirksamkeitserwartung hängen dabei von **vier Faktoren** ab:

- unseren **bisherigen, tatsächlichen Leistungen**
- der **Attribution** unserer **früheren Erfolge/Misserfolge** auf internale oder externale Gründe (Kontrollüberzeugungen)
- unserer Beobachtung der **Leistungen anderer** (Wie gut sind andere im Vergleich zur eigenen Person? Wie werden sie behandelt?)
- unseren **aktuellen Emotionen**, während wir über eine **Aktivität nachdenken** oder sie **in Angriff nehmen** (z.B.: Wie ängstlich sind wir?).

Nicht zuletzt prägt die Art und Weise, wie eine Person (aufgrund ihrer **Selbstwirksamkeit**) an verschiedene Aufgaben herangeht, wiederum das Bild, das ihre Umwelt von ihr hat (faul vs. fleißig, optimistisch vs. pessimistisch etc.). Sie beeinflusst dadurch selbst, in welcher Art mit ihr umgegangen wird - womit wir wieder beim **reziproken Determinismus** angelangt wären.

Ebenfalls zu den kognitiven Ansätzen können Modelle gezählt werden, die das Selbst in den Mittelpunkt der Betrachtung stellen (Zimbardo, 1996). Diese Ansätze haben ihren Ursprung überwiegend in den humanistischen Theorien, die die **Selbstverwirklichung** des Menschen als oberstes Ziel menschlichen Strebens ansehen (siehe auch Lektion 11, Therapieansätze). Unter dem Begriff „Selbst" lassen sich nach Asendorpf (1996) **verschiedene psychologische Aspekte** der eigenen Person zusammenfassen, wie z.B. das Selbstkonzept und das Selbstwertgefühl, zwei Aspekte, über die man die eigene Person definiert und somit auch von anderen Menschen abgrenzt.

Unter dem **Selbstwertgefühl** ist die **generalisierte, subjektive Bewertung** der eigenen Persönlichkeit zu verstehen. Es kann je nach Lebensbereich (Familie, Schule, Beruf, Hobbys etc.) un-

---

*Zum Begriff „Fähigkeit" siehe auch die Erläuterungen in Lektion 10, Abschnitt 10.2.1.

terschiedlich „stark" (d.h. positiv oder negativ) ausgeprägt sein und hat Einfluss auf das Verhalten einer Person. Außerdem besteht ein hoher, positiver Zusammenhang zwischen Selbstwertgefühl auf der einen Seite und psychischer Gesundheit und Lebenszufriedenheit auf der anderen Seite.

Das **Selbstkonzept** beinhaltet das **subjektive Bild** von bzw. **Wissen** über die eigene Person. Es besteht aus einer subjektiv-realen Einschätzung (**reales Selbst**) und einem angestrebten Ziel (**ideales Selbst**, d.h. so, wie man gern sein möchte). Einen Teil unseres Selbstkonzeptes haben wir mit vielen anderen Menschen gemeinsam (ein großer Teil der Bevölkerung wird sich wohl als sensibel, zielstrebig oder humorvoll beschreiben), ein anderer Teil charakterisiert aber unsere **individuelle Person** und kann auch als **Persönlichkeitseigenschaft** angesehen werden.

Das Selbstkonzept beeinflusst die **Verarbeitung selbstbezogener** (d.h. für die eigene Person relevanter) **Informationen** und stellt dabei **Schemata** (in Form von Regeln, Plänen, Ansichten) zur Verfügung, nach denen unser eigenes Handeln gelenkt wird. Wahrgenommene Äußerungen aus der Umwelt über die eigene Person (z.B. Lob oder Tadel) können mit dem internen Bild sowohl vom realen als auch idealen Selbst abgeglichen werden. Das Ergebnis dieses **Vergleichsprozesses** kann wiederum **neues Verhalten motivieren**, um zu erreichen, dass die Mitmenschen einen so sehen, wie man sich selbst sieht oder gern sein möchte. Angestrebt wird also die Bestätigung des Selbstkonzeptes nach innen und nach außen – die **Selbstbestätigung**.

6.1.5 Einfluss physiologischer Komponenten

Begriffe **Hormone ♦ Aggressivität ♦ Verhalten (extravertiert, introvertiert)** *Lernziele*

Neben den beschriebenen, rein psychologischen Ansätzen sei noch kurz erwähnt, dass auch **physiologische Komponenten** mit Persönlichkeitsmerkmalen in Zusammenhang stehen. So scheint das **Hormon Testosteron** einen Einfluss darauf zu haben, welches Ausmaß an **Aggressivität** eine Person zeigt (Birbaumer & Schmidt, 1996). Im Durchschnitt lässt sich sagen: Je mehr Testosteron, desto aggressiver. Auch der Neurotransmitter **Dopamin** (ein Hormon, das in bestimmten Hirnregionen wirkt) wird mit Persönlichkeitseigenschaften in Zusammenhang gebracht: die Dopaminkonzentration ist bei extravertierten Menschen höher als bei introvertierten (King et al., 1986). Allerdings gibt es hierfür bislang nur **korrelative** und keine experimentellen **Belege**. Ob extravertiertes bzw. aggressives **Verhalten** nun aufgrund der entsprechenden Hormonkonzentration erfolgt oder ob die Hormonkonzentration im Körper aufgrund der beschriebenen und häufig über längere Zeit gezeigten Verhaltensweisen steigt, kann damit nicht geklärt werden.

6.2 Ausgewählte Persönlichkeitseigenschaften

Nachdem wir uns mit der Frage auseinander gesetzt haben, wie der Begriff der Persönlichkeit beschrieben werden kann, wollen wir uns nun zwei ausgewählten Persönlichkeitseigenschaften zuwenden, die uns bereits auf den vorherigen Seiten dieser Lektion begegnet sind – der Ängstlichkeit und der Intelligenz.

6.2.1 Ängstlichkeit

Begriffe **Angst (state)** ♦ **angeborene Reaktion (Orientierungsreaktion)** ♦ **gelernte Reaktion (z.B. Prüfungsangst)** ♦ **Ängstlichkeit (trait)** *Lernziele*

Grundsätzlich ist **Angst** etwas ganz Natürliches - eine **angeborene, emotionale Reaktion** auf **aversive*** oder **bedrohliche** (meist äußere) **Reize**. In der Psychologie spricht man hier von der Angst als **state** - dem **momentanen Zustand** einer Person. In Angst auslösenden Situationen empfinden wir Furcht, Schrecken oder auch den Wunsch zu fliehen - und dies ist wichtig, denn diese Reaktionen sichern u.U. unser Überleben. Wir alle erschrecken z.B., wenn wir einen lauten Knall hören, und richten sofort unsere Aufmerksamkeit auf den Ort des Geschehens. Diese **Orientierungsreaktion** ist angeboren. In diesen Momenten signalisiert uns unser Gehirn aufmerksam zu sein, denn es könnte sich irgendwo ein für unsere körperliche Unversehrtheit aversiver Reiz (umstürzender Gegenstand o.Ä.) befinden. **Prüfungsangst** hingegen ist eher eine **gelernte Reaktion**, weil uns in unserer Schulzeit und auch später beigebracht wurde, dass es in solchen Situationen wichtig ist, eine gute Leistung zu erbringen. Im Laufe des Lebens weitet sich also durch **Lernerfahrungen** die Anzahl der bedrohlichen Reize aus und auch die Intensität der Reaktionen auf diese Reize kann zunehmen. Was geschieht, wenn Angstreaktionen ein **krankhaftes Ausmaß** annehmen, besprechen wir später in Lektion 11.

Ängstlichkeit hingegen wird als **Persönlichkeitseigenschaft (trait)** angesehen, als **besondere Neigung**, Situationen häufig als bedrohlich zu bewerten und infolgedessen Angst zu erleben. Man darf aber nicht davon ausgehen, dass ängstliche Menschen nun in allen möglichen Bereichen und Situationen schneller und stärkere Angstempfindungen besitzen. Versucht man, die **individuelle Ängstlichkeit** mittels Fragebogen zu erfassen, so lassen sich interindividuelle (d.h. zwischen verschiedenen Personen bestehende) **Unterschiede** in der **Angstbereitschaft** feststellen. So kann man z.B. differenzieren zwischen der Ängstlichkeit

- ♦ in sozialen Situationen oder vor Bewertungen
- ♦ vor physischer Bedrohung
- ♦ vor mehrdeutigen, neuen, ungewissen bzw. schlecht einschätzbaren Situationen.

Das Ausmaß **selbstbeurteilter** Ängstlichkeit stimmt aber häufig nicht mit ebenfalls erfassten **physiologischen Parametern** (wie Herzschlagrate, Schweißabsonderung etc.) und Verhaltensmaßen (Mimik, Gestik wie Zurückweichen u.Ä.) überein. Dies kann z.B. daran liegen, dass in Fragebögen sozial erwünscht geantwortet wurde oder der bzw. die Betroffene sich die eigene Ängstlichkeit nicht eingestehen will. Eine weitere Möglichkeit wäre, dass minimale **intraindividuelle** (d.h. innerhalb einer Person auftretende) Änderungen im Ängstlichkeitsniveau in spezifischen Situationen vom Betroffenen vielleicht gar nicht wahrgenommen werden. Ängstlichkeit sollte also möglichst auf allen drei genannten Ebenen gemessen werden, um ein verlässliches Ergebnis zu erzielen.

---

* **Aversive Reize** sind widrige Reize oder Ereignisse, die Vermeidungsreaktionen - u.a. Angst - auslösen.

6.2.2 Intelligenz

Begriffe | **Lernziele**

Intelligenz ◆ Zwei-Faktoren-Theorie der Intelligenz („g-Faktor", „s-Faktor") ◆ hierarchische Intelligenzmodelle ◆ kristalline und fluide Intelligenz ◆ Primärfaktoren

Der Begriff „Intelligenz" ist in aller Munde, aber was ist das eigentlich, die Intelligenz? Und gibt es nur eine oder verschiedene „Intelligenzen"?

Die Zwei-Faktoren-Theorie der Intelligenz und hierarchische Intelligenzmodelle

Bereits 1904 versuchte **Charles Spearman** (1863-1945) diese Frage mit seiner **Zwei-Faktoren-Theorie der Intelligenz** zu beantworten. Er unterschied dabei zwischen einem allgemeinen bzw. grundlegenden **g-Faktor (general intelligence)**, der an allen Intelligenzleistungen beteiligt ist, und einem ergänzenden **s-Faktor (specific intelligence)**. Streng genommen gibt es nicht nur einen s-Faktor, sondern viele verschiedene, die nach Spearman unabhängig voneinander sind. Diese postulierte Unabhängigkeit unter den verschiedenen s-Faktoren konnte jedoch statistisch nicht bestätigt werden. Wissenschaftler wie z.B. **Philip E. Vernon** (1905-1987) erstellten daher so genannte **hierarchische Intelligenzmodelle**. Vernon (1950) unterteilte den g-Faktor in zwei **major-group factors** (verbal schulische Fähigkeiten einerseits und praktische Fähigkeiten andererseits) und diese wiederum in **minor-group factors**. Die niedrigste Ebene bilden „spezifische Faktoren". Zwischen den verschiedenen Ebenen gibt es, so Vernons Theorie, Überschneidungen und Verbindungen sowie fließende Übergänge.

Kristalline und fluide Intelligenz

Wie wir später im Zusammenhang mit der Pädagogischen Psychologie (Lektion 10) sehen werden, ist Intelligenz nicht nur eine angeborene Eigenschaft, sondern kann auch durch die Umwelt oder besser durch die **Aneignung von Wissen** (also Lernerfahrungen) beeinflusst werden. Diese Wissensabhängigkeit fließt in das Intelligenzmodell von **Raymond B. Cattell** (1905-1998) ein. Cattell (1963) ging gleichfalls von einem g-Faktor aus, unterteilte diesen aber in eine fluide und eine kristalline Intelligenz. Die **kristalline** („kristallisierte") **Intelligenz** ist auf Fähigkeiten wie z.B. Sprachgewandtheit, allgemeines kultur- und erfahrungsabhängiges Wissen oder schulische Lerninhalte zurückzuführen. Die **fluide** („flüssige") **Intelligenz** steht unter einem weit geringeren Einfluss von Erfahrung und Kultur. Sie umfasst die Fähigkeit zum schlussfolgernden Denken, zum Abstrahieren, zur Begriffsbildung und zur Informationsverarbeitung.

Primärfaktoren

Eine andere Unterteilung, die auf die Annahme eines generellen Intelligenzfaktors verzichtete, nahm **Louis L. Thurstone** (1887-1955) vor. Er ging bereits 1938 davon aus, dass bei allen Leistungen je nach Aufgabentyp eine verschieden große Anzahl von Intelligenzfaktoren - so genannte **Primärfaktoren** - mit jeweils unterschiedlichem Einfluss zusammenwirken (1938). Thurstone unterschied insgesamt neun Primärfaktoren, von denen durch spätere Studien die in Tab. 6.4 dargestellten sieben bestätigt werden konnten. Weitere Analysen der Primärfaktoren ergaben aber auch hier ausreichend hohe Korrelationen zwischen den einzelnen Primärfaktoren, um auf einen **g-Faktor** (im Spearman'schen Sinne) schließen zu können (Asendorpf, 1996). Die überwiegende Zahl der heutigen Intelligenztests besteht aus mehreren Untertests, die nur schwach miteinander zusammenhängen und somit einerseits **verschiedene Intelligenzaspekte** (v.a. verbale Fähigkeiten und Problemlösefähigkeiten) erfassen, andererseits in ihrer Summe ein Maß für die **generelle Intelligenz** darstellen.

	Thurstone	Gardner
Gemeinsamkeiten	• räumliches Vorstellungsvermögen • logisches Denken	• räumliches Wahrnehmungsvermögen
Gemeinsamkeiten	• rechnerisches Denken	• logisch-mathematische Fähigkeiten
Gemeinsamkeiten	• verbales Verständnis • Wortflüssigkeit	• linguistische Fähigkeiten
Unterschiede	• Gedächtnis • Wahrnehmungsgeschwindigkeit	• musische Fähigkeiten • körperliche Fähigkeiten • interpersonale Fähigkeiten • intrapersonale Fähigkeiten

Tab. 6.4 Gegenüberstellung der Intelligenzmodelle von Thurstone (1938) und Gardner (1983)

Auf einer auf den ersten Blick ähnlichen Aufteilung basiert das Intelligenzmodell von **Howard Gardner** aus dem Jahr 1983. Auch er differenziert zwischen mathematischen, räumlichen und verbalen Fähigkeiten, bezieht aber u.a. zusätzlich musische und körperliche Fähigkeiten ein. Gardner geht außerdem davon aus, dass in jeder **Gesellschaftsordnung** unterschiedliche **Schwerpunkte** hinsichtlich bedeutsamer Intelligenzarten existieren.

Mit der **inter-** und **intrapersonalen Intelligenz** (laut Gardner das Verstehen anderer und der eigenen Person) spricht er Fähigkeiten an, die auch im Zusammenhang mit der **Emotionalen** und der **Sozialen Intelligenz*** genannt werden. Diese beiden Konzepte haben in letzter Zeit zunehmend an Popularität gewonnen, wurden aber bisher in der wissenschaftlichen Psychologie eher weniger untersucht.

Was also ist nun Intelligenz? Die wesentlichen Aspekte bündelt unserer Meinung nach die folgende, weitgefasste Definition: *„Intelligenz ist die Fähigkeit des Individuums, die Welt, in der es lebt, zu verstehen und sich in ihr zurechtzufinden."* (Wechsler in Zimbardo, 1996).

---

* Soziale Intelligenz ist eine komplexe Fähigkeit, die in die Komponenten **Durchsetzungsfähigkeit** und **Beziehungsfähigkeit** unterteilt werden kann (s.a. Asendorpf, 1996).
Emotionale Intelligenz umfasst nach Goleman (1996) die Fähigkeiten, die **eigenen Gefühle** zu kennen und kontrollieren zu können, sowie die **Gefühle anderer** zu durchschauen und erfolgreich mit ihnen umzugehen.

6.3 Testverfahren

Begriffe

> Leistungstests (z.B. Intelligenztests) ◆ Psychometrische Persönlichkeitstests ◆ Persönlichkeits-Entfaltungsverfahren ◆ objektive Testverfahren ◆ projektive Tests ◆ Testgütekriterien

Lernziele

Um **Persönlichkeitseigenschaften** zuverlässig zu erfassen, wurden auf der Basis wissenschaftlicher und statistischer Verfahren über die Jahrzehnte hinweg verschiedene **psychologische Testverfahren** entwickelt. Sie reichen von Fragebögen und „Ankreuz-Aufgaben" über Arbeits- und Verhaltensproben bis hin zu standardisierten Interviews, auf die wir in Lektion 12 noch näher eingehen werden. **Inhaltlich** lassen sich die einzelnen Testverfahren untergliedern in:

◆ **Leistungstests** (hierzu gehören u.a. Intelligenztests, Schultests und Entwicklungstests)
◆ **Psychometrische Persönlichkeitstests** (z.B. Persönlichkeits-Struktur-Tests wie der EPI und der NEO-FFI, Einstellungs- und Interessenstests sowie so genannte Klinische Tests zu Erfassung psychischer Störungen oder Abweichungen)
◆ **Persönlichkeits-Entfaltungsverfahren** (zeichnerische Verfahren und Gestaltungsverfahren, aber auch Formdeuteverfahren, wie z.B. der Rohrschach-Test).

Einen umfassenden Überblick über die im deutschen Sprachraum verfügbaren Testverfahren gibt das *Brickenkamp Handbuch psychologischer und pädagogischer Tests* (Brähler et al., 2002).

Da die inhaltliche Auseinandersetzung mit den einzelnen Testverfahren über den Rahmen dieses Kurses hinausgehen würde, werden wir uns im Folgenden darauf beschränken, einige Kriterien für die Erstellung und Durchführung dieser Verfahren darzulegen. Außerdem werden wir beispielhaft Tests zur Erfassung der Intelligenz betrachten.

Objektive Testverfahren – Beispiel: Intelligenztests

Im Jahre 1905 erschien in Frankreich die erste Veröffentlichung über einen **Intelligenztest** im heutigen Sinne. **Alfred Binet** (1857–1911) und **Théodore Simon** (1873–1961) entwickelten im Auftrag des französischen Unterrichtsministeriums ein Testverfahren zur Feststellung der Sonderschulbedürftigkeit von Kindern. In den folgenden Jahrzehnten wurden die Aufgaben zur Intelligenzerfassung immer weiter entwickelt und verbessert. Den heute anerkannten **Intelligenztestverfahren** ist gemeinsam,

– dass der **Intelligenzquotient (IQ)** nach einer einheitlichen **Formel** bestimmt wird, so dass die Testergebnisse untereinander vergleichbar sind,
– dass die Verfahren an einer ausreichend großen Stichprobe **normiert** wurden und
– dass sie den **Testgütekriterien** entsprechen.

Wir erinnern uns: Unter den Testgütekriterien versteht man die Objektivität, Reliabilität und Validität eines Testverfahrens. **Objektiv** ist ein Test, wenn die getestete Person immer gleich gute oder schlechte Ergebnisse erzielt, unabhängig von demjenigen, der sie testet. Die Durchführung des Tests und seine Auswertung müssen also exakt vorgeschrieben, d.h. standardisiert sein. Ein

Test ist **reliabel**, wenn er sehr genau misst, und er ist **valide**, wenn er darüber hinaus auch das misst, was er messen soll. (Vgl. dazu Lektion 1, Abschnitt 1.3.2.) In diesem Sinne gilt es auch in der Psychologie, bei der Erstellung von Testverfahren solche Aufgaben auszuwählen, die die entsprechende Persönlichkeitseigenschaft (hier die Intelligenz) tatsächlich erfassen.

Die **Normierung** ist wichtig, weil erst sie uns verlässliche Vergleichswerte liefert, anhand derer die getestete Person dann eingeordnet werden kann. Man spricht davon, einen Test zu normieren, wenn er einer möglichst großen Personengruppe zur Bearbeitung vorgelegt wird. Der größte Teil dieser so genannten **Normierungsstichprobe** wird mittlere Testergebnisse erzielen und nur jeweils ein vergleichsweise geringer Prozentsatz überdurchschnittlich gute oder unterdurchschnittlich schlechte Werte. Aus den Ergebnissen der Normierungsstichprobe lassen sich **Mittelwert** (M) und **Standardabweichung** (s) berechnen. Mit diesen beiden Werten kann später für jede beliebige Testperson nach der unten angegebenen Formel der spezifische Intelligenzquotient bestimmt werden:

$$\text{Formel:} \quad IQ = 100 + 15 \, \frac{x - M}{s}$$

mit:
- x = Testwert der getesteten Person
- M = mittlerer Testwert der Normstichprobe
- s = Standardabweichung der Normstichprobe
- 100 = Mittelwert des Intelligenzquotienten
- 15 = Standardabweichung des Intelligenzquotienten

Es gibt eine ganze Anzahl **objektiver Testverfahren** zur **Intelligenzbestimmung** wie auch zur Erfassung **anderer Persönlichkeitseigenschaften**. Unter den Intelligenztests werden für die Testung Erwachsener u.a. der Intelligenz-Struktur-Test (IST 2000; Amthauer et al., 1999), der Grundintelligenztest (CFT 20; Weiß, 1998) und der Hamburg-Wechsler-Intelligenztest für Erwachsene (HAWIE-R; Tewes, 1991) verwendet. Für **Kinder** kommen häufig der Grundintelligenztest (CFT 1; Cattell et al., 1997) sowie der Hamburg-Wechsler-Intelligenztest für Kinder (HAWIK III; Wechsler, 2001) zum Einsatz. Einige dieser Verfahren versuchen eher die **sprachungebundene Problemlösefähigkeit** zu erfassen, andere legen den Schwerpunkt auf **verbale Fähigkeiten**, wieder andere sind Mischverfahren. Je nach Fragestellung (z.B. Einstellungsuntersuchungen bei Sekretärinnen, Einzelhandelskaufleuten, Kindergärtnerinnen etc.) stehen also spezielle Intelligenztestverfahren zur Verfügung.

Projektive Testverfahren

Neben diesen objektiven Testverfahren gibt es auch so genannte **projektive, auf psycho-dynamischen Annahmen** basierende Verfahren, zu denen u.a. der mittlerweile nicht nur in Fachkreisen bekannte Rohrschach-Test (Rohrschach, 1921) gehört. Hierbei wird den zu testenden Personen **mehrdeutiges Reizmaterial**, das Raum für unterschiedliche Interpretationen bietet, vorgelegt. Die Annahme ist, dass anhand der individuellen Interpretationen innere Konflikte, emotionale Zustände oder Motive „an die Oberfläche" **projiziert**, d.h. erfasst werden können. So haben die Probanden bei der Bearbeitung des Rohrschach-Tests z.B. die Aufgabe, verschiedene Tintenkleckse zu interpretieren. Bei einem anderen projektiven Verfahren, dem Thematischen Apperzeptionstest* (TAT; Murray, 1938) geht es darum, zu mehrdeutigen Bildkarten Geschichten zu erfinden.

---

* Unter **Apperzeption** versteht man die bewusste Auffassung eines Sinneseindruckes.

Da jedoch für die Bewertung der Antworten häufig **keine Normwerte** vorliegen, hängt diese im großen Maße vom **individuellen Eindruck** des **Testleiters** ab. Projektive Tests entsprechen somit in den meisten Fällen **nicht** den zuvor genannten **Testgütekriterien** und werden daher in der psychologischen Diagnostik in Deutschland kaum noch angewandt.

Aufgaben

1. Welche verschiedenen Ansätze der Persönlichkeitspsychologie kennen Sie? Nennen Sie je einen Vertreter.
2. Zwischen welchen Persönlichkeitsdimensionen unterschied Eysenck?
3. Welcher Grundgedanke liegt den behavioristischen Persönlichkeitstheorien zugrunde?
4. Was sagen Ihnen g-Faktor und s-Faktor in Bezug auf die Intelligenz? Mit welchem Namen bringen Sie diese in Verbindung?
5. Grenzen Sie die beiden Intelligenzarten Cattells voneinander ab.
6. Was versteht man unter Normierung?

zur Lernkontrolle

7 Gruppe, Konflikt, Mobbing

Die Bereiche „Gruppe", „Konflikt" und „Mobbing" sind Themen der **Sozialpsychologie***, die aber auch für andere psychologische Gebiete, vor allem für die Wirtschaftspsychologie** von Bedeutung sind. Wir werden als erstes auf das Thema Gruppe eingehen und später Konflikte in Gruppen sowie Mobbing betrachten.

7.1 Gruppe

7.1.1 Begriffsdefinition

Begriffe **Gruppe ♦ Primärgruppen ♦ Sekundärgruppen ♦ Eigengruppe (ingroup) ♦ Fremdgruppe (outgroup)** *Lernziele*

Sie haben sicher alle eine mehr oder weniger konkrete Vorstellung davon, was eine Gruppe ist. Wie also würden Sie diese definieren? THINK! Nun, in der Psychologie herrscht u.a. folgende **Arbeitsdefinition** vor: Eine **Gruppe** ist eine Anordnung von **mehr als zwei Menschen**, die längere Zeit miteinander **interagieren**, sich wechselseitig **beeinflussen**, ein **gemeinsames Ziel** verfolgen und sich als „Wir" wahrnehmen. Außerdem weisen Gruppen bestimmte **Strukturen** auf und teilen bestimmte **Normen**. Diese Definition passt auf viele Gruppierungen unseres Alltags: z.B. Arbeitsgruppen, Schulklassen, Sportgruppen, Chöre, politische Parteien und natürlich die Familie. Anders herum gesagt: Menschen, die gemeinsam an einer Haltestelle auf den Bus warten, stellen keine Gruppe im Sinne dieser Definition dar. Es fehlt ihnen z.B. an einer längerfristigen Interaktion, an einem „Wir-Gefühl" und so weiter.

Aber bleiben wir bei den Gruppen. Diese lassen sich nach verschiedenen **Maßstäben** klassifizieren, z.B.:

♦ in **natürliche** bzw. **Primärgruppen** (wie die Familie) und **willkürliche** bzw. **Sekundärgruppen** (wie Arbeitsgruppen oder Schulklassen)

♦ entsprechend der eigenen Gruppenzugehörigkeit in die **Eigengruppe (ingroup)** und in **Fremdgruppen (outgroups)**

♦ sowie nach **Größe, Stabilität**, in der Gruppe vorherrschender **Intimität** und **Interdependenz***** usw.

Doch wenden wir uns nun der Struktur, der Entstehung und den Normen in Gruppen sowie ihrer Produktivität zu.

---

* Die **Sozialpsychologie** beschäftigt sich mit dem Verhalten und Erleben des **Einzelnen** in **Interaktion** mit anderen (vornehmlich der Gruppe).
** Die **Wirtschaftspsychologie** befasst sich mit der Anwendung der Psychologie auf wirtschaftliche Probleme (Dorsch, 1996). Auf zwei Teilbereiche dieses Themengebietes, die **Personalpsychologie** sowie die **Markt-, Werbe-** und **Konsumentenpsychologie**, gehen wir in den Lektionen 12 und 13 näher ein.
*** Unter der **Interdependenz** in einer Gruppe versteht man die **Abhängigkeit** des **Einzelnen** vom **Handeln der anderen Gruppenmitglieder** bei der Erreichung des Gruppenzieles.

7.1.2 Gruppenstrukturen

Begriffe

Rolle ♦ Rollenstruktur (horizontal, vertikal) ♦ homogene und heterogene Gruppen ♦ Zusammenhalt ♦ Gruppenhierarchie ♦ Gruppenziel ♦ Machtstruktur ♦ formelle Gruppenstruktur ♦ informelle Gruppenstruktur ♦ Kommunikationsstrukturen ♦ Produktivität

Lernziele

Gruppen weisen bei genauerer Betrachtung je nach Größe und auch Aufgabenart bestimmte Strukturen und Hierarchien auf, die sich u.a. anhand der vorherrschenden Kommunikationsnetze sowie der Rollen- und Aufgabenverteilung festmachen lassen. Betrachten wir z.B. eine **Arbeitsgruppe** in einer größeren Firma. Im Organisationsplan sind hier sowohl Rollen- als auch Machtstrukturen der Gruppe festgelegt. Aus der **Rollenstruktur** wird ersichtlich, wer welche Aufgaben zu erledigen hat. Idealerweise findet die **Rollenverteilung** in Abhängigkeit von den jeweiligen Fähigkeiten der Person statt. Generell verstehen wir unter einer „Rolle" ein mit einer bestimmten **sozialen Position** verknüpftes **Verhaltensmuster**, das innerhalb der Gruppe vom Inhaber der Stelle erwartet wird.

Horizontale und vertikale Rollenstrukturen

Die **Rollenstruktur** in Gruppen muss mehrdimensional (horizontal und vertikal) betrachtet werden. Je nach Aufgabenstellung und Arbeitsverteilung können alle Mitglieder einer **horizontalen Ebene** die gleichen Aufgaben ausführen und damit **gleiche Rollen** einnehmen. In diesem Fall handelt es sich um eine **homogene Gruppe**. Ebenso gut können aber auch durch die Herausbildung von Spezialisten für bestimmte Fragestellungen **unterschiedliche Rollen** entstehen. Wir sprechen dann von einer – bezogen auf die Fähigkeiten der einzelnen Gruppenmitglieder – **heterogenen Gruppenzusammensetzung**. Diese kann sich positiv (z.B. durch effektivere Arbeitsteilung) auf die Bewältigung der Gruppenaufgabe, also auf die **Produktivität** der Gruppe, auswirken. Aufgrund der geringeren **Ähnlichkeit*** der einzelnen Gruppenmitglieder ist aber mit einer schlechteren Atmosphäre und einem niedrigeren **Zusammenhalt (Kohäsion)** in der Gruppe zu rechnen, als dies bei einer homogeneren Zusammensetzung der Fall wäre. Im Extremfall kann dies zu einer Beeinträchtigung der Gruppenleistung aufgrund geringer Arbeitsmotivation führen.

Daneben gibt es natürlich die **vertikal**, d.h. durch die **Gruppenhierarchie** bedingten Aufgaben- und Rollenunterschiede. Dem Leiter einer Abteilung oder auch Arbeitsgruppe, dem **Gruppenführer**, obliegen z.B. in einem größeren Ausmaß delegierende Aufgaben als seinen Mitarbeitern, dafür trägt er aber auch eine stärkere Verantwortung für die Erreichung des **Gruppenzieles** (d.h. für das zu erstellende Produkt, für die fristgerechte Erledigung der zu bearbeitenden Gruppenaufgabe etc.) und dafür, dass der **Zusammenhalt** in der Gruppe gewahrt bleibt. Mit dieser Feststellung sind wir nah an der **Machtstruktur** der Gruppe. Gehen wir streng nach Organisationsplan vor, so steigt gewöhnlich die Macht des einzelnen Gruppenmitglieds mit seiner Position in

---

* Sozialpsychologische Studien zeigen, dass **wahrgenommene** oder **vermutete Ähnlichkeit** zwischen zwei oder mehreren Menschen zu einem stärkeren **Wunsch** nach **Nähe** und **Kontakt** führt. Dies wiederum ist sowohl für die Entstehung als auch für die Aufrechterhaltung von Gruppen von Bedeutung.

der Gruppenhierarchie. Höhere Positionen sind durch umfangreichere **Entscheidungskompetenzen** und eine bessere Einbindung in den **Informationsfluss** sowie generell durch einen **höheren Status** geprägt.

Formelle vs. informelle Gruppenstruktur

Betrachtet man aber nicht nur diesen **formellen**, also vom Organisationsplan vorgegebenen Gruppenaufbau, dann wird man feststellen, dass sich durch die **Interaktion** zwischen den Gruppenmitgliedern auch eine vom Plan abweichende, **informelle Gruppenstruktur** herausbilden kann. Vor allem bei großen, formellen Arbeitsgruppen* (aber auch bei Schulklassen) ist ein Aufsplittern in kleinere, informelle Gruppen zu beobachten (Rosenstiel, 1998). In diesen informellen Gruppen entsteht ein **eigenes Rollengefüge** – z.B. die Rolle des Führers, des Experten, aber in negativer Hinsicht auch die des Außenseiters oder Sündenbocks. Und natürlich sind diese Rollen gleichfalls mit **unterschiedlichen (informellen) Machtverteilungen** versehen.

Problematisch für den Arbeitsablauf in Organisationen kann es werden, wenn sich informelle Gruppen als Konkurrenz wahrnehmen und gegenseitig bekämpfen. Kritisch sind ferner die Fälle, in denen ein informeller Gruppenführer mehr Macht entwickelt als der formelle Gruppenführer und dessen Autorität untergräbt. Wie wir bereits gesehen haben, besteht die primäre Aufgabe des Gruppenführers darin, die Gruppe zur Erreichung des Gruppenzieles zu leiten und für ihren Zusammenhalt zu sorgen. Durch eine zu schwache Position des (formellen) Gruppenführers und auch durch „Grabenkämpfe" kann das Gruppenziel gefährdet werden, z.B. weil die Arbeitsmotivation sinkt oder weil zu viel Zeit durch Konflikte vergeudet wird, die keine Relevanz für die eigentliche Aufgabe haben. Letzte Konsequenz sind u.U. der **Zerfall der Gruppe** oder aber **Mobbing** gegen den Vorgesetzten (vgl. Abschnitt 7.3.2).

Kommunikationsstrukturen und Produktivität

Da wir Gruppen über die **Interaktion** und **gegenseitige Beeinflussung** der einzelnen Gruppenmitglieder definieren, lässt sich die Gruppenstruktur – vor allem auch die informelle – über die vorherrschenden Kontakt- oder **Kommunikationsstrukturen** beschreiben, also über die Übertragung relevanter Informationen. Die **Weiterleitung von Informationen** und **persönliche Informiertheit** sind also einerseits sehr wichtig für die **Produktivität** der Gruppe, andererseits spiegeln sie auch die Machtstrukturen wider. Abb. 7.1 zeigt typische Beispiele für vorherrschende Kommunikationsstrukturen (nach Leavitt, 1951).

Je nach Aufgabenstruktur wirken die einzelnen Kommunikationsstrukturen **unterstützend** oder **hemmend** auf die Produktivität der Gruppe. Einfache Aufgaben werden z.B. nach einer Studie von **M.E. Shaw** (1964) bei einer **radähnlichen Kommunikationsstruktur**, bei der alle Informationen über eine zentrale Person laufen, am schnellsten und fehlerfreiesten gelöst. Bei komplexen Aufgaben hat sich hingegen das „Netz" als produktiv erwiesen, da die **Informationsverar-**

---

* Diese **großen, formellen Gruppen** definieren sich häufig nur durch den **Organisationsplan**, d.h. durch die Zuordnung zu einem Vorgesetzten, erfüllen aber oft nicht mehr die in Abschnitt 7.1.1 gegebene Definition einer Gruppe, da die Mitglieder nicht mehr in ausreichendem Umfang miteinander interagieren und, was die Erreichung des Gruppenzieles betrifft, häufig nicht voneinander abhängig sind. Es hat sich in der Arbeitswelt eingebürgert, Gruppen, die die definierten Anforderungen erfüllen, als **Teams** zu bezeichnen.

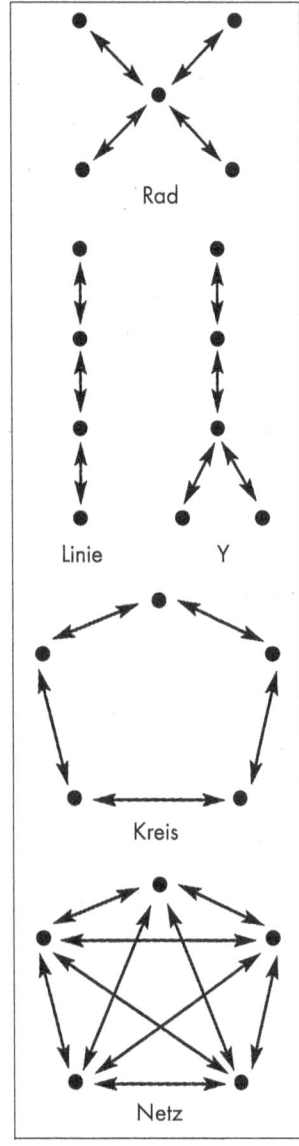

Abb. 7.1 Kommunikationsstrukturen

beitungskapazität einer Zentralperson hier recht schnell überschritten werden kann und Fehlentscheidungen die wahrscheinliche Folge wären. Die Machtposition eines Vorgesetzten oder Gruppenführers ist in einem solchen Fall – wie auch bei der **Kreis**- und der **Linienstruktur** – weniger gut gesichert, da er höchstens genauso viele Informationen wie alle anderen Gruppenmitglieder, also keinen **Informationsvorsprung** besitzt. Dieser wäre vor allem bei der Radform gegeben. Viele formelle Organisationsstrukturen, wie z.B. die des öffentlichen Dienstes, weisen (unabhängig von der zu bearbeitenden Aufgabe) eine rad- oder **Y-ähnliche Kommunikationsstruktur** auf.

7.1.3 Gruppenbildung

Begriffe **Formierungsphase ♦ Konfliktphase ♦ Normierungsphase ♦ Leistungsphase ♦ Normalisierungsphase und Auflösung** *Lernziele*

Der **Prozess der Gruppenbildung** lässt sich nach **Bruce W. Tuckman (1965)** in **fünf aufeinander folgende Stufen** unterteilen: die Formierungsphase, die Konfliktphase, die Normierungsphase, die Leistungsphase und schließlich die Normalisierungs- bzw. Auflösungsphase.

♦ Formierungsphase

Diese erste Phase ist durch das **Kennenlernen** der anderen (zukünftigen) Gruppenmitglieder geprägt. Dies gilt vor allem für **willkürliche Gruppen**, d.h. Gruppen, die quasi aus dem Nichts entstehen, wie z.B. eine neu zusammengestellte Arbeitsgruppe oder Schulklasse oder die Gründung eines Vereins. Man tauscht sich über die **Aufgaben** und Ziele der zu bildenden Gruppe aus (*Welches Produkt soll erstellt werden? Was soll gelernt werden?* usw.) und sucht nach **Gemeinsamkeiten**. Bei spontanen Zusammenschlüssen (z.B. von Freizeitgruppen) ist es – um einen solchen Prozess überhaupt in Gang zu setzen – zudem nötig, dass die **individuellen** Einstellungen und Ziele möglichst ähnlich sind und natürlich eine ausreichende **räumliche Nähe** existiert. Bei der Gründung eines Chors sollten z.B. die musikalischen Vorlieben oder Neigungen, auf die man sich konzentrieren will (*Klassik oder Volksmusik oder doch eher Gospel?*), möglichst bei allen ähnlich ausgeprägt sein. Dabei sind **Konflikte**, beispielsweise über Art und Verteilung der einzelnen Aufgaben, vorprogrammiert.

♦ Konfliktphase

In der Konfliktphase können und müssen diese **Meinungsverschiedenheiten** ausgetragen werden, damit sich in der **nächsten Phase** eine **in sich gefestigte Gruppenstruktur** entwickeln kann. In dieser sollte dann jeder seinen eigenen Platz (bzw. seine eigene Rolle) finden, den (bzw. die) er später auch akzeptiert und mit dem (bzw. mit der) er sich identifiziert.

- **Normierungsphase**
  Diese **Rollen** werden in der **Normierungsphase** verteilt, d.h. die Gruppenstruktur bildet sich heraus. Außerdem werden gemeinsame **Ziele** und **Normen** sowie **Sanktionen** für etwaige **Normüberschreitungen** festgelegt. All diese Prozesse tragen dazu bei, dass die Identifikation des Einzelnen mit seiner Gruppe steigt, ein „Wir-Gefühl" entsteht und sich Struktur und Zusammenhalt der Gruppe festigen.

- **Leistungsphase**
  Nachdem die einzelnen Gruppenbildungsschritte abgeschlossen sind, können in der Leistungsphase die eigentlichen **Gruppenaufgaben** in Angriff genommen werden. Diese Phase ist durch **zielorientiertes Handeln** geprägt und geht in die Normalisierungsphase über.

- **Normalisierungsphase und Auflösung**
  In dieser Phase kehrt der „Gruppenalltag" ein – bis zur **Auflösung** der Gruppe bei der Erreichung des Zieles (das Projekt ist beendet oder die Herstellung des Produkts wird nicht mehr benötigt).

Natürlich ist dies die Idealbeschreibung eines **Prozessmodells**, bei dem jederzeit Störungen eintreten können. Wenn z.B. ein neues Mitglied zur Gruppe hinzukommt oder sich die Gruppenaufgabe verändert, wird der Gruppenbildungsprozess auf die Konfliktphase zurückgeworfen und die einzelnen Phasen müssen erneut durchlaufen werden.

7.1.4 Gruppennormen

Begriffe — Herausbildung von Normen (explizit, implizit) ◆ Toleranzbereich ◆ Sanktionen ◆ Gruppendruck ◆ Konformität ◆ compliance ◆ acceptance ◆ Gruppenlokomotion — *Lernziele*

Wie wir gesehen haben, stellt die Herausbildung von Gruppennormen einen Teil des **Gruppenbildungsprozesses** dar. Doch wie geht diese **Normierung** vor sich, wie werden Normen **aufrechterhalten** und welche **Funktionen** kommen ihnen zu?

Natürlich kann man davon ausgehen, dass ein Teil der Normen **explizit** festgelegt, vielleicht sogar schriftlich festgehalten wird. Denken wir z.B. an Regelungen aus der Schulzeit, welcher Schüler wann die Tafel zu wischen hatte, oder an schriftlich fixierte Arbeitszeitregelungen. Im Laufe der Interaktion in einer Gruppe bilden sich aber auch bestimmte **implizite Erwartungen** darüber heraus, wie man in der Gruppe zu denken und zu handeln hat (wie man miteinander umgeht, welche Leistung zu erbringen ist etc). Anzahl und Ausmaß **abweichender Meinungen** und **Verhaltensweisen** gehen mit der Zeit immer weiter zurück. Damit sinkt aber auch der **Toleranzbereich** für abweichendes Verhalten. Personen, die diesen Toleranzbereich überschreiten – ob sie nun innerhalb oder außerhalb der Gruppe stehen – müssen mit **Sanktionen** wie Spott und Unterdrückung, aber auch mit verbalen und manchmal sogar körperlichen Angriffen rechnen (siehe Mobbing, Abschnitt 7.3).

Durch **Gruppendruck** wird also die **Aufrechterhaltung** der Normen gesichert und Konformität innerhalb der Gruppe hergestellt. Unter **Konformität** versteht man **Verhaltens-** oder **Einstellungsänderungen** aufgrund eines realen oder imaginären Gruppendrucks. Ziel dieser Änderungen ist es, negative Konsequenzen zu vermeiden oder positive zu erlangen. Eine rein äußere Konformität, bei der sich nur das Verhalten, nicht aber die Einstellung ändert, wird auch als **compliance** bezeichnet. Gleichen sich aber sowohl Verhalten als auch Einstellung an die Gruppennormen an, so spricht man von **acceptance**.

> Exkurs – Das Asch-Experiment (1955):
>
> Ein klassisches Experiment zur Veranschaulichung von (imaginärem) Gruppendruck führte **Solomon E. Asch** (1907–1996) durch. Er bat Studenten, an einer Studie zur visuellen Diskriminierung (Unterscheidung) teilzunehmen. Sie hatten die Aufgabe, in mehreren Durchgängen zu bestimmen, welche von jeweils drei gezeigten Vergleichslinien die gleiche Länge wie die Standardlinie besaß (siehe Abb. 7.2). Diese Aufgabe war recht leicht zu bewältigen, wie die **Kontrollbedingung** zeigte, in der die Probanden (Pbn) ihre Antworten isoliert, d.h. ohne die Anwesenheit anderer abgeben konnten. 95% der Pbn machten keinen Fehler und nur 0,7% der Aufgaben wurden falsch bearbeitet.
>
>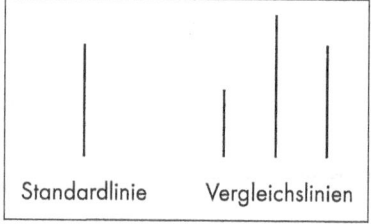
>
> Abb. 7.2 Asch-Experiment
>
> In der **Experimentalbedingung** hingegen saß jeder Pb gemeinsam mit sechs anderen, neu hinzugekommen Pbn in einem Halbkreis und die Antworten wurden laut in der Reihenfolge der Sitzposition abgegeben. Es gab aber in jeder Sitzung nur eine wirkliche Testperson, die anderen waren Helfer des Testleiters und hatten die Aufgabe, einstimmig offensichtlich falsche Antworten zu geben. Wie wirkte nun diese Majorität an falschen Antworten auf die tatsächlichen Pbn? Nur 25% der Pbn machten keinen Fehler, ließen sich also nicht von der Meinung der anderen beeinflussen, während ca. 30% der Pbn fast immer entsprechend der Gruppenmeinung (falsch) urteilten. Etwa 37% der Aufgaben wurden falsch beantwortet. Die Fehlerzahl stieg demnach deutlich an.

Normen werden nicht nur durch Gruppendruck aufrechterhalten, sondern es ist auch so, dass sich Gruppennormen im Gruppendruck widerspiegeln. Gleichzeitig haben Normen eine Reihe wichtiger **Funktionen**. Zunächst helfen sie den Mitgliedern einer Gruppe, **sich selbst** im Bezug zu ihrer **sozialen Umwelt zu definieren**, beispielsweise durch einen **Vergleich** der Normen der **ingroup** mit denen der **outgroup**. Außerdem dienen Gruppennormen dazu, sich mit der eigenen Gruppe **zu identifizieren**, indem man deren Normen übernimmt. Eine weitere wesentliche **Funktion** von Normen ist die **Aufrechterhaltung der Gruppe**. Es konnte vielfach gezeigt werden, dass ein positiver Zusammenhang zwischen der Beachtung der Normen und der Kohäsion in der Gruppe besteht. Außerdem wird bei Einhalten der Normen das **Erreichen des Gruppenzieles** wahrscheinlicher, da sich die Gruppenmitglieder konsequenter auf ihr gemeinsames Ziel hin bewegen. Man bezeichnet dies auch als **Gruppenlokomotion**. Wie produktiv Gruppen dabei sind, wollen wir als Nächstes betrachten.

7.1.5 Produktivität der Gruppe

Begriffe: soziale Erleichterung ♦ soziale Hemmung ♦ Aufgabenarten ♦ soziales Bummeln ♦ Deindividuation ♦ Motivationsverluste ♦ Koordinationsverluste ♦ Führungsstil ♦ task-leader ♦ social-leader **Lernziele**

Sind Gruppen produktiver als Einzelpersonen? THINK! Die Antwort lautet: nicht immer. Die bloße **Anwesenheit** anderer kann in der Tat zu einer Verbesserung der individuellen Leistung führen, z.B. weil die **persönliche Erregung** steigt und dies als **Ansporn** empfunden wird, Höchstleistungen zu erbringen. Diesen Effekt bezeichnen wir als **soziale Erleichterung**. **Robert B. Zajonc** wies aber bereits 1965 darauf hin, dass dieser Effekt gewöhnlich nur dann auftritt, wenn hoch trainiertes Verhalten gezeigt bzw. gut beherrschte Aufgaben bearbeitet werden (z.B. bei Wettkampfsituationen mit Publikum). Bei „Neuland" kann eine **erhöhte Erregung** auch hemmend wirken, mit dem Ergebnis, dass keine optimale Leistung gezeigt wird. Wir sprechen in einem solchen Fall von **sozialer Hemmung**.

Produktivität und Aufgabenart

Betrachten wir nun nicht nur die bloße Anwesenheit anderer, sondern den **Gruppenprozess**, so ist die eingangs gestellte Frage in Abhängigkeit von der **Art der zu bewältigenden Aufgabe** zu beantworten. Eine bis heute gültige Unterteilung wurde in den 70er Jahren von **Ivan D. Steiner** herausgearbeitet – Tabelle 7.1 gibt einen entsprechenden Überblick.

Aufgabenart	Gruppenproduktivität	Beispiel
additiv	besser als der Beste → Gruppenleistung ist die Summe der Einzelleistungen.	Beim Tauziehen addieren sich die Kräfte der einzelnen Teilnehmer – je mehr mitmachen, desto besser.
kompensatorisch	besser als die meisten → Gruppenprodukt ist der Durchschnitt der Einzelleistungen bzw. Einzelurteile.	Bei Schätzaufgaben lohnt es, den Mittelwert aller in einer Gruppe abgegebenen Einschätzungen zu berechnen – Abweichungen heben sich gegenseitig auf.
disjunktiv (i.S.v. unabhängige Leistungen)	entspricht der Leistung des Besten → Gruppe ist erfolgreich, wenn nur einer die Lösung kennt. → aber: der Beste muss sich bei der Antwortauswahl auch durchsetzen.	Bei Problemlöseaufgaben mit Aha-Effekt und Aufgaben, die Kreativität erfordern – alle können zur Lösung der Aufgabe beitragen, die (möglichst) beste wird dann ausgewählt.
konjunktiv (abhängige Leistungen)	entspricht der Leistung des Schlechtesten → Alle müssen zur ganzheitlichen Lösung der Aufgabe beitragen.	Beim Staffellauf, Formationstanz etc. wird die ganze Gruppe schlechter bewertet, wenn nur ein Mitglied einen Fehler begeht.

Tab. 7.1 Gruppenproduktivität in Abhängigkeit von der Aufgabenart nach Steiner (1972)

Bei **additiven Aufgaben**, d.h. Aufgaben, in denen überwiegend psychomotorische Leistungen (wie Tauziehen, Heben von Gewichten etc.) gezeigt werden, ist die Gruppenleistung tatsächlich besser als die des Individuums. Bei genauerer Betrachtung stieß man hier aber auf ein interessantes Phänomen: **Je mehr Personen** bei der Aufgabe mitwirkten, z.B. am Tau zogen, **desto geringer** war die **relative Leistung** bzw. Kraftaufwendung jedes **Einzelnen**. Die Gesamtgruppenleistung fiel also geringer aus als die Summe der Einzelleistungen (Ingham, 1974). Dieses Phänomen wird auch als **soziales Bummeln** bezeichnet.

Soziales Bummeln bezieht sich nicht nur auf psychomotorische Leistungen, sondern beschreibt generell die (unbewusste) Neigung, mit der Leistung nachzulassen, wenn man sich (wie eben in

Gruppensituationen) weniger beobachtet fühlt. In der Folge sinken also die **Selbstaufmerksamkeit** und damit auch die **Anpassung des Verhaltens** an geltende (Leistungs-)Normen. Man spricht in diesem Zusammenhang auch von der **Deindividuation**. Neben diesen **Motivationsverlusten** spielen natürlich auch **Koordinationsverluste** eine Rolle. Die Produktivität sinkt, wenn die Gruppenmitglieder nicht in die gleiche Richtung arbeiten, wenn aufgrund unzulänglicher Absprachen Aufgaben doppelt oder gar nicht erledigt werden usw.

Zusammenfassend lässt sich also Folgendes feststellen: Die **tatsächliche** Gruppenproduktivität hängt ab von der **potenziellen** Produktivität* **abzüglich** eintretender Motivations- und Koordinationsverluste.

Bei sehr kleinen Gruppen kann allerdings die Gesamtgruppenleistung bei psychomotorischen Aufgaben auch größer als die Summe der Einzelleistungen ausfallen (Köhler, 1927), weil ein Verstecken in der Gruppe nicht so leicht gelingt und eine optimalere Koordinierung leichter fällt. Auch für Problemlöseaufgaben stellte sich heraus, dass eine kleinere Gruppe (von ca. 5 Mitgliedern) bessere Ergebnisse erbrachte als größere Gruppen (Brandstätter, 1989) – vor allem dann, wenn sich die Gesamtaufgabe in Teilaufgaben unterteilen lässt und diese den einzelnen Gruppenmitgliedern entsprechend ihrer Qualifikation zugewiesen werden. Diese Erkenntnis ist auch auf andere Aufgabentypen übertragbar.

Produktivität und Führungsstil

Neben der Art der Aufgabe hat auch der **Führungsstil des Gruppenleiters** einen Einfluss auf die Produktivität der Gruppe. Generell zeichnet sich ein erfolgreicher Gruppenführer dadurch aus, dass er selbstsicher und extravertiert auftritt, emotional stabil ist – und von der Gruppe gemocht und akzeptiert wird. In der Literatur wird häufig zwischen dem **task-leader** mit einem eher **aufgabenbezogenen** und dem **social-leader** mit einem eher **sozio-emotionalen** Führungsstil unterschieden. Während ersterer sich überwiegend **direktiv** verhält sowie **organisierend** und **steuernd** in die Arbeitsabläufe eingreift, um das Erreichen des Gruppenzieles zu ermöglichen, regt der social-leader zu **Teamwork** an, räumt den Gruppenmitgliedern mehr **Freiräume** ein (auch um eigene Ideen und Einwände vorzubringen) und versucht, das **Arbeitsklima** und damit die **Motivation** zu verbessern.

Es ist unbestritten, dass eine auf die eigene Leistungsfähigkeit abgestimmte Autonomie und positives Feedback die intrinsische Motivation und damit auch den persönlichen Einsatz jedes einzelnen Gruppenmitgliedes erhöhen können. Doch nicht in allen Situationen ist z.B. möglichst große Autonomie der Gruppenmitglieder das beste Mittel, um ein Ziel zu erreichen. Dies gilt vor allem für Aufgaben, die schnelle und kompetente Entscheidungen erfordern. Ist diese Kompetenz bei den Gruppenmitgliedern nicht vorhanden, könnte es hier aufgrund eines langwierigen Abstimmungsprozesses in der Gruppe (*Welcher Weg ist der richtige? Welche Aufgabe soll von wem übernommen werden?*) zu erheblichen Zeit- und Koordinationsverlusten kommen.

Ebenso gibt es – insbesondere in größeren Arbeitsgruppen – immer wieder einige Gruppenmitglieder, die das Erreichen des Gruppenzieles für nicht so wichtig halten, deren intrinsische Mo-

---

* Potenzielle Produktivität bezeichnet das Ausmaß, in dem **menschliche Ressourcen**, also Fähigkeiten und Fertigkeiten, sowie verfügbare **Mittel** und **Werkzeuge**, den Anforderungen der Aufgaben entsprechen.

tivation eher auf andere Ziele ausgerichtet ist, die also stärker „sozial bummeln". In diesen Fällen (bzw. bei diesen Personen) ist anzunehmen, dass ein vorwiegend aufgabenbezogener Führungsstil zu einer höheren Produktivität führt.

Es gibt also nicht *den* besten Führungsstil, es ist vielmehr wichtig, dass ein Gruppenleiter sowohl **aufgabenbezogene** als auch **sozio-emotionale Kompetenzen** aufweist und sie je nach **Situation** und **Gruppenzusammensetzung** möglichst optimal anwendet.

7.2 Konflikt

7.2.1 Begriffsdefinition

Begriffe — **Konflikt ◆ Interessengegensatz ◆ Konfliktpotenzial ◆ interpersonale (soziale) Konflikte ◆ intrapersonale Konflikte** — *Lernziele*

Bei der Suche nach einer Definition des Begriffs „Konflikt" wird man auf viele verschiedene Varianten stoßen – je nach Wissenschaftsgebiet und Fokus. Allen gemeinsam ist die Annahme, dass ein **Interessengegensatz** vorliegt (Regnet, 1992), wobei primär nicht das Vorliegen **tatsächlicher** Interessengegensätze von Bedeutung ist (diese stellen nur ein **Konfliktpotenzial** dar), sondern es darauf ankommt, dass diese Gegensätze **wahrgenommen** werden. Umgekehrt können auch **fälschlicherweise angenommene** Gegensätze zu Konflikten führen.

Konflikte entstehen sowohl in der Interaktion zwischen mehreren Personen (**interpersonale** oder **soziale Konflikte**) als auch innerhalb einer Person (**intrapersonal**) mit verschiedenen, entgegengesetzten Interessen (z.B. lernen oder ins Freibad gehen). Wir wollen hier aber die **interpersonalen Konflikte** näher betrachten. Außerdem werden wir im Abschnitt 7.3 auf eine spezielle Konflikt-„Ausartung" in Arbeitsgruppen eingehen – das **Mobbing**.

7.2.2 Entstehung und Verlauf von Konflikten

Begriffe — **Entstehung sozialer Konflikte ◆ Konflikteskalation ◆ Neun-Stufen-Modell** — *Lernziele*

Soziale Konflikte entstehen dann, wenn a) **wechselseitige Abhängigkeit** besteht und es b) **nicht möglich** ist, die **Interessen aller Beteiligten** zu befriedigen. Umgekehrt ist mit **keinen Konflikten** zu rechnen, wenn a) die Interessen aller vollkommen übereinstimmen (was in der Praxis aber nur selten der Fall sein wird), wenn b) trotz vorhandenen Konfliktpotenzials ein Toleranzbereich nicht überschritten wird oder wenn c) Konflikte überhaupt nicht als solche wahrgenommen werden.

Stellen Sie sich vor, Sie sind Teil einer Arbeitsgruppe, die mit neuen Computern ausgestattet werden soll, das Geld reicht jedoch nicht für alle Arbeitsplätze. Es wird also darüber diskutiert, wer einen neuen Computer erhalten soll und wer vorerst seinen alten behält. In einer solchen Situa-

```
1. Verhärtung
2. Debatten
3. provozierende Handlungen
4. Koalitionen
5. Gesichtsverlust
6. Drohstrategien
7. begrenzte Vernichtungsschläge
8. Zersplitterung
9. totale (Selbst-)Vernichtung
```

Abb. 7.3 Neun-Stufen-Modell der Konflikteskalation nach Glasl (1980)

tion kann leicht ein so genannter **Ressourcenkonflikt*** entstehen und falls nicht frühzeitig interveniert wird, entwickelt sich u.U. eine zerstörerische **Eigendynamik**.

Nach **Fritz Glasl** gibt es **neun verschiedene Stufen**, auf denen sich Konfliktsituationen weiterentwickeln und letztendlich eskalieren können (siehe auch Abb. 7.3):

Auf **Stufe 1** bestehen noch allseitige Kooperationsbemühungen, die, wenn sie zu keiner konstruktiven Lösung führen, in **Polarisierungen** und verhärteten **Debatten** münden (**Stufe 2**). Dabei wird zunehmend der eigene Standpunkt vertreten und die Interessen der Gegenseite finden immer weniger Berücksichtigung. Auf **Stufe 3** folgen dann **provozierende Handlungen** zur Durchsetzung der eigenen Ziele. Im weiteren Verlauf (**Stufe 4**) werden Verbündete gesucht, um die eigene Position zu stärken. Es bilden sich **Koalitionen**, aus denen auch Mobbing entstehen kann, wenn die Gegenseite nicht gleichermaßen Unterstützung findet. Im gegenseitigen Schlagabtausch wird immer härter ausgeteilt, **Gesichtsverlust**, d.h. Niederlagen und Demütigungen sind die Folge (**Stufe 5**). Und wenn dies alles nichts hilft, folgen auf der nächsten, der **6. Stufe Drohungen**. An diesem Punkt sind die eigentlichen Probleme und die gemeinsame Suche nach Lösungen längst in den Hintergrund getreten. Die Durchsetzung der eigenen Interessen bestimmt das Vorgehen. Die letzten drei Stufen (**Stufe 7-9**) erinnern an **kriegerische Auseinandersetzungen**, denn sie sind auf die Zerstörung der Gegenseite ausgerichtet. Zum Glück eskalieren die wenigsten Konflikte so weit, vor allem wenn frühzeitig genug eingegriffen wird.

7.2.3 Konfliktmanagement

Begriffe **Konflikthandlungen ♦ Kooperativität ♦ Orientierung an eigenen Interessen** *Lernziele*

Wie kann man nun durch **Konfliktmanagement** Eskalationen verhindern und sich anbahnenden Konflikten möglichst frühzeitig entgegenwirken? Betrachten wir zunächst einmal die verschiedenen **Handlungsmöglichkeiten aller Betroffenen**. Nach dem **Modell** von **Kenneth W. Thomas** werden diese so genannten **Konflikthandlungen** grundsätzlich vom Ausmaß an **Kooperativität** und von der Stärke des Versuchs, die **eigenen Interessen** durchzusetzen, bestimmt (siehe auch Abb. 7.4).

Eine Person mit geringer Kooperativität, aber hohem Eigeninteresse wird wahrscheinlich versuchen, geeignete **Machtmittel** einzusetzen, um ihre persönlichen Ziele durchzusetzen. Wenn sie nicht über genügend Macht verfügt oder wenn eine zukünftige gute Beziehung mit der „Gegen-

---

* Außer dem Streit um Ressourcen sind natürlich auch viele andere Ursachen für Konflikte denkbar, z.B. Machtkämpfe, Zuständigkeitsstreitigkeiten, Streitigkeiten bei der Planung von Aktivitäten etc.

seite" von Bedeutung ist, wird die **Zusammenarbeit** mit den anderen, d.h. die gemeinsame Suche nach Alternativen und Lösungen, die für alle optimal sind, das Mittel der Wahl sein. **Anpassungs-** und **Vermeidungsstrategien**, in denen eine Person sich den Wünschen der anderen unterordnet bzw. das Problem (von beiden Seiten) ignoriert oder vertagt wird, sind wahrscheinlicher, wenn das Durchsetzen eigener Interessen nicht angestrebt wird oder die eigene Position besonders schwach ist. Häufig gelangen Gruppen jedoch

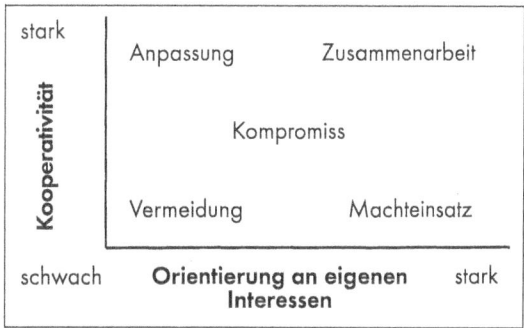

Abb. 7.4 Konflikthandlungen (Thomas, 1976)

in eine Situation, in der mit verschiedenen Mitteln nach **Kompromissen** gesucht werden muss. In einem solchen Fall kann zwar keine Seite ihre maximalen Interessen befriedigen, dennoch bekommt jeder etwas vom „Kuchen" ab.

Wichtig für ein erfolgreiches Konfliktmanagement ist also, dass sich alle Parteien frühzeitig zusammensetzen und gemeinsam nach akzeptablen Lösungen suchen. Betrachten wir in diesem Zusammenhang nochmals das Modell der Konflikteskalation (Abb. 7.3). Hier zeigt sich eine weitere Möglichkeit, und zwar die Einbeziehung eines oder mehrerer **neutraler Dritter** (dies können auch Vorgesetzte oder Gruppenführer sein). Ihre Aufgabe ist es, vermittelnd aufzutreten, regelmäßig die Interessen und Gemeinsamkeiten beider Seiten aufzuzeigen, Demütigungen und Drohungen entgegenzuwirken und auch darauf zu achten, dass an der Auseinandersetzung Unbeteiligte neutral bleiben. All diese Strategien können sehr hilfreich sein, um die **Konfliktschraube** zu unterbrechen.

7.3 Mobbing – ein spezieller Konflikt

Der Begriff „Mobbing" ist mittlerweile in aller Munde – leider. Aber was genau versteht man darunter? Nach **Bernd Zuschlag** (1994) lässt sich Mobbing wie folgt definieren:

Bei Mobbing handelt es sich um:

- **schikanöse Handlungen** einzelner Personen oder einer Gruppe von Personen (**Täter**),
- die meist über einen **längeren Zeitraum** anhalten,
- sich gegen andere Einzelpersonen oder auch Personengruppen richten (**Opfer**),
- mit der **Täter-Absicht**, das/die **Opfer** – zumindest in ihrem Ansehen – **zu schädigen**.

Aus dieser Definition wird zweierlei ersichtlich: Mobbing kann zum einen als eine **spezielle Form** der **Interaktion** bzw. des **Konflikts** zwischen Gruppen oder einer Einzelperson und einer Gruppe angesehen werden. Zum anderen stellt Mobbing für die Betroffenen, d.h. für die Gemobbten, einen massiven **sozialen Stressor** dar, der mit einer relativ hohen Wahrscheinlichkeit zu negativen gesundheitlichen Konsequenzen führt. In den folgenden Abschnitten werden wir uns mit den unterschiedlichen schikanösen Handlungen bzw. Mobbingformen beschäftigen und versuchen, die Fragen nach der Entstehung, dem Verlauf und den Folgen von Mobbing zu beantworten.

7.3.1 Mobbingformen

Begriffe | **Beeinflussung der Arbeitsbedingungen ♦ Beeinflussung der sozialen Beziehungen ♦ verbale und körperliche Angriffe** | *Lernziele*

Betrachten wir als erstes verschiedene **Formen** von **Mobbinghandlungen**. Man kann hier **drei** große **Strategiegruppen** unterscheiden (Zuschlag, 1994): Beeinflussung (1) der Arbeitsbedingungen, (2) der sozialen Beziehungen sowie (3) Angriffe auf die Person des Opfers.

- **Verschlechterung der Arbeitsbedingungen**
  Hierunter zählen alle Maßnahmen oder Schikanen, die dem Opfer die Ausübung seiner beruflichen Tätigkeit erschweren oder sie/ihn in Misskredit bringen können: z.B. die häufige Übertragung unangenehmer, kränkender oder sinnloser Aufgaben oder solcher Aufgaben, die weit unterhalb des Qualifikationsniveaus des Opfers liegen; ständiges Infragestellen der Entscheidungen, auch wenn diese objektiv richtig sind; Manipulation der Arbeitsergebnisse; Versetzung an einen schlechteren Arbeitsplatz oder in unbeliebte Abteilungen; Herabsetzung der Entlohnung usw.; bis hin zu (objektiv unbegründeten) Abmahnungen, um den Betroffenen später aus der Firma entlassen zu können.

- **Einschränkungen der sozialen Beziehungen am Arbeitsplatz**
  Räumliche Isolierung im Unternehmen durch Verlegung des Arbeitsplatzes; Zurückhalten wichtiger Informationen und Erteilen falscher Auskünfte durch Kollegen und Vorgesetzte; Weigerung der Kollegen, mit dem Opfer zusammenzuarbeiten; Ausschluss von sozialen Aktivitäten wie Feiern etc.; bis hin zum Verbot privater Gespräche am Arbeitsplatz.

- **Angriffe auf die Person des Opfers**
  Diese können sowohl verbal als auch (in selteneren Fällen) körperlich ausfallen. Hierzu zählen: Getuschel und spitze Bemerkungen; öffentliches Infragestellen der Qualifikation des Opfers; Anschreien, Beleidigen und Lächerlichmachen des Opfers; ständige Kritik am Privatleben, am Aussehen sowie an den politischen oder religiösen Überzeugungen des Opfers etc.; bis hin zur Androhung oder Ausübung körperlicher Gewalt.

Der letzte Punkt macht eines deutlich: **Mobbing** stellt in manchen Fällen einen Straftatbestand dar – dies gilt vor allem für **Beleidigungen**, **Nötigungen** und **Körperverletzungen**!

Andererseits scheinen viele der beschriebenen Handlungen auf den ersten Blick recht harmlos zu sein und können jedem von uns im beruflichen Leben einmal beggnen. Doch wie so oft: Die Dosis macht das Gift, oder besser gesagt, die **Häufigkeit** und die **Dauer** der **aversiven Handlungen**.

7.3.2 Mobbingursachen

Begriffe | **Mobbingtäter ♦ Mobbingopfer ♦ Arbeitsumwelt (System)** | *Lernziele*

Warum oder wann wird nun aber gemobbt? Eine bloße Unterteilung in gut (Opfer) und böse (Täter) ist recht einfach, hilft jedoch nicht viel weiter. Denn: die **Ursachen** liegen nicht nur auf der

Seite der **Mobbenden**, sondern sind auch im **System** (der **Arbeitsumwelt**) zu suchen und teilweise bei den **Gemobbten** selbst (was **nicht** als **Rechtfertigung** dienen, aber Erklärungen liefern soll).

◆ Die Handlungen der **Mobbingtäter** sind häufig durch bestimmte Ängste motiviert und/oder auf das Erreichen eines bestimmte Zieles hin ausgerichtet.
◆ Bei den **Mobbingopfern** lassen sich bestimmte, in ihrer Person liegende Merkmale feststellen, die sie verletzlicher als andere dafür machen, das Ziel einer Mobbingattacke zu werden.
◆ Schließlich muss auch ein Blick auf die **Arbeitsumwelt**, also das **System** geworfen werden, das Mobbing erst ermöglicht, denn nicht in allen Unternehmen sind diese Schikanen an der Tagesordnung.

Tab. 7.2 zeigt ausgewählte Ursachen aus den drei Bereichen.

Verursacher	Ursachen	
	Ängste	**Ziele**
Täter **Vorgesetzte**	• vor Autoritätsverlust, Machteinbuße • Minderwertigkeitsgefühl	• Mitarbeiter disziplinieren • Selbstbestätigung
Mitarbeiter/ Kollegen	• Verlust der Stellung in der Gruppe • Verlust erkämpfter Privilegien • Konkurrenz um den Arbeitsplatz • Wettbewerb um die Gunst des Vorgesetzten	• Sicherung der eigenen Position und Interessen • Rache wegen (vermeintlich) erlebter Kränkungen oder Ärgers
außerdem	• zu stark ausgeprägtes Selbstwertgefühl des Täters → tyrannisches Verhalten, Ignorieren eigener Fehler, Suche nach Sündenbock	
Opfer	• Auffälligkeiten in der Persönlichkeit: → selbstunsicher, hilflos, nervös, leicht einzuschüchtern → arrogant, intrigant, hinterhältig anderen gegenüber • Auffälligkeiten in der persönlichen Leistungsfähigkeit: → zu geringe oder zu hohe Leistungsbereitschaft (Streber) → zu gering oder zu stark ausgeprägte Gewissenhaftigkeit • Auffälligkeiten in der sozialen Anpassung: → sondert sich ab (Einzelgänger) → verstößt gegen geltende Regeln/betriebliche Ordnung • äußere Auffälligkeiten und Krankheiten: → andere Hautfarbe, Religionszugehörigkeit etc. → sichtbare äußere Behinderung oder chronische Erkrankung (z.B. Diabetes)	
System	• stressreiche Arbeitsbedingungen → (hoch)komplexe Arbeitsaufgaben bei geringen Handlungsspielräumen bzw. Entscheidungskompetenzen → zu wenig Zeit, um entstehende Konflikte frühzeitig zu lösen • mangelhaftes Führungsverhalten der Vorgesetzten • schlechtes Betriebsklima (Neid, Frustration) z.B. aufgrund zu hoher oder zu niedriger Anforderungen, inadäquater Gruppenzusammensetzungen etc.	

Tab. 7.2 Mobbingursachen, in Anlehnung an Zuschlag (1994) und Zapf (1999)

Arbeitsumwelt (System)

Eines lässt sich mit großer Sicherheit sagen: Ohne entsprechende „begünstigende" **Umfeldbedingungen (System)** wird Mobbing kaum entstehen. So konnte festgestellt werden, dass insbesondere in **großen Organisationen**, wie dem Gesundheits- und Erziehungsbereich, den öffentlichen Verwaltungen und dem Kreditgewerbe, überdurchschnittlich häufig gemobbt wird (Zapf, 1999). Verwaltungen beispielsweise weisen eine **stark strukturierte** und **hierarchisierte**, von **Vorschriften** geprägte **Arbeitswelt** auf, die dem einzelnen Arbeitnehmer wenig Raum zur Entfaltung eigener Ideen gibt und persönliche Leistungen oft nicht entsprechend würdigt. Daraus resultieren Frustration und Resignation und am Ende ein eher schlechtes Arbeitsklima. „Unterstützend" kommt hinzu, dass Vorgesetzte häufig vorwiegend aufgrund ihrer Sachkompetenz ausgewählt werden, ohne entsprechende Beachtung der Führungskompetenz.

In **kleineren Organisationen** (v.a. Familienbetrieben), z.B. aus dem Bereich des Handwerks, der Landwirtschaft oder auch des Gaststättengewerbes, kommen solche aversiven Handlungen viel seltener vor. Das **Arbeitsklima** in diesen Unternehmen ist häufig **persönlicher** und **besser** (ein Punkt, der für die **Existenz** des Unternehmens sehr wichtig ist), und die Arbeitnehmer können **eigenverantwortlicher** arbeiten.

Mobbingopfer

Betrachten wir nun die **Opfer**. Personen, die sich von anderen (hier speziell der Arbeitsgruppe) unterscheiden, also nicht der **Gruppennorm** entsprechen, sei es nun aufgrund des Aussehens, einer Behinderung oder Krankheit, werden häufig in die Rolle des Prügelknaben gedrängt. Nach **Heinz Leymann** (1993) sind z.B. Behinderte fünfmal so häufig von Mobbing betroffen wie ihre nicht behinderten Kollegen. Neben der Behinderung kann hier natürlich zusätzlich die **tatsächliche** oder nur **unterstellte geringere Leistungsfähigkeit** von Bedeutung sein.

Wie ist dieses Phänomen zu erklären? Zwei Komponenten spielen eine Rolle: Erstens streben Menschen ein **positives Selbstkonzept** an, dieses ist aber zweitens u.a. durch die **Zugehörigkeit** zu verschiedenen **Gruppen** (auch Arbeitsgruppen) definiert, in denen bestimmte Gruppennormen vorherrschen (vgl. Abschnitt 7.1.4). Das persönliche Selbstkonzept ist somit umso höher, je positiver die eigene Gruppe im Vergleich zu anderen beurteilt wird. Personen, die zwar zur Gruppe gehören (wollen), aber den vorherrschenden Normen nicht entsprechen, werden schon allein deshalb negativ bewertet, weil sie das **Ansehen der Gruppe** gefährden. Dies kann sowohl „einfache" Gruppenmitglieder treffen als auch formelle Gruppenführer (**Vorgesetzte**, vgl. Abschnitt 7.1.2).

Verschiedene Studien zeigten außerdem, dass insbesondere Personen mit **geringem Selbstwertgefühl** sowie, damit einhergehend, mit **geringen Selbstwirksamkeitserwartungen** (vgl. Lektion 6, Abschnitt 6.1.4) häufiger in die Rolle des Mobbingopfers geraten. Außerdem wurden bei fast allen Mobbingopfern in Persönlichkeitstests **erhöhte Depressions-** und **Neurotizismuswerte** sowie **zu gering ausgeprägte soziale Kompetenzen** festgestellt (vgl. Zapf, 1999).

Die Frage ist nur – was ist **Ursache** und was **Wirkung**? Natürlich könnte man davon ausgehen, dass die betreffenden Personen eine auffallende Persönlichkeitsstruktur besitzen, die das soziale Gefüge der Arbeitsgruppe stört und infolgedessen zu Mobbing führt – bei einigen Betroffenen ist diese Argumentation sicherlich nicht von der Hand zu weisen. Sie wird aber bei weitem nicht allen Mobbingopfern gerecht und resultiert in einer weiteren Diskriminierung. Denn wenn man sich in die

Situation eines Mobbingopfers hineinversetzt, muss man auch davon ausgehen, dass diese massiven aversiven Handlungen zu einem Gefühl der Hilflosigkeit und in der Folge zu Depressionen führen können. Denkbar wären aber auch ein Aufbegehren gegen die Schikanen, das häufig erst nach einem Zeitraum des stillen Erduldens, dann aber umso heftiger auftritt und damit die Anforderungen des Neurotizismus in entsprechenden Fragebögen erfüllt (siehe auch hierzu Lektion 6, Abschnitt 6.1.2). Die Betroffenen verhalten sich nach einer gewissen Dauer der Schikanen tatsächlich „anders", bestätigen dadurch die Vorurteile der Täter und ein Teufelskreis nimmt seinen Lauf.

Mobbingtäter

Zum Schluss zur Seite der **Täter**: Aus Tabelle 7.2 wird ersichtlich, dass vor allem ein Beweggrund vorherrscht – die **Sicherung der eigenen Interessen**. Sei es nun der Vorgesetzte, der sich durch seine Untergebenen bedroht fühlt (z.B. weil er sich selbst für weniger kompetent hält oder einen „informellen" Führer in seiner Arbeitsgruppe ausmacht) oder seien es die Mitarbeiter, die beispielsweise durch die Neubesetzung einer Kollegen- oder Vorgesetztenstelle um ihre bisherige Position bis hin zum Verlust des Arbeitsplatzes bangen – **Selbstwerterhaltung** und auch **Machtstreben** sind primäre Faktoren, aus denen Mobbing entsteht. Durch die Diskreditierung oder auch „Entfernung" (Entlassung, Verrentung etc.) anderer, für die eigene Position gefährlicher Personen wird diesem Faktor Rechnung getragen. Deutsche Mobbingstudien zeigen, dass die Täter dabei selten allein, sondern häufig als **Gruppe** auftreten (in über 70% Fällen mit aktiver Unterstützung des Vorgesetzten, vgl. Zapf, 1999), was wiederum zur Folge hat, dass sich der **Mobbingprozess** durch die **Gruppendynamik** leichter automatisiert und somit in die Länge ziehen kann, bis das Opfer aus dem System ausscheidet.

7.3.3 Verlauf und Folgen von Mobbing

Begriffe: **Mobbingprozess (Phasenmodell)** ◆ **destruktive Personalverwaltung** ◆ **aktive Konfliktbewältigungsstrategien** ◆ **passive Strategien**

Lernziele

Wenn nun ein **Mobbingprozess** in Gang gesetzt wurde, läuft dieser dann immer gleichförmig ab bis zum Ausscheiden des Opfers aus der Organisation? Das von Leymann (1993) erstellte **Phasenmodell** nimmt hierfür folgenden Verlauf an:

◆ Auf die erste Phase, die **Phase der schlechten Konfliktverarbeitung** und beginnenden Sticheleien in Richtung des Opfers folgt

◆ die **Mobbingphase**, in welcher der ursprüngliche Konflikt in den Hintergrund tritt und die Angriffe auf das Opfer massiver und persönlicher werden. Das Opfer gerät immer mehr ins Abseits, seine psychische und körperlicher Verfassung verschlechtert sich, die Leistungsfähigkeit sinkt – bis zu einem Punkt, in dem Arbeitsabläufe gestört werden und auch offizielle Stellen (speziell Personalabteilungen) die Augen vor der Problematik nicht mehr verschließen können. Statistisch stehen die Chancen für das Opfer schlecht, dass sich führende Stellen auf seine Seite schlagen.

◆ Damit beginnt die dritte Phase, die **Phase der destruktiven Personalverwaltung**, die von Rechts- und Machtübergriffen gekennzeichnet ist, indem z.B. die mittlerweile schlechte gesundheitliche Verfassung des Opfers als Argument herangezogen wird, sie/ihn innerhalb der Organisation zu versetzen oder am besten ganz auszuschließen.

- ◆ Letztendlich kommt es in der letzten Phase für ca. 5 bis 10% der Betroffenen zum gänzlichen **Ausschluss aus der Arbeitswelt** durch lange Krankheitsphasen, Langzeitarbeitslosigkeit, Frühberentung etc.

Dieses Modell sollte jedoch **nicht** als **unidirektional** (d.h. nur in eine Richtung ablaufend) und **unumkehrbar** verstanden werden. Die Verläufe können je nach Fall sehr unterschiedlich sein, nicht jede Phase muss tatsächlich vorkommen und häufig sind die einzelnen Phasen auch nicht voneinander unterscheidbar. Leymanns Modell verkennt außerdem, dass Mobbing in vielen Fällen von der **Personalführung** ausgeht und **Phase 3** auch als spezielle **Mobbinghandlung von Vorgesetzten** angesehen werden kann. Außerdem gelingt es zumindest einem Teil der Opfer (wenn auch nur einem geringen), die Eskalation des Mobbings zu verhindern und den Prozess zu stoppen.

Entgegen der häufig vertretenen Meinung, dass primär **aktive Konfliktbewältigungsstrategien**, wie Gespräche mit den Tätern oder das Einschalten des Betriebs- bzw. Personalrates, als hilfreich anzusehen sind, weisen neuere Studien (z.B. Knorz & Zapf, 1996) darauf hin, dass auch **passivere Strategien** wie „Grenzen setzen" oder nicht auf Provokationen der Mobber eingehen, **persönliche Stabilisierung** (durch „Auszeiten" und professionelle Hilfe) und die **objektive Veränderung der Arbeitsplatzsituation** (v.a. durch arbeitsorganisatorische Trennung von Opfern und Tätern) Erfolg versprechen können.

Für den überwiegenden Teil der Opfer jedoch gehen **dauerhafte Mobbinghandlungen** mit starken **körperlichen** und **psychischen Beeinträchtigungen** einher. Sie weisen gegenüber nicht gemobbten Personen signifikant häufiger psychosomatische Beschwerden auf und fühlen sich deutlich gereizter, belasteter und depressiver. In einzelnen Fällen kann dies sogar zum **Suizid** führen.

Für **Unternehmen** und auch für die **Gesellschaft** als Ganzes hat all dies - betrachtet man es ganz nüchtern von der wirtschaftlichen Seite - **finanzielle Einbußen** zur Folge: Generell wirkt sich Mobbing negativ auf die **Arbeitsmotivation** in der Organisation aus. Die gesundheitlichen Beeinträchtigungen der Mobbingopfer führen zu einem Anstieg der **Krankheitstage** und zu **Leistungseinbußen** bei dieser Personengruppe. Die notwendige Inanspruchnahme medizinischer und psychologischer Behandlungen sowie Frühberentungen belasten die **Sozialsysteme** und schlagen sich über höhere Ausgaben in den Sozialversicherungsbeiträgen nieder.

Es gilt, diese **wirtschaftlichen** und vor allem **persönlichen Folgen** des Mobbings zu vermeiden - indem man wachsam für aufkommende Konflikte ist und auch das Bewusstsein dafür stärkt, was mit Worten und Taten bei anderen ausgelöst werden kann.

Aufgaben

1. *Definieren Sie den Begriff „Gruppe" und schreiben Sie die Kernpunkte heraus. Welche Arten von Gruppen kennen Sie?*
2. *Was versteht man unter Gruppenkohäsion?*
3. *Worin unterscheiden sich explizite und implizite Gruppennormen?*
4. *Beschreiben Sie die Begriffe „Konflikt" und „Mobbing".*
5. *Welche Mobbingformen kennen Sie?*

zur Lernkontrolle

8 Sprache und Kommunikation

> „Aber weil ich doch irgendeine dunkle Vorstellung habe, die mit dem, was ich suche, von fern her in einiger Verbindung steht, so prägt, wenn ich nur dreist damit den Anfang mache, das Gemüt während die Rede fortschreitet, in der Notwendigkeit, dem Anfang nun auch ein Ende zu finden, jene verworrene Vorstellung zur völligen Deutlichkeit aus, dergestalt, dass die Erkenntnis, zu meinem Erstaunen, mit der Periode fertig ist. Ich mische unartikulierte Töne ein, ziehe die Verbindungswörter in die Länge, gebrauche auch wohl eine Apposition, wo sie nicht nötig wäre, und bediene mich anderer, die Rede ausdehnender Kunstgriffe, zur Fabrikation meiner Idee auf der Werkstätte der Vernunft die gehörige Zeit zu gewinnen."
>
> Heinrich von Kleist (1805/1998): „Über die allmähliche Verfertigung der Gedanken beim Reden"

Dem, was Heinrich von Kleist hier so eloquent beschrieben hat, liegt eine den Menschen auszeichnende Fähigkeit zugrunde, Gedanken durch Sprache zu kommunizieren und sie dadurch mit anderen zu teilen. Bevor wir jedoch die Kleist'sche Virtuosität im Umgang mit Sprache erreichen können, muss zunächst ein langwieriger **Prozess des Spracherwerbes** sowie des **Erlernens von Kommunikationsregeln** durchlaufen werden. Beginnen wir mit der Betrachtung, wie sich der Spracherwerb aus **entwicklungspsychologischer Sicht** darstellt.

8.1 Der Verlauf der Sprachentwicklung

8.1.1 Stadien des Spracherwerbes

Begriffe

Sprachrezeption ◆ Sprachproduktion ◆ Gurren ◆ Lallstadium ◆ Einwortstadium ◆ Zweiwortstadium ◆ Telegrammstil ◆ Übergeneralisierungen ◆ Überdiskriminierungen

Lernziele

Säuglinge kommen nicht gänzlich ohne Erfahrungen auf die Welt. Bereits im Mutterleib konnten sie die Sprache der Mutter hören. Und nach der Geburt sind sie ständig von Sprache umgeben, wie durch Äußerungen der Eltern, anderer Kontaktpersonen, aber auch durch Radio und Fernsehen. Bereits jetzt können Säuglinge zwischen **sprachlichen** und **nicht sprachlichen Lauten** unterscheiden und demonstrieren damit eine beeindruckende Leistung der **Sprachrezeption**.

Aber auch auf Seiten der **Sprachproduktion** fangen Säuglinge frühzeitig mit dem Üben an:

◆ Gurren und Lallstadium
   Als erstes beginnen Säuglinge zu **gurren** – und zwar bereits mit 6 bis 8 Wochen. Sie produzieren Laute, die sich anhören wie „gr", „ngä" usw. Mit 8 bis 16 Wochen ahmen sie dann immer häufiger **vorgesprochene Vokale** nach. Ein weiterer Entwicklungsschritt ist das Erreichen des so genannten **Lallstadiums**: Etwa zwischen dem 4. und 6. Lebensmonat beginnen Säuglinge von selbst, unkontrolliert **einzelne Silben** zu produzieren. Man geht davon aus, dass zu diesem Zeitpunkt das Lallen noch eine **biologisch gesteuerte** und **rein motorische Aktivität** ist. Dies wird auch dadurch deutlich, dass selbst taube Säuglinge bis ungefähr zu ihrem 6. Lebensmonat lallen. Später (ca. zwischen dem 6. und 9. Monat) gewinnen die Säuglinge die

akustische Kontrolle über die Lautproduktion und sind ab diesem Zeitpunkt in der Lage, **silbenartige, rhythmisch klingende Lautfolgen** wie *„dadada"* oder *„baba"* hervorzubringen.

- **Einwortstadium**
  Die ersten Wörter werden zwischen dem 10. und 14. Lebensmonat produziert. Das Kind ist im **Einwortstadium** angekommen. Zur Freude der Eltern werden häufig **konkrete Substantive** wie *„Mama"* und *„Papa"* oder *„Auto"* gesprochen, aber der **Worterwerb** geht noch langsam voran. Bis ungefähr zum 18. Lebensmonat lernen Kinder etwa 50 Wörter. Diese Anzahl scheint eine magische Grenze zu sein, denn danach steigt der Wortschatz sprunghaft an. Kinder lernen nun im Schnitt täglich neun Wörter hinzu, sie scheinen ständig damit beschäftigt zu sein, die Dinge um sie herum zu benennen oder deren Namen zu erfahren. Bereits mit zwei Jahren umfasst ihr Wortschatz ca. 200 Wörter.

- **Zweiwortstadium**
  Ebenfalls um den 18. Lebensmonat findet ein weiterer Entwicklungsschritt statt. Die Kinder beginnen, **Wörter** miteinander zu **kombinieren**. Da es sich dabei zumeist um **zwei Wörter** handelt, wird dies auch als **Zweiwortstadium** bezeichnet. Von nun an hört man Äußerungen wie *„Tasse haben"*, *„Mama Arm"*, *„Tür zu"* usw. Als Erwachsener kann man den Sinn dieser Äußerungen meist erst dann erschließen, wenn der **Kontext**, in dem sie entstanden sind, bekannt ist. *„Tasse haben"* könnte z.B. heißen, „ich möchte die Tasse" oder „ich habe die Tasse" oder aber auch, dass jemand anderer eine Tasse hat oder gar nehmen soll.

- **Telegrammstil**
  Verständlicher wird die Kommunikation, wenn die Kinder ihre Zweiwortäußerungen zum so genannten **Telegrammstil** erweitern. Sie verwenden nun **kurze, einfache Sätze**, die nur die wichtigsten Wörter (v.a. **Substantive** und **Verben**) beinhalten und an telegrafische Mitteilungen erinnern. Dabei werden jedoch (anders als bei Telegrammen) nicht nur Artikel und Präpositionen weggelassen, sondern auch die Pluralbildung bei Substantiven und die Zeitformen und Flexionen bei Verben nicht berücksichtigt bzw. noch nicht beherrscht.

Doch kommen wir noch einmal zurück zum **Beginn** des Sprechens. Wie bereits erwähnt, werden am Anfang vor allem die Bezeichnungen für **Personen** und **Gegenstände**, also **Substantive** gelernt. Charakteristisch für diese Phase sind Übergeneralisierungen und Überdiskriminierungen. Eine **Übergeneralisierung** liegt z.B. dann vor, wenn nicht nur Hunde, sondern *alle* vierbeinigen Tiere mit „Wau Wau" bezeichnet werden*. Wenn ein Kind dagegen *nur* den Pkw der Eltern mit dem Wort „Auto" versieht, ist dies ein Beispiel für eine **Überdiskriminierung**, denn wir wissen natürlich, dass nicht allein dieses Fahrzeug ein Auto ist. Hieran sieht man, wie kompliziert der Spracherwerb sein kann, denn er beinhaltet nicht nur die bloße **Wortproduktion**, sondern auch den **Erwerb bedeutungshaltiger Begriffe**. Dazu müssen einerseits aus dem Fluss der einströmenden Laute **einzelne Wörter isoliert** werden. Zusätzlich ist dann das **Erlernen von Verknüpfungen** zwischen den einzelnen Wörtern und deren spezifischen Bedeutungen notwendig.

---

* **Übergeneralisierungen** treten nicht nur beim Worterwerb, sondern auch später beim **Erlernen der Grammatik** auf, nämlich dann, wenn gelernte Regeln zu häufig angewandt werden. Hat z.B. ein Kind die korrekte Beugung regelmäßiger Verben gelernt, kommt es oft vor, dass es diese Regel nun auch auf unregelmäßige Verben anwendet (z.B. „gehte" statt „ging"), obwohl es bis dahin (d.h. vor dem Regelerwerb) scheinbar richtig, also grammatikalisch korrekt gesprochen hat. Dieses **korrekte Sprechen** ist jedoch auf bloßes **Vokabellernen** zurückzuführen, nicht aber auf ein tieferes Verständnis grammatikalischer Strukturen.

Diese Verknüpfungen beinhalten mit der Zeit immer **abstraktere Ausdrücke**: Etwa ab dem 30. Lebensmonat werden neben Substantiven auch Verben und andere Wortarten leichter und schneller gelernt, so dass sich in diesem Bereich der Wortschatz fortlaufend vergrößert. Kinder dieses Alters beginnen Wörter wie „*träumen*", „*traurig*" usw. zu verwenden, d.h. sie beschreiben nicht nur **konkrete, externe Ereignisse**, sondern auch **innere Zustände**. Diese Entwicklung gibt einen Hinweis darauf, dass **Kinder** in der Lage sind, über sich und ihre Umwelt **nachzudenken** und **Interaktionen bewusster zu steuern** – Fähigkeiten, die im späteren Leben große Bedeutung haben.

8.1.2 Einfluss von Anlage und Umwelt

Begriffe   **Anlage ◆ Umwelteinflüsse ◆ direkte sprachliche Interaktion ◆ Nachahmung (Modell-Lernen)**   *Lernziele*

Nachdem wir nun die einzelnen Schritte des **Spracherwerbes** betrachtet haben, stellt sich die Frage, wodurch dieser Prozess bestimmt wird. Ist die **Fähigkeit zu sprechen** rein **biologisch bedingt (Anlage)** oder spielen auch **Umwelteinflüsse** eine Rolle, wie z.B. die Nachahmung gehörter Laute?

Im „Zeitalter" des **Behaviorismus** ging man hauptsächlich von einem Einfluss der Umwelt auf den Spracherwerb aus. Hierfür gibt es auch beeindruckende Belege: Zitiert wird immer wieder das Beispiel eines Mädchens, das ohne die Möglichkeit der **Sprachwahrnehmung** aufwuchs (Curtiss, 1977). Die Eltern nahmen an, dass sie geistig zurückgeblieben sei, und sperrten sie ab ihrem zweiten Lebensjahr für 12 Jahre in ein kleines, dunkles Zimmer, wo sie nur mit dem Nötigsten versorgt wurde. Bei jedem Laut, den das Mädchen von sich gab, wurde sie bestraft, und niemand sprach mit ihr. Sie wurde von ihrer Familie nur wie ein Hund angebellt. Zum Zeitpunkt ihrer Befreiung konnte das Mädchen keine Laute von sich geben, geschweige denn sprechen. Trotz späteren gezielten Sprachunterrichts hat sie nie die normale Sprache eines Erwachsenen erworben.

Auch wenn dies ein drastisches Beispiel ist, ähnliche Hinweise der Bedeutung von Umwelteinflüssen kommen auch von Kindern, die mit gehörlosen Eltern aufgewachsen sind und (einmal abgesehen von Radio und Fernsehen) keine Interaktionspartner hatten, mit denen sie **verbal kommunizieren** konnten. Auch diese Kinder weisen erhebliche Probleme bei der Sprachproduktion und beim Verstehen gesprochener Sprache auf. Die Möglichkeit der **direkten sprachlichen Interaktion** mit einer **Bezugsperson** ist für den Spracherwerb also immens wichtig.

Dennoch ist der Einfluss der Umwelt nicht allein bestimmend. Schon der Einzelfall des eingesperrten Mädchens deutet darauf hin, dass es **sensible Phasen** für den Spracherwerb geben muss, hat das Mädchen doch trotz des späteren Unterrichts nie richtig sprechen gelernt. Außerdem haben wir bereits im vorangegangenen Abschnitt erwähnt, dass der Beginn der Lallphase biologisch bestimmt zu sein scheint, denn selbst taub geborene Babys lallen zumindest für eine gewisse Zeit, bevor sie wieder damit aufhören. Darüber hinaus tritt in allen Sprachgemeinschaften das Lallen zum gleichen Zeitpunkt in der kindlichen Entwicklung auf, ebenso wie später das Einwort- und das Zweiwortstadium und der Telegrammstil.

Auch der **Grammatikerwerb** scheint nicht allein durch Umwelteinflüsse stattzufinden. Kinder sind zwar durch ihre Eltern und andere Bezugspersonen mit lebenden Beispielen richtigen grammatikalischen Sprachgebrauches umgeben, Grammatik wird aber **nicht** hauptsächlich durch **Nachahmung**, also **Modell-Lernen** (vgl. hierzu Lektion 3, Abschnitt 3.1.5) gelernt: Um den Lernprozess erfolgreich abzuschließen, müssten kleine Kinder dann ja ständig damit beschäftigt sein, ihren erwachsenen Vorbildern nachzuplappern – das ist aber nur am Rande der Fall. Kinder lernen Grammatik auch **nicht** durch **direkte Belohnung** oder **Bestrafung** für richtige oder falsche Äußerungen, denn dies würde bedeuten, dass Eltern auf jeden grammatikalisch falschen oder richtigen Satz ihres Sprösslings reagieren müssten. Beobachtet man aber junge Familien, so wird bald deutlich, dass Kinder häufig bei inhaltlich falschen Äußerungen verbessert werden, aber kaum bei grammatikalischen Fehlern.

All diese Hinweise zeigen, dass der **Spracherwerb** stark **biologisch bedingt** ist, z.B. indem Kinder jeweils zu **bestimmten Zeitpunkten** mit den grundlegend notwendigen **geistigen Strukturen** ausgestattet sind, die das Erlernen und Verstehen von Sprache erst ermöglichen. Daneben ist natürlich – wie die zuvor genannten Beispiele deutlich zeigen – auch der **Anregungsgehalt der Umwelt** von großer Bedeutung.

8.2 Sprachrezeption und Sprachproduktion

Steht bei der **entwicklungspsychologischen Betrachtungsweise** in der Regel der **Erwerb** der **Fähigkeit zur Sprachproduktion** im Vordergrund des Interesses, so sollte dabei nicht übersehen werden, dass sich die **Sprachrezeption**, also das **Hören** und **Verstehen** von Sprache, parallel dazu entwickeln muss und beide Prozesse voneinander abhängig sind.

8.2.1 Wissenswertes zur Sprachrezeption

Begriffe

> *auditive Sprachanalyse* ◆ *Mikropausen* ◆ *Plosive* ◆
> *Formanten* ◆ *Formantanalyse* ◆ *Transitionen* ◆
> *Sprachverständnis* ◆ *Wernicke-Aphasie* ◆ *Broca-Aphasie*

Lernziele

THINK! Stellen Sie einmal Ihr Radio auf Mittel- oder Langwelle und hören Sie sich verschiedene ausländische Sender an, deren Sprache Ihnen gänzlich unbekannt ist. Meistens hat man dabei den Eindruck, als würde sehr schnell gesprochen, und es fällt einem schwer zu erkennen, wann ein Wort zu Ende ist und das nächste anfängt. Auch die **Stimm-Melodie (Prosodie)** scheint eine gänzlich andere zu sein als die uns vertraute. Manche der gehörten **Lautkombinationen** sind so ungewöhnlich, dass es uns schwer fällt, sie nachzuahmen. Dieses Beispiel demonstriert, welche Leistungen wir beim **Hören** uns bekannter Sprachen vollbringen. Erst wenn wir nicht mehr in der Lage sind, **Sprache** richtig **zu segmentieren** und **zu interpretieren**, wird offensichtlich, was uns sonst so leicht gelingt.

Kriterien der auditiven Sprachanalyse: Mikropausen, Formanten und Transitionen

- **Mikropausen**

  Zur **auditiven Sprachanalyse**, d.h. zum **Hören** benötigt unser Gehör u.a. die Fähigkeit, kleinste Pausen in der Sprache, so genannte **Mikropausen**, bis auf wenige Millisekunden vermessen zu können, um dadurch **Plosivlaute** wie ein [b, d, g, k, p, q, t] korrekt voneinander zu unterscheiden. Diese **Plosive (Verschlusslaute)** sind dadurch charakterisiert, dass für eine kurze Zeit das Ausströmen von Luft aus dem Mund verhindert wird, bevor diese dann explosionsartig freigegeben wird. Beispiele wären Wörter wie „*Suppe*", „*Disco*", „*Papagei*". Sprechen Sie diese einfach mal aus und achten Sie dabei auf Ihre Lippen. Immer kurz vor dem Plosiv sind sie geschlossen, unmittelbar danach wird die Luft herausgepresst. Wenn Sie die Finger vor den Mund halten, können Sie die „Explosion" der Plosivlaute sogar richtig spüren.

  Je nach Kontext und Art des Plosivlauts sind die Plosive durch unterschiedlich lange Mikropausen charakterisiert. Ist das Ausmessen dieser Pausen bei der Sprachanalyse beeinträchtigt, können **Hörfehler** auftreten, so z.B. dass ein „p" mit einem „b" verwechselt wird.

- **Formanten**

  Neben der exakten Erkennung von Mikropausen muss unser Gehör in der Lage sein, die **Stabilität** (oder die **Veränderung**) von **Tonhöhen** in der Zeit zu analysieren. Denken wir an einen **Ton**, der nach dem Anschlagen einer Klaviertaste zu hören ist, so erleben wir dessen Tonhöhe als gleich bleibend. Ein Klavierton ist jedoch kein reiner Ton von nur einer Frequenz, wie beispielsweise ein Sinuston, sondern er ist durch eine **Grundfrequenz** und **Obertöne** charakterisiert. So hat der Kammerton A eine Grundfrequenz von 440 Hz und eine Reihe von Obertönen, die ganzzahlige Vielfache der Grundfrequenz sind.

  Die **Vokale** unserer Sprache sind etwas ähnliches wie Töne und bestehen auch aus einer Grundfrequenz und „Obertönen", anhand derer sie eindeutig identifizierbar sind. Die „Obertöne" der Vokale werden als **Formanten** bezeichnet. Um ein „a" von einem „ö" zu unterscheiden und damit zu erkennen, ob es sich bei dem gesprochenen Wort um „*Sahne*" oder „*Söhne*" handelt, muss unser Gehör nur eine **Formantanalyse** vornehmen, d.h. es muss aus dem akustischen Sprachsignal die Frequenz der „Obertöne" des Vokals erkennen.

- **Transitionen**

  Da Sprache **coartikuliert**, d.h. **fließend** gesprochen wird, möchten wir noch auf ein weiteres wichtiges Kriterium hinweisen. Am einfachsten bekommen Sie ein Gespür für die folgende Erläuterung, wenn Sie nochmals selbst die beiden Wörter „*Sahne*" und „*Söhne*" langsam und bewusst aussprechen. Produzieren Sie das Anfangs „s" vielleicht etwas übertrieben stimmhaft und achten Sie bitte ganz besonders auf die Veränderung Ihrer Lippenstellung beim Übergang zum nachfolgenden Vokal. Haben Sie den Unterschied bemerkt? Während sich bei „*Sahne*" bereits bei der Aussprache des „s" die Mundstellung hin zum „a" verschiebt, bewegen sich bei „*Söhne*" die Lippen nach vorne, um das „ö" zu formen. Durch diese **fließende Veränderung der Lippenstellung** entstehen akustisch **Tonhöhenveränderungen**, die für unser Gehör ein weiteres Merkmal sind, welche Laute gerade produziert werden.

  Diese Tonhöhenveränderungen werden schlicht **Übergänge** genannt oder in der Fachsprache **Transitionen**. Transitionen entstehen u.a. immer, wenn Vokale auf Konsonanten folgen und umgekehrt. Sie sind durchschnittlich 30-60 ms lang und stellen neben den Formanten und den Mikropausen ein drittes bedeutsames Kriterium der Sprachanalyse auf der Ebene des Hörens dar.

Sprachverständnis

Es ist wichtig, bei der **Sprachrezeption** zwischen dem **Hören** und dem **Verstehen** von Sprache zu unterscheiden. Ein Schwerhöriger beispielsweise könnte wieder alles verstehen, wenn ihm durch ein Hörgerät die Fähigkeit zum richtigen Hören zurückgegeben wird. Sein **Sprachverständnis** ist nicht direkt beeinträchtigt, sondern nur **mittelbar** durch das **unklar gehörte Signal**.

Es gibt aber auch Menschen, die keine Probleme mit dem Hören haben, wohl aber mit dem Verstehen. Bei ihnen ist meistens ein wichtiges **Sprachzentrum** im **Gehirn beeinträchtigt**, die so genannte **Wernicke Region**, die mit für das Verstehen von Sprache zuständig ist. Menschen, die unter dieser Beeinträchtigung leiden, werden als **Wernicke-Aphasiker** bezeichnet. Neben dem Sprachverstehen ist bei Wernicke-Aphasikern häufig beim eigenen Sprechen auch der **Satzbau** gestört, und es kommt darüber hinaus vermehrt zu **semantischen** (inhaltlichen) **Paraphasien**, dass z.B. „*Gabel*" anstelle von „*Messer*" gesagt wird, sowie zu **phonematischen** (lautlichen) **Paraphasien**, wenn jemand z.B. „*Spille*" statt „*Spinne*" sagt.

Von der Wernicke-Aphasie ist die **Broca-Aphasie** zu unterscheiden, die uns hier den Übergang von der Sprachrezeption zur **Sprachproduktion** liefert, denn bei Patienten, die an einer Broca-Aphasie leiden, ist die Fähigkeit, Sprache **korrekt** zu produzieren, stark eingeschränkt, nicht aber das Sprachverständnis. **Leitsymptome** sind u.a. eine **undeutliche Artikulation**, eine erheblich **verlangsamte Sprachproduktion**, die nur unter großer Anstrengung vonstatten geht, sowie die **eingeschränkte Fähigkeit, Gedanken sprachlich auszudrücken**. Broca-Aphasiker verwenden deshalb häufig einen „Telegrammstil", der sich auf die **kommunikativ wichtigsten Substantive, Adjektive** und **Verben** beschränkt. Die für beide Arten von Aphasien verantwortlichen Gehirnregionen befinden sich in der linken Gehirnhälfte.

8.2.2 Wissenswertes zur Sprachproduktion

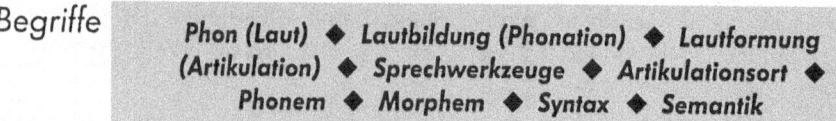

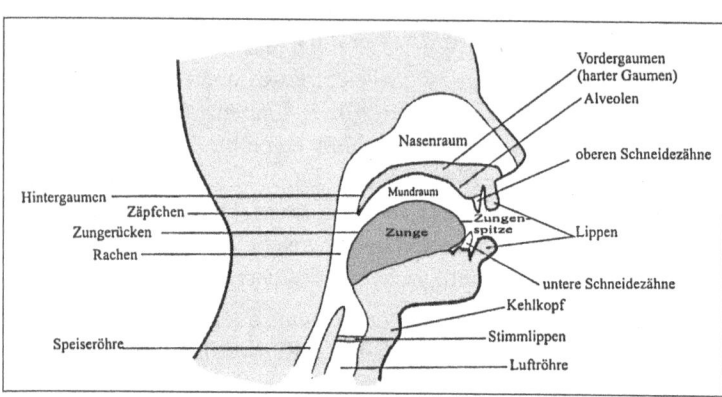

Abb. 8.1 Sprechwerkzeuge nach Stock (1996)

Bei der Betrachtung der Sprachrezeption haben wir bereits auf einige charakteristische Merkmale **verbaler Sprache** hingewiesen, wie die Formaten, Transitionen und Mikropausen. Bei der **Sprachproduktion** geht es nun darum, *wie* diese Merkmale durch den **Sprechapparat** geformt werden.

Lautbildung und Lautformung

Zu unterscheiden ist hierbei zunächst zwischen der **Lautbildung (Phonation)** und der **Lautformung (Artikulation)**. Abb. 8.1 gibt einen Überblick über daran beteiligte Sprechwerkzeuge.

Zur **Bildung** eines Lautes, d.h. Phons kommt es, wenn aus dem Thorax (Brustkorb) Luft über die Luftröhre durch die Stimmlippen des Kehlkopfes gepresst wird. Je nach Länge, Spannung und Stellung der Stimmlippen, die über verschiedene Muskeln und Knorpeln reguliert werden können, kommt es zu unterschiedlich hohen, obertonreichen Klängen. Verlässt die Luft die Stimmlippen, gelangt sie in das so genannte **Ansatzrohr** und wird dort **geformt**, d.h. jetzt findet die eigentliche **Artikulation** statt. Das Ansatzrohr ist im Grunde nichts anderes als ein **veränderbarer Resonanzkörper** und damit das Gleiche wie ein Musikinstrument. Die Veränderung der Resonanzräume des Ansatzrohres geschieht durch Kiefer-, Zungen-, Lippen- und Gaumenbewegungen. Bei **Zischlauten**, wie z.B. einem „f" oder „s", verengen wir den Raum für die ausströmende Luft, so dass es zu Turbulenzen kommt, wodurch ein hochfrequentes Rauschen entsteht. Bei den **Nasalen** „n" oder „m" hingegen wird der Mundraum verschlossen und dafür der Nasenraum geöffnet. Die **Plosive** hatten wir bereits in Abschnitt 8.2.1 besprochen. Sie sind durch den Verschluss der Lippen charakterisiert. Welche Laute wir auch immer produzieren, sie alle lassen sich anhand ihres **Artikulationsortes** differenzieren. Dies ist jeweils die engste Stelle im Ansatzrohr.

Von Phonemen und Morphemen über die Syntax zur Semantik

Die Psycholinguistik der Sprachproduktion hört jedoch nicht bei der Artikulation von Lauten auf. Weitere Betrachtungsebenen und Begrifflichkeiten kommen hinzu, wie die **Phoneme**, welche die kleinsten **bedeutungsunterscheidenden Einheiten** der Sprache sind (z.B. das /w/ bzw. /b/ in „W̲a̲l̲d̲" - „b̲a̲l̲d̲"), oder auch die **Morpheme**, unter denen die kleinsten **selbst bedeutungstragenden Einheiten** zusammengefasst werden (z.B. das „und" in „H̲u̲n̲d̲" oder das „alt" in „k̲a̲l̲t̲").

Werden phonem- und morphemhaltige Wörter zu Sätzen zusammengefasst, so geschieht dies nach **syntaktischen Regeln (Grammatik)**, welche den **Satzbau** festlegen und damit der Sprache eine **Struktur** verleihen. Diese Struktur ist eine **Wahrscheinlichkeitsstruktur** der **Aufeinanderfolge sprachlicher Zeichen** (vgl. Herkner, 2001). Beispielsweise ist aufgrund der **Syntax** die Wahrscheinlichkeit des Übergangs von einem Artikel zu einem Substantiv („*die Frau* liest") größer als der Übergang von einem Artikel zu einem zweiten Artikel („die Frau, *die den* Luxus liebt). Die Syntax der Sprache erleichtert uns ihre Rezeption und das Erkennen ihrer Bedeutung, der **Semantik**. Über den Erwerb der Bedeutung von Wörtern haben wir schon in Lektion 4 im Zusammenhang mit der **Begriffsbildung** gesprochen. Ein **Begriff** repräsentiert eine **Bedeutung eines Objektes**. Da Begriffe aber mit **Vorstellungen** oder **Assoziationen** (vgl. Lektion 3) verknüpft sind und eine gewisse **Variabilität** zulassen, kann es zwischen Kommunizierenden zu **Missverständnissen** hinsichtlich des begrifflich Bezeichneten kommen.

Doch damit soll es an grundlegendem Wissen über Sprachrezeption und Sprachproduktion erst einmal genug sein. Weiterführende Bücher finden Sie bei Interesse im Literaturverzeichnis. Wenden wir uns nun dem Themengebiet zu, für das Sprachrezeption und Sprachproduktion eine notwendige Voraussetzung sind, der Kommunikation.

8.3 Menschliche Kommunikation

Spätestens seit der Internetrevolution ist **Kommunikation** wieder zu einem der Schlagworte unserer Zeit geworden. Kommuniziert wird heutzutage **multilingual** und **multimedial**, angefangen bei Fax und Email, weiter über das Chatten bis hin zum Simsen mit dem Handy. Nahezu in Echtzeit lassen sich dabei weltumspannend mehr oder minder sinnvolle Botschaften übermitteln. Kommunikation ist einfach, für jedermann zugänglich und billig geworden. Schwer vorstellbar sind da vergangene Zeiten, als ein kunstvoll mit der Feder geschriebener Brief über Wochen oder gar Monate mit der Postkutsche unterwegs war, bevor er seinen Empfänger erreichte. Doch bei allem technischen Fortschritt sind der Nutzen und die Schwierigkeiten von Kommunikation die gleichen geblieben.

8.3.1 Kommunikationsmodelle

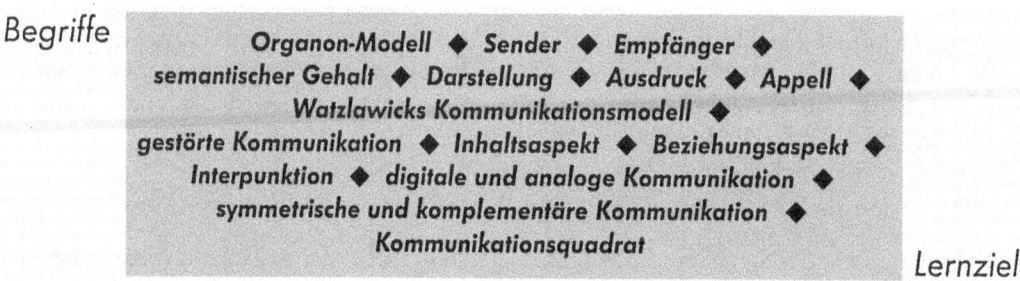

Begriffe: Organon-Modell ◆ Sender ◆ Empfänger ◆ semantischer Gehalt ◆ Darstellung ◆ Ausdruck ◆ Appell ◆ Watzlawicks Kommunikationsmodell ◆ gestörte Kommunikation ◆ Inhaltsaspekt ◆ Beziehungsaspekt ◆ Interpunktion ◆ digitale und analoge Kommunikation ◆ symmetrische und komplementäre Kommunikation ◆ Kommunikationsquadrat *Lernziele*

Modelle menschlicher Kommunikation sollten im Wesentlichen **drei Bereiche** abdecken: Erstens denjenigen der Mitteilung oder des Ausdrucks durch einen **Sender**, welcher zweitens einem **Empfänger** etwas signalisiert und drittens dabei **über bestimmte Dinge** kommuniziert. Hiermit wollen wir uns in diesem Abschnitt beschäftigen. Darüber hinaus sollen auch Aspekte der **Störung** von Kommunikation, die zu ihrem **Misslingen** führen können, dargestellt werden. Betrachten wir im Folgenden die Kommunikationsmodelle von Karl Bühler (1934), Paul Watzlawick et al. (2000) und Friedemann Schulz von Thun (1981), die teilweise aufeinander aufbauen.

Bühlers Organon-Modell der Sprache

Bereits 1934 stellte der Psychologe **Karl Bühler** in seinem Buch über Sprachtheorie das **Organon-Modell** der Sprache vor. Den Begriff „Organon" entlieh er sich bei dem griechischen Philosophen **Platon** (ca. 427 – ca. 347 v.Chr.), welcher die Auffassung vertrat, dass die Sprache ein organon sei, „*um einer dem anderen etwas mitzuteilen über die Dinge*" (Bühler, 1934). Diese **drei Aspekte der Kommunikation**: „*einer – dem anderen – über die Dinge*" stellt Bühler grafisch wie in Abb. 8.2 gezeigt dar.

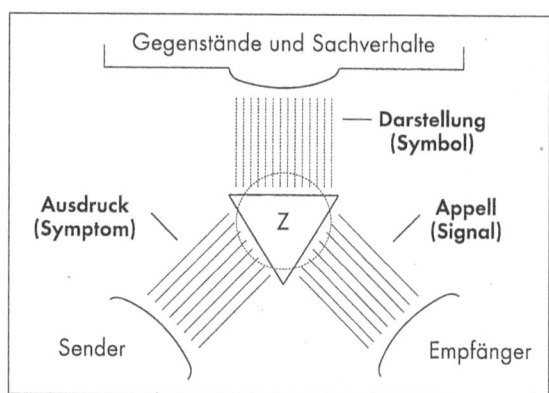

Abb. 8.2 Bühlers Organon-Modell der Sprache (Nach K. Bühler, 1934, S. 28, leicht modifiziert)

Beginnen wir mit der Betrachtung des Modells bei dem gestrichelten Kreis in der Mitte. Dieser symbolisiert das **konkrete Schallereignis**, z.B. eines Wortes. Damit dieses Wort zu einem **bedeutungshaltigen Zeichen (Z)** wird, d.h. damit es einen **semantischen Gehalt** bekommt, müssen **drei variable Momente** gegeben sein, welche durch die drei Seiten des Dreiecks und die Linienscharen dargestellt werden:

❶ Eine **Lautfolge** wird zum **bedeutungshaltigen Zeichen** durch seine **Zuordnung zu Gegenständen** und **Sachverhalten**. Diese Zuordnung ist letztendlich nichts anderes als eine **Konvention** zwischen Menschen einer Sprachgemeinschaft, bestimmte Objekte, wie z.B. ein Auto, eben durch eine entsprechende Lautfolge zu bezeichnen. Der **semantische Gehalt** des Zeichens „Auto" ergibt sich aus seiner **darstellenden (symbolischen) Funktion** eines Autos. Denken wir zurück an Lektion 4 und unsere Überlegungen zur Begriffsbildung, so wissen wir, dass „Auto" nicht nur ein Zeichen für ein konkretes Auto ist, sondern ein Begriff für eine ganze **Klasse von Objekten**, die in ihren **Merkmalen** einem Auto entsprechen bzw. dem **Prototypen** eines Autos hinreichend ähnlich sind. (Vgl. Lektion 4, Abschnitte 4.1.1 und 4.1.2.). Die Lautfolge „Auto" hat damit nicht nur auf der **konkreten Ebene** für *ein* spezifisches Auto semantischen Bedeutungsgehalt, sondern auch auf der **begrifflich-abstrakten Ebene** für viele Autos.

❷ Eine **Lautfolge** wird zum **bedeutungshaltigen Zeichen**, da sie durch ihre Abhängigkeit vom **Sender** zum **Symptom** oder **Ausdruck** seines **inneren Zustandes** wird. Ist ein Sprecher beispielsweise hochgradig verärgert, so kann seine Stimme laut werden und sich vielleicht sogar überschlagen. Die **Art der Artikulation** drückt damit unabhängig vom Darstellungsgehalt der Botschaft die innere Befindlichkeit des Senders aus.

❸ Eine **Lautfolge** kann schließlich als **Zeichen** eine **Bedeutung** in Form eines **Signals** erhalten. Unter einem Signal ist die **Appell-Funktion** eines Zeichens zu verstehen, welche Einfluss auf das **äußere** und **innere Verhalten** eines **Empfängers** nimmt. Ruft ein Sender z.B. „Feuer", so lässt sich die Signalfunktion dieses Zeichens am Verhalten der Empfänger ablesen, die sich umgehend zum nächsten Notausgang bewegen und dabei vielleicht einen ängstlichen und angespannten Gesichtsausdruck zeigen, der Aufschluss über ihren inneren Zustand gibt.

Bühlers Organon-Modell verdeutlicht damit die **drei wesentlichen Leistungen sprachlicher Kommunikation**, nämlich **Darstellung**, **Ausdruck** und **Appell**. Wie gezeigt wurde, entspricht die **Darstellung** der Beziehung zwischen **Zeichen** und **Objekt**, der **Ausdruck** der Beziehung zwischen **Zeichen** und **Sender** und der **Appell** schließlich der Beziehung zwischen **Zeichen** und **Empfänger**. Allerdings geht Bühlers Modell in erster Linie von der **allgemeinen Struktur** von Kommunikation aus. Wann und unter welchen Bedingungen Kommunikation zu Missverständnissen führt oder gänzlich fehlschlägt, wird in seinem Modell noch nicht berücksichtigt. Diese notwendige Erweiterung werden wir in einem weiteren Modell betrachten.

Pragmatische Wirkungen menschlicher Kommunikation nach Watzlawick

Paul Watzlawick, **Janet H. Beavin** und **Don D. Jackson** (2000) unternahmen den Versuch, menschliche Kommunikation anhand einer Reihe **pragmatischer Axiome*** zu beschreiben. Vor diesem Hintergrund wandten sie sich anschließend unter anderem der Analyse **gestörter Kommunikation** zu. Folgen wir ihnen und betrachten zuerst die einzelnen Axiome.

---

* Die **Pragmatik** ist eine sprachwissenschaftliche Disziplin, die sich mit der Untersuchung des Verhältnisses zwischen **sprachlichem Zeichen** und dem **interpretierenden Menschen** befasst. Ein **Axiom** ist ein als richtig anerkannter **Grundsatz**.

❶ *Man kann nicht* nicht *kommunizieren.*

Hinter diesem Axiom steht die Überlegung, dass **jegliche Art von Verhalten** einen **kommunikativen Charakter** hat. Ein Sitznachbar in einem Zugwaggon beispielsweise, der in ein Buch vertieft über Stunden nicht aufschaut, signalisiert uns damit wahrscheinlich, dass er kein Interesse an einer Unterhaltung mit uns hat, wohingegen die schräg gegenüber sitzende, vitale alte Frau uns vielleicht schon die ganze Zeit freundlich über ihr Strickzeug hinweg ansieht und nur darauf zu warten scheint, ein Gespräch zu beginnen. Akzeptieren wir, dass jedes Verhalten immer eine Form von Kommunikation ist, dann müssen wir auch akzeptieren, dass es einen kommunikationsfreien Zustand nicht geben kann, denn es gibt kein Gegenteil zum Verhalten. **Sich nicht zu verhalten, ist schlichtweg unmöglich.**

❷ *Jede Kommunikation hat einen Inhalts- und einen Beziehungsaspekt, derart, dass letzterer den ersteren bestimmt und daher eine Metakommunikation ist.*

In diesem Punkt gehen Watzlawick et al. über das Bühler'sche Organonmodell hinaus, denn ein **Beziehungsaspekt** war dort nicht beschrieben. Bewundert beispielsweise eine Frau die glitzernden Ohrringe einer anderen und fragt, ob das echte Diamanten sind, so möchte sie auf der **Inhaltsebene** eine Information erlangen. Gleichzeitig drückt sie aber auch durch die Art, *wie* sie fragt (z.B. mit großen Augen, freundlicher Stimme und voller Bewunderung), etwas über den **Zustand der Beziehung** zwischen ihr und der anderen Frau aus. Der Beziehungsaspekt ist in jeder Kommunikation genauso zwingend enthalten wie der Inhaltsaspekt. Er ist jedoch nicht immer so leicht zu entschlüsseln. Da der Beziehungsaspekt eine Kommunikation *über* eine Kommunikation darstellt, wird er auch als **Metakommunikation** bezeichnet.

❸ *Die Natur einer Beziehung ist durch die Interpunktion der Kommunikationsabläufe seitens der Partner bedingt.*

Unter diesem Axiom ist zu verstehen, dass die Interaktion zwischen Kommunikationspartnern immer mit einer gewissen Struktur abläuft. Jedes **kommunikative Verhalten** ist zugleich **Reaktion** auf das **Verhalten** des **Kommunikationspartners** wie auch ein neuer **Reiz** für dessen **künftiges Verhalten**. Dieses Wechselspiel von **Reiz-Reaktion-Reiz-Abfolgen** wird als Interpunktion von Ereignisfolgen bezeichnet.

❹ *Menschliche Kommunikation bedient sich digitaler und analoger Modalitäten. Digitale Kommunikationen haben eine komplexe und vielseitige logische Syntax, aber eine auf dem Gebiet der Beziehungen unzulängliche Semantik. Analoge Kommunikationen dagegen besitzen dieses semantische Potenzial, ermangeln aber die für eindeutige Kommunikationen erforderliche Syntax.*

Watzlawick et al. wollen mit den Begriffen „digital" und „analog" zwei voneinander zu unterscheidende Arten von Kommunikation verdeutlichen. Unter der **digitalen Kommunikation** verstehen sie eine Kommunikation auf der **Inhaltsebene**, die mit **konkreten Begriffen** Informationen übermittelt und dabei **logisch-syntaktische Verknüpfungen** wie „wenn-dann", „entweder-oder" oder auch „nicht" ermöglicht. **Analoge Kommunikation** ist hingegen nach Watzlawick et al. die ältere Form von Kommunikation und findet vorrangig **nonverbal** auf der **Beziehungsebene** statt. So kann uns z.B. eine Geste oder eine Mimik unter Umständen mehr über die Empfindungen und die Beziehung eines Menschen zu uns mitteilen als konkrete, digitale Worte.

❺ *Zwischenmenschliche Kommunikationsabläufe sind entweder symmetrisch oder komplementär, je nachdem, ob die Beziehung zwischen den Partnern auf Gleichheit oder Unterschiedlichkeit beruht.*

Bei der **symmetrischen Kommunikation** ist das Verhalten der Interaktionspartner sozusagen **spiegelbildlich**. Treffen beispielsweise zwei Prahlhänse aufeinander, so können sie sich in symmetrischer Interaktion gegenseitig richtiggehend hochschaukeln. Jedes Prahlen des einen führt zu weiterem Prahlen des anderen.

Im Vergleich zur symmetrischen Kommunikation **ergänzen** sich bei der **komplementären Interaktion** die Kommunikationspartner. Der eine nimmt eine **primäre Stellung** ein, z.B. als Mutter, Lehrer, Arzt, Vorgesetzter etc., der andere eine **sekundäre**, als Kind, Schüler, Patient, Mitarbeiter usw. Watzlawick et al. betonen hierbei jedoch, dass die beiden Positionen einer komplementären Kommunikation nicht als Gegensatzpaare aufgefasst werden sollen, sondern als sich ergänzende Partner.

Damit finden **komplementäre** Interaktionen ihre Grundlage in sich **gegenseitig ergänzenden Unterschiedlichkeiten**, wohingegen **symmetrische** Kommunikationen nach **Gleichheit** bzw. **Abbau von Unterschiedlichkeit** zwischen den Interaktionspartnern streben.

Diese fünf Axiome stellen, wie Watzlawick et al. schreiben, eine „versuchsweise getroffene Formulierung" dar und erscheinen zumindest plausibel. Betrachten wir im Folgenden mit Hilfe einiger **Beispiele**, welche Formen **gestörter Kommunikation** anhand der fünf Axiome besser verstanden werden können.

Zu ❶ Auf der Ebene der **Unmöglichkeit des nicht Kommunizierens** kann es schnell zu einer misslungenen Kommunikation kommen, da die **analoge nonverbale Mitteilung** durch das **Verhalten** nur einer **unzureichenden Syntax** unterliegt und deshalb uneindeutig ist. Ein Beispiel wäre ein junger Mann, der sich während einer Zugfahrt in ein Buch vertieft und so durch sein Verhalten mitteilt, dass er nicht gestört werden möchte. Im Grunde würde er aber gerne die junge Frau gegenüber ansprechen, die scheinbar gelangweilt aus dem Fenster sieht. Vielleicht wartet auch sie ja nur darauf von ihm angesprochen zu werden, traut sich aber nicht, dem jungen Mann durch einen Blickkontakt ein Zeichen zu geben, denn „offensichtlich" will er ja lesen. Infolgedessen sieht sie einfach weiter stur aus dem Fenster. Obwohl beide Akteure dieses Beispiels nicht reden, kommunizieren sie dennoch miteinander, ohne sich vermutlich dessen bewusst zu sein.

Zu ❷ Das Beispiel unserer zwei Zugreisenden lässt sich auch auf den **Beziehungs-Inhaltsaspekt** von Kommunikation erweitern. Nehmen wir einmal an, nach einer Stunde gemeinsamen Schweigens rennen drei Fangen spielende Kinder laut tosend an den beiden vorbei. Der Mann blickt von seinem Buch kurz zu ihnen auf, schaut dann mit einem freundlichen Lächeln zur jungen Frau herüber und sagt mit leichter Ironie: „Früher war die Erziehung auch einmal besser", wobei er sie weiter anlächelt. Auf der Inhaltsebene der Kommunikation teilt er ihr mit, dass gut erzogene Menschen andere nicht beim Lesen stören sollten, auf der Beziehungsebene hingegen bedeuten sein Lächeln und die leichte Ironie seiner Stimme, dass er eigentlich gar nicht mehr lesen mag und den Kindern vielleicht sogar dankbar ist, dass sie ihm diese Möglichkeit zu einem Gespräch mit der jungen Frau geboten haben. Jetzt liegt es an ihr, die nicht ganz leichte Entscheidung zu treffen, ob sie auf die **inhaltliche** oder die **Beziehungsbotschaft** reagieren soll. Die meisten Schwierigkeiten menschlicher Kommunikation entstehen durch **konträre Botschaften** auf der Inhalts- und der Beziehungsseite. **THINK!** Denken Sie einmal darüber nach, ob Sie sich an vergleichbare Beispiele aus Ihrem Leben erinnern können.

Zu ❸ Bleiben wir bei unserem unserem Paar im Zug, machen jedoch einen Zeitsprung von zwanzig Jahren. Gegen unsere Erwartung, dass die beiden zusammenfinden, hatte es dann doch noch geklappt, als ein schöner Sonnenuntergang endlich zu einer ersten Kommunikation über die Vorzüge des Bahnfahrens führte. Nach mittlerweile achtzehn Ehejahren hat sich die Frau jedoch zu einer ausdauernden Nörglerin an ihrem beruflich frustrierten Ehemann entwickelt, womit wir bei der Erläuterung von Kommunikationsstörungen anhand des dritten Axioms angelangt wären. Die Nörgeleien der Frau führen zu einem Rückzugsverhalten beim Mann, woraufhin die Frau noch mehr nörgelt und der Mann sich noch weiter zurückzieht. Jeder der beiden sieht das Verhalten des anderen als Ursache für das eigene Verhalten an. Sobald ihnen jedoch klar wird, dass das Nörgeln wie auch das Zurückziehen sowohl **Reiz (Ursache)** als auch **Reaktion (Wirkung)** sind, hat unser Paar eine gute Chance, diesem kommunikativ sinnlosen Hin und Her zu entrinnen.

Zu ❹ Kommunikationsstörungen gemäß dem vierten Axiom treten vorwiegend durch **Übersetzungsfehler** zwischen analoger und digitaler Kommunikation auf. Da die **digitale Kommunikation** in der Regel zur Übermittlung von **Inhaltsaspekten** und die **analoge Kommunikation** für **Beziehungsaspekte** eingesetzt wird, können hier die gleichen Probleme entstehen wie beim zweiten Axiom. Stellen wir uns beispielsweise die Situation vor, dass unser mittlerweile im Alter der Midlife-Crisis angekommener Mann nach der Überwindung seiner beruflichen Krise unerwartet seiner Frau einen großen Blumenstrauß mitgebracht hat. Mit dieser *analogen* Mitteilung möchte er ihr einfach nur mitteilen, wie sehr er sie liebt und froh ist, dass sie gemeinsam diese für ihn schwierige Zeit durchgestanden haben. Sie hat jedoch gerade in einer Frauenzeitschrift einen Artikel über Männer in der Midlife-Crisis gelesen und übersetzt die analoge Botschaft ihres Mannes *digital* völlig falsch durch: „Er hat gewiss etwas angestellt und will sich bei mir einschmeicheln."

Zu ❺ In gut funktionierenden Beziehungen kommt es zu einem **Wechselspiel** zwischen symmetrischer und komplementärer Kommunikation. Sind Beziehungen zu **symmetrisch (symmetrische Eskalation)**, kann dies zur **Verwerfung** der **Selbstdefinition** der Partner führen, d.h. das **individuelle Sein** wird zugunsten **hochgradiger Gleichheit** aufgegeben. Probleme **komplementärer Beziehungen** bestehen hingegen in der Regel darin, dass die Selbstdefinition eines Partners entwertet wird, um den anderen in seiner von ihm selbst gesehenen Rolle zu komplementieren. Die **Entwertung** des **eigenen Selbst** führt dann zu zunehmender Frustration, Selbstentfremdung und Verzweiflung. Realistische, sich gegenseitig bestätigende „**Ich-**" und „**Du-**"**Definitionen** sind somit die Grundlage einer dauerhaften, stabilen Beziehung.

Wie diese Beispiele zeigen, lässt sich anhand der fünf pragmatischen Axiome zur menschlichen Kommunikation eine ganze Menge über die Interaktion von Menschen aussagen. Zur weiteren Erläuterung der verschiedenen Aspekte menschlicher Kommunikation wollen wir abschließend noch einen Blick auf das Kommunikationsmodell nach Schulz von Thun (1981, 2001) werfen.

Schulz von Thun: Vier-Schnäbel- und Vier-Ohren-Modell der Kommunikation

Der Psychologe **Friedemann Schulz von Thun** hat sich in den vergangenen Jahren intensiv mit der menschlichen Kommunikation auseinander gesetzt und dabei mindmap-artige Modelle entworfen (vgl. Abb. 8.3), die sowohl Aspekte des Bühler'schen Organon-Modells beinhalten als auch vieles von dem, was Watzlawick, Beavin und Jackson bereits herausgearbeitet haben. Nach Schulz von Thun enthält **jede Äußerung** gleichzeitig **vier Botschaften** und ist damit ein **Kommunikationsquadrat**. Dieses Quadrat umfasst:

- eine **Sachinformation**, die über etwas spricht (bei Bühler die Darstellung);
- eine **Selbstkundgabe**, die etwas über den Sender mitteilt (bei Bühler der Ausdruck);
- einen **Beziehungshinweis**, wie der Sender zum Empfänger steht (fehlt bei Bühler);
- einen **Appell**, der ausdrückt, was beim Empfänger erreicht werden soll (bei Bühler gleichfalls Appell).

Schauen wir uns das Ganze an einem Beispiel an. Ein Ehepaar ist mit dem Auto unterwegs. Die Frau sitzt am Steuer, während der Mann vom Beifahrersitz aus aufmerksam das Verkehrsgeschehen beobachtet. Sagt er nun zu seiner Frau: *„Du, da vorne ist Grün"*, so spricht er als **Sender** gewissermaßen mit „**vier Schnäbeln**". Auf der **Sachebene** bedeutet seine Aussage nur eine Information über den Zustand einer Ampel.

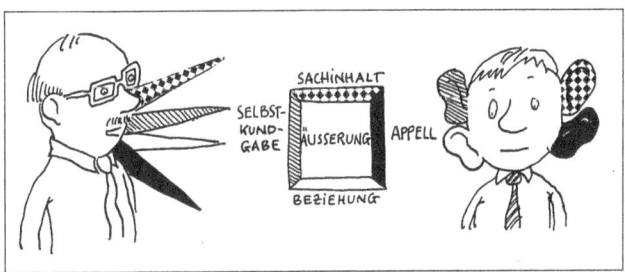

Abb. 8.3 Kommunikationsmodell nach Schulz von Thun et al. (2001)

Auf der **Selbstkundgabe**-Ebene offenbart die kurze Mitteilung jedoch bereits eine ganze Menge über den Sender, so z.B., dass er wach ist, dass er vermutlich nicht farbenblind ist oder auch dass er es eilig hat. Auch auf der **Beziehungsebene** kann viel an Information in diesen fünf Worten über eine Ampel enthalten sein. Vielleicht ist der Mann überzeugt davon, dass seine Frau nicht so gut Auto fahren kann wie er selbst, und meint, ihr Ratschläge geben zu müssen, worauf diese möglicherweise verärgert reagiert. Vielleicht weiß er aber auch, dass sie mit ihren Gedanken woanders ist, und möchte sie einfach unterstützen, was sie dann gewiss dankbar annehmen wird. Die Botschaft auf der Beziehungsebene ist häufig die heikelste der Kommunikation. **Tonfall**, **Mimik** und **Gestik** spielen hierbei eine große Rolle.

Die **Appellebene** schließlich fordert die Frau zu einer Verhaltensänderung auf, so z.B. *„Gib Gas, dann kommen wir noch bei Grün rüber"*. Vielleicht soll der Appell aber auch eine Bremsbereitschaft hervorrufen, da die grüne Ampel ja auf Rot umschalten könnte und leider fotografisch überwacht ist, was bei zu spätem Bremsen teuer werden könnte.

Da Kommunikation zwischen Sender *und* Empfänger stattfindet, ist zu beachten, dass der **Empfänger** die Botschaft mit „**vier Ohren**" hören kann. Je nachdem, welches Ohr hierbei stärker gewichtet wird, kann es zu einer **gelungenen Kommunikation** oder zu einer **misslungenen** kommen. Hat die Frau es beispielsweise gleichfalls eilig, dann wird sie vorwiegend mit dem **Sachverhalts**- und dem **Appellohr** hören und aufs Gas drücken. Ist dies jedoch nicht der Fall und nörgelt der Mann von jeher an ihrem Fahrstil herum, dann ist sie auf dem Sachverhalts- und Appellohr ziemlich taub, auf dem **Selbstkundgabe-** und **Beziehungsohr** hingegen eher hellhörig. Vermutlich denkt sie sich, dass ihr Mann ganz schön gereizt ist und seine Anspannung auch ihre Beziehung belastet.

Diese **vier Aspekte** des **Sendens** und **Empfangens** einer Nachricht können zu zahlreichen **Kommunikationsproblemen** führen. Will man diese vermeiden, sollten sich beide Kommunikationspartner bewusst machen, mit *welchem* Schnabel sie sprechen und mit *welchem* Ohr sie hauptsächlich zuhören und ob dies zu dem passt, was sie eigentlich erreichen möchten. Oder wie Schulz von Thun (1981) es ausdrückt: *„Versuche, in kritischen (Kommunikations-)Situationen, die «leisen» Selbstoffenbarungs-, Beziehungs- und Appellbotschaften direkt anzusprechen bzw. zu erfragen, um auf diese Weise «quadratische Klarheit» zu erreichen!"*

Das weite Feld menschlicher Kommunikation wird noch eine Spur komplizierter, wenn wir daran denken, dass ja nicht nur verbal mit „vier Schnäbeln" kommuniziert wird, sondern auch **nonverbal** mit allen Möglichkeiten, die der **Körper** uns bietet. Befassen wir uns deshalb zum Abschluss dieser Lektion noch ein wenig mit der nonverbalen Kommunikation.

8.3.2 Nonverbale Kommunikation

Begriffe

> **Blickverhalten ◆ Gesichtsausdruck ◆ Körperhaltung und Körperbewegung ◆ Berührung ◆ räumliche Distanz ◆ stimmliche Merkmale ◆ (kulturelle) Regeln**

Lernziele

Die **nonverbale Kommunikationsform** hatten wir bei der Beschreibung der **Axiome** von Watzlawick, Beavin und Jackson als eine Form der **analogen Kommunikation** kennen gelernt, die besonders gut dazu geeignet ist, Botschaften auf der **Beziehungsebene** zu übermitteln. Darüber hinaus drücken wir mit nonverbaler Kommunikation etwas über uns selbst aus (**Selbstkundgabe-Ebene**), können sie aber auch zur Unterstützung der **Inhalts-** und **Appellebene** einsetzen. Und nicht zuletzt erhält das Axiom der **Unmöglichkeit, nicht zu kommunizieren** erst durch die nonverbale Kommunikation seine Berechtigung. Sie begleitet uns zwangsläufig immer. Bereits in Lektion 5 sind wir ausführlich auf den Zusammenhang zwischen **Mimik** und **Gestik** auf der einen Seite sowie **Emotionalität** auf der anderen Seite eingegangen (vgl. Abschnitt 5.2.4), so dass wir hier nur noch ein paar ergänzende Informationen zur nonverbalen Kommunikation liefern wollen.

Zweifelsohne ist die nonverbale Kommunikation die ältere Form des Interagierens. Auch im Tierreich ist sie in verschiedensten Mannigfaltigkeiten vorhanden, angefangen bei gesträubten Nackenhaaren und gefletschten Zähnen sich gegenseitig bedrohender Tiere, über kunstvolle Balztänze mancher Vogelarten bis hin zum Schwänzeltanz der Bienen, mit dem diese Art, Ort und Entfernung von Futterquellen an andere Bienen weitergeben können.

Nonverbale Kommunikation bei Menschen findet in erster Linie über

- das **Blickverhalten**,
- den **Gesichtsausdruck (Mimik)**,
- die **Körperhaltung** und die **Körperbewegung (Gestik)**,
- die **Berührung (Taktilität)**,
- die **räumliche Distanz (interpersonaler Raum)** sowie nicht zuletzt durch
- **stimmliche Merkmale** (Tonfall, Sprechgeschwindigkeit, Betonungen, Pausen etc.) statt.

Hinzu kommen Faktoren wie Kleidung, Schmuck, Frisur, Make-Up und Parfüms, die besonders auf der Selbstkundgabe- und Beziehungsebene wirken.

Obwohl die nonverbale Kommunikation nicht so eindeutig zu interpretieren ist wie die verbale, existieren dennoch eine Reihe von **Regeln**, an die wir uns automatisch halten. Die **zeitliche Dauer** eines **Blickkontaktes** beispielsweise ist durch die Art der Beziehung zwischen den Gesprächspartnern definiert. Je größer die Vertrautheit und Sympathie, desto länger kann der Blickkontakt sein. Kommunizieren zwei Menschen erstmalig miteinander, dann ist der Blickkontakt durch **kulturelle Regeln** festgelegt. Ein zu langes oder zu kurzes In-die-Augen-Schauen irritiert dabei gleichermaßen. Ähnliches gilt für das **Händeschütteln**, bei dem wir ziemlich genau wissen, wann es an der Zeit ist loszulassen, sowie für die räumliche Distanz während eines Gespräches.

Bezüglich der **räumlichen Distanz** lassen sich mehrere **Zonen** unterscheiden. Der Nahbereich, die so genannte **intime Distanz**, lässt körperlichen Kontakt zu und geht bis zu einem Abstand von ungefähr 60 Zentimetern. Dringen Fremde in diese Zone ein, fühlen wir uns unwohl und weichen unwillkürlich zurück. Auf die intime Distanz folgt die **persönliche Distanz**, welche dem üblichen Gesprächsabstand von etwa 60 bis 150 Zentimetern entspricht. Wird die Distanz größer bis hin zu ca. 1,5 bis 4 Metern, dann spricht man von der **gesellschaftlichen** oder **sozialen Distanz**. Sie wird hauptsächlich bei **unpersönlichen Gesprächen** eingehalten und kann auch eine **Schutzfunktion** für beide Seiten haben, z.B. dann, wenn der Chef einen Mitarbeiter ermahnen muss und dabei hinter einem großen Schreibtisch sitzt. Von der **öffentlichen Distanz** schließlich spricht man bei einer Entfernung ab etwa 4 Metern. Hier findet in der Regel **keine persönliche Kommunikation** mehr statt.

Die **nonverbale Kommunikation** ist **nicht** im gleichen Maß **kontrollierbar** wie die **verbale** und bietet deshalb die Chance, etwas über einen Menschen zu erfahren, was dieser verbal gar nicht mitteilen möchte. Eines der bekanntesten Beispiele dafür dürfte wohl die Antwort auf die Frage sein, wie es einem geht. Üblicherweise entgegnet man darauf „Danke gut", auch wenn man dabei die Mundwinkel hängen lässt und die Augen feucht zu werden beginnen. Solch offensichtliche Widersprüche zwischen den beiden Kommunikationsformen werden schnell durchschaut.

Es ist allerdings auch möglich, dass wir gerade durch die nonverbale Kommunikation getäuscht werden, sofern sie bewusst eingesetzt wird, wie beispielsweise als **rhetorisches Gestikulieren** während einer öffentlichen Rede. Gezielt lassen sich ausdrucksstarke Körperhaltungen und Körperbewegungen einstudieren, so dass selbst ein eher kleinwüchsiger und schmächtiger Mensch eine starke und dominante Wirkung erzielen kann, die wir ihm ansonsten nie zuschreiben würden. Chancen und Risiken liegen bei der nonverbalen Kommunikation demzufolge nahe beieinander.

Aufgaben

1. Nennen Sie die vier verschiedenen Stadien des Spracherwerbes.
2. Warum sollte man „Hören" von „Verstehen" unterscheiden?
3. Anhand welches akustischen Merkmals können Vokale voneinander unterschieden werden?
4. Die verschiedenen sprachlichen Laute werden durch das Ansatzrohr gestaltet. Wie geht das vonstatten?
5. Erläutern Sie kurz die drei wesentlichen Leistungen sprachlicher Kommunikation anhand von Karl Bühlers Organon-Modell.
6. Was wollen Watzlawick, Beavin und Jackson mit dem pragmatischen Axiom der Unmöglichkeit des nicht Kommunizierens ausdrücken?
7. Schauen Sie sich eine Fernsehserie Ihrer Wahl an und betrachten Sie dabei einen der Dialoge zwischen den Schauspielern aus den Perspektiven aller fünf pragmatischen Axiome nach Watzlawick, Beavin und Jackson.
8. Benennen Sie die vier Seiten des Kommunikationsquadrates nach Schulz von Thun et al. (2001) und erklären Sie irgendjemandem aus Ihrem Bekanntenkreis, was „vier Schnäbel" und „vier Ohren" dabei zu bedeuten haben.

zur Lernkontrolle

9 Entwicklungspsychologie

In dieser Lektion sollen Sie mehr über die **Entwicklungspsychologie** erfahren. Dieses Teilgebiet der Psychologie befasst sich mit **Veränderungen** des menschlichen Verhaltens und Denkens, aber auch der Wahrnehmung und des Erlebens. All diese Veränderungen gehen auf bestimmte **Entwicklungsstadien** und **Entwicklungsprozesse** zurück. Wir werden uns dabei schwerpunktmäßig zunächst mit den ersten Lebensjahren eines Menschen befassen, in denen bekanntlich die Entwicklung dieser Bereiche mit großen Schritten vorangeht, und anschließend quasi als „Gegenpol" mit Zeiten der „Rückentwicklung" im Alter.

9.1 Entwicklung des Menschen – Anlage oder Umwelt?

Begriffe   Reifung ♦ Lernen ♦ Anlage-Umwelt-Problematik ♦ Geschlechtsrollenerwerb ♦ biologisches Geschlecht ♦ psychologisches Geschlecht ♦ Sozialisation   *Lernziele*

Zunächst wollen wir einige für die Entwicklungspsychologie relevante Begriffe näher erläutern. Die **menschliche Entwicklung** wird sowohl durch Reifung als auch durch Lernen bestimmt. Unter **Reifung** versteht man **spontan auftretende Wachstums-** und **Entwicklungsimpulse**, die **genetisch vorprogrammiert** sind und nicht durch Lernen, Erfahrungen oder Übung beeinflusst werden können. Ein Beispiel hierfür ist das universell auftretende, selbstständige Gehen von Kleinkindern um den 12./13. Lebensmonat. Davor zeigen Kinder dieses Verhalten nicht, ganz gleich, wie gut man ihnen zuredet oder wie viel man mit ihnen übt. Die Reifung ist die **Voraussetzung** für die im Laufe der Entwicklung zu beobachtenden **Veränderungen** in der **Leistung** und im **Verhalten** eines Menschen (Dorsch et al., 1996). Sie legt die **typische Reihenfolge** sowohl der **körperlichen** (im Sinne von Wachstum) als auch **psychischen Entwicklungsschritte** fest (Zimbardo, 1995). Letztere werden u.a. durch die Reifung des Muskel- und Nervensystems bestimmt. So ist es z.B. Kleinkindern durch die entsprechend fortgeschrittene Entwicklung des sprechmotorischen Apparates ab einem bestimmten Alter möglich, sprechen zu lernen. Durch die verstärkte Verknüpfung der Nervenzellen im Gehirn sind sie außerdem dazu in der Lage, erste kurze Sätze zu bilden.

Selbstverständlich hat auch das **Lernen** einen Einfluss. Ein gutes Beispiel hierfür ist das Lesen- und Schreibenlernen in der Grundschule. Ohne diese Lernerfahrungen blieben uns Menschen viele Wissensbereiche unerschlossen, mit der Konsequenz, dass auch unsere geistige Entwicklung weniger stark vorangeschritten wäre.

Damit stecken wir mitten in einer Diskussion, die in der Psychologie als **„Anlage-Umwelt-Problematik"** bezeichnet wird und die sich damit beschäftigt, wie viel unserer Entwicklung denn nun **genetisch** (d.h. durch **Anlage**) und wie viel durch **Lernen** und **Erfahrungen** (also durch unsere **Umwelt**) bestimmt ist. Eine genaue Angabe, möglichst in Prozentsätzen, lässt sich hier nicht geben. Es ist aber unumstritten, dass beide Komponenten von Bedeutung sind. **Psychische Merkmale** (wie z.B. Verhalten, Eigenschaften oder Intelligenz) werden sowohl durch Informationen, die in den Erbanlagen liegen, als auch durch äußere Faktoren beeinflusst.

> ### Exkurs – Geschlechtsrollenerwerb
>
> Wir wollen das Anlage-Umwelt-Problem am Beispiel des so genannten **Geschlechtsrollenerwerbs** veranschaulichen. Unter **Geschlechtsrolle** versteht man **bestimmte Verhaltensmuster**, die in einer Gesellschaft für Männer und Frauen jeweils als angemessen gelten (Zimbardo, 1995).
>
> Wir alle wissen, dass sich Männer und Frauen biologisch voneinander unterscheiden. Das **biologische Geschlecht** ist **genetisch** vorgegeben (die **Anlage**). So ist wissenschaftlich nachweisbar, dass sich Jungen körperlich aktiver und auch aggressiver verhalten als Mädchen. Aber sind diese Unterschiede wirklich ausschließlich biologisch bedingt? Kinder **beobachten** ihre **Umgebung** sehr genau und lernen auf diesem Wege – zumindest in ihrem näheren Umfeld – die verschiedenen Geschlechtsrollen kennen. Deshalb ist zu erwarten, dass Kinder, deren Mütter dem traditionellen Rollenbild entsprechend nach der Geburt zu Hause bleiben und sich ausschließlich der Erziehung widmen, ein konservativeres Rollenbild entwickeln als jene, bei denen beide Elternteile berufstätig sind. Hinzu kommt, dass **geschlechtsrollenkonformes Verhalten** den Vorstellungen der Eltern eher entspricht und die Kinder dafür häufiger belohnt werden, für inkonformes Verhalten jedoch nicht (*„So etwas tut ein Mädchen/Junge nicht!"*). Damit ist es zu erklären, dass Mädchen für „wildes" Verhalten eher gerügt werden als Jungen, denn bei Jungen entspricht dieses Verhalten mehr dem zumeist traditionell geprägten Rollenverständnis von Eltern und Gesellschaft.
>
> Die Rollen, welche die beiden Geschlechter in der Gesellschaft einnehmen, sind also nicht nur biologisch, sondern auch durch die **Sozialisation** determiniert (der **Umwelteinfluss**). Wir unterscheiden deshalb nicht nur das biologische, sondern auch das **psychologische Geschlecht**, d.h. **gelernte** geschlechtsbezogene Verhaltensweisen und Eigenschaften von Frauen und Männern.

Dieser Exkurs ist nur *ein* Beispiel für den vielfältigen Einfluss sowohl von Erbanlagen als auch von Umwelteinflüssen auf menschliche Eigenschaften und Verhaltensweisen. In der Lektion zur **Pädagogischen Psychologie** (Lektion 10) werden wir auf diese Thematik zurückkommen.

9.2 Bedeutende Entwicklungsschritte in den einzelnen Lebensspannen

In diesem Abschnitt behandeln wir verschiedene Entwicklungsschritte im Leben eines Menschen – so z.B. motorische Fähigkeiten oder das Denken. Dabei werden, wie bereits eingangs erwähnt, nicht nur die Kindheit, sondern auch spätere Lebensjahre Beachtung finden. Dennoch – die deutlichsten Veränderungen durchleben menschliche Wesen wohl in ihren ersten Lebensmonaten. Wer in seinem Umfeld Säuglinge über einen längeren Zeitraum beobachten konnte, wird dies sicher zu bestätigen wissen – inklusive der Freude der Eltern über jede neue Fähigkeit, die ihr Sprössling zeigt. Aber die Entwicklung beginnt nicht erst nach der Geburt, sondern bereits im Mutterleib – die Rede ist von der so genannten pränatalen Entwicklung.

9.2.1 Pränatale Entwicklung

Begriffe

pränatale Entwicklung ♦ Keimzellenstadium ♦ embryonales Stadium ♦ fötales Stadium ♦ pränatale Lernprozesse ♦ Teratogene (schädigende Einflüsse)

Lernziele

Was wissen Sie bereits über die **pränatale, d.h. vorgeburtliche Entwicklung** eines Kindes? (Mütter und Väter sind hier sicherlich im Vorteil.) THINK!

Ganz allgemein werden **drei Stadien** unterschieden:

- das **Keimzellenstadium** (1. bis 2. Woche), in dem die Befruchtung, die ersten Zellteilungen und die Einnistung der Eizelle im Uterus erfolgen,
- das **embryonale Stadium** (3. bis 8. Woche), in dem sich die wichtigsten Organsysteme ausbilden, sowie
- das **fötale Stadium** (9. bis 38. Woche), in dem sich u.a. Gehirn und Skelett ausbilden und das Wachstum des Fötus voranschreitet.

Von besonderem Interesse ist aus psychologischer Sicht in erster Linie das **fötale Stadium**. Zu diesem Zeitpunkt – etwa ab der 25. Schwangerschaftswoche – kann der Fötus bereits **hören**. Es ist ihm auch möglich, auf Dinge **zu reagieren**, die **außerhalb** des **Körpers der Mutter** vor sich gehen. Werdende Mütter können dies durch **verstärkte Aktivitäten** des Fötus (v.a. Tritte) wahrnehmen.

Exkurs – Pränatale Lernprozesse

Die vorgeburtliche Entwicklung ist also maßgeblich durch **Reifung** bestimmt. Dies bedeutet jedoch nicht, dass **vorgeburtliches Lernen** völlig ausgeschlossen ist. Ein eindrucksvoller Nachweis dafür, dass Säuglinge bereits vor ihrer Geburt dazu in der Lage sind, gelang durch ein Experiment von **A.J. DeCasper** und **M. Spence** (1986). Die Wissenschaftler gaben werdenden Müttern die Aufgabe, in den letzten 6 1/2 Schwangerschaftswochen jeweils zweimal am Tag eine Reimgeschichte laut vorzulesen. Ein paar Tage nach der Geburt konnten dann die Babys *diese* sowie neue Geschichten über Tonband hören, wobei es ihnen möglich war, durch Veränderung der Saugfrequenz an einem Schnuller **(Nuckelrate)** die jeweiligen Tonbandaufnahmen ab- oder anzustellen. Es stellte sich heraus, dass die Kinder vor allem die Geschichte bevorzugten, die ihnen ihre Mutter bereits vor der Geburt vorgelesen hatte; mit anderen Worten – die Geschichte kam ihnen bekannt vor, *sie hatten etwas gelernt.*

Wenn man die drei Stadien genauer betrachtet, leuchtet ein, dass während der vorgeburtlichen Entwicklung natürlich auch **schädigende Einflüsse**, so genannte **Teratogene**, die Entwicklung des Kindes stören können – mitunter **irreversibel**. Hier wären vor allem der Einfluss von Infektionskrankheiten (z.B. Röteln) und von **Drogen**, inklusive **Alkohol** und **Nikotin**, aber auch

Mangelernährung der Schwangeren zu nennen. Tabelle 9.1 gibt einen Überblick über mögliche Teratogene, ihren negativen Einfluss auf das Kind und besonders kritische Schwangerschaftsphasen.

Teratogen	kritische Phase	mögliche Auswirkungen
Alkohol und andere Drogen	letztes Drittel	• geringeres Geburtsgewicht • Entzugserscheinungen (Atemprobleme, Erbrechen, Zittern, Krämpfe) • steigende Rate an Fehlgeburten • verminderte Intelligenz (bis hin zur geistigen Behinderung) – schon bei geringen Mengen • organische Schäden, Kleinwuchs, Hyperaktivität • Verhaltensschwierigkeiten
Röteln	v.a. 3. bis 4. Schwangerschaftswoche	• Taubheit und Blindheit • Herzschwäche • geistige Behinderung
Ernährungs- und Vitaminmangel bzw. -überschuss		• verminderte Intelligenz (durch eine geringere Ausbildung der Gehirn- und Nervenzellen)

Tab. 9.1 Teratogene und ihre Auswirkungen auf das Kind

Von besonderer Bedeutung sind auch die in der Tabelle erwähnten **Verhaltensschwierigkeiten** bei Kindern **drogenabhängiger Mütter**. So reagieren die betroffenen Kinder auf laute Stimmen und Positionsveränderungen viel häufiger mit **lang anhaltendem Schreien** und **vermeiden** in der Folge **stimulierende Situationen**. Dadurch nehmen sie weniger Informationen auf und lernen weniger. Des Weiteren ist bei diesen **Schreikindern** die fein aufeinander abgestimmte Kommunikation zwischen Mutter und Kind, die so genannte **Mutter-Kind-Interaktion**, die sich durch gegenseitige Blicke, Berührungen, Lächeln und lautliche Äußerungen auszeichnet, gestört. Die Mütter wissen häufig nicht, wie sie auf die überwiegend negativen Signale des Kindes reagieren sollen und gehen in der Konsequenz auch weniger positiv auf das Kind ein.

Bliebe noch das **Alter der Mutter** als ein weiterer **Risikofaktor** zu erwähnen. Gerade weil in unserer Gesellschaft das Durchschnittsalter werdender Mütter immer weiter steigt, sollte darauf hingewiesen werden, dass bei Schwangeren, die das **35. Lebensjahr überschritten** haben, die Rate an **Früh-** und **Fehlgeburten** zunimmt. Auch die Wahrscheinlichkeit, **auf natürlichem Weg** schwanger zu werden, sinkt allein dadurch, dass die Gebärmutterwände dünner werden und so die erfolgreiche Einnistung einer Eizelle erschwert wird. Außerdem sind alle **Ovuli** (Eizellen) einer Frau bereits seit ihrer Geburt in unreifer Form in ihrem Körper vorhanden. Je älter sie wird, desto länger können die Ovuli **schädigenden Einflüssen** wie Krankheiten und Drogen, aber auch Strahlungen (z.B. durch Röntgen) ausgesetzt sein.

Mit dem Alter der Mutter steigt des Weiteren das Risiko für das Baby, einen **Chromosomenfehler** zu entwickeln. Der sicher bekannteste, weil am häufigsten auftretende ist das **Down-Syndrom**, auch unter dem Namen Mongolismus oder Trisomie 21 bekannt. Bei den betroffenen Personen ist das Chromosom 21 dreimal vorhanden. Die Wahrscheinlichkeit, ein Kind mit einer solchen Behinderung zu gebären, liegt bei Müttern, die das 30. Lebensjahr noch nicht überschritten haben, bei 1:1500, steigt aber für Schwangere, die bereits **älter als 45 Jahre** sind, auf 1:45 an.

Warum sind wir so ausführlich auf die Risiken, denen Kinder im Mutterleib ausgesetzt sind, eingegangen? Bestimmt nicht, um Panik zu verbreiten, denn dank moderner medizinischer Technik und präventiver Maßnahmen können viele Risiken bereits im Vorfeld erkannt und verhindert oder zumindest eingedämmt werden, so dass der weitaus überwiegende Teil der Kinder gesund zur Welt kommt. Was aber durch die Darstellung des Einflusses verschiedener Teratogene ganz deutlich wird, ist, dass die **Entwicklung** eines Menschen **nicht erst** mit seiner **Geburt** beginnt, sondern **ganz entscheidend** in den Monaten zuvor mitbestimmt wird.

9.2.2 Die ersten Lebensmonate

Begriffe auditive Wahrnehmung ♦ Geruchs- und Geschmackssinne ♦ visuelle Wahrnehmung ♦ Motorik **Lernziele**

Nach der Geburt scheinen wir es erst einmal mit hilflosen Wesen zu tun zu haben, aber ganz so hilflos sind diese gar nicht. Welche Möglichkeiten haben also die kleinen Wesen, um mit ihrer Umwelt in Kontakt zu treten und sich das zu verschaffen, was sie brauchen? Relevant ist hier in erster Linie die Entwicklung der **Wahrnehmungsprozesse** und der **Motorik**.

Die Entwicklung der Wahrnehmung

Auf die verschiedenen **Sinne**, die ein Mensch besitzt, sind wir in Lektion 2 eingegangen. Hier wollen wir sie nun aus entwicklungspsychologischer Sicht betrachten. Wie entwickeln sich die verschiedenen **Wahrnehmungsmöglichkeiten** – wie z.B. Hören, Riechen, Schmecken – in den ersten Lebensmonaten eines Menschen? Und womit ist er schon von Geburt an ausgestattet? Was wissen Sie bis jetzt darüber? THINK!

♦ **Auditive Wahrnehmung**
Die Entwicklung der auditiven Wahrnehmung haben wir bereits im Exkurs von Abschnitt 9.2.1 kurz angesprochen. Dort wurde dargelegt, dass bereits **Ungeborene** etwa ab der 25. Schwangerschaftswoche **im Mutterleib hören** können. Die **Stimme der Mutter** kann von anderen Frauenstimmen bereits **kurz nach der Geburt** unterschieden werden. Für die Stimme des Vaters wurde leider nichts Vergleichbares festgestellt, weshalb man vermutet, dass Neugeborene jene akustischen Signale präferieren, die ihnen schon aus dem Bauch der Mutter bekannt vorkommen. Darüber hinaus hören Ungeborene die Stimme ihrer Mutter auch häufiger als die des Vaters.

Heute weiß man, dass der bevorzugte **Tonhöhenbereich** von Säuglingen im Bereich der menschlichen Sprache und leicht darüber liegt. Aber es ist weit gefehlt zu glauben, dass das Gehör von Säuglingen bereits vollständig ausgebildet ist. Neugeborene haben eine um **ca. 10 bis 20 dB erhöhte Wahrnehmungsschwelle**, d.h. sie hören ungefähr so wie Erwachsene, wenn sie einen Schnupfen haben. Erst mit **ca. 12 bis 13 Jahren** erreichen Kinder das Hörniveau Erwachsener.

Auch die Genauigkeit der **Lokalisation** (d.h. Ortung) von **Schallereignissen im Raum** hat bei Neugeborenen noch nicht ihr Optimum erreicht. Woran liegt das? Ein akustisches Signal wird über die Zeitdifferenz, mit der der Schall das linke bzw. rechte Ohr erreicht, lokalisiert. Der Abstand zwischen den Ohren bei Säuglingen ist aber geringer als bei Erwachsenen, d.h. der Schall erreicht bei Babys die beiden Ohren mit einer **kürzeren Zeitdifferenz** als bei uns. Deshalb können **jüngere Kinder** eine Schallquelle **weniger präzise** lokalisieren als Erwachsene.

◆ Geruch und Geschmack

Geruch und Geschmack sind bei Säuglingen recht zeitig ausgeprägt. Bereits zwei Stunden nach der Geburt kann man bei Babys über die Gesichtsausdrücke **unterschiedliche Reaktionen** beim **Schmecken** süßer, salziger, saurer und bitterer Flüssigkeiten beobachten. Es ist ihnen ebenfalls sehr bald möglich, **angenehme** von **unangenehmen Gerüchen** zu unterscheiden. So zeigen bereits Neugeborene positive Gesichtsausdrücke, wenn ihnen Erdbeer-, Bananen- und Vanillearomen dargeboten werden, aber negative bei faulen Eiern und Fisch (Steiner, 1979). Außerdem erkennen sie nach **ca. einer Woche** den **Brustgeruch** der Mutter. Dies ist eine wichtige Fähigkeit, da die visuelle Unterscheidung der Mutter von anderen Personen aufgrund des sich langsamer entwickelnden visuellen Systems erst später möglich ist.

◆ Visuelle Wahrnehmung

Womit wir bei der Frage wären, wie sich die visuelle Wahrnehmung in den ersten Lebensmonaten entwickelt. Die **Sehschärfe** ist nach der Geburt **sehr gering ausgeprägt**. In den ersten zwei bis drei Monaten sind Babys z.B. nicht in der Lage, feine Details zu unterscheiden.

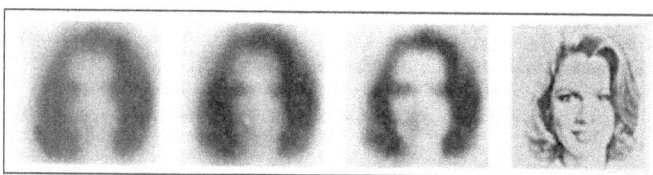

Abb. 9.1 Simulation der visuellen Wahrnehmung des Gesichtes einer Frau für ein Kind mit 1, 2 oder 3 Monaten bzw. für einen Erwachsenen (v.l.n.r.)*

Innerhalb des ersten halben Lebensjahres treten jedoch auch in diesem Wahrnehmungsbereich deutliche Verbesserungen ein und mit **ca. einem Jahr** besitzen Kinder die **Sehschärfe eines Erwachsenen**. Neben der geringen Sehschärfe ist auch die **Kontrastsensitivität** in den ersten drei Lebensmonaten deutlich geringer ausgeprägt als bei Erwachsenen. Sie erreicht jedoch bis etwa zum **6. Lebensmonat** ihre **volle Ausprägung**.

Trotz geringeren Sehvermögens präferieren Neugeborene **kontrastintensive Muster**. Auch das menschliche Gesicht wird aufgrund seiner vielen Schattierungen von Säuglingen gerne betrachtet. Wie dies für ein Kind in den ersten drei Lebensmonaten aussehen könnte, zeigt Abb. 9.1.

Motorische Entwicklung

Die **motorische Entwicklung** umfasst Fähigkeiten wie Sitzen, Stehen, Gehen und Greifen. Kurz nach der Geburt ist die Wirbelsäule des **Säuglings** noch sehr empfindlich und die **Verhaltensausstattung** überwiegend durch **Reflexe** bestimmt, bevor Lernprozesse einsetzen können. Diese

---

* Bildquelle: Wilkening/Krist, Entwicklung der Wahrnehmung und Psychomotorik; aus: Oerter/Montada (Hrsg.), *Entwicklungspsychologie*, 5. Auflage, Beltz PVU, Weinheim und Basel.

Reflexe sind **überlebensnotwendig**, wenn man bedenkt, dass auch das Atmen und das Saugen zu eben diesen **automatischen Reaktionen** gehören. Einige Reflexe bleiben über das **gesamte Leben** hinweg bestehen (z.B. Atmen, Blinzeln oder der Kniesehnenreflex), andere wiederum sind „Vorläufer" späterer, **gelernter motorischer Verhaltensmuster** (wie z.B. der Greifreflex oder der Schreitreflex) und verlieren sich in einer gewissen Zeit, wenn die motorische Entwicklung in den späteren Lebensmonaten weiter fortgeschritten ist. Tab. 9.2 zeigt diese Entwicklungsschritte im Überblick.

erste Bewegungen bis Gehen	Alter	Greifbewegungen
fetale Haltung, Schreitreflex	Geburt	Greifreflex
Anheben des Kinns	1 Monat	
Anheben der Brust	2 Monate	
	3 Monate	greifen, aber verfehlen
mit Unterstützung **sitzen**	4 Monate	greifen mit der ganzen Hand
im Schoß sitzen	5 Monate	greifen von Objekten
sitzen im Kinderstuhl	6 Monate	greifen mit allen Fingern und der Handmitte greifen nach sich bewegenden Objekten
alleine sitzen	7 Monate	
mit Unterstützung **stehen**	8 Monate	greifen zw. Daumen und übrigen Fingern
stehen mit festhalten	9 Monate	
krabbeln	10 Monate	
mit Unterstützung **gehen**	11 Monate	
sich zum Stand emporziehen	12 Monate	greifen mit den Fingerspitzen
Treppen hinaufklettern	13 Monate	
alleine stehen	14 Monate	
alleine gehen	15 Monate	

Tab. 9.2 Motorische Entwicklung der ersten Lebensmonate (in Anlehnung an Zimbardo, 1995)

Es versteht sich von selbst, dass hier nur **ungefähre Werte** angegeben sind. Die **individuelle Entwicklung** kann im Einzelfall immer von diesen Angaben abweichen – d.h. verzögert oder auch beschleunigt ablaufen. Also keine Panik, wenn ein Kind vielleicht gar nicht krabbeln will, sondern lieber gleich läuft. Dennoch sollte man natürlich die motorische Entwicklung des Kindes beobachten.

9.2.3 Spätere Kindheit

Begriffe **kognitive Entwicklung** ♦ **animistische Interpretation** ♦ **Kausalverständnis** ♦ **bereichsspezifisches Wissen** ♦ **intuitive Verhaltenstheorie** ♦ **Gedächtnisentwicklung** ♦ **Gedächtniskapazität** ♦ **Gedächtnisstrategien** *Lernziele*

Verlassen wir nun das Gebiet „Entwicklung im Säuglingsalter" und wenden wir uns den daran anschließenden Kindheitsjahren zu, wobei wir uns schwerpunktmäßig mit der **kognitiven Ent-**

wicklung befassen werden. Wir wollen dabei auf folgende Fragen eingehen: Wie denken Kinder? Wie entwickelt sich ihr Gedächtnis? Wie sieht es mit dem Wissenszuwachs aus und wie strukturieren Kinder ihr Wissen? Welche Strategien nutzen sie und welche noch nicht? Gibt es globale Unterschiede im Denken von Erwachsenen und Kindern?

Die Entwicklung bereichsspezifischen Wissens

Jahrelang ging man von eben solchen **globalen Unterschieden** zwischen Erwachsenen und Kindern aus. Jean Piaget (1896-1980) - ein Pionier der Entwicklungspsychologie - bescheinigte jüngeren Kindern ein „kognitives Defizit". So neigen jüngere Kinder zu einer **animistischen Interpretation** ihrer Umwelt, d.h. sie schreiben **leblosen** Gegenständen, Pflanzen etc. **Intentionen** (Absichten, Wissen, Überzeugungen) zu, um deren Verhalten zu erklären. Beispielsweise könnte eine Aussage lauten *„Die Sonne scheint, weil sie möchte, dass es hell und warm ist."* oder *„Die Blume blüht, weil sie will, dass wir sie anschauen."* Piaget behauptete nun, dass Kinder über ein nur eingeschränktes **Kausalverständnis** verfügen. Da sie erlebten, dass sie selbst **absichtsvolle Handlungen** hervorrufen können, würden sie auch alle anderen Vorgänge in der Natur als absichtsvoll interpretieren. Dabei fehle es ihnen an einem Verständnis für „mechanische" Verursachungen.

In jüngerer Zeit ist man jedoch von dieser eher pessimistischen Sicht abgegangen. Die animistische Denkweise jüngerer Kinder lässt sich auch mit **mangelndem naturwissenschaftlichem Wissen** erklären. Halten wir uns vor Augen: Kinder müssen sich alle Wissensbereiche von Grund auf aneignen, denn sie kommen als absolute Laien, d.h. **ohne Vorwissen** auf die Welt. Erwachsene und Kinder unterscheiden sich also weniger qualitativ in ihren Denkweisen, sondern in erster Linie **quantitativ** im Umfang des **bereichsspezifischen** (z.B. biologischen, physikalischen, chemischen) **Wissens**, auf das sie bei Denkvorgängen zurückgreifen können. Dieses Wissen müssen Kinder über die Jahre hinweg erst erwerben. Vertreter dieser These gehen also davon aus, dass im Laufe der Entwicklung ein sich herausbildender Wissenskern durch Aneignung neuen Wissens ausgebaut wird.

Dennoch hält sich die Anwendung animistischer Interpretationen bei Kindern mit auffälliger Hartnäckigkeit und lässt sich auch durch bloße **Wissensvermittlung** nicht einfach „ausschalten". Woran liegt das? Nach **Beate Sodian** (1995) kommt es nicht allein darauf an, den Kindern Wissen zu vermitteln, vielmehr geht es darum, ein bestehendes **Erklärungsmodell** aus der „**Kinderwelt**" durch ein anderes aus der „**Erwachsenenwelt**" zu ersetzen. Kinder erklären Phänomene und Beobachtungen auf der Basis einer Art „intuitiven" Verhaltenstheorie - ähnlich einem Menschen im Mittelalter, der ebenfalls nicht über das Wissen eines heutigen Erwachsenen verfügte, aber dennoch Theorien zu bestimmten Naturereignissen aufstellte. Man denke nur an das heliozentrische Weltbild: Wie Studien zeigen konnten, gehen Kinder heute - wie auch die Menschen vor 500 Jahren - in ihrer Vorstellung von unserem Universum von einem **geozentrischen Weltbild** aus. Im Laufe der Schulzeit wird diese Vorstellung durch die **heliozentrische** Sichtweise ersetzt. Trotz dieses Wissens ist es aber für Grundschulkinder schwer zu verstehen, warum die Menschen am Südpol nicht von der Erde herunterfallen (Vosniadou, 1991). Sie glauben z.B., dass die Menschen auf der Innenseite (also im Inneren) der Erdkugel leben. Erst nach einigen Jahren - mit der Einsicht in die Wirkweise der Erdanziehungskraft und der Verknüpfung dieses Wissens mit dem Wissen über das heliozentrische Weltbild - wandelt sich die kindliche Sichtweise in die der Erwachsenen.

Aufgrund dieser Beobachtungen gehen andere Wissenschaftler davon aus, dass in der Kindheit eben nicht nur ein bloßer **Wissenszuwachs**, sondern ein **Theorienwandel** stattfindet – und zwar je nach **Inhaltsgebiet** zu unterschiedlichen **Zeitpunkten** und mit unterschiedlicher **Geschwindigkeit**.

Gedächtnisentwicklung

Aus dem Bereich der **Gedächtnisentwicklung** wollen wir die Veränderungen der Gedächtniskapazitäten und der angewandten Gedächtnisstrategien näher betrachten.

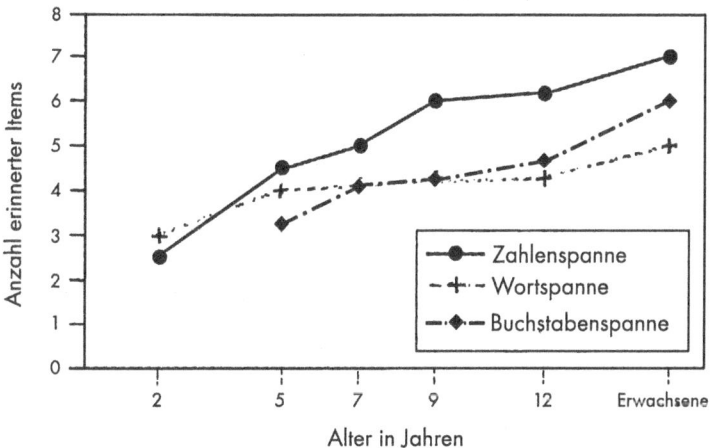

Abb. 9.2
Entwicklung der Gedächtnisspanne für Zahlen, Buchstaben und Wörter zwischen dem frühen Kindes- und dem Erwachsenenalter (nach Dempster, 1981)

Insgesamt lässt sich feststellen, dass die **Gedächtnisleistungen** im Kindes- und Jugendalter sprunghaft ansteigen. Abb. 9.2 gibt diese Veränderungen bildhaft wieder. *Ein* Grund für diesen Anstieg ist in der sich vergrößernden **Gedächtniskapazität** bzw. **Gedächtnisspanne** zu finden. Während Erwachsene eine durchschnittliche Gedächtnisspanne von 7 +/- 2 Informationseinheiten aufweisen (d.h. sie können sich ca. 7 Wörter, Zahlen oder Ähnliches vollständig merken, bei einer höheren Anzahl werden einzelne Wörter, Zahlen etc. vergessen), liegt diese bei jüngeren Kindern deutlich darunter. Es konnte nachgewiesen werden, dass die Kapazität des Gedächtnisses von der **jüngeren Kindheit** an bis ins **Jugendalter stetig ansteigt** (Dempster, 1981).

Neben der Gedächtniskapazität gelten auch die angewandten **Gedächtnisstrategien** als relevanter Einflussfaktor für die Gedächtnisentwicklung. Wir unterscheiden hierbei zwischen **Enkodierstrategien** (d.h. Einspeicherungsstrategien) und **Abrufstrategien**, wobei die Enkodierstrategien u.a. nochmals unterteilt werden in **Memoriertechniken** (d.h. Wiederholen der zu merkenden Begriffe) und **Kategorisierungsstrategien**.

Die **spontane Nutzung** von Enkodierstrategien nimmt mit dem Alter zu. So konnten **John H. Flavell** et al. (1966) zeigen, dass **nur 10% der Kindergartenkinder**, die sich Bilder merken und später aus dem Gedächtnis wiedergeben sollten, spontan die Lippen bewegten, d.h. die zu merkenden Begriffe still wiederholten (also **memorierten**), während dies bei 85% der ebenfalls untersuchten **Fünftklässler** zu beobachten war. Diese Kinder wiesen beim Abruf der Bilder auch bessere Erinnerungsleistungen auf.

Ähnlich sieht es bei den **Kategorisierungsstrategien** aus. Hierunter versteht man das Ordnen z.B. einer Liste von vorgegebenen Wörtern oder Bildern nach Oberbegriffen, um sie sich besser merken zu können. Auch in diesem Fall zeigen Kindergartenkinder und Erstklässler keine spontane Nutzung solcher Strategien, können sie aber dann gewinnbringend anwenden, wenn diese Möglichkeit intensiv mit ihnen trainiert wird. Aber erst bei **10- bis 11-jährigen Kindern** ist eine überzufällige **spontane Nutzung** der Kategorisierungsstrategien zu verzeichnen, was sich dann ebenfalls in den Erinnerungsleistungen niederschlägt.

Auch für die **Abrufstrategien** sind **Defizite** bei **jüngeren Kindern** festzustellen. Diese bestehen meist darin, dass sie interne oder externe Erinnerungshilfen nicht als solche erkennen. So sind ältere Kinder besser in der Lage, **kontextbezogene** (*„Ampere hat etwas mit Physik zu tun."*) und **zeitliche** (*„Ich habe gestern erst davon gehört."*) **Informationen** beim Informationsabruf aus dem Gedächtnis zu nutzen.

Natürlich besteht zwischen dem Einsatz von **Gedächtnisstrategien** und dem Umfang des **bereichsspezifischen Wissens** auch eine **Wechselwirkung**. So erleichtert z.B. ein breites Vorwissen den Strategieeinsatz oder macht ihn möglicherweise sogar unnötig. Im Laufe der Schulzeit nimmt die Bedeutung des Vorwissens für die kognitiven Leistungen stetig zu, wohingegen die Enkodierstrategien eine immer geringere Rolle spielen.

9.2.4 Adoleszenz (Jugendalter)

Begriffe: Identitätsfindung ◆ Peer-Kontext ◆ Selbstreflexion ◆ soziale Perspektivenübernahme ◆ moralisches Denken ◆ präkonventionelles Stadium ◆ konventionelles Stadium ◆ postkonventionelles Stadium

Lernziele

Lassen wir nun die Kindheit hinter uns und wenden uns dem **Jugendalter**, d.h. der **Adoleszenz** zu. Zur Beschreibung dieses Altersbereiches tauchen in der Literatur verschiedene Altersangaben und Bezeichnungen auf. Unter Adoleszenz versteht man allgemein das Alter zwischen 10 und 21 Jahren, während man Personen im Alter von 12 bis 17 Jahren als **Jugendliche** und zwischen 18 und 21 als **Heranwachsende** bezeichnet. Was ist das Besondere an diesem Alter? Sicher erinnert sich noch jeder an diese „Sturm-und-Drang-Zeit". Die „Kinder" lösen sich allmählich vom Elternhaus. Im Gegensatz dazu wird die **Beziehung zu Gleichaltrigen** – der so genannte **Peer-Kontext** – immer bedeutsamer. Und die jungen Menschen sind auf der Suche ihrer **eigenen Identität**.

Finden der eigenen Identität

Wie geht das vor sich? Welche psychologischen Annahmen existieren hierzu? Nach **James E. Marcia** (1966) findet im Jugendalter ein **Übergang** von einer von den **Eltern geprägten** und **übernommenen Identität** zu einer **selbst ausgewählten, erarbeiteten** statt. Jugendliche wollen nicht mehr nur so sein, wie ihre Eltern sie gerne hätten, sondern entwickeln eigene Wünsche und Vorstellungen über ihre Person. Dies spiegelt sich mitunter in konträren Ansichten und Zukunftsplänen (z.B. die Berufswahl betreffend), aber auch in Äußerlichkeiten (Kleidung, Haarschnitt, Piercing etc.) wider.

Woher kommen diese – scheinbar plötzlichen – Wandlungen? Sie haben u.a. ihre Ursache in verschiedenen **kognitiven Veränderungen**. Den Jugendlichen ist nicht nur – wie in der Kindheit – die **Subjektivität** verschiedener **Perspektiven** bewusst, sie sind auch in der Lage, die Perspektive einer **dritten, außenstehenden Person** einzunehmen (z.B. in einer Diskussion) sowie die Perspektiven **mehrerer Personen** zu koordinieren und in ihr eigenes Urteil einfließen zu lassen. Dies wiederum hat zur Folge, dass nicht mehr die Meinungen weniger Bezugspersonen (hauptsächlich der **Eltern**) unreflektiert übernommen werden, sondern **eigene Werthaltungen** entstehen. Der Einfluss des Wertesystems **Gleichaltriger (Peer-Group)** wird immer größer. Außerdem sind die Jugendlichen fähig, über die eigene Person kritisch nachzudenken (**Selbstreflexion**), und sie gewinnen ein tieferes Verständnis für die Motive des eigenen Handelns, was wiederum die Ausbildung der **eigenen Identität** und **persönlicher, moralischer Grundsätze** unterstützt. Sie erarbeiten sich eine eigene, unabhängigere Position in ihrem sozialen Umfeld.

Die Entwicklung moralischen Denkens

Die Möglichkeit des Jugendlichen zur **sozialen Perspektivenübernahme** hat auch einen entscheidenden Einfluss auf die Entwicklung des **moralischen Denkens** und **Urteilens**. **Lawrence Kohlberg** (1964) unterscheidet **drei Stadien der moralischen Entwicklung**, die sich in insgesamt **sechs Stufen** unterteilen lassen (vgl. Tab. 9.3). Diese Stufen können nur **nacheinander** (in der Reihenfolge von 1 nach 6) durchlaufen werden. Die Entwicklung ist **nicht umkehrbar,** aber nicht jeder Erwachsener wird Stufe 5 oder gar Stufe 6 erreichen. Dies hängt auch von der jeweils vorherrschenden Gesellschaftsordnung und ihrer Orientierung an demokratischen, freiheitlichen und ethischen Werthaltungen ab. Allgemein nimmt man an, dass sich ein Individuum in seinem moralischen Denken weiterentwickeln kann, wenn sich das **moralische Niveau** seiner **Umwelt** oder der **Gesellschaft**, in der es lebt, auf einer **höheren Entwicklungsstufe** befindet. Im Einzelnen lassen sich die drei Stadien – präkonventionelles Stadium, konventionelles Stadium und postkonventionelles Stadium – wie folgt charakterisieren:

◆ Präkonventionelles Stadium
   Das präkonventionelle Stadium umfasst überwiegend das moralische Denken von **Kindern** bis zum **ca. 9. Lebensjahr**. Hier kommt es vor allem auf die **Sicherung der eigenen Interessen** an. Die Interessen anderer werden nur berücksichtigt, wenn sie direkt erkennbar sind. So könnte man beispielsweise annehmen, dass ein Kind diesen Alters einen Gegenstand deshalb nicht stiehlt, weil es befürchtet, von den Eltern hierfür bestraft zu werden oder weil es weiß, dass das potenzielle Opfer den Gegenstand braucht. Abstrahierungen werden nicht vorgenommen, übergeordnete soziale und gesellschaftliche Normen spielen noch keine Rolle.

◆ Konventionelles Stadium
   Soziale und **gesellschaftliche Normen** dienen erst im zweiten Stadium, dem konventionellen Stadium, **Jugendlichen** und auch vielen **Erwachsenen** (auf den Stufen 3 und 4) als Orientierungshilfe und werden in den Urteilsprozess mit einbezogen. Voraussetzung hierfür ist u.a. die Fähigkeit zu einer **erweiterten Perspektivenübernahme**. Diese ermöglicht es auch, durch die Anerkennung **übergeordneter, feststehender Gesetzmäßigkeiten**, die das gesellschaftliche Leben regeln, die Interessen der Allgemeinheit beim Handeln zu berücksichtigen. Beispielsweise könnte ein Jugendlicher einen Diebstahl deshalb ablehnen, weil eine solche Handlung – zur Wahrung der sozialen Ordnung – gesetzlich verboten ist. Eine **Hinterfragung der Regeln** auf ihre Sinnhaftigkeit und moralische Rechtfertigung findet nach Kohlberg jedoch **noch nicht** statt.

Stadien und Orientierung	Inhalt des Stadiums	Soziale Perspektive des Individuums
I. Präkonventionelles Stadium		
1. Bestrafung-Gehorsam-Orientierung	• Regeln werden eingehalten, um Bestrafung zu vermeiden • Gehorsam, um eigene Person zu schützen	• nur eigene Interessen werden berücksichtigt (egozentrisch) • (Unabhängigkeit der) Interessen anderer (wird) werden nicht erkannt
2. instrumentell-relativistische Orientierung	• Regeln werden eingehalten, wenn es jemand anderem unmittelbar dient • gerecht ist, was fair ist (wie du mir, so ich dir)	• Standpunkt anderer wird verstanden • Einsicht, dass es Interessenkonflikte geben kann
II. Konventionelles Stadium		
3. Orientierung auf Konformität	• gut ist, was anderen gefällt oder hilft • Übernahme einer bestimmten Rolle und Erfüllung der damit verbundenen Erwartungen • Beziehungen, Vertrauen, Loyalität und Dankbarkeit sind wichtig	• kann sich in die Lage anderer versetzen • gemeinsame Interessen (z.B. der Familie) haben Vorrang vor individuellen
4. Orientierung auf Autorität und Erhalt der sozialen Ordnung	• „law-and-order"-Orientierung • Pflicht tun und Autorität achten • alles tun zum Erhalt der sozialen Ordnung • Gesetze müssen beachtet werden, außer in extremen Fällen	• Unterscheidung zwischen gesellschaftlichem Standpunkt und individuellen Motiven • Mensch als Teil eines Systems (Gesellschaft)
III. Postkonventionelles (autonomes) Stadium		
5. legalistische Sozialkontrakt-orientierung	• es gibt verschiedene Werte und Meinungen, die häufig gruppenspezifisch sind • Gesetze sind demokratisch veränderbar • Brauchbarkeit der Gesetze ist rational überprüfbar • Gesetze können im Gegensatz zum Recht des Einzelnen stehen	• Unterscheidung zwischen einem legalistischen Standpunkt (Gesetz) und einem moralischen • Integration verschiedener Perspektiven im Urteil
6. Orientierung auf universale ethische Prinzipien	• Recht ist abstrakt und sollte ethischen Belangen genügen • wenn Gesetze ethischen Prinzipien widersprechen, hat die Ethik Vorrang • gleiches Recht für alle (universales Prinzip der Gerechtigkeit) • Achtung der Würde des Individuums	• wie oben, aber der moralische Standpunkt erhält entschieden die höhere Bedeutung

Tab. 9.3 Stufen der moralischen Entwicklung nach Kohlberg (in Anlehnung an Schmidt-Denter, 1996)

- **Postkonventionelles Stadium**
  Dieses Hinterfragen wäre ein Zeichen des letzten, des postkonventionellen Stadiums, das frühestens, wenn überhaupt, im **Erwachsenenalter** erreicht werden kann. Kennzeichnend für die darin enthaltenden moralischen Entwicklungsstufen 5 und 6 sind die rationale Überprüfung **allgemein vorgeschriebener Regeln** unter Abwägung der **Interessen des Einzelnen** gegen die der **Allgemeinheit**, die Einsicht in die **Veränderbarkeit gesellschaftlicher Normen** und – als höchste Stufe – die Berücksichtigung **ethischer Grundanschauungen** wie z.B. die Würde und die Unverletzlichkeit des Einzelnen als ein oberstes Gebot. Als Beispiel wäre hier zu nennen, dass ein Diebstahl zwar grundsätzlich nicht gerechtfertigt ist, wenn aber die Gesundheit eines Menschen auf dem Spiel steht, kann von diesem Grundsatz abgewichen werden. Eine strafrechtliche Verurteilung eines aus diesen Motiven handelnden Menschen müsste, so Kohlberg, von einer Person, die auf der sechsten Stufe angelangt ist, genauso als moralisch nicht gerechtfertigt zurückgewiesen werden, wie das Gesetz an sich, das die Verurteilung zulässt.

So einleuchtend Kohlbergs Theorie auch klingen mag, im Verlauf der Zeit wurde immer wieder Kritik an ihr laut. Unter anderem konnte festgestellt werden, dass Personen, die eine bestimmte Stufe erreicht hatten, sehr wohl auf **frühere Entwicklungsstufen zurückfallen** konnten. Hinzu kommt, dass die **einzelnen Stufen** in der Praxis **nicht** immer leicht **voneinander zu unterscheiden** sind und dass **moralisches Denken** keineswegs automatisch ein der Stufe entsprechendes **Handeln** nach sich ziehen muss. Die Einsicht, dass eine Tat ein Unrecht bedeutet, heißt noch lange nicht, dass sie auch unterlassen oder verhindert wird (z.B. wenn der Augenzeuge einer Straftat die Befürchtung hat, in die Sache „mit hineingezogen zu werden", vor Gericht aussagen zu müssen etc). Dies macht deutlich, dass, wenn wir die Interessen der Gesellschaft und die des Einzelnen berücksichtigen wollen, **moralisches Denken** allein nicht ausreicht. Entscheidend ist die Berücksichtigung des **moralischen Handelns**.

9.2.5 Alter

Begriffe   **Gedächtnis ♦ Gedächtnisabbau ♦ Gedächtnisstrategien (Training) ♦ fluide und kristalline Intelligenz ♦ persönliche Kontrollüberzeugungen**

Lernziele

Abschließend wollen wir uns dem **Alter** zuwenden, das man nach dem 60. Lebensjahr erreicht. Im Allgemeinen wird dieser Lebensabschnitt nicht gerade mit positiven Attributen versehen, denken wir nur an das **Nachlassen** sowohl **physischer** als auch **geistiger Funktionen**. Sehkraft und Gehör werden u.a. schwächer, und das Gedächtnis ist auch nicht mehr so verlässlich wie früher. So zeigen verschiedene Befunde, dass ältere Menschen **Probleme** bei der **Aufmerksamkeitsteilung** haben (d.h. sie können ihre Aufmerksamkeit nicht mehr so flexibel wie früher verschiedenen Dingen gleichzeitig zuwenden). Darüber hinaus werden Probleme bei der Übertragung von Informationen vom Kurzzeitgedächtnis (KZG) ins Langzeitgedächtnis (LZG) sowie beim Abruf von Inhalten aus dem LZG vermutet. Dies hängt eventuell mit einem weiteren Befund zusammen – der **abnehmenden Nutzung** von Gedächtnisstrategien im Alter.

Alter und Gedächtnis

Zur Erklärung dieser Befunde existieren verschiedene Hypothesen: Die **Fähigkeitshypothese** nimmt an, dass im Alter **geistige Defizite** existieren, die zu geringeren Gedächtnisleistungen führen. Hingegen geht die **Verarbeitungshypothese** von einer **ineffektiven Informationsverarbeitung** aus. Dabei sollen sowohl der Informationsabruf als auch das Tempo und die zur Verfügung stehenden Kapazitäten reduziert bzw. beeinträchtigt sein. Die **Motivationshypothese** postuliert schließlich **negative Attributionsstile** älterer Menschen, d.h. sie trauen sich weniger zu als jüngere. Dies führt zu einer geringeren Nutzung des Gedächtnisses und in der Folge zu geringerer Übung der Strategien - Ergebnis: das Gedächtnis „baut ab".

Wer hat nun Recht? Und stimmt die Annahme, dass ältere Menschen jüngeren tatsächlich und in jedem Fall unterlegen sind, wirklich? Ist der **Gedächtnisabbau** ein irreversibler Prozess oder kann man ihm entgegenwirken?

Zunächst einmal muss festgestellt werden, dass **Gedächtnisleistungen** eine große **interpersonelle Varianz** aufweisen, d.h. es gibt sehr wohl ältere Menschen, die problemlos die Leistung jüngerer Menschen erreichen - und diese sogar übertreffen. Es wäre also falsch zu behaupten, dass die Gedächtnisleistungen älterer Menschen grundsätzlich schwächer sind, denn die Leistungen, die das eigene Gedächtnis im gesamten Leben - und damit auch im Alter - erbringt, sind eine sehr individuelle Angelegenheit.

Dennoch muss man davon ausgehen, dass im Durchschnitt die Gedächtnisleistung bei älteren Menschen abnimmt. Was kann man nun dagegen tun? Ein wichtiges Instrument ist hier das bewusste **Training von Gedächtnisstrategien** (wie z.B. **Kategorisierungs-** und **Abruftraining** u.v.m.). Allein hierdurch ließen sich in verschiedenen Studien Leistungssteigerungen feststellen. Andere Wissenschaftler - wie z.B. **Franz E. Weinert** und **Monika Knopf** (1990) - entwickelten ein **zweistufiges Trainingsprogramm**, das neben der **kognitiven** auch die **motivationale** „Seite" der Gedächtnisleistung berücksichtigt, also an den negativen Attributionsstilen älterer Menschen angreift. Durch den **Abbau überzogener Leistungserwartungen** und **negativer Selbstbewertungen** sowie durch die Erarbeitung **alternativer**, d.h. nicht auf das Alter bezogener **Erklärungen** für **positive** oder **negative Gedächtnisleistungen** soll die Basis dafür gelegt werden, dass ebenfalls trainierte Gedächtnisstrategien auch tatsächlich angewandt und sich daraus ergebende Erfolge auch wahrgenommen werden. Das wiederum führt zum vermehrten Einsatz der Strategien. Die Autoren konnten zeigen, dass noch 6 Jahre nach dem Training Verbesserungen der Gedächtnisleistungen der trainierten Gruppe - im Vergleich zu einer Kontrollgruppe - zu verzeichnen waren. Man kann also auch im Alter etwas für den Erhalt der „grauen Zellen" tun.

Alter und Intelligenz

Wie sieht es nun mit der Intelligenz aus? Ist auch hier im Alter ein Rückgang zu verzeichnen? Grundsätzlich kann man sagen, dass **kognitive Funktionen** - inklusive der Intelligenz - im mittleren Erwachsenenalter kaum Veränderungen erfahren und erst **ab ca. dem 75. Lebensjahr** eine **Abnahme** zu verzeichnen ist.

Betrachten wir die **Intelligenz** ein wenig näher: Hier muss zwischen der **fluiden** und der **kristallinen** Intelligenz unterschieden werden (siehe Lektion 6, Abschnitt 6.2.2), denn die beiden Intelligenzarten zeigen im Alter **verschiedene Entwicklungstrends**. Es ist zu beobachten, dass die fluide Intelligenz im höheren Alter systematisch abfällt, während das Niveau der kristallinen Intelligenz lange erhalten bleibt. Dabei ist sowohl ein **Geschlechts-** als auch ein **Vorbildungseffekt** zu beobachten. Bei **Frauen** beginnt der Abbau der fluiden, bei **Männern** der der kristallinen Intelligenz früher (Willis & Schaie, 1988). Außerdem wirken sich sowohl ein **hoher Bildungsstand** und **hoher sozioökonomischer Status** als auch **körperliche** und **geistige Aktivitäten** positiv und protektiv auf den Erhalt des intellektuellen Leistungsniveaus im Alter aus.

Wie beim Gedächtnisabbau kann auch hier mittels gezielter **Trainings** vor allem dem Abbau der kristallinen, aber auch dem der fluiden Intelligenz entgegengewirkt werden. Dennoch haben diese **Interventionsprogramme** selbstverständlich ihre Grenzen. So ist ab dem **9. Lebensjahrzehnt** fast immer auch ein Abbau der kristallinen Intelligenz zu verzeichnen. Bei **dementen Menschen**, z.B. bei **Alzheimer-Patienten**, ist der **Gedächtnisabbau** nahezu **irreversibel**. Bei Alzheimer sind sogar Gedächtnisbereiche von der Zerstörung betroffen, die bei gesunden älteren Menschen keine Verluste aufweisen (z.B. das Erinnern an bekannte Menschen bis hin zum Nichterkennen des Lebenspartners).

Natürlich darf die Rolle der **persönlichen Kontrollüberzeugungen** nicht vergessen werden. Menschen, die nicht glauben, dass sie etwas (lernen) können, werden viel geringere bis keine Erfolge zeigen, im Vergleich zu denen, die von ihren Fähigkeiten überzeugt sind. Das **Selbstbild** spielt also auch im Alter eine entscheidende Rolle im Hinblick auf die Leistungsfähigkeit eines Menschen.

Alles in allem zeigt sich somit zumindest für die kognitiven Fähigkeiten ein viel optimistischeres Bild, als allgemein angenommen wird. Und dies ist im Hinblick auf eine immer älter werdende Bevölkerung ein Lichtblick.

Aufgaben

1. Definieren Sie den Begriff „Reifung" und bringen Sie ihn in Verbindung mit der „Anlage-Umwelt-Problematik".
2. Was versteht man unter pränataler Entwicklung, welche Stadien gibt es und welche Störungen können auftreten?
3. Was versteht man unter einer „animistischen Interpretation" der Umwelt? Beschreiben Sie ein eigenes Beispiel.
4. Beschreiben Sie verschiedene Arten von Gedächtnisstrategien.
5. Welche Hypothesen der Gedächtnisentwicklung im Alter gibt es? Beschreiben Sie diese kurz.

zur Lernkontrolle

10 Pädagogische Psychologie

Die **Pädagogische Psychologie** beschäftigt sich mit Fragestellungen des **Lehrens** und **Lernens**, mit der Gestaltung von **Lernumwelten** und mit der **Erziehung** von Menschen. Demzufolge gibt es Überschneidungen mit anderen psychologischen Fachrichtungen, vor allem mit der Entwicklungs-, der Lern- und der Sozialpsychologie, aber natürlich auch mit der Pädagogik. Wir werden zunächst mit dem Themengebiet **Wissensvermittlung** auf die Psychologie des Lehrens und Lernens eingehen und im Anschluss **individuelle Leistungsfaktoren** und Problembereiche des Lernens behandeln. Im letzten Abschnitt der Lektion geht es dann um **geschlechtsspezifische Leistungsunterschiede**.

10.1 Wissensvermittlung

Wissensvermittlung bzw. **Unterricht** in der **Schule** findet unter zwei großen, z.T. entgegengesetzten **Zielen** statt – der Qualifizierung und der Egalisierung. Unter **Qualifizierung** verstehen wir hier das Bestreben, bei den Lernenden bzw. Schülern einen möglichst großen Wissenszuwachs auf möglichst vielen Themengebieten zu erlangen. Die Wissensvermittlung ist stark am **Lernstoff** und einer **effektiven Zeitausnutzung** orientiert. Die **Egalisierung** hat hingegen zum Ziel, unterschiedliche **Vorkenntnisse** und auch **Lerngeschwindigkeiten** zwischen den Lernenden auszugleichen, um möglichst viele zum Lernziel (z.B. dem Erlernen des Bruchrechnens) zu führen. Dies geht aber auf Kosten der Schnelligkeit der Wissensvermittlung, denn leistungsschwächere Schüler benötigen mehr Zeit als leistungsstärkere, die das Lernziel meist rascher erreichen und sich auf neue Ziele konzentrieren könnten. Zur möglichst effektiven Umsetzung *beider* Ziele stehen verschiedene **Wissensvermittlungsmethoden** zur Verfügung – schauen wir uns einige Beispiele an.

10.1.1 Frontalunterricht

Begriffe | *Frontalunterricht* ◆ *Effektivität* ◆ *Wissenszuwachs (Kontrolle)* ◆ *passive Aufmerksamkeit* ◆ *Ermüdung* ◆ *sinkende Motivation* ◆ *Aneignung abstrakten Wissens* | *Lernziele*

Wenn man an den Schulalltag denkt, so tauchen bei den meisten wahrscheinlich Bilder aus der Erinnerung wieder auf, in denen ein **Lehrer** vor der Klasse steht und monologisierend Wissen vermittelt – unterbrochen von einigen Fragen an die Schüler. Dieser **Frontalunterricht** war lange Zeit die übliche Methode in der Unterrichtsgestaltung, denn er zeichnet sich durch eine **effektive Nutzung der Arbeitszeit** aus und ist damit ein wirtschaftlich günstiges Mittel zur **Wissensvermittlung**: Ein **umgrenztes Stoffgebiet** kann in relativ kurzer Zeit unter Berücksichtigung des Wissensstandes der Zuhörer an eine große Anzahl von Schülern weitergegeben werden. Durch gezielte Fragen an die Zuhörer ist es auch möglich, ihren **Wissenszuwachs zu kontrollieren** und ihnen direkte, im positiven Fall verstärkende **Rückmeldungen** über die Korrektheit der Antworten zu geben.

10.1.4 Einfluss verschiedener Medien

Begriffe: selbstorganisiertes Lernen ◆ Lernmedien ◆ Verarbeitungstiefe ◆ Erinnerungsleistung ◆ kognitive Verarbeitung ◆ Verknüpfung von Wissen ◆ verstehendes Lernen

Lernziele

Nun tritt mit zunehmendem Alter des Menschen das Lernen in Unterrichtssituationen immer weiter in den Hintergrund und macht Platz für **selbstorganisiertes Lernen**. Einmal abgesehen von **Erwachsenenbildungseinrichtungen** (wie z.B. den Berufsbildungswerken oder Volkshochschulen) verlagert sich im **Erwachsenenalter** der **Ort des Lernens** von der Schule weg hin zum **Ausbildungs-** und **Arbeitsplatz** oder in die eigenen vier Wände (z.B. im Rahmen Ihrer Telekolleg-Lektionen, die Sie freiwillig absolvieren), aber auch in Museen, Kunstgalerien oder ins Theater. Nicht zu vergessen natürlich – die Informationen aus **Zeitungen**, **Radio** und **Fernsehen**, die uns täglich zum Konsum angeboten werden.

Wir nutzen heute verschiedene **Lernmedien**, um uns aus- und weiterzubilden, wobei neben dem klassischen Medium **Buch** mittlerweile auch **audiovisuelle** und **elektronische** Medien, d.h. Videos bzw. Fernsehsendungen, Hörcassetten bzw. CDs und natürlich **Computerprogramme (CD-ROMs)** oder auch **E-Learning (Online-Angebote)** zu nennen sind. Die Frage ist: Eignen sich die verschiedenen Medien gleichermaßen gut, um neues Wissen **schnell zu lernen** und **dauerhaft im Gedächtnis einzuspeichern**?

Sicher ist, dass sich die einzelnen Medien **unterschiedlicher Beliebtheit** erfreuen. Die meisten Schüler sehen sich lieber Filme an oder setzen sich an den Computer, als sich ein Themengebiet aus einem Buch zu erarbeiten. In den letzten Jahrzehnten sind **Wissens-** und **Informationssendungen** im **Fernsehen** sehr beliebt geworden – zu unser aller Nutzen. Wir erhalten durch dieses Medienangebot leicht und schnell einen Einblick in Themen, die uns ansonsten verschlossen blieben. Wenn Sie in den letzten zwei bis vier Wochen ein solches Programm gesehen haben, versuchen Sie sich doch einmal an die **Inhalte** und **wichtigsten Punkte zu erinnern**. Es wird Ihnen wahrscheinlich schwer fallen, denn auch wenn Filme sehr realitätsnah und interessant gemacht sind, ist die **Verarbeitungstiefe** und damit unsere spätere **Erinnerungsleistung** beim bloßen Anschauen von Sendungen doch **eher gering**. Um dem entgegenzuwirken, ist es wichtig, Sendungen **aktiv** zu betrachten, d.h. **Mitschriften** anzufertigen, die Inhalte in bereits **vorhandenes Wissen** einzupassen und sich z.B. durch Videoaufzeichnungen ein **erneutes Ansehen** zu ermöglichen.

Bücher werden von Schülern als „neutral" bis unattraktiv eingestuft. Lernen aus Büchern gilt als anstrengend, da man sich nicht einfach berieseln lassen kann, sondern sich die **Inhalte aktiv Stück für Stück erarbeiten** muss. Erleichternd wirken sich **Bilder** aus, vor allem dann, wenn ihr Inhalt nicht bereits im Text vollständig wiedergegeben wurde, sondern wenn ein **semantisches Wechselspiel** zwischen **Bild-** und **Textinformation** möglich ist. Inhalte, die wir uns aus Text *und* Bildern erarbeiten müssen, werden stärker durchdacht und damit besser eingespeichert.

Damit sich ein **Lerninhalt** möglichst **dauerhaft** im Gedächtnis festsetzt, ist es unabdingbar, ihn nicht nur zu lesen, sondern auch **aufzuarbeiten**. **Zusammenfassungen** oder **Mindmaps** sind dabei eine große Hilfe. Und natürlich müssen die Inhalte immer wieder **kognitiv durchgearbeitet** als für den Frontalunterricht – schon allein deshalb, weil bei letzterem auf die Expertise (Erfahrungswerte) des Lehrers zurückgegriffen werden kann, während sich bei der Gruppenarbeit die **Lernenden** das nötige **Grundwissen** erst einmal **selbst aneignen** müssen. Außerdem besteht die Gefahr, dass unsichere und schüchterne Schüler sich nur ungenügend in die Gruppe einbringen und **Schüler mit höherem Status** die Gruppe **dominieren**, unabhängig von der Qualität ihrer fachlichen Kompetenz. Dies kann sich **negativ** auf die **Gruppenleistung** auswirken. Außerdem besteht bei **nicht optimaler Gruppenzusammensetzung** und **ungenügender Begleitung** durch die **Lehrkraft** das Risiko, dass die Gruppe in eine **ineffektive Arbeitsweise** verfällt (vgl. hierzu auch Lektion 7, Abschnitt 7.1.5).

10.1.3 Entwicklungsstand und anwendbare Unterrichtsmethoden

Begriffe: *individualisierter Unterrichts* ◆ *Förderklassen* ◆ *Einzelunterricht* ◆ *lehrerzentrierter Frontalunterricht* plus *kooperative Lernformen* ◆ *Gruppendiskussionen* — *Lernziele*

Welche **Unterrichtsmethode** ist nun die beste? Man könnte einfach antworten: Diejenige, die auf das **Vorwissen** und die **Fähigkeiten** jedes **einzelnen Schülers** möglichst optimal abgestimmt ist. Konsequenterweise würde das einen **individualisierten Unterricht** nach sich ziehen: Jeder Schüler bearbeitet Aufgaben, die seinen Fähigkeiten und Interessen entsprechen, in einer Lerngeschwindigkeit, die er selbst bestimmt, und das Ganze möglichst selbstständig. Bei schwächeren Schülern würde dies z.B. **Förderklassen** oder **Einzelunterricht** bzw. Einzelbetreuung und für alle **individuell abgestimmte Hausaufgaben** bedeuten. Es wäre sicher wünschenswert, dass diese logische Schlussfolgerung weitestgehend Beachtung findet. In unserem jetzigen **Bildungssystem** ist eine solche Individualisierung jedoch sowohl organisatorisch als auch finanziell kaum möglich und findet deshalb häufig über das Vereinswesen (Schachclub, Musikverein) oder privatwirtschaftliche Unternehmen (wie Nachhilfeinstitute etc.) statt.

Das bedeutet aber nicht, dass eine **Anpassung der Unterrichtsmethoden** an die **Schülereigenschaften** im Schulalltag nicht möglich ist. Die Forschung auf diesem Gebiet weist auf folgende Zusammenhänge hin: Der **lehrerzentrierte, hochstrukturierte Frontalunterricht** eignet sich vor allem für Schüler mit hohem Angstniveau, mit geringerem Vorkenntnisstand und niedrigerem Intelligenzniveau sowie für Schüler aus benachteiligten sozialen Schichten. Daraus lässt sich auch schlussfolgern, dass der Frontalunterricht bei der **Einführung in ein Themengebiet** von großer Bedeutung ist. Nach der Schaffung einer **Wissensgrundlage** sollte möglichst auf **kooperative Lernformen** zurückgegriffen werden.

Ebenfalls hilfreich für die **Steigerung der Leistungsmotivation** und zum **tieferen Durchdenken** von Sachverhalten sind **Gruppendiskussionen**. Dabei ist aber zu berücksichtigen, dass durch diese Methode in erster Linie leistungsstarke und niedrig-ängstliche Schüler bevorzugt werden, während sich ängstlichere oder schwächere Schüler nicht trauen, ihr Wissen oder ihre Ideen vor der ganzen Klasse mitzuteilen. Denkbar wäre außerdem ein Unterrichtsmodell, bei dem ein Teil der Schüler mit **Gruppenarbeit** beschäftigt ist, während andere vom Lehrer **individuelleren „Nachhilfeunterricht"** erhalten.

10.1.4 Einfluss verschiedener Medien

Begriffe: selbstorganisiertes Lernen ◆ Lernmedien ◆ Verarbeitungstiefe ◆ Erinnerungsleistung ◆ kognitive Verarbeitung ◆ Verknüpfung von Wissen ◆ verstehendes Lernen

Lernziele

Nun tritt mit zunehmendem Alter des Menschen das Lernen in Unterrichtssituationen immer weiter in den Hintergrund und macht Platz für **selbstorganisiertes Lernen**. Einmal abgesehen von **Erwachsenenbildungseinrichtungen** (wie z.B. den Berufsbildungswerken oder Volkshochschulen) verlagert sich im **Erwachsenenalter** der **Ort des Lernens** von der Schule weg hin zum **Ausbildungs-** und **Arbeitsplatz** oder in die eigenen vier Wände (z.B. im Rahmen Ihrer Telekolleg-Lektionen, die Sie freiwillig absolvieren), aber auch in Museen, Kunstgalerien oder ins Theater. Nicht zu vergessen natürlich – die Informationen aus **Zeitungen**, **Radio** und **Fernsehen**, die uns täglich zum Konsum angeboten werden.

Wir nutzen heute verschiedene **Lernmedien**, um uns aus- und weiterzubilden, wobei neben dem klassischen Medium **Buch** mittlerweile auch **audiovisuelle** und **elektronische** Medien, d.h. **Videos** bzw. Fernsehsendungen, Hörcassetten bzw. CDs und natürlich **Computerprogramme (CD-ROMs)** oder auch **E-Learning (Online-Angebote)** zu nennen sind. Die Frage ist: Eignen sich die verschiedenen Medien gleichermaßen gut, um neues Wissen **schnell zu lernen** und **dauerhaft im Gedächtnis einzuspeichern**?

Sicher ist, dass sich die einzelnen Medien **unterschiedlicher Beliebtheit** erfreuen. Die meisten Schüler sehen sich lieber Filme an oder setzen sich an den Computer, als sich ein Themengebiet aus einem Buch zu erarbeiten. In den letzten Jahrzehnten sind **Wissens-** und **Informationssendungen** im **Fernsehen** sehr beliebt geworden – zu unser aller Nutzen. Wir erhalten durch dieses Medienangebot leicht und schnell einen Einblick in Themen, die uns ansonsten verschlossen blieben. Wenn Sie in den letzten zwei bis vier Wochen ein solches Programm gesehen haben, versuchen Sie sich doch einmal an die **Inhalte** und **wichtigsten Punkte zu erinnern**. Es wird Ihnen wahrscheinlich schwer fallen, denn auch wenn Filme sehr realitätsnah und interessant gemacht sind, ist die **Verarbeitungstiefe** und damit unsere spätere **Erinnerungsleistung** beim bloßen Anschauen von Sendungen doch **eher gering**. Um dem entgegenzuwirken, ist es wichtig, Sendungen **aktiv** zu betrachten, d.h. **Mitschriften** anzufertigen, die Inhalte in bereits **vorhandenes Wissen** einzupassen und sich z.B. durch Videoaufzeichnungen ein **erneutes Ansehen** zu ermöglichen.

Bücher werden von Schülern als „neutral" bis unattraktiv eingestuft. Lernen aus Büchern gilt als anstrengend, da man sich nicht einfach berieseln lassen kann, sondern sich die **Inhalte aktiv Stück für Stück erarbeiten** muss. Erleichternd wirken sich **Bilder** aus, vor allem dann, wenn ihr Inhalt nicht bereits im Text vollständig wiedergegeben wurde, sondern wenn ein **semantisches Wechselspiel** zwischen **Bild-** und **Textinformation** möglich ist. Inhalte, die wir uns aus Text *und* Bildern erarbeiten müssen, werden stärker durchdacht und damit besser eingespeichert.

Damit sich ein **Lerninhalt** möglichst **dauerhaft** im Gedächtnis festsetzt, ist es unabdingbar, ihn nicht nur zu lesen, sondern auch **aufzuarbeiten**. **Zusammenfassungen** oder **Mindmaps** sind dabei eine große Hilfe. Und natürlich müssen die Inhalte immer wieder **kognitiv durchgearbeitet** (also **gelernt**) und möglichst mit anderem Wissen **verknüpft** werden. Je besser man **Zusammenhänge** zu bereits **vorhandenem Wissen** herstellen kann, desto leichter lassen sich neue Inhalte im Gedächtnis festhalten. Also weg vom bloßen auswendig Lernen hin zum **verstehenden Lernen**.

10.2 Leistungsunterschiede und Leistungsauffälligkeiten

10.2.1 Allgemeine Leistungsunterschiede

Begriffe

Zusammenhang allgemeine Intelligenz und Schulleistung ◆ Fähigkeit ◆ Begabung ◆ Vorwissen ◆ „under-achiever" und „over-achiever" ◆ Selbstkonzept ◆ Selbstwirksamkeitserwartung ◆ Leistungsmotivation

Lernziele

Doch selbst dann, wenn der Unterricht optimal auf die einzelnen Schüler abgestimmt ist, werden aufgrund unterschiedlicher **individueller Potenziale** niemals alle die gleichen Leistungen zeigen. Die **Lern- und Leistungsfähigkeiten** der Menschen streuen von „besonders herausragend" auf der einen Seite - wir bezeichnen das dann als **Hochbegabung** - bis hin zu „besonders gering" - also **Lern-** oder gar **geistiger Behinderung** - auf der anderen Seite. Ein bestimmender Faktor kognitiver Leistungen ist die **Intelligenz**, auf die wir aus persönlichkeitspsychologischer Sicht bereits in Lektion 6 eingegangen sind (vgl. Abschnitt 6.2.2). Besonders eng ist der Zusammenhang zwischen **allgemeiner Intelligenz** und **Schulleistungen** - vor allem Intelligenzkomponenten wie **reproduktive Problemlöse-** und **Abstraktionsfähigkeiten** sowie **Gedächtnisleistungen** sind hier von Bedeutung.

Es wurde lange in der Wissenschaft darüber debattiert, inwieweit **intellektuelle Fähigkeiten angeboren** oder durch die **Umwelt** bedingt sind. Zu Beginn der Forschung wurde dabei das Hauptaugenmerk auf die **Begabung** eines Menschen gelegt - ein Begriff, der bis heute in der Psychologie nicht einheitlich definiert, aber stark mit Begriffen wie Intelligenz und Fähigkeiten verwandt ist:

- **Fähigkeiten** sind Persönlichkeitseigenschaften, die es ermöglichen, Leistungen überhaupt bzw. in einem bestimmten Ausmaß zeigen zu können.
- Auch die **Intelligenz** kann unter den Fähigkeitsbegriff eingeordnet werden - **als Fähigkeit zu intellektuellen Leistungen**[*].
- **Begabungen** werden hingegen vielfach als **angeborene Fähigkeiten** angesehen, die durch Lerneinflüsse kaum veränderbar sind.

Begabungen stellen also den **Anlagefaktor** dar. Auch ein Teil der intellektuellen Fähigkeiten wird als angeboren betrachtet. Mittlerweile geht man davon aus, dass **Umwelt-** und **genetische Einflüsse** ungefähr **gleich groß** sind.

---

[*] Einige **Intelligenzmodelle** (siehe Gardner in Lektion 6) dehnen den Intelligenzbegriff sogar auf Gebiete aus, die im Alltagsverständnis der Begabung zugeschrieben werden, z.B. auf musische und körperliche Fähigkeiten.

Auf der Umweltseite spielt wiederum besonders der **Anregungsgehalt** der **häuslichen Umgebung** eine große Rolle. Exemplarisch ist hier vor allem die Bereitstellung von Büchern und Nachschlagewerken und anregenden Spielen zu nennen. Daneben wirkt sich die **elterliche Förderung** der **Sprachentwicklung** (z.B. durch Betonung und Vorleben eines korrekten und umfangreichen Sprachschatzes und Sprachgebrauches) und der kindlichen **Leistungsmotivation** (z.B. durch Vermittlung eines hohen, aber realistischen Anspruchsniveaus, was die Schulleistungen und den Schulabschluss betrifft, und lobende Anerkennung bei Erfolgen) positiv auf die Ausbildung der allgemeinen Intelligenz aus.

So groß der Einfluss der Intelligenz auf die individuellen (Schul-)Leistungen auch sein mag, es müssen noch **weitere Einflussfaktoren** existieren, denn allein durch die Intelligenz lässt sich die Schulleistung nicht vollständig vorhersagen. Es fallen immer wieder Schüler auf, die geringere oder bessere Schulleistungen erzielen, als man aufgrund ihres Intelligenzniveaus vorhersagen würde – solche Schüler werden auch als „under-" bzw. „over-achiever" bezeichnet. Auf der Suche nach weiteren Bedingungsfaktoren hat sich neben der Intelligenz besonders das **Vorwissen** einer Person in einem bestimmten Themengebiet als bedeutsam herausgestellt.

Natürlich spielen auch das **Selbstkonzept**, die **Selbstwirksamkeitserwartung** bezüglich der eigenen Fähigkeiten und wiederum die **Leistungsmotivation** eine Rolle. Die Güte einer Leistung hängt also nicht nur von der Fähigkeit, sondern auch vom **Ausmaß der Anstrengung** ab. Mangelnde Begabung (im Sinne angeborener Fähigkeiten) lässt sich durchaus durch vermehrte Anstrengung kompensieren – insbesondere dann, wenn **Ergebnisse** im **durchschnittlichen Leistungsbereich** angestrebt werden. Umgekehrt kann sich eine zu starke Fokussierung auf die Begabung schädlich auf die Leistungsmotivation auswirken, nämlich dann, wenn dem/der Betroffenen das Gefühl gegeben wird, dass es keinen Unterschied macht, ob er/sie sich anstrengt oder nicht (Beispiel: „Macht nichts, wenn du die Chemieaufgabe nicht lösen kannst. Das wurde dir eben nicht in die Wiege gelegt. Deine Mutter konnte das früher auch nicht.") Auf spezielle Auswirkungen werden wir später im Abschnitt über geschlechtsspezifische Lernunterschiede eingehen.

Werden jedoch nicht nur durchschnittliche, sondern **Höchstleistungen** angestrebt, muss neben der notwenigen Anstrengung auch ein bestimmtes Maß an Begabung vorliegen. Umgekehrt reicht aber auch die größte Anstrengung nicht aus, um zumindest durchschnittliche Leistungen zu erzielen, wenn die **kognitiven Voraussetzungen** nicht ein notwendiges **Mindestmaß** erreichen. Diesem Bereich wollen wir uns in den nächsten Abschnitten zuwenden, wenn wir Lernbehinderungen und Teilleistungsstörungen sowie die Auswirkung von Konzentrationsschwächen betrachten.

10.2.2 Lernstörungen und Lernbehinderungen

Begriffe: **Lernstörung (vorübergehend, überdauernd)** ♦ **Spätentwicklung** ♦ **motorische Unruhe** ♦ **Teilleistungsstörung** ♦ **Lernbehinderung** ♦ **Leistungsängstlichkeit**

Lernziele

Versagt ein Kind in der Schule, bringt es also nicht die erwarteten Leistungen, wird natürlich nach **Ursachen** gesucht. Dafür ist die **Abgrenzung verschiedener Beeinträchtigungen** notwendig.

In der Literatur wie auch im alltäglichen Sprachgebrauch kursieren Begriffe wie „Lernstörung" und „Lernbehinderung" – aber was verbirgt sich hinter diesen Bezeichnungen?

Beginnen wir mit der **Lernstörung**: Hiervon sprechen wir, wenn in einem Lernprozess bei einem Schüler Schwierigkeiten, Verzögerungen und Fehler bzw. Mängel auftreten, so dass der üblicherweise **zu erwartende Lernerfolg** nicht eintritt (Dorsch, 1996). Aber was ist ein „zu erwartender" Lernerfolg? In der Pädagogischen Psychologie werden als **Vergleichsmaßstab** häufig die **durchschnittlichen Lernleistungen** der Kinder der **gleichen Altersgruppe** herangezogen, denkbar ist aber auch der Vergleich mit der **allgemeinen Intelligenz des betroffenen Kindes**. Die Lernstörung ist also zuerst ein recht allgemeiner Begriff, der sich allerdings entsprechend des **Umfanges** und der **Dauer** der Störung weiter unterteilen lässt. Die dadurch unterscheidbaren **Störungsarten** sind in der nachfolgenden Abbildung dargestellt.

Zeit- dimension		
über- dauernd	Teilleistungsstörung	Lernbehinderung
vorüber- gehend	Leistungsängstlichkeit	
	z.B. motorische Unruhe	Spätentwicklung
	bereichsspezifisch	umfassend/allgemein
	Dimension des Umfangs	

Klassifikationssystem für Lernstörungen

Soweit zur Theorie, versuchen wir es mal mit einem praktischen Beispiel: Stellen Sie sich ein Kind vor, das am Ende der dritten Klasse noch immer nicht richtig lesen kann. Kinder des gleichen Alters können dies üblicherweise bereits am Ende des zweiten Schuljahres. Es liegt also allem Anschein nach eine Lernstörung vor, aber welche? Vielleicht haben wir es hier mit einem **Spätentwickler** zu tun, der seinen Altersgefährten in der Entwicklung **generell** (also nicht nur beim Lesen, sondern in vielen oder allen Schulfächern) etwas hinterherhinkt, später allerdings die momentanen Defizite wieder aufholt. Möglicherweise leidet das Kind aber auch an einer **vorübergehenden motorischen Unruhe**, die es ihm erschwert, sich auf den Lesetext zu konzentrieren. Hieran ist z.B. vor allem dann zu denken, wenn sich das Kind früher sehr wohl konzentrieren konnte. War es hingegen schon immer zappelig und nervös, müsste eventuell das Vorliegen einer **Hyperaktivität** in Betracht gezogen werden (vgl. Abschnitt 10.2.4).

Vielleicht hatte das Kind aber schon von Beginn seiner Schulzeit an Schwierigkeiten beim Lesen und Schreiben, wohingegen es in Mathematik stets deutlich bessere Leistungen zeigte. In diesem Fall würde eventuell eine **überdauernde, bereichsspezifische Teilleistungsstörung** vorliegen (auf die wir im nächsten Abschnitt näher eingehen).

Letztendlich muss auch an eine **Lernbehinderung** gedacht werden. Unter einer Lernbehinderung verstehen wir eine **generelle, überdauernde Lernstörung**, die z.T. aufgrund ihres erheblichen Ausmaßes die Betreuung in besonderen Schuleinrichtungen nach sich ziehen kann. Bei einem geringeren Umfang der Beeinträchtigung ist aber auch der Grund- und Hauptschulbesuch möglich.

Nicht zuletzt sollte, wenn ein Kind Schwierigkeiten bei der Bewältigung schulischer Anforderungen zeigt, nicht vergessen werden, dass dies auch ein Anzeichen für **Leistungsängstlichkeit** sein kann. Diese Ängste können sich auf **eines** oder **wenige Schulfächer** beziehen, aber auch **generell** auftreten. Mit der Leistungsängstlichkeit lässt sich auch erklären, warum ein Kind die von ihm erwarteten Leistungen zu Hause sehr wohl erbringt, in Klausuren oder anderen Prüfungen in der Schule jedoch regelmäßig versagt. Es ist zu hoffen, dass diese Ängste nur vorübergehend auftreten, sie können sich allerdings auch **chronifizieren**. In einem solchen Fall sollte **professionelle psychologische Hilfe** in Anspruch genommen werden, um jedem Kind eine seinen Fähigkeiten entsprechende, optimale Entwicklung zu ermöglichen.

10.2.3 Teilleistungsstörungen

Begriffe

Lese-Rechtschreibschwäche (LRS, Legasthenie) ♦ **Schriftspracherwerb** ♦ **phonologische (sprachliche) Bewusstheit** ♦ **lautierendes Lesen** ♦ **Diskrepanzdefinition der LRS** ♦ **Rechenschwäche**

Lernziele

Wie die Abbildung von Seite 158 zeigt, gibt es Lernstörungen, die nur **bestimmte** Leistungsbereiche umfassen. Wir sprechen deshalb von <u>Teilleistungsstörungen</u>. Die wohl bekannteste ist die **Lese-Rechtschreib-Schwäche (LRS)**, auch **Legasthenie** genannt. Schätzungsweise 5% der Gesamtbevölkerung sind von dieser Störung betroffen, Jungen bzw. Männer sind dabei deutlich überrepräsentiert.

Stellen Sie sich einmal vor, wie Ihr Leben aussehen würde, wenn Sie nicht oder nur sehr unzureichend Lesen und Schreiben könnten. Worauf müssten Sie verzichten? THINK! Nun, Ihr Leben würde gänzlich anders aussehen: Sie hätten Probleme mit der Tageszeitung, mit Hinweisschildern im Straßenverkehr usw. – und Sie würden wahrscheinlich nicht vor diesem Buch sitzen, denn es wäre eine viel zu große Anstrengung, sich durch all die Seiten hindurchzuarbeiten.

Der Schriftspracherwerb

Doch bevor wir uns mit der LRS auseinander setzen, eine grundlegende Frage: Wie lernt man eigentlich Lesen und Schreiben? Bis zum **Vorschulalter** ist der **Spracherwerb** bei Kindern so weit fortgeschritten, dass sie die **Wörter** ihres Wortschatzes **inhaltlich** (d.h. **semantisch**) **unterscheiden** können. Manche Kinder sind in diesem Alter bereits in der Lage, ihren Namen oder einprägsame Schriftzüge (z.B. von Coca-Cola oder McDonald's) zu erkennen, das hat allerdings noch wenig mit dem Lesevorgang zu tun, den Sie gerade vollziehen. Das Erkennen erfolgt vielmehr anhand **charakteristischer Merkmale**. Das erkannte **Wort** wird als **Symbol** betrachtet, es erfolgt jedoch **nicht** das **Erlesen der Buchstaben**. Diese Fähigkeit erwerben Kinder erst in der Schule und das ist ein schwieriger Prozess, denn sie müssen Folgendes lernen:

♦ Jedes **geschriebene Wort** ist nicht einfach ein Symbol, sondern besteht aus **einzelnen Buchstaben**.

♦ Jedes **gesprochene Wort** kann nicht nur in **Silben**, sondern auch in **einzelne Laute** unterteilt werden.

♦ Es besteht eine feste **Beziehung** zwischen **Lauten** und **Buchstaben**.

Die für den **Schriftspracherwerb** wichtige Einsicht in die Lautstruktur unserer Sprache wird auch als **phonologische* Bewusstheit** (oder **sprachliche Bewusstheit**) bezeichnet. Um ein Wort richtig zu lesen, müssen also die einzelnen Buchstaben eines Wortes erkannt und in die entsprechenden Laute umgewandelt werden, und umgekehrt muss beim Schreiben jeder einzelne Laut herausgehört und in den richtigen Buchstaben umgewandelt werden. Bei Leseanfängern kann man gut beobachten, wie sie die einzelnen Buchstaben in Laute umwandeln und dann die Lautfolge zu einem Wort „zusammenschleifen" (**lautierendes Lesen**). Sie greifen dabei auf die **Buchstaben-Laut-Verknüpfungen** zurück, die sich nach einiger Zeit des Erstleseunterrichts im **Langzeitgedächtnis (LZG)** herausgebildet haben. Nach und nach werden aber bei den meisten Kindern zusätzlich auch die am häufigsten verwendeten Wörter im LZG – wir sprechen hier speziell vom **orthographischen Lexikon** – abgespeichert. Damit ist es ihnen möglich, diese Wörter nicht mehr Laut für Laut, sondern als Ganzes zu erkennen bzw. zu lesen. Dies wird auch als **direkte Worterkennung** bezeichnet.

Lese-Rechtschreibschwäche

Kommen wir zurück zu **lese-rechtschreibschwachen Kindern**. Sie fallen häufig dadurch auf, dass sie im Lesen und Schreiben **von Beginn an** deutlich hinter den Leistungen der Mitschüler **zurückbleiben** und häufig das Schlusslicht der Klasse bilden, obwohl ihre Leistungen in anderen Schulfächern (z.B. Mathematik) mindestens durchschnittlich ausgeprägt sind, ebenso wie ihre allgemeine Intelligenz. Es besteht hier also eine deutliche Diskrepanz – man spricht deshalb auch von der **Diskrepanzdefinition** der Legasthenie bzw. LRS. Entscheidend ist, dass diese extrem schwachen Leistungen im Lesen und Rechtschreiben nicht auf zu wenig Üben zu Hause bzw. eine zu schlechte Beschulung einerseits oder auf andere Erkrankungen (wie z.B. Seh- oder Hörstörungen oder Hyperaktivität) zurückzuführen sind. Die Ursachen liegen also anderswo.

Das Phänomen LRS, seine **Ursachen** und **Besonderheiten** beschäftigen die Forschung bereits seit über hundert Jahren. Lange Zeit wurde davon ausgegangen, dass lese-rechtschreibschwache Kinder beim Schreiben und Lesen besondere Fehler machen, anhand derer man sie identifizieren könne. Auch wenn diese Annahme immer noch landläufig verbreitet ist, hat sie sich doch als haltlos herausgestellt. LRS-Kinder machen **nicht besondere Fehler**, sie machen schlichtweg **viel mehr Fehler** als andere Kinder. Dieser Ansatz war also nicht die richtige Spur. Aber eine andere Besonderheit ließ sich feststellen: Nicht alle, aber ein großer Teil der Betroffenen zeigt **Probleme** in den **Basisfähigkeiten**, die zum Schriftspracherwerb notwendig sind (Schneider, 1997).

Als besonders relevant erwiesen sich Schwächen in der **phonologischen Bewusstheit**. Bereits in der **Vorschulzeit** lassen sich häufig deutliche Probleme beim Erkennen von Reimen und Silben feststellen – eine Fähigkeit, die Kinder dieses Alters gewöhnlich beherrschen. In der Schule sind die betroffenen Kinder dann oft **nicht** oder **nicht ausreichend** in der Lage, die **einzelnen Laute** eines Wortes **herauszuhören**. Folglich haben sie auch Probleme, die Laute in Buchstaben umzuwandeln und ein Wort richtig zu schreiben. Die feste **Laut-Buchstaben-Verknüpfung** wird nur schwer gelernt, was sich wiederum negativ auf deren Abspeicherung im LZG auswirkt.

---

* von phon (griechisch): Laut

Umgekehrt sind zwar die meisten LRS-Kinder in der Lage, einzelne Buchstaben zu erkennen, das Zusammenschleifen der Einzellaute zu einem Wort ist jedoch nur **sehr mühsam** und **zeitaufwändig** möglich. Das **lautierende Lesen** wird zwar auch bei LRS-Kindern mit der Zeit besser, sie wenden diese Strategie aber viel länger an als die meisten anderen Kinder ihrer Klasse und manche schaffen es nie wirklich, zur **direkten Worterkennung** überzugehen. Die Anwendung dieser mühsameren **Lesestrategie** macht sich vor allem durch ein deutlich **niedrigeres Lesetempo** bemerkbar und lässt darauf schließen, dass nur vergleichsweise wenige Wörter im **orthographischen Lexikon** abgespeichert wurden. In einigen Studien konnte in der Tat auch eine **Speicherschwäche** für **geschriebene Wörter** festgestellt werden. Wenn in Diktaten oder ähnlichen Schreibsituationen nicht auf den orthographischen Speicher zurückgegriffen werden kann, erschwert dies natürlich den Rechtschreibprozess.

Es konnten hier natürlich nicht alle heutigen Erkenntnisse dargestellt werden und sie sind gewiss noch nicht als endgültig anzusehen, sie machen aber die Komplexität der Problematik deutlich. Es ist wichtig, dass eine LRS möglichst **frühzeitig diagnostiziert** wird. Hierzu stehen neben **Lese-** und **Rechtschreibtests** zur Erfassung der phonologischen Bewusstheit für **Vorschulkinder** das Bielefelder Screening (Jansen et al., 2003) und für **Grundschulkinder** der BAKO 1-4 (Stock et al., 2003) zur Verfügung. Um den betroffenen Kindern nach der Diagnose geeignete **Therapien** zu ermöglichen, die über das bloße Lesen- und Schreibenüben hinausgehen, gibt es z.B. mit *„Hören, Lauschen, Lernen"* von **Petra Küspert** und **Wolfgang Schneider** (2002) Trainingsprogramme für Vorschulkinder, die die phonologische Bewusstheit noch vor dem Schuleintritt trainieren und damit den Grundstein für einen leichteren Schriftspracherwerb legen.

Rechenschwäche

Die LRS ist natürlich nicht die einzige Teilleistungsschwäche. In letzter Zeit werden auch Defizite im Bereich **basaler mathematischer Fähigkeiten** näher untersucht – die Rede ist von der **Rechenschwäche (Dyskalkulie)**. Im Vergleich zur LRS steckt die Erforschung der Rechenschwäche jedoch noch in den Kinderschuhen. Bisher sind folgende Eigentümlichkeiten der Störung bekannt: Wie bei der LRS findet sich auch hier eine **Diskrepanz** zwischen den **extrem niedrigen mathematischen Fähigkeiten** auf der einen Seite und den Leistungen in **anderen Schulfächern** (z.B. Deutsch) bzw. der **allgemeinen Intelligenz** auf der anderen Seite. Außerdem wurde festgestellt, dass die betroffenen Kinder ein nur mangelhaftes Verständnis für das arabische Zahlensystem aufweisen. Darüber hinaus haben sie Schwierigkeiten, analoge Mengen richtig zu erfassen und Mengen in Zahlen oder umgekehrt Zahlen in Mengen zu transformieren. Hinzu kommen Probleme beim Erlernen der vier Grundrechenarten. Die **Symptome** sind also sehr **vielschichtig** und nicht jede(r) Betroffene muss sie alle **gleichzeitig** bzw. in der **gleichen Ausprägung** aufweisen.

Woran liegt es nun, wenn ansonsten normal begabte und geförderte Kinder nicht rechnen lernen? Einige Wissenschaftler führen die Rechenschwäche u.a. auf **geringe Gedächtniskapazitäten** des **Arbeitsgedächtnisses (KZG)** zurück. Sie stellten fest, dass rechenschwache Kinder z.B. eine bedeutend höhere Lösungszeit benötigen und mehr Fehler produzieren als andere Kinder, wenn sie Rechenaufgaben lösen sollen, bei denen mit mehreren Schritten gleichzeitig hantiert werden muss, also das Arbeitsgedächtnis stärker belastet wird. Dies scheint aber nicht nur am Arbeitsgedächtnis zu liegen, denn darüber hinaus halten rechenschwache Kinder lange an **inadäquaten Zählstrategien** fest (ähnlich dem lautierenden Lesen bei lese-rechtschreibschwachen Kindern), weil die **Abspeicherung** von einfachen **Aufgaben-Lösungs-Verknüpfungen** (z.B. 2 x 2 = 4) im LZG nur unzureichend ausgeprägt ist. Und ebenso wie bei der LRS zeigen rechenschwache Kinder bereits im **Vorschulalter** Auffälligkeiten in den mathematischen Fähigkeiten (Krajewski, 2003). Es gibt also einige Parallelen zwischen der Rechenschwäche und der LRS.

10.2.4 Konzentrationsschwächen – Beispiel Hyperaktivität

Begriffe

Konzentrationsschwächen ◆ Hyperaktivität ◆ motorische Überaktivität ◆ beeinträchtigte Aufmerksamkeit ◆ Impulsivität ◆ Therapiemöglichkeiten

Lernziele

Nicht nur Lernbehinderungen und Teilleistungsschwächen können sich negativ auf die Schulleistungen auswirken. Wenn **Kinder** im Unterricht **Konzentrationsschwächen** zeigen, sind Lernfortschritte ebenfalls gefährdet.

Es ist nicht ungewöhnlich, dass sich Kinder nicht immer und auch nicht so lange konzentrieren können, wie Erwachsene das gerne hätten und auch selbst in der Lage sind zu tun. **Kinder** brauchen **Bewegung**, nicht zuletzt ist dies gut für die Ausbildung ihrer **motorischen Koordinationsfähigkeit**. Problematisch wird es aber, wenn Kinder in Situationen, in denen Ruhe verlangt wird (wie z.B. im Unterricht) plötzlich aufstehen und umhergehen, ständig mit dem Stuhl kippeln, mit Radiergummis spielen oder einfach häufig dazwischenrufen. Früher wurden solche Störenfriede als „unerzogene" Kinder bestraft, mittlerweile sieht man das differenzierter. Natürlich gibt es auch heute immer wieder Kinder, die es aufgrund unzureichender Erziehung im Elternhaus niemals gelernt haben, sich Regeln unterzuordnen, und damit Probleme in der Schule bekommen. Andererseits sollte man die Augen nicht davor verschließen, dass viele dieser „Zappelphilippe" schlichtweg nicht in der Lage sind, ihren Bewegungsdrang und sonstige Impulse zu steuern und zu unterdrücken – die Rede ist von **Hyperaktivität**.

Die **Hyperkinetische Störung** oder Aufmerksamkeitsdefizit-Hyperaktivitätsstörung (**ADHS**) – wie Hyperaktivität in der Fachsprache auch genannt wird – tritt bei ungefähr 5% der Schulkinder auf; Jungen sind deutlich häufiger betroffen als Mädchen. Außerdem lässt sich in einigen Fällen eine familiäre Häufung der Störung feststellen, so dass mittlerweile **genetische Einflüsse**[*] als eine **mögliche Ursache** angesehen werden.

Symptome und Verlauf

Folgende drei **Hauptsymptome** sind für ADHS charakteristisch:

- **Motorische Überaktivität:** Die betroffenen Kinder sind **nicht** in der Lage, **längere Zeit stillzusitzen**. Ihre Aktivitäten wirken desorganisiert, mangelhaft reguliert und überschießend, d.h. sie sind extrem ruhelos und zappeln, laufen und springen „wie angetrieben" herum – vor allem eben in solchen Situationen, in denen Ruhe gefordert wird.

---

[*] Ähnliche Erkenntnisse liegen auch für die Lese-Rechtschreibschwäche vor.

- **Beeinträchtigte Aufmerksamkeit:** Hierunter wird die Unfähigkeit verstanden, angefangene Tätigkeiten, die kognitiven Einsatz verlangen, auch **zu Ende** zu führen. Aufgaben werden vorzeitig abgebrochen und die Aufmerksamkeit wird neuen Dingen zugewandt.
- **Impulsivität:** Nicht immer, aber häufig werden die ersten beiden Symptomgruppen noch durch eine ausgeprägte Impulsivität ergänzt. Diese macht sich insbesondere durch **plötzliche, unüberlegte Handlungen** (wie Dazwischenrufen im Unterricht) und **Distanzlosigkeit in sozialen Situationen** bemerkbar. Die starke Tendenz, dem ersten Handlungsimpuls zu folgen, kann in extremen Fällen auch in **gefahrenblindem Verhalten** münden.

Betrachtet man die drei Symptomgruppen, so fällt als erstes auf, dass vermutlich nahezu jedes Kind schon einmal ähnliche Verhaltensweisen gezeigt hat. Für die **Diagnose ADHS** darf also nicht nur das bloße Vorliegen der Symptome herangezogen werden. Die **Symptome** müssen vielmehr **deutlich stärker ausgeprägt** sein als bei Kindern oder Jugendlichen gleichen Alters. Es ist aber nicht in allen Fällen so, dass alle Symptome gemeinsam auftreten. Eine **Aufmerksamkeitsstörung** kann z.B. auch **ohne Hyperaktivität** einhergehen - die betroffenen Kinder wirken dann meist sehr verträumt und geistig abwesend. Üblicherweise beginnt ADHS **vor dem 6. Lebensjahr**, also vor dem Eintritt in die Schule. Viele der Betroffenen fallen bereits im **Kindergartenalter** als motorisch unruhig auf. Im überwiegenden Teil der Fälle bleibt die Störung über die **gesamte Kindheit** und **Adoleszenz** bis ins **Erwachsenenalter** hinein erhalten. Bei Erwachsenen gilt dies in erster Linie für die erhöhte Impulsivität. Neben den Primärsymptomen treten häufig **Kontaktschwierigkeiten** zu Gleichaltrigen auf, da Hyperaktive mit ihrem überaktiven und impulsiven, in einigen Fällen sogar **aggressiven Verhalten** aus dem Rahmen fallen. Nicht selten sind außerdem **Depressionen** und **Ängste**, später auch **Drogenmissbrauch** zu verzeichnen.

Therapiemöglichkeiten

Soweit zu den Symptomen und zum Verlauf der Störung. Was aber kann man dagegen tun, welche **therapeutischen Maßnahmen** haben sich bei Hyperaktivität als sinnvoll und wirksam erwiesen? Vielleicht haben Sie bereits davon gehört, dass in vielen Fällen - zumindest bei hyperaktiven **Kindern** - das **Medikament Ritalin** mit dem Wirkstoff Methylphenidat verschrieben wird. Dieser Wirkstoff **stimuliert** den Stoffwechsel bestimmter **Hormone** im Gehirn. Diese Information klingt zunächst paradox, lässt sich aber dadurch erklären, dass zumindest bei einem Teil der Hyperaktiven bestimmte Hormone im Gehirn in einer **zu geringen Konzentration** vorkommen. Ihre motorische Überaktivität scheint dazu zu „dienen", den Stoffwechsel dieses Hormons anzutreiben und die chronische Unterversorgung des Gehirnes zu beseitigen. Durch Gabe des Wirkstoffes wird also die Hormonkonzentration direkt behandelt.

Auch wenn die Hersteller dieses Medikamentes darauf hinweisen, dass nach ihren Studien selbst bei Daueranwendung keine Medikamentenabhängigkeit zu erwarten ist und auch nur geringe Nebenwirkungen wie Schlafstörungen und Appetitverlust sowie Gewichtsverlust auftreten, so hat Ritalin doch einen **entscheidenden Nachteil**: Wie die meisten Medikamente wirkt es nur, solange man es einnimmt. Deshalb wird empfohlen, die **medikamentöse Therapie** durch **verhaltenstherapeutische Maßnahmen** zu ergänzen. Als wirksam haben sich u.a. folgende Trainingsmethoden herausgestellt: **Selbstinstruktionstrainings**, bei denen die Kinder lernen, ihre Handlungen selbst besser zu steuern, und **Trainings** zur **Verbesserung der sozialen Kompetenz** (mit dem Ziel der Verbesserung sozialer Kontakte).

Seitens des **Elternhauses** und der **Schule** sollte zudem darauf geachtet werden:

◆ die **Umwelt** hyperaktiver Kinder **klar zu strukturieren** – z.B. keine ablenkenden Reize (Spielzeug o.Ä.) am Schreibtisch, um so die gezielte Aufmerksamkeit auf die Schulaufgaben zu erleichtern;

◆ besonders **klare Regeln** und **Anweisungen** aufzustellen – sowohl für das alltägliche Zusammenleben **zu Hause** als auch für die Erledigung von Aufgaben in der **Schule** – und

◆ auf **richtiges** oder **falsches Verhalten** mit **direkten** und möglichst **greifbaren** positiven oder negativen **Konsequenzen** zu antworten.

10.3 Geschlechtsspezifische Lernunterschiede

Noch zu Beginn des letzten Jahrhunderts wurde davon ausgegangen, dass Frauen weniger intelligent seien als Männer. Heute weiß man, dass es **keine signifikanten Unterschiede** zwischen den **Geschlechtern** hinsichtlich der **allgemeinen Intelligenz** gibt. Betrachtet man aber **spezifische Fähigkeiten**, so ist nach wie vor die Meinung weit verbreitet, dass die Stärken der Mädchen vor allem auf dem sprachlichen Gebiet liegen, während bei Jungen mathematisch-naturwissenschaftliche Fähigkeiten, einschließlich des räumlichen Vorstellungsvermögens, besser ausgeprägt sind. Mit der Frage, ob dies tatsächlich so ist, werden wir uns auf den nächsten Seiten auseinander setzen.

10.3.1 Verbale Fähigkeiten

Begriffe

> **Sprachentwicklung** ◆ **Leseleistung/Lesefertigkeiten** ◆
> **Lesegeschwindigkeit** ◆ **Leseverständnis** ◆
> **Rechtschreibleistung** ◆ **Umfang des Wortschatzes** ◆
> **geschlechtsspezifische Rollenbilder**

Lernziele

Betrachtet man die **Sprachentwicklung bei Kindern**, so lässt sich in der Tat feststellen, dass **Mädchen früher** als Jungen zu sprechen beginnen und auch **frühzeitiger** einen **größeren Wortschatz** entwickeln. Später in der Schule erzielen sie dann auch bessere Noten in **Deutsch** und anderen **sprachbezogenen Fächern** wie Englisch, Französisch etc. Aber sind ihre Leistungen auf diesen Gebieten tatsächlich besser oder eher ein Ausdruck **geschlechtsspezifischer Vorurteile**, z.B. seitens der Lehrkräfte, aber auch der Gesellschaft als Ganzem?

Ergebnisse verschiedener Studien

In den letzten Jahrzehnten wurden in den verschiedensten Ländern groß angelegte Bildungsstudien durchgeführt, deren **Befunde** z.T. recht **widersprüchlich** ausfielen. Konzentrieren wir uns auf den **deutschen Sprachraum**. Hier lassen sich folgende Aussagen treffen: **Mädchen** zeigen vor allem im Bereich der **Rechtschreibleistungen** häufig bessere Ergebnisse als Jungen (z.B. Klicpera et al., 1994). Betrachtet man hingegen die Entwicklung der **Lesefertigkeiten**, so finden sich sowohl für **mündliche Leseleistungen** als auch für das **Leseverständnis** – wenn überhaupt – nur **geringe Geschlechtsunterschiede**. In einigen Studien konnte eine geringere **Lesegeschwindigkeit** der Jungen festgestellt werden (z.B. Klicpera et al., 1994). Auffallend ist aber, dass im **untersten Leistungsbereich** die **Unterschiede deutlicher** werden: Jungen weisen hier mindestens 2,5-mal häufiger als Mädchen Lese- und Rechtschreibschwächen auf. Im **obersten Leistungsbereich** (Hochbegabung) ließen sich **keine Unterschiede** zwischen den Geschlechtern ermitteln (Prado et al., 1990).

Ursachenforschung

Die Feststellung von Geschlechtsunterschieden ruft natürlich auch die **Erforschung** ihrer **Ursachen** auf den Plan. Für Interessierte: Ein umfassender, aussagekräftiger Überblick findet sich im Lehrbuch „*Psychologie der Lese- und Schreibschwierigkeiten*" von **Christian Klicpera** und **Barbara Gasteiger-Klicpera** (1998). Danach wird u.a. über folgende Ursachen für den (wenn auch nicht sehr großen) **Rückstand von Jungen** im Bereich der verbalen Fähigkeiten spekuliert – vor allem auch hinsichtlich der Lese-Rechtschreibleistungen:

◆ Eine Vermutung ist, dass bei **Jungen** – die gegenüber gleichaltrigen Mädchen ja **entwicklungsverzögert** sind – das Zentralnervensystem langsamer reift und dadurch auch eine **Verzögerung der Sprachentwicklung** eintritt. Diese Hypothese konnte bisher **noch nicht** endgültig bestätigt werden, es lässt sich aber feststellen, dass sich die Geschlechtsunterschiede mit **zunehmendem Alter verringern**.

◆ Die **Motivation**, Lesen und Schreiben zu lernen und auch in der Freizeit zu praktizieren, ist bei **Mädchen stärker ausgeprägt** als bei Jungen. Diese Tätigkeit passt besser in das weibliche als in das männliche **Rollenbild**. Hinzu kommt, dass z.B. **schulische Lesetexte** stärker auf die **Interessen von Mädchen** abgestimmt sind. Die Geschlechtsunterschiede im Lesen sind bei **Sachtexten** weitaus **geringer** ausgeprägt.

◆ Auch im **Unterricht** gelingt es häufig nicht, das Interesse der Jungen am Lesen und Schreiben zu wecken. **Jungen**, die einen **wenig motivierenden Deutschunterricht** erleben, neigen noch mehr dazu, in ihrer Freizeit nicht zu lesen und zu schreiben. Damit fehlt ihnen schlichtweg die Übung. Auf Mädchen wirkt sich die Unterrichtsqualität kaum aus.

10.3.2 Mathematisch-naturwissenschaftliche Fähigkeiten

Begriffe

> mathematische und naturwissenschaftliche Problemlösefähigkeiten ◆ räumliches Vorstellungsvermögen ◆ zivilisatorischer Einfluss ◆ Rollenerwartungen ◆ Selbstwirksamkeitserwartung ◆ monoedukative und koedukative Bildungseinrichtungen

Lernziele

Im **mathematisch-naturwissenschaftlichen Fähigkeitsbereich** wird dem männlichen Geschlecht nach wie vor eine höhere Begabung zugeschrieben. Wie verschiedene Studien zeigten, ist diese Meinung bei Schülern, Eltern und Lehrkräften (einschließlich LehramtsstudentINNen) gleichermaßen zu finden.

Ergebnisse verschiedener Studien

Forschungsergebnisse weisen darauf hin, dass im **Grundschulalter keine nennenswerten Geschlechtsunterschiede** im Bereich der mathematischen Fähigkeiten vorliegen. Wenn überhaupt, wurden höchstens Vorteile zugunsten der Mädchen festgestellt (Tiedemann & Faber, 1994). Das ändert sich aber mit dem Eintritt in die **Sekundarstufe**. Ab diesem Zeitpunkt zeigen **Jungen** im Schnitt die **besseren Leistungen**. In Fachkreisen wird deshalb diskutiert, dass Mädchen bessere Rechenfertigkeiten zeigen, die für den Grundschulunterricht im Fach Mathematik von großer Bedeutung sind. Jungen sollen hingegen die besseren (und in der späteren Schulzeit wichtigeren) **mathematischen** und **naturwissenschaftlichen Problemlösefähigkeiten*** besitzen. Eine **Metaanalyse**** von **J.S. Hyde** et al. (1990) ergab Folgendes: Die mathematischen Fähigkeiten von Jungen und Mädchen unterscheiden sich in der gesamten Schulzeit nur unbedeutend voneinander. Nur im **untersten** und vor allem im **obersten Leistungsbereich** sind Jungen häufiger als Mädchen vertreten. Etwas **deutlicher** sehen die **Unterschiede** im Bereich des **räumlichen Vorstellungsvermögens** aus. Hier zeigen Jungen und Männer im Durchschnitt etwas bessere Leistungen als Mädchen und Frauen.

Doch auch in diesem Fall ist eine kritische Haltung geboten. Eine Studie aus den 70er Jahren des letzten Jahrhunderts (Berry, 1976) belegte diesen Unterschied in erster Linie für **sesshafte Völker**. In Nomadenkulturen war er hingegen nicht zu finden. Dies weist auf einen **zivilisatorischen Einfluss** hin, was die geschlechtliche Ausprägung in den räumlichen wie auch mathematischen Fähigkeiten betrifft, und stellt die Annahme eines begabungsbedingten Geschlechtsunterschiedes in Frage. Zugleich gelangen wir damit zurück zum Beginn unserer Überlegungen und den in unserer Gesellschaft vorherrschenden, **vorurteilsbehafteten Erwartungen**:

Ursachenforschung

Es spricht nämlich viel dafür, dass die **Ursachen** für geschlechtsspezifische Unterschiede auf diesem Gebiet maßgeblich durch **unterschiedliche Rollenerwartungen** bedingt sind – wie wir es schon im Abschnitt 10.3.1 bei den verbalen Fähigkeitsunterschieden angenommen haben. Studien einer Münchner Arbeitsgruppe belegen, dass sich **Schülerinnen** bereits vor dem erstmaligen Chemie- und Physikunterricht **weniger Fähigkeiten** in diesen Fächern **zuschreiben** und **weniger Selbstwirksamkeitserwartung** zeigen als Schüler – trotz gleicher Vorkenntnisse (Ziegler et al., 1999, 2000). Darüber hinaus konnte festgestellt werden, dass:

◆ auch **Eltern** ihre Töchter als weniger mathematisch-naturwissenschaftlich begabt ansehen als die Söhne, und dies um so mehr, je **konservativer** das Elternhaus ist, und dass

◆ (aktive wie **angehende**) **Lehrkräfte** sowohl die Leistungen in naturwissenschaftlichen Fächern als auch die Bedeutsamkeit dieser Fachrichtungen für das spätere Leben bei Mädchen als geringer einschätzen als bei Jungen.

---

* Auch für den Bereich des Problemlösens nimmt man geschlechtsspezifische Unterschiede an. Während **Jungen/Männern** v.a. Stärken bei **nummerischen** und **begrifflichen Problemlöseaufgaben** zugeschrieben werden, schneiden **Mädchen/Frauen** bei verbalen Denkaufgaben und bei der Lösung von **Problemen** aus dem **zwischenmenschlichen Bereich** besser ab.

** Die Metaanalyse ist ein **statistisches Verfahren**, bei dem die Ergebnisse **verschiedener empirischer Studien** miteinander verglichen und verrechnet werden. Ziel ist es festzustellen, ob ein bestimmter Effekt (hier der Geschlechtsunterschied) tatsächlich über viele Studien hinweg vorliegt und damit als gesichert angesehen werden kann, oder ob er nur zufällig zustande gekommen ist.

Auf der anderen Seite nehmen in neuerer Zeit geschlechtsspezifische Unterschiede in naturwissenschaftlichen Leistungsbereichen immer mehr ab (Linn & Hyde, 1989). Dazu kommt, dass **Schülerinnen** in Bildungseinrichtungen, die mathematisch-naturwissenschaftlichen Unterricht zeitweise **monoedukativ** gestalten (z.B. indem im Anfangsunterricht eines Faches Mädchen getrennt von Jungen unterrichtet werden, wodurch in der Klasse ein **geringerer Rollendruck** für Mädchen herrscht), ein **höheres Interesse** und **positiver ausgeprägtes Selbstkonzept** zeigen als in koedukativen Einrichtungen. Einige Studien konnten zeigen, dass dies bei den Mädchen auch zu **besseren Leistungen** führte (Holz-Ebeling, 2001).

10.3.3 Interesse, Selbstkonzept und Leistungsorientierung

Begriffe *Interesse* ◆ *Motivation* ◆ *(bereichsspezifisches) Selbstkonzept* ◆ *Elternhaus und Schule* ◆ *geschlechtsspezifische Attributionsmuster* ◆ *Leistungsorientierung* ◆ *Rollenverständnis*   *Lernziele*

Selbstkonzept, Interesse und Leistungsmotivation hängen eng zusammen. Unter „Interesse" verstehen wir stark ausgeprägte (**emotionale, motivationale** und **kognitive**) **Beziehungen** einer Person zu bestimmten Gegenständen. In der Pädagogischen Psychologie wird dabei speziell das Interesse für **Wissensgegenstände** oder **Wissensinhalte** betrachtet. *Wenn* eine Person etwas interessant findet, wird sie ihre Aufmerksamkeit dorthin wenden, wird sich intensiver mit dem Objekt/Thema beschäftigen und sich über längere Zeit auch mehr Wissen auf diesem Gebiet aneignen als auf anderen, für sie weniger interessanten Gebieten. Diese Erklärung zeigt, dass Interesse stark mit dem Begriff der **intrinsischen Motivation** verbunden ist (vgl. Lektion 5, Abschnitt 5.1.4).

Ob eine Person etwas interessant findet, hängt jedoch auch nicht zuletzt von ihrem **Selbstkonzept** ab. Den Begriff „Selbstkonzept" haben wir bereits in Lektion 6 definiert (vgl. Abschnitt 6.1.4). Wenn das Selbstkonzept eines Menschen positive Annahmen über seine Fähigkeiten auf einem bestimmten Gebiet (z.B. der Mathematik) beinhaltet – wir sprechen hier auch vom **bereichsspezifischen Selbstkonzept** – dann wird er sich auch intensiver mit dieser Thematik auseinander setzen, also sich dafür interessieren. Infolgedessen erweitert sich das Wissen der Person auf diesem Gebiet und es sind bessere Leistungen möglich, was wiederum das Selbstkonzept stärkt. Enthält das Selbstkonzept aber Aussagen wie: *„Ich kann kein Instrument spielen, denn ich bin unmusikalisch."*, dann sinkt die Wahrscheinlichkeit, dass die betreffende Person dennoch versucht, ein Instrument zu erlernen.

Ganz wichtig bei der Herausbildung eines bereichsspezifischen Selbstkonzeptes ist der **ermunternde** oder **hemmende Einfluss** der **Umwelt**, speziell des **Elternhauses** und der **Schule**. Es ist beispielsweise auch heute noch oft so, dass Mädchen häufiger als Jungen suggeriert wird, es sei nicht so schlimm, wenn sie in mathematisch-naturwissenschaftlichen Fächern nicht so gut abschneiden, weil man diese Fähigkeit von Mädchen sowieso nicht erwartet. In der Konsequenz lässt sich feststellen, dass **Mädchen** bei **gleicher Leistung** ihre **mathematisch-naturwissenschaftlichen Fähigkeiten** niedriger einschätzen als Jungen und Misserfolge in den entsprechenden Fächern stabiler attribuieren, Erfolge aber instabiler (insgesamt also eher auf **Anstrengung** als auf

Begabung). (Vgl. Lektion. 5, Abschnitt 5.1.4.) Umgekehrt lässt sich Ähnliches über **sprachliche Fähigkeiten** bei **Jungen** sagen, die auf diesem Gebiet im Durchschnitt ein geringeres Selbstkonzept ausgebildet haben als Mädchen.

Geschlechtsspezifische Attributionsmuster wirken sich in der Folge auch auf die **Leistungsorientierung** aus. Bereits in den 70er Jahren des letzten Jahrhunderts ergaben Untersuchungen, dass Personen beiderlei Geschlechts vor allem auf *den Gebieten* eine besonders hohe Leistungsmotivation zeigten, die mit einer entsprechenden **Erwartungshaltung der Gesellschaft** verbunden waren. Bei **Frauen** und **Mädchen** waren dies **sprachliche** und **soziale Fertigkeiten** sowie **kooperatives Arbeiten**, bei **Jungen** und **Männern** hingegen **Konkurrenzdenken** und **intellektuelles Erfolgsstreben**. Auch hier spielt wahrscheinlich die Umwelt eine größere Rolle als genetische Prädispositionen. Und es ist anzunehmen, dass die Unterschiede heute nicht mehr so gravierend sind wie in den 70er und 80er Jahren, nachdem das **Rollenverständnis** von Frauen und Männern mittlerweile doch eine **Wandlung** erfahren hat.

Aufgaben

1. Welche Ziele strebt die Vermittlung von Wissen an und welche verschiedenen Methoden kennen Sie?
2. Worin unterscheiden sich Frontalunterricht und kooperatives Lernen?
3. Was versteht man unter „under-achievern" und was unter „over-achievern"?
4. Grenzen Sie die Begriffe Lernstörung und Lernbehinderung voneinander ab.
5. Was sind Teilleistungsstörungen? Nennen Sie zwei Beispiele.
6. Was versteht man unter ADHS und wodurch lässt sich diese Störung charakterisieren?

zur Lernkontrolle

11 Klinische Psychologie

Die **Klinische Psychologie** beschäftigt sich mit **Störungen** des **Verhaltens** und **Erlebens** von Menschen. Dabei wird seitens der Forschung versucht, **Modelle** der Entstehung und des Verlaufes psychischer Störungen zu entwerfen, um deren genaue **Diagnose** sowie **effektive Behandlung** zu ermöglichen und **präventive Maßnahmen** zur Verhinderung psychischer Störungen aufzuzeigen. Wir wollen uns in dieser Lektion sowohl mit einzelnen Störungen näher auseinander setzen als auch mit Möglichkeiten ihrer Behandlung - also mit verschiedenen Formen **psychologischer Intervention**. Zuvor ist es jedoch wieder nötig, einige Begriffe zu klären.

11.1 Begriffsdefinitionen

Begriffe: **Klinische Psychologie ◆ Psychiatrie ◆ psychische Störung ◆ normal und anormal ◆ Normen** — *Lernziele*

Die **Abgrenzung** der **Klinischen Psychologie** von der **Psychiatrie** ist in der Bevölkerung häufig unklar oder wird gar nicht vorgenommen. Im Gegensatz zur Klinischen Psychologie ist die **Psychiatrie** ein Teilgebiet der **Medizin**. Demzufolge sind Psychiater immer Mediziner, deren Fokus **weniger** auf **psychologischen Ursachen** und **Komponenten** psychischer Störungen liegt als überwiegend auf medizinischen, d.h. **physiologischen**. Dies spiegelt sich auch in der **Therapie** wider: Während psychologische Psychotherapeuten ausschließlich **psychologische Interventionen** - wie z.B. **Verhaltenstherapie** oder **Gesprächspsychotherapie** - anwenden, liegt der Schwerpunkt der psychiatrischen Therapie eher auf der Gabe von **Psychopharmaka**. Da die betrachteten **Störungsbilder** jedoch weitestgehend übereinstimmen, ist eine Zusammenarbeit der Vertreter beider Gebiete wünschenswert und wird auch häufig praktiziert.

Des Weiteren müssen wir uns mit dem Begriff der **Störung** auseinander setzen. Eine Hauptfrage lautet: Wann ist ein Mensch **psychisch krank** bzw. „gestört" und wann ist er **gesund** oder „normal" - wann entspricht sein **Verhalten** also der **Norm**? Was ist das eigentlich - die Norm? Wir könnten bei der Beantwortung dieser Frage z.B. rein statistische oder auch so genannte Wertenormen unterscheiden. **Wertenormen** sind Kriterien oder Grenzen, die sich die **Gesellschaft** selbst gesetzt hat und innerhalb derer man sich „bewegen" sollte, um nicht als **anormal** zu gelten. Diese Grenzen oder Normen sind jedoch veränderbar - galt z.B. vor 50 Jahren Homosexualität als psychische Störung oder auch Verfehlung und stand unter Strafe, so haben heute die meisten Menschen homosexuelle Paare in unserer Gesellschaft längst akzeptiert.

Betrachtet man das Ganze auf Basis **statistischer Normen**, geht man gewöhnlich davon aus, dass **Eigenschaften** und **Verhaltensweisen** **normalverteilt** sind und mehr als 2 oder gar 3 Standardabweichungen vom Mittelwert als nicht mehr normal bzw. durchschnittlich angesehen werden. So wird z.B. bei der Bestimmung der Intelligenz verfahren.

Aber: Das sind **willkürliche Festlegungen** - welche **Erkenntnisse** bringen sie uns für den **Einzelfall**? Sicher wird es immer Extremfälle geben, die ganz eindeutig als psychische Erkrankung definiert werden können - in vielen Fällen sind die Grenzen jedoch fließend.

Wir können **nicht** einfach **feste Kategorien** bilden bzw. Schubladen aufmachen und die Menschen in normal und anormal einteilen. **Psychische Vorgänge** und damit auch **Störungen** sind **sehr komplex** und verdienen eine sehr genaue Betrachtung – zumal mitunter auch eine Stigmatisierung der betroffenen Personen mit der Diagnosestellung verbunden ist. Es ist jedoch möglich, verschiedene **Symptome** zu erfassen und ihre **störenden Auswirkungen** auf das tägliche Leben des Betroffenen sowie das seines Umfeldes zu erkennen. Anhand der Symptome kann außerdem die Art der psychischen Erkrankung festgestellt werden. Dieses Thema wird uns im nächsten Abschnitt beschäftigen.

11.2 Klassifikation psychischer Störungen

Wenn wir von **abweichendem Verhalten** und Erleben im Sinne von **psychischen Störungen** sprechen, können wir verschiedene **Störungs-** oder **Krankheitsbilder** unterscheiden. Um die einzelnen Störungen **einheitlich zu definieren**, werden weltweit vor allem **zwei Klassifikationssysteme** angewandt: das **ICD-10** (International Classification of Diseases, 10th Revision) und das **DSM-IV** (Diagnostical and Statistical Manual of Mental Disorders).

Auf der Basis dieser Klassifikationen sollen nun verschiedene psychische Störungen beschrieben werden. Wir wollen uns in dieser Lektion auf **Angststörungen, affektive Störungen, schizophrene Störungen** und **Ess-Störungen** konzentrieren. Wer sich darüber hinaus für Fälle weiterer psychischer Störungen, wie z.B. die Persönlichkeitsstörung oder vielleicht die Suchterkrankungen, interessiert, der findet im Literaturverzeichnis einiges an Fachliteratur.

11.2.1 Angststörungen

Begriffe — drei Ebenen der Angststörungen ◆ Phobien ◆ Panikattacken ◆ Zwangshandlungen ◆ Zwangsgedanken ◆ Trauma ◆ Posttraumatische Belastungsstörung (PTBS) ◆ Intrusionen — *Lernziele*

Angststörungen gehören zu den häufigsten Arten psychischer Störungen. **Pathologische (krankhafte) Ängste** äußern sich auf **drei Ebenen** gleichzeitig, an denen später auch **therapeutische Interventionen** ansetzen können (Reinecker, 1998):

- auf der **subjektiven Ebene**, die kognitive Komponenten wie **verbale Äußerungen, Gedanken** und **Befürchtungen** einschließt,

- auf der **Verhaltensebene**, die sich in **Vermeidungsverhalten, Ausweichen** und **Ritualen** äußert, sowie

- auf der **physiologischen Ebene**, die sich durch Begleiterscheinungen des **autonomen Nervensystems** (Schwitzen, erhöhte Herzfrequenz, Muskelanspannung etc.) bemerkbar macht.

Nach Angststörungen gefragt, fallen Ihnen sicher Begriffe wie „Phobie" und „Panikattacke" ein. Unter den Angststörungen sind sie am häufigsten vertreten. Aber auch zwanghaftes Verhalten bzw. Zwangsgedanken und die so genannte Posttraumatische Belastungsstörung sind zu den pathologischen Ängsten zu rechnen. Doch welche Störungsbilder verbergen sich nun im Einzelnen hinter all diesen Begriffen?

Phobien

Mit dem Begriff „Phobie" können sicher die meisten von Ihnen etwas anfangen. Wie würden Sie dieses Störungsbild beschreiben? THINK! Nach DSM-IV unterscheidet man zwischen **sozialen** und **spezifischen Phobien** (z.B. Angst vor Spinnen) sowie der **Agoraphobie**. Alle drei Phobiearten weisen folgende **Symptome** auf (Marks, 1969):

- der Situation **unangemessene** und **chronische** (d.h. wiederholt auftretende) **Angstreaktionen**,
- für die der Betroffene **keine Erklärungs-, Reduktions-** oder **Bewältigungsmöglichkeiten** hat und die
- eine **massive Beeinträchtigung** des täglichen Lebens mit sich bringen.

Die **spezifischen Phobien** sind nach DSM-IV dadurch gekennzeichnet, dass die Angstreaktionen **unmittelbar** und **allein** durch die **Anwesenheit** (oder die **Erwartung**) eines **spezifischen Objektes** (z.B. Spinne an der Wand) bzw. einer **spezifischen Situation** (z.B. Flugreisen) ausgelöst werden. Infolgedessen **vermeiden** die betroffenen Personen diese **Stimuli**, so weit es geht, was wiederum zu einer Einschränkung des täglichen Lebens führt (so können beispielsweise im Falle phobischer Flugangst private oder berufliche Flüge nicht unternommen werden).

Das DSM-IV differenziert u.a. folgende **Typen** von spezifischen Phobien:

- Tierphobien (z.B. vor Spinnen, Schlangen, Hunden etc.),
- Umwelt-Typus (Angst vor Gewitter, Wasser, Dunkelheit etc.),
- situativer Typus (Angst vor Brücken, Aufzügen, Verkehrsmitteln etc.),
- Prüfungsängste,
- Schulphobien sowie
- Blut-Spritzen-Verletzungsphobien.

Die **soziale Phobie** und die **Agoraphobie** grenzen sich von den spezifischen Phobien dadurch ab, dass die Angstreaktionen durch **viele verschiedene Stimuli** ausgelöst werden können. Die **soziale Phobie** ist eine Angst, die immer dann auftritt, wenn die betroffene Person unterschiedliche **Tätigkeiten** in der **Öffentlichkeit** ausführt (wie z.B. öffentliches Sprechen, Essen etc.) oder wenn sie allgemein – auch in kleinen Gruppen – **im Mittelpunkt** steht. Charakteristisch ist, dass Sozialphobiker befürchten, in den entsprechenden Situationen etwas Peinliches zu tun und dabei beobachtet zu werden (sich also zu blamieren). Daraus resultiert häufig die Vermeidung sozialer Situationen.

Unter **Agoraphobie** versteht man die Angst vor **öffentlichen Orten** und **Menschenansammlungen**. Im Zentrum steht die Angst, im Falle einer Angstattacke die Situation nur schwer verlassen zu können und/oder **keine Hilfe** zu erhalten.

Panikattacken

Auch für **Panikattacken** lassen sich die zuvor genannten drei **zentralen Symptome** feststellen. Bei Panikanfällen handelt es sich um:

- **zeitlich umgrenzte Episoden** akuter Angst (Attacken),
- die **wiederholt** und **unerwartet** auftreten und
- von **kognitiven** (v.a. Sorge über erneutes Auftreten oder hinsichtlich der Bedeutung des Anfalls) und **physiologischen** Symptomen begleitet werden, die wiederum zu Verhaltensänderungen führen.

Im Gegensatz zu Phobien werden Panikattacken jedoch **nicht** durch **externe Reize** ausgelöst (wie z.B. Tiere oder soziale Situationen). Lange Zeit ging man davon aus, dass sie weitestgehend spontan, d.h. ohne jeglichen auslösenden Reiz auftreten. Mittlerweile konnte man jedoch feststellen, dass einer Panikattacke häufig **körpereigene Reize** (wie Herzklopfen etc.) vorausgehen, die vom Betroffenen wahrgenommen und **als bedrohlich interpretiert** werden.

Für die **Diagnose** einer Panikstörung müssen nach DSM-IV **vier** der folgenden **13 Symptome** vorhanden sein: Herzrasen, Schwitzen, Hitzewallungen, Zittern, Atemnot, Empfinden von Würgen, Schmerz in der Brust, Übelkeit, Benommenheit, Angst vor Kontrollverlust, Angst zu sterben, Derealisation (Umgebung wird als unwirklich wahrgenommen) oder Depersonalisation (eigene Person wird als unwirklich wahrgenommen) sowie Parathesien (ungewöhnliche Hautempfindungen). Ein weiteres Zeichen ist, dass die Attacken **innerhalb von 10 Minuten** ihr **Maximum** erreichen.

Auf eines sei noch hingewiesen: Bei Panikpatienten ist häufig zu beobachten, dass **bestimmte Orte**, an denen sie bereits Panikattacken erlitten haben, gemieden werden. Dieses **Vermeidungsverhalten** kann sich mit der Zeit so stark ausbauen, dass die Betroffenen nicht mehr aus dem Haus gehen, zumindest nicht allein. In diesen Fällen liegt ein **Paniksyndrom mit Agoraphobie** vor. Beide Syndrome scheinen eng miteinander verbunden zu sein, denn nur in seltenen Fällen treten umgekehrt bei Agoraphobikern in gefürchteten Situationen keine Panikanfälle auf. Dieses Beispiel zeigt auch, wie schwierig es bei bestimmten Störungsbildern ist, eine genaue Diagnose zu erstellen.

Zwänge

Grundsätzlich wird das **Zwangssyndrom** unterteilt in Zwangshandlungen und Zwangsgedanken. **Zwangshandlungen** sind wiederholte, stereotype, z.T. exzessive Handlungsakte, die sich vor allem als **Kontrollzwänge** (z.B. immer wiederkehrendes Kontrollieren, ob man die Kühlschranktür geschlossen hat) oder **Reinigungszwänge** (z.B. immer wiederkehrendes Händewaschen) äußern. Die **Ausführung** der Zwangshandlung führt zu **kurzfristiger Erleichterung**. Hingegen verstehen wir unter **Zwangsgedanken** immer wieder auftretende, lästige und aufdringliche Gedanken, Bilder und Impulse, die als abstoßend und schwer zu unterdrückend empfunden werden (z.B. die Vorstellung, man könnte etwas Wertvolles fallen lassen).

Beide Formen werden gemäß DSM-IV folgendermaßen charakterisiert:

- Es besteht ein **innerer, subjektiver Drang, etwas zu tun** (z.B. Kühlschranktür kontrollieren) oder **zu denken** (z.B. zwanghafter Gedanke einer Mutter, ihr Baby absichtlich zu verletzen).

- Es wird versucht, diesem Drang **zu widerstehen** (z.B. den Gedanken zu verdrängen).
- Der Betroffene **erkennt** die **Sinnlosigkeit** der Handlungen bzw. Gedanken
- und sie stellen für ihn eine **erhebliche Belastung** bzw. **Beeinträchtigung** dar.

In den meisten Fällen (fast 70%) treten Zwangsgedanken und Zwangshandlungen **gemeinsam** auf, wobei häufig der Gedanke der Handlung vorausgeht und letztere (auch) deshalb ausgeführt wird, damit der lästige Gedanke „verschwindet". Dies nennt man dann **„neutralisierendes" Verhalten**. Ein Beispiel: Eine Person glaubt, dass alles, was sie berührt, verunreinigt ist. Dieser Gedanke ängstigt* sie, weshalb sie sich bis zu 50-mal täglich die Hände wäscht um keinen Schaden zu erleiden (neutralisierendes, zwanghaftes Verhalten). Durch die Waschungen kann der Zwangsgedanke zumindest (vorübergehend) abgeschwächt werden. Dadurch fühlt sich der Betroffene kurzzeitig besser, was aber wiederum zur Folge hat, dass das neutralisierende Verhalten – also hier das Waschen – **operant verstärkt** und somit künftig noch häufiger gezeigt wird. Eine **Spirale** aus **Zwang** und **Neutralisation** entsteht.

Posttraumatische Belastungsstörung

Im Vergleich zu den zuvor beschriebenen Angststörungen ist die **Posttraumatische Belastungsstörung** (kurz **PTBS** oder engl. **PTSD**) dadurch gekennzeichnet, dass die **Ursache** der Angsterkrankung eindeutig einem **objektivierbaren traumatischen Ereignis (Trauma)**, das **tatsächlich stattgefunden** hat, zugeschrieben werden kann.

Gemäß DSM-IV ist ein **Trauma** ein Ereignis, das:

- **schwere körperliche Verletzungen** (z.B. Unfälle),
- den **tatsächlichen** oder **möglichen Tod** (Mordanschläge, Kriegserlebnisse) oder
- eine **Bedrohung** der **physischen Integrität** (gewalttätige Übergriffe, Vergewaltigungen)

der **eigenen Person** oder **anderer Personen** beinhaltet (Steil et al., 1998).

Die Reaktionen der betroffenen Personen sind *während* des traumatischen Ereignisses durch intensive Angst, Hilflosigkeit und auch Entsetzen gekennzeichnet. *Danach* herrscht in den ersten Wochen häufig eine akute Angstreaktion vor, deren **Symptome** der (chronischen) PTBS gleichen (siehe Tabelle 11.1). Diese Angstreaktion wird in den ersten drei Monaten auch als **akute PTBS** bezeichnet. Dauert die Symptomatik länger als drei Monate nach dem Ereignis an, wird von einer **chronischen PTBS** gesprochen**. Studien, die Opfer eines traumatischen Ereignisses über einen längeren Zeitraum begleiteten, weisen darauf hin, dass in ca. 40-50% der Fälle mit einer Chronifizierung der PTBS zu rechnen ist (Rothbaum et al., 1992), in einigen Fällen kann die Reaktion auch verzögert eintreten. Grundsätzlich lässt sich sagen, dass die Störungen schwerer und lang anhaltender sind, wenn das Trauma die Folge **menschlichen Handelns** ist, wie bei Folterungen, Gewaltverbrechen etc.

---

* Hier wird deutlich, warum **Zwangssyndrome** den **Angsterkrankungen** zugeordnet werden. Sowohl Zwangshandlungen als auch Zwangsgedanken sind immer mit Ängsten verbunden, die durch bestimmte Verhaltensweisen abgebaut werden sollen.
** Dabei müssen nicht alle in der Tabelle genannten Symptome vorliegen.

Intrusionen	• belastendes Wiedererleben des Traumas im Schlaf, aber auch im wachen Zustand
Vermeidung und reduzierte emotionale Reagibilität	• Vermeidung von Gefühlen, Gedanken, Aktivitäten, Situationen, Personen etc., die mit dem traumatischen Ereignis zusammenhängen • psychogene Amnesie für Teile des Traumas • emotionale Taubheit – Abstumpfung emotionaler Reaktionen und vermindertes Interesse an vorher wichtigen Aktivitäten bis hin zu Depressionen und psychischer Erstarrung
Übererregtheit	• Schlafstörungen • Konzentrations- und Gedächtnisstörungen • übertriebene Schreckreaktionen • erhöhte Reizbarkeit • Unfähigkeit, sich zu entspannen

Tab. 11.1 Symptomgruppen der PTBS

Studien haben ergeben, dass Betroffene mit einer PTBS die Wahrscheinlichkeit, ein gleiches oder ähnliches Ereignis könne sie erneut treffen, extrem überschätzen. Dieses Gefühl der Bedrohung hält so lange an, bis keine deutlichen Zeichen für Sicherheit vorhanden sind, während im Gegensatz dazu Menschen ohne PTBS sich überwiegend sicher fühlen, solange keine Anzeichen für eine Bedrohung erkennbar sind. Dies zeigt, wie stark das **Gefühl der persönlichen Sicherheit** und **Integrität** zerstört wurde.

Hinzu kommen so genannte **Intrusionen**. Darunter versteht man, dass durch **Situationen**, die dem **ursprünglichen Trauma ähneln** (und seien es nur ein Geruch oder ein Geräusch) in Sekunden wieder **Erinnerungen** an die Tat bzw. das Ereignis wachgerufen werden. Wie lässt sich dies erklären? Das **Netzwerkmodell** zur PTBS nach **Edna B. Foa** und Kollegen (1989) geht davon aus, dass ein traumatisches Ereignis von höchster Bedeutung für die betroffenen Personen ist und diese während des Traumas im Gehirn eine **Furchtstruktur** ausbilden, deren **Aktivierung** zu den eben genannten Symptomen führt.

Diese Furchtstruktur ist dadurch gekennzeichnet, dass viele **Einzelheiten** der traumatischen Situation (Gerüche, Geräusche etc.) **miteinander verknüpft** und **fest eingespeichert** werden, ähnlich einem Netz, das aus vielen Knoten und Verbindungen besteht. Je mehr Knoten das Netz hat, desto leichter ist es wieder zu aktivieren. Die Betroffenen versuchen, diese Intrusionen und die dabei auftretende Angst zu unterdrücken. Wie bei anderen Angsterkrankungen auch führt dies aber nur zu einer Verfestigung oder Chronifizierung der Problematik. Aufgrund vieler Studien kann man heute sagen, dass vor allem die möglichst bald einsetzende, **therapeutisch betreute Konfrontation** mit dem Ereignis (vgl. Abschnitt 11.3.3) in Verbindung mit **Selbstbehauptungstrainings** der beste Weg ist, die PTBS zu bekämpfen, auch wenn dieser Weg für den Betroffenen am Anfang sehr schmerzlich ist.

11.2.2 Affektive Störungen – Depression und Manie

Begriffe — *Stimmung ◆ affektive Störung (primäre, sekundäre) ◆ Depression ◆ Manie ◆ kognitive Triade*

Lernziele

Affektive Störungen sind Störungen der **Stimmung**. Die betroffenen Personen können entweder übermäßig **niedergeschlagen (Depression)** oder **euphorisch (Manie)** erscheinen (siehe auch Tab. 11.2). Diese **extremen** Stimmungszustände halten aber in den meisten Fällen nur für einen **bestimmten Zeitraum** von einigen Wochen oder Monaten an.

	Depression	**Manie**
Kernsymptome nach ICD-10	• depressive, gedrückte Stimmung • Verlust von Interesse oder Freude • erhöhte Ermüdbarkeit • häufig Antriebslosigkeit	• gehobene Stimmung (schwankt zwischen sorgloser Heiterkeit und fast unkontrollierbarer Erregung) • gesteigerte psychische und körperliche Aktivität, dabei aber leicht ablenkbar, so dass oft Aktivitäten nicht beendet werden
zusätzliche psychische Symptome	• Konzentration, Aufmerksamkeit und Gedächtnisleistung vermindert • negative Selbstbewertung und Zukunftssicht • Schuldgefühle und Gefühle der Wertlosigkeit • mangelnde emotionale Reaktion auf freudige Ereignisse etc. • z.T. Suizidgedanken oder Suizidhandlungen bzw. Selbstverletzungen • Schlafstörungen, v.a. am Morgen • verminderter Appetit, z.T. stärkere Gewichtsabnahme • deutlicher Libidoverlust	• Gefühl von besonderer Leistungsfähigkeit • Größenideen bis hin zum Größenwahn • Verlust üblicher sozialer Hemmungen • geringeres Schlafbedürfnis • Appetitlosigkeit • oft gesteigerte Libido, Selbstüberschätzung der eigenen Attraktivität

Tab. 11.2 Gegenüberstellung der Symptomatiken affektiver Störungen

Beide Störungsbilder können infolge **organischer Erkrankungen** auftreten (Durchblutungsstörungen des Gehirns, Gehirntumore etc.). Einen entsprechenden Einfluss besitzen außerdem bestimmte **Medikamente** (beispielsweise Cortison) oder **Drogen** – so löst u.a. Kokain in manchen Fällen manische Zustände aus. Für **Depressionen** ist mittlerweile auch bekannt, dass sie durch die **Schwankungen des Hormonhaushaltes** kurz vor der Menstruation (**prämenstruelles Syndrom**) oder auch während und nach der Schwangerschaft (z.B. **Wochenbettdepression**) entstehen können. All diese Fälle depressiver oder manischer Störungen bezeichnet man als **organisch affektive** oder **sekundäre Störung**.

Im Gegensatz dazu stehen die **primären, nicht durch organische Faktoren bedingten** Depressionen oder manischen Zustände. Diese Störungsbilder können **unipolar** (d.h. die betroffene Person ist *nur* depressiv oder *nur* manisch) oder auch **bipolar** (d.h. depressive *und* manische Episoden wechseln sich ab) auftreten, wobei die unipolaren Depressionen insgesamt überwiegen. Die primäre **Depression** ist vor allem durch eine **völlig verzerrte** und **negative (Selbst-)Wahrnehmung**, die so genannte **kognitive Triade** gekennzeichnet. Das heißt, die Betroffenen besitzen eine ausschließlich **negative** Sicht 1) der **Welt**, 2) der **eigenen Person** und 3) der **Einschätzung der eigenen Zukunft**. In der psychologischen **Therapie** gilt es, diese **automatisierten, negativen Attributionen** zu durchbrechen und durch **realistische, positive** zu ersetzen.

Man darf bei all dem jedoch nicht vergessen, dass sowohl pathologisch depressive als auch pathologisch manische Zustände die **Extrempunkte** unserer Stimmung darstellen. Diese bewegt sich bei jedem von uns auf einem **Kontinuum** hin und her. So kennt sicher jeder beide Zustandsformen – z.B. die erste Phase des Verliebtseins als positives oder die Trauerreaktion nach dem Verlust eines geliebten Menschen als negatives Beispiel. Beide Zustände sind ganz „normal" und werden auch eine bestimmte Zeit andauern. **Pathologische** Depressionen oder Manien unterscheiden sich **nicht qualitativ** von diesen emotionalen Zuständen, sind aber in ihrer **Ausprägung massiver** und treten in vielen Fällen nicht nur einmalig, sondern **wiederholt** auf – häufig **ohne** ein objektiv erkennbares, auslösendes Ereignis. Und sie benötigen in den meisten Fällen psychologische und medizinische Hilfe.

11.2.3 Schizophrene Störungen

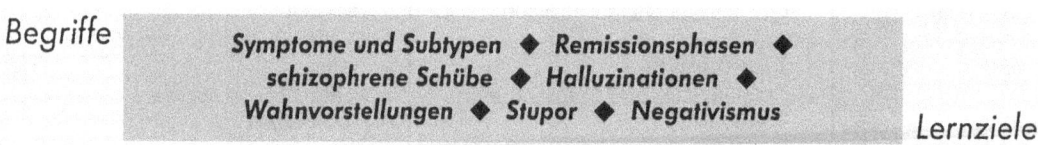

„Der/die ist doch schizophren!" – diesen Satz hört man oft, wenn jemand das Verhalten einer anderen Person nicht als „normal" empfindet – häufig zu unrecht. Aber was heißt es eigentlich, schizophren zu sein? Die **Schizophrenie** – oder besser: **schizophrene Störungen** sind ein schweres psychisches Erkrankungsbild, für das es **keine einheitliche Definition** gibt, das vielmehr als eine Ansammlung **verschiedener typischer Symptome** aufgefasst werden kann (siehe Tab. 11.3). Es ist jedoch zu beachten, dass diese Symptome **nicht alle gemeinsam** und auch **nicht ständig** auftreten müssen. Bei entsprechender Behandlung wechseln sich häufig vielmehr so genannte **Remissionsphasen** (ohne irgendwelche Anzeichen der schizophrenen Symptomatik) mit mehr oder weniger akuten (**schubartigen**) schizophrenen Phasen ab.

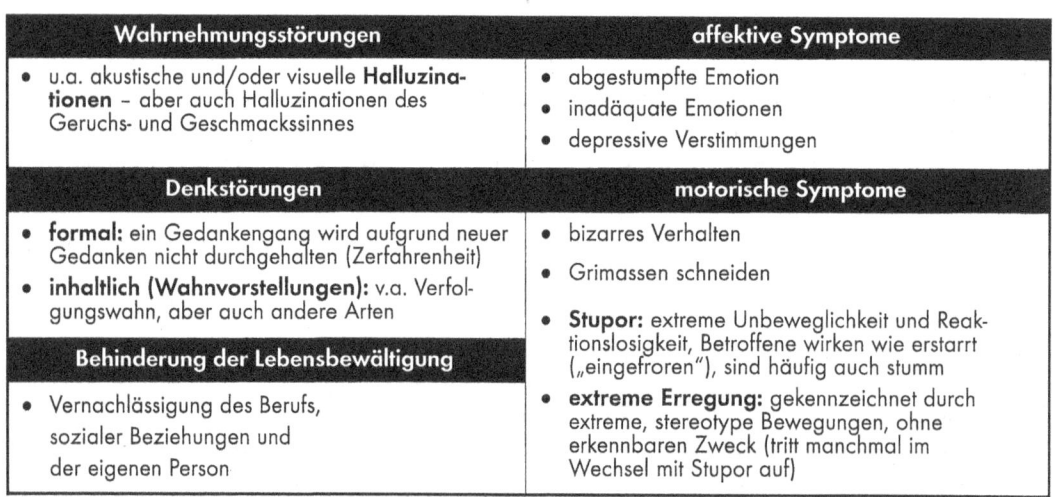

Tab. 11.3 Symptome schizophrener Störungen

Entsprechend der **heterogenen Symptomatik** lassen sich verschiedene **Subtypen** schizophrener Störungen unterscheiden, die z.T. auch vermischt auftreten können. Tab. 11.4 gibt einige der Subtypen wieder.

1. hebephrene Form	• v.a. durch **emotionale Veränderungen** geprägt → Emotionen sind abgestumpft oder der Situation nicht angemessen • tritt v.a. im Jugendalter erstmals auf
2. katatone Form	• v.a. die **Psychomotorik** ist gestört, was sich äußern kann in: → **Stupor** oder extremer Erregung → **Negativismus:** grundloser Widerstand gegen alle Anweisungen, z.T. wird auch das genaue Gegenteil getan
3. paranoid-halluzinatorische Form	• v.a. **Halluzinationen** (Stimmen oder bildliche Vorstellungen) und (Verfolgungs-)Wahn • tritt häufig später im Leben auf als die anderen Typen
4. Schizophrenia simplex	• weist keine akuten Symptome (wie Wahn, Halluzination oder Katatonie) auf • langsames Entwicklungstempo – z.B. Leistungs- und Kontaktfähigkeit sinken allmählich ab

Tab. 11.4 Subtypen schizophrener Störungen

Bis heute sind die **Ursachen** schizophrener Störungen nicht geklärt. Es scheinen für ihre Entstehung verschiedene Einflüsse zusammenzuwirken. **Umweltfaktoren** wie z.B. **körperliche Erkrankungen**, aber auch **psychischer Stress** (Konflikte etc.) scheinen häufig nur als **Auslöser** eines **schizophrenen Schubes** zu fungieren, und zwar durch eine stärkere Belastung bestimmter Gehirnbereiche. Hinzu kommt eine spezielle, z.T. **erblich bedingte Vulnerabilität** (Empfänglichkeit), dieses Krankheitsbild zu entwickeln.

11.2.4 Anorexie / Bulimie

Begriffe Ess-Störungen ◆ Anorexie (Magersucht) ◆ Bulimie (Ess-Brech-Sucht) ◆ Körperbild ◆ soziale Isolation ◆ Selbstwertgefühl ◆ Selbstwahrnehmung ◆ Restrained Eating ◆ Heißhungeranfälle   *Lernziele*

Diesen Abschnitt widmen wir zwei Arten von **Ess-Störungen**, die in unserer heutigen Gesellschaft immer häufiger auftreten – der **Magersucht** (**Anorexie** oder **Anorexia nervosa**) und der **Ess-Brech-Sucht** (**Bulimie** oder **Bulimia nervosa**). Man denke nur an die vielen Models, die uns immer wieder als Schönheitsideale vor Augen geführt werden, bei unvoreingenommener Betrachtung aber nur aus Haut und Knochen bestehen, so dass man sich fragen muss, ob das noch gesund ist. In der Tat wird angenommen, dass das in der westlichen Welt vorgegebene **Schlankheitsideal** einen Einfluss auf die **Wahrnehmung** der **eigenen körperlichen Attraktivität** vornehmlich bei **Frauen*** hat und damit auch ihr **Selbstwertgefühl** determiniert. Die Folge ist häu-

---

* Generell ist festzustellen, dass ca. 95% bis 99% derjenigen, die an Anorexie oder Bulimie leiden, Frauen sind. Die Zahl der betroffenen Männer scheint in letzter Zeit aber leider zuzunehmen.

figes **Diätieren**, und dies oft schon in der **Jugendzeit**, in der sich die eigene Identität herausbildet und auch die eigene Attraktivität eine wichtige Rolle spielt. In vielen Fällen kommt es bereits in dieser Lebensphase zum erstmaligen Auftreten des Krankheitsbildes.

Beiden Krankheitsbildern sind folgende **Symptome** gemein:

- **verzerrtes Körperbild** – die Betroffenen empfinden sich (objektiv unbegründet!) als zu dick,
- große Bedeutung des eigenen **Körpergewichts** und **körperlichen Aussehens** allgemein
- und die zum Teil **panikartige Angst** vor einer **Gewichtszunahme**.

Anorexie und Bulimie treten häufig nach so genannten **kritischen Lebensereignissen** (z.B. Verlust oder Trennung von einer Bezugsperson, Zeiten hoher Leistungsanforderung) erstmals auf, **Auslöser** kann aber auch schlichtweg zu starkes und lang anhaltendes **Diätieren** sein. Was darüber hinaus hinter diesen Krankheitsbildern steckt und welche Probleme damit verbunden sind, darauf wollen wir jetzt eingehen.

Anorexie

Personen, die unter **Anorexie** leiden, erkennt man gewöhnlich an folgenden **Eigenschaften** und **Verhaltensweisen**:

- starker Gewichtsverlust (BMI ≤ 17*) durch extrem kalorienreduzierte Nahrungsaufnahme,
- beharrliches, zwanghaftes Streben, **dünner zu werden**,
- Verleugnen von **Hungergefühlen**,
- zusätzlich **häufiges Erbrechen** (bei ca. 50%) und Missbrauch von **Abführmitteln** und **Entwässerungstabletten**,
- exzessive körperliche Aktivitäten.

Anorektische Personen besitzen ein völlig **verzerrtes Körperbild** und bezeichnen sich häufig auch dann noch als zu dick, wenn sie bereits längst untergewichtig sind. Durch die extreme Reduzierung der Nahrungsaufnahme über einen längeren Zeitraum hinweg verkleinert sich der Magen, so dass schon bei kleinen Nahrungsmengen Völlegefühle und Magenbeschwerden auftreten. Die Folgen sind u.a.:

physiologische Folgen	psychische Folgen
◆ niedriger Blutdruck	◆ Konzentrationsmangel
◆ geringere Herzschlagfrequenz	◆ Entscheidungsunfähigkeit
◆ ausbleibende Menstruation	◆ depressive Stimmung
◆ Ödeme und Unterkühlungen	◆ Reizbarkeit
◆ Hohes Risiko zu verhungern!	

---

* Der **BMI** (Body-Mass-Index) ist eine Möglichkeit der Berechnung des **Normal**- bzw. **Idealgewichtes** nach folgender **Formel**: *BMI = Gewicht in kg/Körpergröße in Metern zum Quadrat*. Normalgewichtig gilt man allgemein als Frau in einem BMI-Bereich von 19-24, als Mann im Bereich 20-25.

Das Hauptproblem der Krankheit ist folgender **Teufelskreis** (Laessle, 1998): Durch das lang anhaltende und extreme **Diätieren** ist bei den Betroffenen nach einer gewissen Zeit eine **Mangelernährung** festzustellen. Diese führt aber gerade dazu, dass die **Gedanken** ständig um das Thema „Essen" kreisen. Das bizarre Essverhalten führt zu einer **sozialen Isolation**. Zusammen mit den zuvor genannten **psychischen Folgen** der Krankheit resultiert daraus eine **Verminderung des Selbstwertgefühls** (das dann durch das „perfekte Äußere" - die „schlanke" Figur - wieder ausgeglichen werden soll) und eine **Erhöhung der Selbstwahrnehmung**. Der Fokus wird so immer mehr auf die **Gewichtskontrolle** verlegt, mit der Konsequenz, dass die Mangelernährung und die damit verbundenen Konsequenzen weiter **verstärkt** werden.

Die Wahrscheinlichkeit, dass Magersüchtige ihr Fehlverhalten selbst erkennen, ist äußerst gering. Im „worst case" und bei zu spätem Eingreifen der Umwelt besteht die Gefahr, dass die Betroffenen verhungern!

Bulimie

Das **Körpergewicht** der Betroffenen liegt häufig im **Normalbereich** (es sei denn, es handelt sich um eine Anorexie bulimischen Typs). Charakteristisch für die Bulimie ist, dass sich „**Fressanfälle**" und bewusst ausgelöstes **Erbrechen** ablösen. Zwischen den Essanfällen können auch Zeiten stark **gezügelten Essverhaltens** auftreten. Die betroffenen Personen zeigen **starke Gewichtsschwankungen**. Häufig werden auch **Abführmittel** und **Entwässerungstabletten** missbräuchlich, d.h. in zu großem Umfang und über einen zu langen Zeitraum verwendet.

Eine Verhaltensweise, die zur Aufrechterhaltung dieses Störungsbildes beiträgt, ist das so genannte **Restrained Eating** - ein **extrem gezügeltes Essverhalten**. Die daraus resultierende **Mangelernährung** zieht wiederum **Heißhungeranfälle** nach sich. Vor allem in **Situationen**, in denen sich die Betroffenen **ängstlich** oder **gestresst** fühlen, wird diesem Heißhunger dann nachgegeben und das Essen kurze Zeit als Ablenkung und Beruhigung empfunden. In der Folge entstehen jedoch wieder neue Ängste, denn auch bei bulimischen Personen besteht die **extreme Angst vor der Gewichtszunahme**. Die Konsequenz daraus ist wiederum das selbst ausgelöste Erbrechen, was die Furcht vor dem Zunehmen senkt (denn die Nahrung wird ja vor der vollständigen Verdauung wieder ausgeschieden). Damit wird wiederum das **Erbrechen** als **positive Handlungsweise** wahrgenommen und deshalb in Zukunft immer häufiger angewendet. Und schon sind wir mitten in einem **Teufelskreis**, der nur schwer zu durchbrechen ist, aber erhebliche **Folgen** hat:

- **Mangelernährung** und **gestörter Mineralstoffwechsel**,
- **Entzündung der Speiseröhre** und **Schädigung des Zahnschmelzes** durch häufiges Erbrechen,
- **Haarausfall, Hautveränderungen** und **gestörter Menstruationszyklus**
- sowie **depressive Symptome** und **Drogen- bzw. Alkoholmissbrauch** als Begleiterscheinungen.

Sowohl in Fällen der Anorexie als auch der Bulimie ist es wichtig, dass **professionelle** (**psychologische** wie **medizinische**) **Hilfe** in Anspruch genommen wird, um die Betroffenen aus ihrem Teufelskreis herauszuholen, die dahinterliegenden Probleme zu erfassen und zu behandeln und vor allem - und dies gilt für einen nicht unerheblichen Teil der Erkrankten - um sie am Leben zu erhalten!

11.2.5 Neurose / Psychose

Die Begriffe „Neurose" und „Psychose" stellen Bezeichnungen dar, die heute vornehmlich in der **Psychiatrie** und weniger in der Psychologie gebräuchlich sind und die in der Tradition der **psychoanalytischen Theorien** (vgl. Abschnitt 11.3.1) entstanden sind. Unter einer **Neurose** versteht man dabei eine psychisch bedingte Gesundheitsstörung, deren Symptome unmittelbare Folge und symbolischer Ausdruck eines **krankmachenden seelischen Konflikts** sind, der **unbewusst** bleibt (Peters, 1997). Es liegen dabei keine organischen Schäden und keine Verletzung gesellschaftlicher Normen vor. Es ist nur selten eine stationäre Behandlung nötig. **Psychosen** sind dagegen schwerere psychische Störungen, bei denen **Abweichungen der Wahrnehmung** sowie bei **Denk-** und **emotionalen Prozessen** auftreten und die z.T. eine stationäre Behandlung verlangen. Psychosen können auch durch **organische Störungen** bedingt sein.

Das DSM-IV verwendet die Begriffe „Neurose" und „Psychose" als Beschreibung psychischer Störungen jedoch nicht mehr, weil mit ihnen nicht nur eine Beschreibung der Symptome, sondern gleichzeitig bzw. automatisch eine **Wertung** (und damit einhergehend eine **Stigmatisierung** der Personen) über die dem Störungsbild zugrunde liegenden Ursachen vorgenommen wird, ohne diese speziell zu hinterfragen.

Noch eine kurze **Anmerkung**: Sie werden vielleicht Informationen über die **Entstehung** der zuvor beschriebenen Störungsbilder vermissen. Darauf im Detail einzugehen, wäre jedoch über den Rahmen dieses Kurses hinausgegangen. Besonders Interessierten empfehlen wir die Literaturliste zu dieser Lektion.

11.3 Therapeutische Ansätze

Wie bereits in der Einleitung zu dieser Lektion erwähnt, können **psychische Störungen** durch **psychologische Therapieformen** behandelt werden. Unter **Psychotherapie** versteht man die Anwendung **wissenschaftlich kontrollierter**, psychologischer Verfahren, die dazu dienen, psychische Leiden zu lindern und Verhalten positiv zu verändern (Corsini, 1983). Derzeit scheint die Anzahl der angebotenen Therapiearten unübersehbar zu sein. Wir gehen daher nur auf die bedeutsamsten Verfahren ein, deren Wirksamkeit auch bestätigt werden konnte*.

11.3.1 Psychodynamische Therapien

Begriffe **Tiefenpsychologie ♦ Psychoanalyse ♦ Es, Ich und Über-Ich ♦ freie Assoziation ♦ Widerstand ♦ Traumdeutung ♦ Übertragung und Gegenübertragung** *Lernziele*

---

* Daneben gibt es auch Therapieformen wie **Kunst-** und **Musiktherapien** usw., deren Wirksamkeit nicht nachgewiesen werden konnte oder über die es keine oder nur ungenügende Studien gibt.

Die **psychodynamischen Therapieformen** – besser bekannt unter der Bezeichnung „Tiefenpsychologie" oder „Psychoanalyse (PA)" – sind die ältesten Behandlungsmethoden, die sich in professioneller Anwendung befinden. Ihr bekanntester Vertreter ist **Sigmund Freud (1856-1939)**.

Welche Annahmen liegen nun diesen Therapieformen zugrunde? Es wird davon ausgegangen, dass **Symptome psychischer Störungen** als Mitteilungen des **Unterbewussten** anzusehen sind. Sie werden als Zeichen des Unvermögens gedeutet, **innere Konflikte** zwischen dem **Es** (Träger der primitiven Wünsche und Triebe) und dem **Über-Ich** (Träger des Gewissens, der Werte und Normen; verdrängende Kraft) angemessen zu lösen. (Vgl. auch Lektion 6, Abschnitt 6.1.1.)

In psychoanalytischen Sitzungen wird versucht, **lange verdrängte Erinnerungen** zu rekonstruieren, zu deuten und zu interpretieren; die **Zusammenhänge** zwischen in der **Vergangenheit** liegenden **Ursachen** und in der Gegenwart auftretenden **Symptomen** aufzuzeigen sowie beim Betroffenen eine Einsicht für diese Zusammenhänge zu erzielen. Es wird angestrebt, den **Grundkonflikt** aufzuarbeiten und so das **Ich** in seiner Position zwischen Es und Über-Ich zu stärken. Dabei werden u.a. folgende **Methoden** angewandt:

- Freie Assoziation: Der **Patient** soll seine **Gedanken frei umherschweifen lassen** und über dabei auftretende Gefühle, Bilder und sonstige Inhalte erzählen.

- Analyse des **Widerstandes**: Dieser ist Ausdruck des **Unwillens** bzw. der **Unfähigkeit** des Patienten, über bestimmte (unangenehme) Gedanken, Wünsche etc. zu sprechen und dadurch bestimmte Erlebnisse in das **Bewusstsein** zurückkehren zu lassen.

- Traumdeutung: Sie dient dazu, als versteckt angenommene **Motive aufzudecken**. Es wird davon ausgegangen, dass sich hinter offen sichtbaren Trauminhalten **latente** (d.h. nicht offensichtliche) **Inhalte** verbergen. Diese entsprechen den wirklichen, d.h. schmerzhaften bzw. unannehmbaren Motiven, die für den Patienten aus diesem Grund inakzeptabel sind und deshalb „**verschlüsselt**" werden.

- Analyse der **Übertragung** und **Gegenübertragung**: Die **Übertragung** stellt eine emotionale Reaktion des **Patienten auf den Therapeuten** dar, bei der Emotionen gegenüber einer **Person aus der Vergangenheit** auf den Therapeuten projiziert werden. Der Therapeut hat die Aufgabe, dem Patienten diese übertragenen Gefühle deutlich zu machen und sie zu interpretieren. Die **Gegenübertragung** wiederum stellt in äquivalenter Weise die (übertragenen) emotionalen Reaktionen des **Therapeuten auf den Patienten** dar. Sowohl Übertragung als auch Gegenübertragung können den Emotionen entsprechend **positiv** (Bewunderung, Liebe etc.) oder **negativ** (z.B. Hass) getönt oder eine Mischung aus beidem (d.h. **ambivalent**) sein.

11.3.2 Humanistische oder klientenzentrierte Therapien

Begriffe

Gesprächspsychotherapie ♦ personen- bzw. klientenzentrierte Therapie ♦ Selbstkonzept ♦ reales und ideales Selbst ♦ ganzheitlich funktionierende Persönlichkeit ♦ Modellfunktion des Therapeuten ♦ Klient ♦ Selbstexploration

Lernziele

Eine weitere psychologische Therapieform ist die **Gesprächspsychotherapie (GT)** nach **Carl Rogers** (1902-1987), auch bekannt unter der Bezeichnung „**Humanistische Therapie**" oder „**personen-**" bzw. „**klientenzentrierte Therapie**" (1951). Die GT ist – im Gegensatz zur Psychoanalyse – **gegenwartsorientiert** und wird durch folgendes **Persönlichkeits-** und **Störungsmodell** geprägt: Psychische Störungen werden nicht als Krankheiten angesehen, sondern als Folge der **Inkongruenz** (Nichtübereinstimmung) des **Selbstkonzeptes** mit neuen, bedeutsamen Erfahrungen. Das Selbstkonzept umfasst wichtige **stabile Annahmen** einer Person über sich selbst (Reicherts, 1998) – z.B. *„ich bin intelligent"*, *„ich bin liebevoll"* etc. Wenn eine Person Erfahrungen macht, die diesen Annahmen nicht entsprechen – z.B. deutliches Versagen in einer Prüfungssituation oder eindeutige Aggressionen gegen den eigenen Lebenspartner – dann lassen sich diese Annahmen nicht in das eigene Selbstkonzept integrieren. Hieraus können wiederum negative Gefühle resultieren, die die Weiterentwicklung der eigenen Persönlichkeit verhindern oder hemmen und u.U. in einer psychischen Störung münden. Ziel der GT ist es folglich, die entstandene Inkongruenz abzubauen, die Übereinstimmung des **idealen Selbst** mit dem **realen Selbst** wieder herzustellen und eine höhere **Akzeptanz der persönlichen Eigenarten** zu erreichen. Hierzu gehört auch, auf alle weiteren Erfahrungen offen und flexibel zu reagieren. Das angestrebte **Persönlichkeitsideal** ist das einer „**fully functioning person**" (ganzheitlich funktionierende Persönlichkeit).

Eine entscheidende **Wirkgröße** in der Therapie ist der **Therapeut** selbst (Tscheulin, 1992). Er fungiert als **Modell** einer ganzheitlich funktionierenden Persönlichkeit, und sein **Verhalten** sollte deshalb durch folgende **Basisvariablen** geprägt sein, die am Ende der Therapie möglichst auch durch den **Klienten** erreicht werden sollten:

◆ **uneingeschränkte positive Wertschätzung** des Klienten, unabhängig von dessen persönlichen Eigenarten,

◆ **Echtheit** oder **Kongruenz** (d.h. der Therapeut ist „ganz er selbst", ohne eine Rolle zu spielen oder sich zu verstellen),

◆ sowie **Empathie** (Einfühlen und Mitfühlen) und einfühlendes **Verstehen** der Äußerungen des Klienten, ohne diese einer Wertung zu unterziehen.

Ziel dieser Verhaltensweisen ist es, ein Klima bzw. eine therapeutische Beziehung zu erzeugen, die es dem Klienten ermöglicht, sich selbst zu öffnen; über seine Probleme nachzudenken und **eigenständig Lösungen zu finden.*** Dies wird auch als **Selbstexploration** des Klienten bezeichnet. Der Therapeut kann sich in diesem Prozess u.a. folgender **Behandlungsvariablen** bedienen:

◆ **Nichtdirektive Gesprächslenkung** – d.h. der Therapeut gibt keine Ratschläge oder Anweisungen, die der Klient befolgen sollte.

◆ **Widerspiegeln** der Äußerungen des Klienten und **Verbalisieren** der emotionalen Anteile in diesen Äußerungen. Dies soll zur **Konkretisierung** der Inhalte führen.

◆ **Focusing** – hier geht es darum, die Aufmerksamkeit des Klienten auf seine inneren, emotionalen Zustände zu lenken.

---

* Entsprechend wird der Ratsuchende auch nicht als **Patient** bezeichnet (was ein **Abhängigkeitsverhältnis** zum Ausdruck bringt), sondern als **Klient**, woraus die angestrebte **Gleichwertigkeit** von Therapeut und Ratsuchendem deutlich wird.

- **Konfrontieren** – d.h. der Therapeut gibt Hinweise auf Unstimmigkeiten in den Äußerungen, Verhaltensweisen etc. des Klienten, um ihm diese Widersprüche deutlich zu machen.

Durch diese und andere Methoden soll erreicht werden, dass der **Klient selbst erkennt,** wie seine Probleme konkret aussehen und welche Wege er zu ihrer Lösung beschreiten kann.

11.3.3 Verhaltenstherapie und kognitive Therapien

Begriffe

> **Verhaltensänderung ◆ kognitive Therapien ◆ Konditionierung ◆ Konfrontation ◆ Systematische Desensibilisierung ◆ Flooding (Reizüberflutung) ◆ Kontingenzmanagement ◆ positive und negative Verstärkung ◆ kognitive Umstrukturierung ◆ Rollenspiele**

Lernziele

Abschließend wollen wir noch auf die Verhaltenstherapie (VT) und die kognitiven Therapien eingehen. Während die **Verhaltenstherapie** vor allem eine **Verhaltensänderung** (z.B. bei **Phobien** oder anderen **Ängsten**) zum Ziel hat, wollen **kognitive Therapien** bei den **gedanklichen Prozessen** ansetzen (z.B. das Durchbrechen der kognitiven Triade der **Depression**). Grundlegender Gedanke beider Therapieformen ist, dass **psychische Störungen** (z.B. Phobien) durch **Lernprozesse** entstanden sind oder dass diese zumindest einen maßgeblichen Anteil an ihrer Entstehung und Verschlimmerung haben. Folglich können **Lernmechanismen** wie die **klassische** oder die **operante Konditionierung** (siehe Lektion 3) auch zur Therapie angewandt werden. Beide Therapieformen setzen besonders eng an der **Symptomatik** und ihrer **Auswirkung** auf den **Betroffenen** und sein **Umfeld** an. Bei einer Zwangserkrankung wird beispielsweise nicht nach möglichen Ursachen in der Kindheit geforscht, sondern nach **Strategien** gesucht, die man im Alltag wirksam gegen das Auftreten der Zwänge anwenden kann. Gleichzeitig geht es auch darum, mögliche positive Effekte der Erkrankung für den Betroffenen (z.B. mehr Zuwendung durch den Partner) aufzudecken und abzubauen. Dieser **sekundäre Krankheitsgewinn** trägt paradoxerweise dazu bei, die Störung aufrechtzuerhalten.

Es gibt eine Vielfalt an Methoden, die im Rahmen der Verhaltenstherapie und der kognitiven Therapien **je nach Störungsbild** angewandt werden. Hier ein kurzer Überblick über die wichtigsten:

- **Konfrontation**

    Hierunter versteht man ein Gruppe von Verfahren, die vor allem bei der Therapie **konkreter Ängste** (z.B. bei **Phobien**) angewandt werden und auf den Annahmen der **klassischen Konditionierung** basieren. Allen gemeinsam ist die Methode, dass sich der Betroffene seinen Ängsten stellen und sie aushalten muss, bis sie nachlassen. Mit der Zeit lernt er, dass er eine solche Situation ohne befürchtete negative Konsequenzen durchstehen kann (z.B. dass er nicht stirbt, wenn eine Spinne in seiner Nähe ist), und hat die Angst überwunden.

    Eine weit verbreitete Methode ist die **Systematische Desensibilisierung,** für die die Verknüpfung von **Entspannungsverfahren** mit dem **Erleben angstbeladener Stimuli** kennzeichnend ist. Zu Beginn wird eine Hierarchie von der leichtesten bis zur maximalsten angstbeladenen

Situation erarbeitet. Diese Hierarchie wird dann systematisch (von leicht bis schwer) „abgearbeitet", wobei beim Auftreten der Angst sofort ein zuvor eingeübtes Entspannungsverfahren zur Anwendung kommt. Im Gegensatz dazu erfolgt beim **Flooding (Reizüberflutung)** die Konfrontation des Betroffenen mit dem **maximal angstauslösenden Reiz** sofort (und **ohne Entspannungsverfahren**). Dieser Reiz soll über einen längeren Zeitraum ertragen werden, bis die Angst von selbst ermüdet.

- ◆ **Kontingenzmanagement**

    Diese Methode zeichnet sich dadurch aus, dass - um eine **langfristige Verhaltensänderung** zu erzielen - **erwünschtes Verhalten** systematisch belohnt wird (= **positive Verstärkung**), während **unerwünschtes Verhalten** systematisch bestraft wird (= **negative Verstärkung**). Damit basiert das Kontingenzmanagement im Gegensatz zu den zuvor genannten Verfahren auf den Prinzipien der **operanten Konditionierung**. Es eignet sich gut für eine Übertragung auf den Alltag, weil der Partner, die Familie etc. als Co-Therapeuten fungieren und auf die konsequente Einhaltung der positiven und negativen Verstärkung achten können. Dies steigert den Therapieerfolg.

- ◆ **Kognitive Umstrukturierung**

    Hierunter werden verschiedene Verfahren zusammengefasst, die **Veränderungen der inneren Überzeugungen** (z.B. bei **depressiven** oder **sozial-ängstlichen Personen**) erzielen wollen. Dies wird vor allem durch **Diskussionen** *(Wenn mein Chef mich nicht grüßt, heißt das zwingend, dass er mich verachtet, oder gibt es andere Erklärungen?)*, **schriftliche Übungen** (Aufstellen einer Liste mit positiven und negativen Eigenschaften der eigenen Person etc.) oder auch **Verhaltensübungen**, z.B. in Form von **Rollenspielen**, angewandt. In Rollenspielen lassen sich zuvor verbal erarbeitete, alternative Verhaltensweisen einüben und später auch auf den Alltag übertragen.

11.3.4 Vergleichende Therapieforschung

Lässt sich nun überhaupt sicher sagen, welche der vielen auf dem „Psycho-Markt" existierenden Therapieformen die „beste" ist? Es gab in den letzten Jahren und Jahrzehnten immer wieder Studien, die verschiedene Methoden einander gegenübergestellt haben. Eine davon ist die Arbeit von **Klaus Grawe** aus dem Jahr 1992. Sie zeigt folgendes Bild:

Für die **Verhaltenstherapie** ist die **Wirksamkeit** ohne Einschränkung nachgewiesen. Dies liegt u.a. daran, dass sie ein sehr breites Spektrum an Therapiemethoden bereitstellt. Neben den **Konfrontationstherapien** und den **kognitiven Therapieansätzen** haben sich **Trainingsverfahren** zur **Förderung der sozialen Kompetenz** (z.B. zur Überwindung sozialer Ängste) und zum **Problemlösen** über verschiedene Studien hinweg regelmäßig als wirksam erwiesen.

Auch die **Gesprächspsychotherapie** hat sich in verschiedenen Studien als effizient erwiesen - aber für einen engeren Anwendungsbereich als die Verhaltenstherapie. Gesprächstherapeutische Maßnahmen beeinflussen neben der allgemeinen Befindlichkeit in erster Linie das **zwischenmenschliche Verhalten** und den Bereich der **Persönlichkeit**.

Psychoanalytische Verfahren müssen differenzierter betrachtet werden. Als wirksam haben sich vor allem so genannte **Kurztherapien** (mit bis zu 30 Therapiestunden) und **Therapien mittlerer**

Länge (mit einer Dauer von 30 bis 100 Stunden) erwiesen. Hingegen kann dies nicht für **sehr kurze** (bis maximal 12 Stunden) und **Langzeitmaßnahmen** (über 100 Stunden) festgestellt werden. Außerdem ist anzumerken, dass psychoanalytische Verfahren ihre Wirkung primär bei **neurotischen** und **Persönlichkeitsstörungen**, weniger aber bei psychosomatischen Störungen entfalten.

Insgesamt lässt sich sagen, dass die Verhaltenstherapie der Gesprächspsychotherapie und der Psychoanalyse überlegen erscheint, während für die beiden letztgenannten Verfahren zu wenig Vergleichsstudien existieren, um die Überlegenheit einer Maßnahme sicher nachweisen zu können (Grawe, 1992). Neben differenzierbaren Aspekten der Effizienz unterschiedlicher Therapieformen ist auch zu bedenken, dass die Wirksamkeit einer Psychotherapie auch von der **Persönlichkeit** des **Patienten/Klienten** und der **Interaktion** zwischen **Patient/Klient** und **Therapeut** abhängt.

Aufgaben

1. Welche Klassifikationssysteme psychischer Störungen kennen Sie und was ist deren Zweck?
2. Nennen und beschreiben Sie kurz die drei Ebenen der Angststörungen.
3. Nennen Sie vier verschiedene spezifische Phobien.
4. Wie grenzen sich spezifische Phobien von Panikattacken ab?
5. Nennen Sie die Charakteristika eines Zwangssyndroms.
6. Welche Arten der Depression kennen Sie?
7. Was versteht man in der Psychologie unter Psychotherapie?

zur Lernkontrolle

12 Psychologische Personalauswahl und Rechtspsychologie

12.1 Zur Psychologie der Personalauswahl

Früher oder später kommen wir fast alle einmal in die Situation, dass wir uns um einen **Arbeitsplatz** bewerben und daraufhin zu einem **Vorstellungsgespräch** oder gar einem Assessment-Center eingeladen werden. Gewiss gehen nur wenige Menschen völlig gelassen zu einem Bewerbungstermin und es beruhigt die meisten zumindest ein wenig, wenn man eine Vorstellung davon hat, welche **Verfahren der Personalauswahl (Berufseignungsdiagnostik)** auf einen zukommen können.

Die Teilnahme an **psychologischen Auswahlverfahren** wird von der Mehrheit der **Bewerber** als eine einseitige **Prüfungssituation** erlebt, die mit entsprechender Anspannung und Stress verbunden ist. Dies ist ganz besonders dann so, wenn man mit vielen anderen guten Bewerbern direkt konkurrieren muss, wie in einem Assessment-Center. Dennoch ist ein Einstellungsverfahren nicht nur für den Bewerber eine Prüfung, sondern auch für den **potenziellen Arbeitgeber**. Präsentiert er sich hierbei unprofessionell oder werden die eingesetzten Tests von den Bewerbern nicht akzeptiert, kann es durchaus vorkommen, dass auch der Arbeitgeber bereits frühzeitig bei den Bewerbern durchfällt.

Das Ziel einer **psychologischen Personalauswahl** besteht darin, eine möglichst **optimale Passung zwischen Arbeitgeber und Arbeitnehmer** zu erreichen. Beiden Seiten ist nicht damit gedient, wenn diese Passung nicht stimmt. Ein hoch qualifizierter Arbeitnehmer beispielsweise, der in einem aufwändigen und anstrengenden Auswahlverfahren einen Arbeitsplatz erhalten hat, wird schnell demotiviert sein und das Unternehmen wieder verlassen, wenn die auszuführende Tätigkeit nicht seinem hohen Anspruch und Leistungsvermögen genügt und wenn keine Aufstiegsmöglichkeiten gegeben sind. Genauso ist es aber auch möglich, einen zu gering qualifizierten Mitarbeiter zu überfordern, der sich dann durch vermehrte Krankmeldungen dem hohen Druck zu entziehen versucht. Eine misslungene Personalauswahl ist meistens für Arbeitgeber wie Arbeitnehmer mit Kosten, Ärger und Zeitaufwand verbunden. Um das **Risiko einer Fehlentscheidung** zu minimieren, stehen die verschiedensten **Personalauswahlmethoden** zur Verfügung. Sie sind eine Chance für beide Seiten, die beste Entscheidung zu treffen.

12.1.1 Verfahren der Personalauswahl

Begriffe

> Berufseignungsdiagnostik ♦ prognostische Validität ♦ inkrementelle Validität ♦ Stellenausschreibung ♦ Bewerbungsmappe ♦ Auswahlgespräche/Einstellungsinterviews ♦ Testverfahren ♦ kognitive Fähigkeitstests ♦ Persönlichkeitstests ♦ projektive Testverfahren ♦ Arbeitsproben ♦ Assessment-Center (AC)

Lernziele

Verfahren der psychologischen Personalauswahl gehören gleichermaßen wie die Intelligenz- und die Persönlichkeitstests zu den psychologischen Tests. Infolgedessen können wir auch die gleichen Gütekriterien der **Objektivität**, **Reliabilität** und **Validität** an sie anlegen und sie danach beurteilen (vgl. hierzu Lektion 6, Abschnitt 6.3). Für die **Berufseignungsdiagnostik** sind insbesondere die **prognostische Validität** und die **inkrementelle Validität** wichtig.

Die **prognostische Validität** gibt Auskunft darüber, wie gut es einem Auswahlverfahren gelingt, die für die Tätigkeit besten und damit erfolgreichsten Arbeitnehmer auszuwählen. Die **inkrementelle Validität** drückt aus, ob ein Auswahlverfahren **zusätzlich** zu einem bereits durchgeführten Verfahren **weitere Informationen**, d.h. einen Zuwachs (Inkrement) an prognostischer Validität liefert. Kann man beispielsweise anhand des Schulabschlusszeugnisses bereits eine gute Prognose erstellen, dann sollten zusätzliche Auswahlverfahren möglichst solche Aspekte erheben, die in der Schulnote nicht unbedingt enthalten sind, wie z.B. soziale Kompetenz. Sofern die Erfassung der sozialen Kompetenz für die Prognose des Berufserfolges von Bedeutung ist, würde ein solcher Test zusätzlich inkrementelle Validität liefern.

Stellenausschreibung und Bewerbungsmappe

Sucht eine Firma neue Mitarbeiter, dann beginnt die Personalauswahl bereits mit der **Gestaltung der Stellenausschreibung**, ganz gleich, ob diese in einer **Zeitung/Zeitschrift** erscheint oder in einem Stellenmarkt im **Internet**. **Design**, **Anforderungsprofil** und **Wortwahl**, aber auch **motivationale Faktoren**, wie die in Aussicht gestellte **Entlohnung**, haben Einfluss darauf, ob sich potenziell geeignete Kandidaten überhaupt bewerben. Schon auf dieser Ebene kann ein Arbeitgeber zumindest insofern Misserfolg haben, als es ihm vielleicht nicht gelingt, hoch qualifizierte Arbeitnehmer zu einer Bewerbung zu motivieren.

Fühlt sich ein Arbeitsuchender von einer Stellenausschreibung angesprochen und besteht von seiner Seite der Eindruck, dass eine Passung möglich ist, dann ist der nächste Schritt in der Regel die Anfertigung einer **schriftlichen Bewerbungsmappe**. Sie stellt den ersten Kontakt zwischen beiden Parteien her und der Arbeitnehmer kann hierbei genau die gleichen Fehler machen wie der Arbeitgeber bei der Stellenausschreibung. Beides hinterlässt einen **Ersteindruck** – eine zweite Chance für einen ersten Eindruck gibt es nicht!

Die **Gestaltung** von Bewerbungsmappen unterliegt einem gewissen „modischen" Wandel. Am besten informiert man sich über den aktuellen Stand in möglichst neuer Fachliteratur (z.B. bei

Hesse & Schrader, 2002). Als allgemeine Tipps seien hier nur genannt, dass das **Anschreiben** nicht länger als etwa eine Seite sein sollte und dass der **Lebenslauf** in sich schlüssig sein muss. **Formale Fehler** (z.B. Orthographie, Grammatik oder Stil betreffend) sollten unbedingt vermieden werden, sind sie doch bei einigen Firmen ein willkommener Grund, eine zu große Zahl von Bewerbern schnell zu reduzieren. Auch das **Bewerbungsfoto** lässt man idealerweise von einem professionellen Fotografen aufnehmen. Nach einer Studie von **Heinz Schuler** und **Walter Berger** (1979) hat die physische Attraktivität zwar keinen großen Einfluss auf die Leistungsbeurteilung und die Einstellungsempfehlung, wohl aber auf den Sympathieeindruck, den sie beim Betrachter hervorruft.

Ganz wichtig ist es auch, sich **vor dem Abfassen** einer Bewerbung über den **potenziellen Arbeitgeber zu informieren**. So fällt es leichter, Argumente zu finden, um die persönliche Eignung für die ausgeschriebene Stelle zu begründen. Außerdem ist man damit bereits ein Stück weit für ein Auswahlgespräch vorbereitet. Es hinterlässt keinen guten Eindruck, wenn man auf die häufig gestellte Frage, warum man sich gerade bei dieser Firma bewirbt, keine überzeugende Antwort geben kann.

Unstrukturierte, strukturierte und multimodale Auswahlgespräche

Ein **unstrukturiertes** Auswahlgespräch (Einstellungsinterview) als **alleinige Methode** der Personalauswahl erfüllt **keines der Gütekriterien**. Es ist weder besonders objektiv noch reliabel oder valide. **Urteilsfehler** jeglicher Art, von Vorurteilen über Gedächtnisverzerrungen bis hin zu einer Beeinflussung durch die Attraktivität des Bewerbers, können sich einschleichen. Eine Prognose der Eignung eines Arbeitnehmers lässt sich bei unstrukturierter Durchführung eines Auswahlgespräches nicht verlässlich vornehmen.

Andererseits sind Auswahlgespräche nach wie vor die am häufigsten eingesetzte Methode der Personalauswahl. Dies liegt unter anderem daran, dass sie **geringe Kosten** verursachen, **schnell durchzuführen** sind und sowohl bei Arbeitgebern wie Arbeitnehmern eine **hohe Akzeptanz** genießen. Aus diesen Gründen wird ständig daran gearbeitet, die Qualität von Auswahlgesprächen zu verbessern. Die Durchführung **strukturierter Einstellungsinterviews** mit **standardisierten Bewertungsskalen der Antworten** ist ein erster Schritt zur Verbesserung der Gütekriterien. Führen alle Interviewer das Einstellungsgespräch anhand desselben Leitfadens durch und sind sie darin geschult worden, die Antworten auf psychologischen Skalen zu bewerten, dann kann auch das Einstellungsinterview einen wichtigen Beitrag zur Personalauswahl leisten. Das Interview lässt sich weiter verbessern, indem nicht nur die **Objektivität** von **Auswahlgespräch** und **Antworterfassung** erhöht, sondern zusätzlich **Eigenschaftsfragen** mit **Verhaltensfragen** kombiniert werden.

Das **multimodale Einstellungsinterview** (Schuler, 1992) verfolgt einen solchen Ansatz. Es hat einen festen Aufbau von **sieben Stufen** (vgl. auch Tab. 12.1) und ist sowohl **strukturiert** als auch **eigenschafts-** und **verhaltensbezogen** (daher die Bezeichnung „multimodal"). Seine prognostische Validität liegt bei 0,51, womit es zu einem der besten Personalauswahlverfahren zählt. Hinzu kommt seine kostengünstige und schnelle Durchführung. Ein Nachteil besteht allerdings darin, dass den Bewerbern **keine echten Leistungsproben** abverlangt werden. Dieser Nachteil lässt sich jedoch leicht durch die **zusätzliche** Durchführung **anforderungsbezogener Leistungstests** beheben.

1. Gesprächsbeginn	• kurze informelle Unterhaltung • Bemühen um angenehme und offene Atmosphäre • Vorstellung, Skizzieren des Verfahrensablaufs • keine Beurteilung	
2. Selbstvorstellung des Bewerbers	• Bewerber spricht einige Minuten über seinen persönlichen und beruflichen Hintergrund • Beurteilung nach drei anforderungsbezogenen Dimensionen auf einer fünfstufigen Skala	
3. Freies Gespräch	• Interviewer stellt offene Fragen in Anknüpfung an Selbstvorstellung und Bewerbungsunterlagen • summarische Eindrucksbildung	
4. Biographiebezogene Fragen*	• biographische (oder „Erfahrungs-")Fragen werden aus Anforderungsanalysen* abgeleitet oder anforderungsbezogen aus biographischem Fragebogen übernommen • die Antworten werden anhand einer drei- (einfache Fragen) bzw. fünfstufigen (komplexe Fragen) verhaltensverankerten Skala beurteilt	
5. Realistische Tätigkeitsinformation	• ausgewogene Informationen seitens des Interviewers über Arbeitsplatz und Unternehmen • Überleitung zu situativen Fragen	
6. Situative Fragen	• anhand kritischer Ereignisse** konstruierte Fragen werden gestellt • die Antworten werden auf fünfstufigen verhaltensverankerten Skalen beurteilt	
7. Gesprächsabschluss	• Fragen des Bewerbers • Zusammenfassung • weitere Vereinbarungen	

Tab. 12.1 Die sieben Stufen des multimodalen Einstellungsinterviews nach Schuler (1996)

Testverfahren der Berufseignungsdiagnostik

Seit einigen Jahren zeichnet sich der Trend ab, zunehmend mehr psychologische Tests bei der Personalauswahl einzusetzen. Begründet ist dies einerseits durch die damit erzielten verlässlicheren Prognosen, andererseits hat sich der Aufwand durch die **computergestützte Durchführung** und **Auswertung** vieler Testverfahren erheblich verringert. Inzwischen kommen auch ganze **Testbatterien** von Firmen **per Internet** zum Einsatz, um aus einer manchmal sogar in die tausende gehenden Zahl von Interessenten eine erste Vorauswahl zu treffen.

Zu den eingesetzten **Testverfahren** zählen:

◆ Allgemeine Intelligenztests
◆ Tests spezifischer kognitiver Fähigkeiten

---

* Unter **Anforderungsanalysen** sind arbeitsanalytische Verfahren zu verstehen, die Auskunft über die **psychischen** und auch **physischen Anforderungen** des **Arbeitsplatzes** an einen Arbeitnehmer geben.
** Unter **kritischen Ereignissen** sind in diesem Zusammenhang arbeitsplatzrelevante, schwierige (heikle, knifflige) Situationen zu verstehen, die im künftig auszuführenden Beruf bereits einmal eingetreten sind oder künftig eintreten könnten. Der Bewerber wird gefragt, wie er sich in diesen Situationen verhalten würde.

- Tests der Aufmerksamkeit und Konzentration
- Tests sensorischer und motorischer Leistung
- Sonstige Leistungstests
- Allgemeine Persönlichkeitstests
- Spezifische Persönlichkeitstests
- Einstellungs-, Motivations- und Interessenstests

Die ersten fünf Testarten lassen sich den **kognitiven Fähigkeitstests** zuordnen, die drei letzten zählen zu den **Persönlichkeitstests**. Lange ging man davon aus, dass kognitive Fähigkeitstests, insbesondere die **Intelligenztests**, zwar gut zur Vorhersage des Ausbildungserfolges geeignet sind, jedoch weniger gut für den **späteren Berufserfolg**, da dieser selbstverständlich auch von verschiedenen anderen Persönlichkeitseigenschaften abhängen kann. Neuere umfangreiche Studien von **Frank L. Schmidt** und **John E. Hunter** (1998) zeigen allerdings, dass diese Annahme nicht richtig war und auch die kognitiven Fähigkeitstests mit einer durchschnittlichen prognostischen Validität von 0,51 eine hohe Vorhersagegüte des späteren Berufserfolges aufweisen. Begründet wird dies mit einer sich zunehmend schneller wandelnden industriellen Berufswelt, in der insbesondere die Intelligenz die Grundvoraussetzung für den andauernden Erwerb neuen beruflichen Wissens ist.

Trotz der inzwischen höher eingeschätzten Bedeutung der kognitiven Fähigkeiten verweisen Schmidt und Hunter darauf, dass die Prognose beruflichen Erfolges durch den Einsatz von berufsbezogenen Persönlichkeitstests weiter verbessert werden kann. Der Nachteil von Persönlichkeitstestverfahren besteht allerdings darin, dass sie leicht verfälschbar sind. Jeder versucht sich natürlich in solch einem Test möglichst positiv darzustellen, auch wenn dies manchmal nicht der Realität entspricht. Unter anderem aus diesem Grund liefern berufsbezogene Persönlichkeitstests (z.B. Tests der Gewissenhaftigkeit) als alleiniges Verfahren nur eine geringere prognostische Validität von 0,31 – 0,41. Als zusätzliches Verfahren zu kognitiven Fähigkeitstests ist ihr Beitrag an inkrementeller Validität mit einer Erhöhung um bis zu 27% jedoch beachtlich. Einen Eindruck von der Häufigkeit des Einsatzes verschiedenster Testverfahren sowie deren Ablehnung durch Wirtschaftspsychologen vermittelt Tab. 12.2.

Verfahren	Einsatz %	Ablehnung %
Intelligenztests	46,8	14,3
Persönlichkeitsstrukturtests	31,2	18,5
Spez. Funktionsprüfung & Eignungstests	24,7	7,8
Klinische Tests	23,4	11,7
Allgemeine Leistungstests	14,3	1,3
Projektive Testverfahren	5,2	27,3

Tab. 12.2 Einsatz- und Ablehnungshäufigkeit verschiedener Testverfahren durch Wirtschaftspsychologen (Quelle: Schuler, 1996)

Unter **projektiven Testverfahren** sind solche Tests zu verstehen, bei denen den Probanden eine frei zu interpretierende **visuelle Reizvorlage** geben wird. Ein bekanntes Beispiel ist der Rorschach-Test („Tintenkleckstest"). Die projektiven Testverfahren sind inzwischen **umstritten** und genügen nur selten den Gütekriterien von Objektivität, Reliabilität und Validität, was sich in ihrer **geringen Einsatzhäufigkeit** widerspiegelt. (Vgl. auch Lektion 6, Abschnitt 6.3.)

Arbeitsproben

Eine Möglichkeit der **direkten Leistungserfassung** sind **Arbeitsproben**. Sie zählen mit einer prognostischen Validität von 0,54 zu den besten Auswahlverfahren. Auch sie sollten möglichst **standardisiert** sein und eine Stichprobe **erfolgsrelevanten beruflichen Verhaltens** darstellen. Beispiele für Arbeitsproben wären unter anderem eine Auswahl von Publikationen bei Wissenschaftlern oder Journalisten, eine Mappe mit Zeichnungen bei Künstlern, das Vorspielen bei Musikern oder auch ganz allgemein die **Probezeit**.

Bisweilen wird der Bewerber aber auch **während eines Einstellungsverfahrens** aufgefordert, eine Arbeitsprobe abzuliefern. Häufig zum Einsatz kommt dabei die Drahtbiegeprobe, bei der ein Stück Draht möglichst exakt wie eine Vorlage zu biegen ist. Die **Drahtbiegeprobe** ist nicht nur für angehende Zahnmediziner relevant, die beruflich Spangen biegen müssen, sondern auch für andere, metallverarbeitende Berufe (Goldschmiede, Feinmechaniker etc.).

Ein Nachteil bereits **vorab angefertigter** Arbeitsproben besteht darin, dass man als Arbeitgeber keine Kontrolle darüber hat, *wie* sie zustande gekommen sind. Möglicherweise war die Anzahl der Fehlversuche recht hoch, bis ein brauchbares Stück dabei herauskam. Arbeitsproben unter **kontrollierten, realen Bedingungen** sind sehr zeitaufwändig und lassen sich nur in der Probezeit erheben. In dieser Phase der Personalauswahl sind allerdings schon die meisten Bewerber ausgeschieden. Diese Schwierigkeiten versucht das Assessment-Center durch die Simulation typischer Berufssituationen zu umgehen.

Das Assessment-Center (AC)

Ein **Assessment-Center** ist ein **multiples, multimodales Verfahren** der Berufseignungsdiagnostik. Das klingt ziemlich kompliziert, ist es aber im Grunde nicht, denn „multipel" bedeutet einfach nur, dass **mehrere Testverfahren** miteinander **kombiniert** werden, und „multimodal" drückt aus, dass diese Testverfahren möglichst **verschiedene Aspekte der Berufseignung** erfassen sollen. Eingesetzt werden AC's sowohl zur **Personalauswahl** als auch zur **Potenzialanalyse vorhandenen Personals**.

An einem AC nehmen **mehrere Personen gleichzeitig** teil. In **Einzel**- und auch **Gruppentests** konkurrieren und interagieren sie miteinander, wobei sie wiederum von **mehreren Beobachtern** beurteilt werden. Das Verhältnis von Teilnehmern zu Beobachtern sollte nicht schlechter als zwei zu eins sein. Üblicherweise findet ein AC an ein bis zwei aufeinander folgenden Tagen statt und es werden dabei häufig **Testverfahren** durchgeführt wie:

- **Postkorbübungen**
- **Vorträge** und **Präsentationen**
- **Gruppendiskussionen** mit und ohne **Rollenvorgabe**
- für den Beruf charakteristische **Rollenspiele**
- **Simulationsaufgaben** wie z.B. Wirtschaftsspiele
- **Selbstvorstellung**
- **Fähigkeits-, Leistungs-, Persönlichkeits- und Interessenstests**.

Die meisten dieser Tests erklären sich schon durch ihre Bezeichnung von selbst. Bezüglich der **Postkorbübung** bestehen bei den Teilnehmern eines AC's jedoch häufig zunächst keine klaren

Vorstellungen. Die Postkorbübung, die als eine **simulierte Arbeitsprobe** verstanden werden kann, wird häufig mit einer Rahmengeschichte eingeleitet, wie z.B. dass ein Vorgesetzter ausgefallen ist und man dessen Arbeitsplatz für einige Zeit einnehmen soll. Auf einem Schreibtisch liegen dann eine Reihe von Briefen, Memos, Arbeitsanweisungen etc. bereit, die in begrenzter Zeit bearbeitet und koordiniert werden müssen. Hierzu müssen Entscheidungen getroffen, Anweisungen geschrieben und Termine vereinbart werden. Da Postkörbe im AC meistens kompliziert konstruiert sind, ist das systematische Arbeiten mit einem Terminkalender ratsam, will man nicht den Überblick verlieren. Der Postkorb erfasst die **Fähigkeit** eines Bewerbers, **Probleme zu analysieren**, **Informationen zu verarbeiten**, **Entscheidungen zu treffen** sowie **zusammenhängend zu denken** und **zu handeln**.

Bei **Vortrags-** oder **Präsentationsaufgaben** kommt es ganz wesentlich auf die **Strukturiertheit** an. Geprüft wird, ob es einem Bewerber gelingt, **komplexe Sachverhalte klar** und **verständlich** zu vermitteln. Ein übersichtlicher und gut gegliederter Aufbau der Präsentation sowie eine kurze Zusammenfassung der wesentlichen Punkte am Ende sind eine Grundvoraussetzung dafür. Spricht man vor einem fremden Publikum und wird man nicht von jemand anderem als Referent eingeführt, dann sollte man sich selbst am Anfang als Person vorstellen. Besteht die Übung lediglich darin, sich selbst vorzustellen (**Selbstvorstellung**), kann man dies durchaus als Präsentation in eigener Sache auffassen. Auch hier gilt es, strukturiert vorzutragen und die wesentlichen Aspekte der eigenen Person klar herauszustellen. Wichtig dabei ist, dass man **glaubwürdig** bleibt und **authentisch** wirkt.

In **Gruppendiskussionen** und auch bei **Rollenspielen** können die Beobachter verschiedene Merkmale von Eigenschaften, wie z.B. **Kooperationsfähigkeit** oder **Durchsetzungsvermögen**, erfassen. Ist ein Kandidat freundlich, offen und fair, kann er Kompromisse eingehen und die Beiträge der anderen in Richtung auf das gemeinsame Ziel integrieren, wobei er sogar schwächere Gruppenmitglieder unterstützt, so wird er gewiss einen hohen „Kooperationswert" erzielen. Meldet sich ein Kandidat häufig zu Wort, spricht laut und verständlich, macht aktiv Vorschläge, erreicht die Aufmerksamkeit der anderen und lässt sich auch von Kritik nicht irritieren, dann kann er als „dominant" beschrieben werden. THINK! Denken Sie einmal darüber nach, anhand welchen Verhaltens man auf „Führungsstärke", „Belastbarkeit" und „Zielorientiertheit" schließen kann.

Simulationsaufgaben innerhalb eines AC's werden mit zunehmender Häufigkeit am **Computer** durchgeführt. In manchen Fällen erhalten die Bewerber dabei den „Arbeitsauftrag", für einen festgelegten Zeitraum die Leitung einer fiktiven Firma zu übernehmen (vgl. Lektion 4, Abschnitt 4.2.2). Geprüft wird hierbei die Fähigkeit, **komplexe Probleme schnell zu analysieren** und **Entscheidungen zu treffen**. Simulationsaufgaben können auch als **Gruppenaufgabe** gestellt werden, die mit anderen Teilnehmern gemeinsam zu erfüllen ist. Beispielsweise könnte man den Auftrag erhalten, eine Werbestrategie für eine bessere Selbstdarstellung (Image) einer Firma zu entwickeln. Die einzelnen Teilnehmer können hierbei **verschiedene Rollen** übernehmen.

Wird man zu einem Assessment-Center eingeladen, dann muss bereits im Einladungsschreiben explizit darauf hingewiesen werden, dass es sich um ein AC handelt. Auch **Videoaufnahmen**, wie sie gerne bei AC's eingesetzt werden, bedürfen der vorherigen **Zustimmung** durch die **Teilnehmer**. AC's sollten immer in einer fairen und offenen Atmosphäre ablaufen. Hat man den Eindruck, in den verschiedenen Tests hereingelegt worden zu sein, und findet man für diese Kritik keinen Ansprechpartner, dann sollte man sich durchaus überlegen, ob dieser Arbeitgeber für einen selbst in Frage kommt. Am Ende eines AC's sollte es zumindest ein **kurzes Feedback** hinsichtlich der erbrachten Leistungen durch die **Veranstalter** geben. Eine **ausführliche Information** über das **persönliche Abschneiden** sollte nach nicht zu langer Zeit in einem weiteren Gespräch oder schriftlich per Post erfolgen.

Ist ein AC **gut konstruiert**, dann kann es nach gegenwärtigem Wissensstand eine **sehr hohe prognostische Validität** von bis zu 0,74 erreichen. Damit ist es eines der besten Auswahlverfahren, die es derzeit gibt. Allerdings sollte nicht verschwiegen werden, dass viele AC's schlecht konstruiert sind und dieses Personalauswahlverfahren deshalb im Durchschnitt nur eine prognostische Validität von 0,37 erreicht, die weit unter derjenigen der kostengünstigeren und einfacher durchzuführenden Intelligenztests (0,51) liegt.

12.1.2 Rechtliche und ethische Aspekte der Personalauswahl

Während eines Personalauswahlverfahrens unterliegt der **Arbeitgeber rechtlichen Vorschriften** bezüglich dessen, was er darf und was nicht. In einem **Einstellungsgespräch** sind beispielsweise Fragen nach der Religions- oder Parteizugehörigkeit genauso wenig zulässig wie solche nach Heiratsabsichten oder nach einer Schwangerschaft. Werden sie dennoch gestellt, kann man die **Antwort verweigern** oder sogar die **Unwahrheit** sagen, ohne dass dies im Falle einer Anstellung zu einem Kündigungsgrund würde (Beispiel: eine junge Frau, die ihre Heiratsabsichten oder eine geplante Schwangerschaft nicht mitteilt). Selbst die Frage nach Vorstrafen ist nur dann zulässig, wenn sie für den später auszuübenden Beruf einschlägig ist (z.B. bei Kassierern die Frage nach Vorstrafen wegen Diebstahls oder Unterschlagungen).

Generell sollen in Personalauswahlverfahren nur diejenigen **Informationen** erhoben werden, die auch tatsächlich für die entsprechende **Beschäftigung relevant** sind. Hat man Zweifel an dieser Relevanz, kann man dies durchaus deutlich zum Ausdruck bringen.

Für **psychologische Personalauswahlverfahren** gibt es seit Juni 2002 eine **DIN-Norm** (33430), welche **Qualitätskriterien** und **Qualitätsstandards** der bei der **berufsbezogenen Eignungsdiagnostik** eingesetzten **Verfahren** sowie **Qualifikationsanforderungen** für die an der **Eignungsbeurteilung** beteiligten **Personen** festlegt. Arbeitgeber, die nach dieser neuen DIN-Norm ihre Personalauswahl durchführen, zeigen damit, dass ihnen eine objektive, reliable und valide Auswahl wichtig ist, bei der jeder Bewerber die gleichen Chancen hat.

12.2 Rechtspsychologie

Die **Rechtspsychologie** – auch **forensische Psychologie** genannt – befasst sich mit psychologischen Aspekten **juristischer Fragestellungen**. Psychologen werden hierbei als **Sachverständige (Gutachter)** vor allem bei **straf- und zivilrechtlichen Fragestellungen** herangezogen:

- im Bereich des **Strafrechts** z.B. zur Beurteilung der **Glaubhaftigkeit** und **Zuverlässigkeit** von Zeugenaussagen, zur Beurteilung der **Verantwortungsreife** von strafrechtlich auffällig gewordenen Jugendlichen und Heranwachsenden oder generell zur Beurteilung der **Schuldfähigkeit** von Straftätern. Letztere kann beispielsweise zum Zeitpunkt der Straftat durch den Einfluss von Drogen herabgesetzt gewesen sein.

- im **Zivilrecht** insbesondere bei **Sorgerechtsstreitigkeiten**, z.B. zur Klärung der Frage, bei welchem Elternteil ein Kind nach der Trennung der Eltern bleiben soll, oder in den Fällen, in denen es darum geht, ein Kind zu seiner eigenen Sicherheit aus seiner angestammten Familie herauszunehmen.

Darüber hinaus werden Psychologen auch bei Fällen aus dem Gebiet des **Sozialrechts** (z.B. bei der Frage, ob eine Person aufgrund von Depressionen dauerhaft nicht mehr arbeitsfähig ist und eine Rente erhalten sollte) oder des **Verwaltungsrechts** (beispielsweise bei der Kraftfahrereignungsbeurteilung) herangezogen.

Die Rechtspsychologie verbindet also **juristische** mit **psychologischen Kenntnissen**. Dementsprechend wird von einem Vertreter dieser Fachrichtung nicht nur psychologisches, sondern auch juristisches Vorwissen erwartet. Auf psychologischer Seite sind Kenntnisse aus **verschiedenen Teilgebieten der Psychologie** unabdingbar, so aus der:

- **Allgemeinen Psychologie** – wenn es z.B. um die Wahrnehmungs- und Gedächtnisleistungen von Zeugen geht.

- **Entwicklungspsychologie** – wenn z.B. Fragen der suggestiven Beeinflussung kindlicher Zeugen geklärt werden sollen oder auch die Verantwortungsreife jugendlicher Straftäter.

- **Persönlichkeitspsychologie** – z.B. bei der Beurteilung der Persönlichkeitseigenschaften von Tätern.

- **Psychologischen Diagnostik** – beispielsweise bei der Klärung der Frage, inwieweit den Aussagen einer Person geglaubt werden kann.

- **Klinischen Psychologie** – hier kann es z.B. darum gehen herauszufinden, welchen Einfluss psychotrope Substanzen (wie Drogen, Alkohol oder Medikamente) bei der Begehung einer Straftat gespielt haben, welche langfristigen Prognosen für die Wiedereingliederung von Straftätern in die Gesellschaft gestellt werden können und natürlich, welche Folgen eine Straftat für das oder die Opfer nach sich zieht.

Eine große Rolle in der Rechtspsychologie spielen **Fragestellungen**, mit deren Hilfe die **Glaubhaftigkeit** und **Zuverlässigkeit** von Zeugen- und Täteraussagen beurteilt werden sollen. Deshalb wenden wir uns in diesem kurzen Abschnitt der **Aussagepsychologie** mit den Schwerpunkten Aussagefähigkeit und Glaubhaftigkeit zu.

12.2.1 Aussagefähigkeit

Begriffe

> subjektive Erinnerungen ◆ Wahrnehmungseinflüsse ◆
> Hell-Dunkel-Adaptation ◆ visuelle und akustische Einschätzung ◆
> Vorwissen ◆ Ereignisschemata ◆ Gedächtniseinflüsse ◆
> Spurenzerfallsthese ◆ Interferenzbildung ◆ Suggestion ◆
> Suggestibilität ◆ Personenwahrnehmung ◆
> Personenidentifikation

Lernziele

Bei der Beurteilung der **Aussagefähigkeit** einer Person wird deren Fähigkeit bewertet, einen **Sachverhalt zutreffend wiederzugeben** (Eisenberg, 1996) – erst einmal ganz unabhängig davon, ob diese Person das auch tatsächlich will, also ob sie Dinge bewusst verschweigt, hinzufügt oder verfälscht. Diesen Falschaussagen widmen wir uns später im Zusammenhang mit dem Thema „Glaubhaftigkeit". Auch **ohne bewusste Verfälschung** stellen **Zeugenaussagen** keine hundertprozentig genauen Abbildungen der beobachteten Ereignisse dar, sondern sind immer **subjektive Erinnerungen**, deren Genauigkeit durch **Wahrnehmung** und **Gedächtnis** mehr oder weniger stark beeinflusst sein kann.

Wahrnehmungseinflüsse

Nehmen wir einmal an, in einer ziemlich dunklen Nacht wurde ein Juweliergeschäft überfallen. Ein Nachbar meldet sich als Zeuge und gibt vor, gesehen zu haben, wie die Täter aussahen und wie die Tat ablief, weil er zufällig in der Werbepause seines Fernsehfilms aufgestanden war, um sich etwas zu essen aus der Küche zu holen und draußen nach dem Wetter zu sehen. Dieser Nachbar wohnt ca. 200 Meter vom Juwelier entfernt auf der anderen Straßenseite in einer Wohnung im zweiten Stock. Die Frage ist – wie ist diese Aussage zu bewerten? THINK!

Nun, die Aussage unseres Zeugen ist zumindest mit Vorsicht zu genießen. Denn unserer Wahrnehmung sind schlichtweg Grenzen gesetzt. In der **Dunkelheit** sinkt unsere **Sehschärfe**, weil wir nun zum Sehen nicht mehr die zentral auf der Netzhaut, d.h. um den Punkt des schärfsten Sehens angeordneten Zapfen verwenden können, sondern auf die Stäbchen ausweichen müssen (siehe hierzu Lektion 2, Abschnitt 2.2.2). Dies führt dazu, dass wir nur noch **verschwommen** sehen und auch **Farben nicht** mehr **differenzieren** können – deshalb sind sprichwörtlich in der Nacht auch „alle Katzen grau". Zusätzlich hat unser Zeuge aus dem hell erleuchteten Zimmer in die Dunkelheit geschaut. Seine Augen mussten sich also erst einmal an die veränderten Lichtverhältnisse gewöhnen. Je nachdem, wie groß der Kontrast zwischen den beiden Lichtverhältnissen ausfällt, kann die so genannte **Hell-Dunkel-Adaptation** zwischen ca. 5 Minuten und mehr als 40 Minuten dauern. Erst nach dieser Zeit wird auch in der Dunkelheit das in dieser Situation erreichbare Optimum des Sehens erlangt. Es ist also mehr als fraglich, ob unser Zeuge die Täter wirklich identifizieren kann.

Neben dieser **Begrenzung visueller Einschätzungen** zeigte sich in verschiedenen Experimenten, dass auch **akustische Ereignisse** nicht so zuverlässig wie gewünscht wiedergegeben werden können, besonders wenn es darum geht, den **Ort der Schallquelle** zu bestimmen. Wie wir in Lektion 2 in Zusammenhang mit der Wahrnehmung gelernt haben, sind wir besser in der Lage,

Schallquellen zu orten, die sich seitlich von uns befinden, als solche, die vor oder hinter uns lokalisiert sind. Ebenfalls problematisch sind die Beurteilung der **Dauer von Geschehnissen** und **Geschwindigkeitseinschätzungen**, was vor allem für die Vernehmung von Zeugen von Verkehrsdelikten wichtig sein kann.

Der Einfluss des Vorwissens

Letztendlich beeinflusst nicht nur der physiologische Bauplan unseres Körpers die Wahrnehmung von Ereignissen, sondern auch unser **Vorwissen**. Über viele **Tathergänge** (Diebstahl, Schlägerei, Mord) haben wir ziemlich genaue Erwartungen, was deren **Ablauf** betrifft. Bei einem Ladendiebstahl wird der Täter sich erst einmal umsehen, ob ihn auch niemand beobachtet, wird dann das Diebesgut blitzschnell einstecken und danach möglichst unauffällig den Laden verlassen. Muss er – z.B. nachts – erst einmal in das Geschäft „einsteigen", braucht er dazu Werkzeug, um vielleicht ein Schloss zu knacken usw. Wenn Sie weiter überlegen, wird Ihnen auch zum Hergang von Schlägereien und Mord einiges einfallen. Wir haben also bereits fertige **Schemata** über diese **speziellen Ereignisse** im „Kopf", die dann bei einer **tatsächlichen Konfrontation** mit einer solchen Tat **aktiviert** und um das Erlebte **ergänzt** werden. Dies hat aber auch Nachteile: Einerseits werden bei bereits vorhandenen Ereignisschemata vor allem die **Gegenstände** und **Abläufe wahrgenommen**, die in das Schema **passen**. Auf **schemafremde Details** werden wir nur dann aufmerksam, wenn sie deutlich unserem Schema **widersprechen** (wenn beispielsweise ein Beteiligter einer Schlägerei plötzlich damit aufhört und einer alten Oma über die Straße hilft). Außerdem **interpretieren** wir **zweideutige Details** im Sinne unserer Schemata – wenn wir z.B. zwei Personen beobachten, von denen eine sich auffällig ängstlich verhält und die andere einen dunklen Gegenstand auf die erste Person richtet, dann interpretieren wir diesen Gegenstand höchstwahrscheinlich als Waffe, auch wenn wir diese gar nicht erkennen konnten. Anhand dieser Beispiele kann demonstriert werden, dass es bereits bei der **Einspeicherung von Ereignissen** in unser Gedächtnis zu **Filterungs-** und **Verzerrungsprozessen** kommt.

Gedächtniseinflüsse

Neben der Frage, wie gut und was wir überhaupt wahrnehmen können, spielt natürlich auch diejenige eine Rolle, inwieweit wir über längere Zeit hinweg in der Lage sind, einmal **beobachtete Ereignisse** im **Gedächtnis** zu behalten. Wie bereits in Lektion 3 über Lernen und Gedächtnis gezeigt wurde, ist unser **Langzeitgedächtnis (LZG)** nicht einfach ein riesiger Behälter, in den wir mit einem großen Trichter unsere ganzen Erfahrungen und Erlebnisse hineinfüllen, um sie später nach Belieben einfach abzurufen. Wir erinnern uns: Generell ist es so, dass **Inhalte**, die wir **fortwährend wiederholen** (z.B. Lernstoff), besonders gut im LZG **verankert** werden. Nun, dies ist bei **rechtspsychologisch relevanten Ereignissen** eher **nicht** der Fall – ein Einbruch ereignet sich für den Zeugen nur einmal, die Täter werden ihm wohl kaum den Gefallen tun, die Straftat häufiger in der gleichen Weise zu wiederholen. Es wurde aber auch angesprochen, dass **stark emotional besetzte** und **bedeutsame Erfahrungen** auch **vertiefter eingespeichert** werden. Dies ist bei der Beobachtung der meisten Straftaten sicher der Fall und damit auch ein Grund, warum Zeugen selbst nach längerer Zeit relativ genaue Aussagen treffen können. Dennoch gilt natürlich: Je früher die Erinnerung an ein Ereignis aktiviert, d.h. abgerufen wird, umso besser.

Durch die im Laufe der Zeit stattfindende **Umorganisierung unserer Gedächtnisstrukturen** (siehe Lektion 3, Abschnitt 3.3) besteht natürlich die Gefahr, dass Ereignisse nicht mehr vollständig oder nur fehlerhaft erinnert werden. Die **Gedächtnisspuren** können mit der Zeit immer mehr verblassen (**Spurenzerfallsthese**) oder von anderen, späteren Informationen überlagert werden bzw. mit ihnen verschmelzen (**Interferenzbildung** von Gedächtnisinhalten). Dies kann zu **irreparablen Gedächtnisänderungen** führen, d.h. die **ursprünglich eingespeicherte ("richtige") Information** lässt sich in Zukunft nicht mehr abrufen. Dabei sind speziell jene Gedächtnisspuren gefährdet, die von vornherein schwächer ausgebildet waren. Besonders negativ bzw. stark wirken sich **neue ("falsche") Informationen** dann aus, wenn sie nicht offensichtlich, sondern wie nebenbei dargeboten werden und der ursprünglichen Information sehr ähnlich sind bzw. quasi in sie eingebettet werden können.

Ein beeindruckendes Beispiel liefert das Experiment von **Elisabeth F. Loftus** (1974): Sie zeigte ihren Testpersonen Filme von einem Kfz-Zusammenstoß. Später wurden sie über den Unfallhergang befragt. Wurde dabei seitens des Versuchsleiters beiläufig nach dem „Zusammenkrachen" der Fahrzeuge gefragt, erinnerten sich die Versuchspersonen signifikant häufiger an - tatsächlich nicht vorhandene! - Glasscherben und höhere Geschwindigkeiten der beteiligten Autos als in den Fällen, in denen der Versuchsleiter nach dem „Anstoßen" der Pkws fragte. Ähnliche Ergebnisse erzielte Loftus, wenn die Versuchsleiter fragten: „Haben Sie *das* zerbrochene Frontlicht gesehen?", im Gegensatz zur Frage: „Haben Sie *ein* zerbrochenes Frontlicht gesehen?" (Loftus & Zanni, 1975). Auf die erste Fragenvariante wurden signifikant mehr Glasscherben erinnert als auf die zweite. Dieses Experiment führt uns zum nächsten Punkt - der suggestiven Beeinflussbarkeit von Zeugen(aussagen).

Beeinflussung durch Suggestion

Unter **Suggestion** verstehen wir einen **Vorgang**, bei dem in einem **sozialen Kontext** (z.B. durch Befragung) einer Person **nachträglich Informationen** über ein Ereignis vermittelt werden. Von **Suggestibilität** sprechen wir, wenn wir betrachten, in welchem **Ausmaß** diese Person die nachträglichen Informationen in ihre **Aussage** über das Ereignis **übernimmt**. Dabei sind vor allem solche Menschen suggestiv **beeinflussbar**, deren **Erinnerungen** a) **größere Lücken** aufweisen (die durch die Suggestion „aufgefüllt" werden können) und die sich b) stärker durch **Autoritätspersonen beeinflussen** lassen. Beides trifft in besonderem Maße auf Kinder zu, ist aber auch bei Erwachsenen nicht auszuschließen, wie die Experimente von Loftus zeigen.

Je jünger **Kinder** sind, desto leichter lassen sie sich suggestiv beeinflussen, weil einerseits ihre **Gedächtniskapazitäten** und **sprachlichen Fähigkeiten** noch eher gering ausgebildet sind und sie andererseits auch in besonderem Maß annehmen, dass der fragende **Erwachsene** ein ihnen weitaus **überlegenes Wissen** hat. Lapidar ausgedrückt: Für kleine Kinder sind Erwachsene nahezu allwissend, und wenn ein Erwachsener sagt, dass sich ein Ereignis doch wohl so-und-so zugetragen hat (egal, ob als Frage oder Aussage formuliert), dann glauben sie ihm und zweifeln an sich selbst, speziell dann, wenn sie meinen, dass der Erwachsene etwas Bestimmtes von ihnen hören will. Besonders Fragen wie: *„Hast Du nicht gesehen, dass ...?"* oder *„Es war doch so, dass ... ."* führen nicht nur dazu, dass Kinder zugeben, Dinge erlebt zu haben, die sich tatsächlich nicht ereignet haben, sondern auch zur **Veränderung** ihrer **Gedächtnisstrukturen**.

Allgemein können wir festhalten, dass in erster Linie die folgenden **fünf Punkte** (zusammengefasst von Gudjonsson, 2003) eine **suggestive Einflussnahme** ermöglichen oder erleichtern:

◆ **Schwache Erinnerungen** bei dem Befragten

- Verwendung **suggestiver Fragen** (siehe Tab. 12.3)
- Der Befragte nimmt an, dass der **Fragende** ein **überlegenes Wissen** besitzt.
- Es werden **hohe Erwartungen** an den **Befragten** gestellt und **Nichtwissen** wird **nicht akzeptiert**.
- Bei **unerwünschten Antworten** erhält der Befragte ein **negatives Feedback**, z.B. indem man ihn tadelt oder ihm nicht glaubt (siehe Tab. 12.3). Bei kleinen Kindern reicht es häufig schon, wenn eine Frage ein zweites Mal gestellt wird – es besteht dann die Gefahr, dass sie in einem solchen Fall annehmen, etwas Falsches gesagt zu haben, und ihre Aussage entsprechend korrigieren.

Mit diesem Wissen können wir auch die Ergebnisse des zuvor beschriebenen Experiments von Loftus (1974) erklären – hier wurden **eingekleidete Wertungen** verwendet (siehe Tab. 12.3). Ebenso lassen sich die Ergebnisse von Loftus und Zanni (1975) hinsichtlich der Frage nach dem zerbrochenen Frontlicht einordnen – versuchen Sie es doch einmal. THINK!

	Frageform	**Beispiele**
nicht / kaum suggestiv	offene Fragen (W-Fragen)	„Was hast du gesehen?"
	Bestimmungsfragen	„Um wie viel Uhr ist das passiert?"
	Auswahlfragen	„War es ein Junge oder ein Mädchen?"
	Ja-Nein-Fragen	„Hat der Mann etwas gesagt?"
stark suggestiv	Vorhaltfragen mit vorausgesetzten Fakten	„Hat er das gestohlene Geld eingesteckt?" – selbst wenn beobachtet wurde, dass jemand Geld einsteckt, muss es noch lange nicht gestohlen sein
	Erwartungsfragen	„Die Frau hat sicher um Hilfe gerufen?!" – hier wird die Erwartung des Fragenden deutlich, „Ja" hören zu wollen
	Unvollständige Auswahlmöglichkeiten bei Auswahlfragen	„War das Auto rot oder schwarz?" – das Auto könnte auch grün gewesen sein
	Eingekleidete Wertungen	„Hast du Glasscherben gesehen, als die Autos zusammenkrachten?" – weckt das Schema: wenn es irgendwo kracht, müssen auch Scherben da sein
	Fragewiederholungen	„Bist du dir wirklich sicher? Hast du das gesehen?"
	Konformitätsdruck	„XY hat einen Knall gehört, du ja wohl auch, oder?"
	negatives Feedback	„Du weißt es nicht mehr? Das kann doch nicht sein!"

Tab. 12.3 Taxonomie (Einordnung) von Suggestivfragen und Suggestivwendungen, in Anlehnung an Endres et al. (1997)

Wie sollte eine Befragung nun aber ablaufen, um **suggestive Einflüsse** möglichst **zu vermeiden**? Wichtig ist, den Zeugen zunächst möglichst lange ohne unnötige Unterbrechungen selbst, d.h. **frei berichten** zu lassen und im Anschluss falls nötig **offene Fragen** zu stellen. Wenn danach dennoch direkte Fragen notwendig sind, sollte sich der Fragende hierbei weitestgehend **neutral** und **unvoreingenommen** verhalten und auf sein eigenes Unwissen (v.a. wichtig bei Kindern!) hinweisen.

Besonderheiten bei der Wahrnehmung und Identifikation von Personen

Nachdem wir einiges über unser nicht fehlerfreies und obendrein beeinflussbares Gedächtnis gehört haben, soll sich der letzte Abschnitt zur Thematik „Aussagefähigkeit" der **Personenidentifikation** widmen. Die meisten von uns kennen das sicher aus Fernsehkrimis: Ein Täter begeht eine Straftat und wird dabei von einem Zeugen beobachtet. Der meldet sich bei der Polizei und nimmt an einer Gegenüberstellung teil. Zuvor wurden ihm noch ein paar Bilder mit möglichen Tätern gezeigt. Und prompt kann er den Täter auch aus einer Gruppe nebeneinander stehender Menschen identifizieren. Soweit zu unserem Schema. Wo liegen nun mögliche Probleme? Einiges könnte Ihnen nach den letzten Seiten bereits jetzt einfallen. THINK!

Zum ersten ist zu sagen, dass **Augenzeugen nie** das hundertprozentig **genaue Abbild** des Täters **abgespeichert** haben. Sie können nur **Ähnlichkeiten** zwischen dem Beobachteten einerseits und gezeigten Fotos oder gegenübergestellten Personen andererseits herstellen – dies kann aber relativ gut und sicher funktionieren, wenngleich natürlich auch hier die Gefahr besteht, dass mit der Zeit die **Gedächtnisspuren verblassen**. Darüber hinaus muss hinterfragt werden, wie lange und unter welchen Umweltbedingungen der Täter beobachtet wurde und welche Besonderheiten er aufweist. **Auffällige** Personen werden meistens besser erinnert – mit einigen Einschränkungen. Personen, die nicht unserer eigenen ethnischen Gruppe angehören (z.B. Menschen aus dem asiatischen oder afrikanischen Raum), können nur mit größeren Unsicherheiten unterschieden werden. Und setzt der Täter eine **Waffe** ein, dann sinkt die **Wiedererkennensleistung** von Augenzeugen bedeutend, weil in diesem Fall der Blick der Zeugen stärker auf die Waffe gerichtet ist als auf das Gesicht oder die Gestalt des Täters. Dies wird auch als **Waffenfokus** bezeichnet.

Soweit zur **Wahrnehmungsseite**. Auch beim späteren **Erinnern** der Vorgänge können natürlich **Verzerrungen** auftreten. Hierzu gab es in der Vergangenheit einige Experimente mit dem Ziel, Schwachstellen bei der Zeugenvernehmung aufzudecken und die Verdächtigung Unschuldiger zu minimieren. Loftus und Greene (1980) legten ihren Testpersonen beispielsweise Fotos einer Person vor und ließen sie anschließend Beschreibungen zu dieser Person lesen. Nehmen wir einmal an, auf den Fotos war ein Mann mit glatten Haaren ohne Bart zu sehen. Im zu lesenden Text wurde er aber – unzutreffenderweise – mit *welligem* Haar *und* Bart beschrieben. Als die Testpersonen später selbst eine Beschreibung des Mannes abgeben sollten, nannte ca. ein Drittel welliges Haar als Personenmerkmal – und hat sich damit von den **nachgeschobenen Informationen beeinflussen** lassen. Sollten die Testpersonen aus 12 Fotos des am Anfang gesehenen Mannes auswählen, entschieden sich 69% von ihnen für das eines Mannes mit Bart.

Michael Stadler et al. (1992) widmeten sich einer anderen Fragestellung, nämlich der, ob eine **tatverdächtige Person** auch dann bei einer **Gegenüberstellung identifiziert** wird, wenn sie **gar nicht beobachtet** wurde. Die Frage klingt auf den ersten Blick vielleicht etwas merkwürdig, ist es aber nicht. Denn bei einer Gegenüberstellung ist es nicht unüblich, dass ein Tatverdächtiger in eine Reihe mit 5 oder mehr Polizisten gestellt wird. Für die ist die Situation der Gegenüberstellung natürlich weitaus weniger emotional belastend als für eine verdächtigte Person. Dies kann sich bei dem Tatverdächtigen u.a. in unsicherem und ängstlicherem Verhalten niederschlagen. Identifizieren wir Personen vielleicht schon aufgrund ihres mehr oder weniger **abweichenden Verhaltens**? Stadler und Kollegen zeigten ihren Testpersonen, die zuvor **nicht Zeuge** einer Straftat waren, also eigentlich niemanden identifizieren konnten, Videos von Gegenüberstellungen. Das Ergebnis: Es wurden signifikant häufiger die tatverdächtigen Personen identifiziert.

Beweiskräftiger wären demnach also **Gegenüberstellungen**, die nicht auf Polizisten, sondern auf in anderen Strafverfahren **aktuell tatverdächtige Vergleichspersonen** zurückgreifen. Ergebnisse anderer Studien empfehlen, Personen in einer Gegenüberstellung **nicht simultan** (also alle gleichzeitig), sondern **sequentiell** (einer nach dem anderen) zu präsentieren, so dass für jede Person ein **absolutes Urteil** gefällt werden muss. Damit verringern sich Fehleinschätzungen aufgrund der **relativen Beurteilung** des **emotional bedingten Verhaltens**.

Schwirrt Ihnen jetzt der Kopf? Vielleicht sollten Sie Ihr neu erworbenes Wissen am besten einmal anwenden, damit es nicht so schnell verblasst und tiefer eingespeichert werden kann. Betrachten Sie Ihren nächsten Fernsehkrimi doch einmal mit dem eben Gelesenen im Hinterkopf. Wer weiß, was Ihnen da alles auffällt!

12.2.2 Glaubhaftigkeit

Begriffe

Motivationsanalyse ◆ *Inhaltsanalyse* ◆ *Konstanzanalyse* ◆ *Kompetenzanalyse* ◆ *äußere Täuschungsanzeichen* ◆ *falsche und echte Emotionsausdrücke* ◆ *körperliche Lügensymptome* ◆ *bewusst-falsche und wahre Aussagen*

Lernziele

Bisher haben wir also festgestellt, dass **Aussagen** aus verschiedenen Gründen mit **Fehlern** behaftet sein können. Wie aber kann man nun feststellen, ob eine Aussage wirklich dem entspricht, was die befragte Person tatsächlich erlebt hat bzw. glaubt, erlebt zu haben? Dies ist die Frage nach der **Glaubhaftigkeit** von **Zeugenaussagen**. Neben der bereits genannten Veränderung einer Aussage durch Suggestion besteht auch die Möglichkeit, dass ein Befragter seine Aussage **bewusst fälscht**. Hiermit wollen wir uns zum Abschluss dieser Lektion beschäftigen. Ziel ist es also, **wahre** von **unwahren** bzw. **erfundenen Aussagen** zu unterscheiden. Aber wie ist das eigentlich möglich? Woran kann man aus **psychologischer Sicht** falsche Aussagen erkennen?

Als erstes ist es sinnvoll, sich die **persönlichen Motive** der Zeugen anzusehen (**Motivationsanalyse**). Motive für Falschaussagen *können* besonders folgende Hintergründe haben:

◆ **Schutz eigener Interessen**

◆ **altruistische Motive** (Falschaussage dient einer anderen Person)

◆ **Rache** und **persönliche Abneigung** gegenüber dem Betroffenen.

Ganz wichtig: Das *können*, *müssen* aber keine Gründe für eine Falschaussage sein. Nicht jede Person mit einem entsprechenden Motiv lügt auch tatsächlich. Das wäre eine böse Unterstellung.

Über die **Motivlage** hinaus wird natürlich auch nach **äußeren Täuschungsanzeichen** gesucht. Ein wenig sind wir ja bereits auf diese Thematik eingegangen, als wir in Lektion 5 bei den **Emotionen** die Unterscheidungsmöglichkeiten zwischen **falschen** und **echten Emotionsausdrücken** betrachteten. Schauen Sie doch noch einmal auf den Seiten 84ff. nach. Bei Zeugenaussagen spielen neben dem Emotionsausdruck aber noch weitere Merkmale eine Rolle. Nach verschiedenen Studien kann bei **bewusst verfälschten**, im Vergleich zu wahren Aussagen, angenommen werden,

- dass die **Häufigkeit des Achselzuckens** und die **Stimmlage steigen,**
- dagegen **sinken** die **Lidschlagfrequenz,** die **Sprechrate,** die **Länge der Antworten** (diese werden also kürzer) und die **Häufigkeiten der Kopf- und Rumpfbewegungen.**

Das Problem liegt auf der Hand: Um diese Werte bei der Beurteilung der Glaubhaftigkeit einer Zeugenaussage heranziehen zu können, müsste man für jeden Zeugen wissen, wie er sich **normalerweise verhält.** (D.h. wie hoch ist die Stimme, wie schnell die Sprechrate, wie häufig sind die Kopfbewegungen etc., wenn er nicht lügt?) Das würde **längere, intensive Beobachtungen** voraussetzen. Hinzu kommt, dass sich eine Person eventuell allein durch die **Vernehmungssituation** anders als sonst verhält, z.B. weil sie sehr aufgeregt ist. Bei der Betrachtung **körperlicher Lügensymptome** ist also Vorsicht geboten.

Wie sieht es nun mit den **Inhalten** der Aussagen aus – gibt es hier **Unterschiede** zwischen **bewusst-falschen** und **wahren Aussagen?** Genau dies behauptete **Udo Undeutsch** bereits 1967 und auch heute besteht – gestärkt durch verschiedene empirische Studien – sowohl auf juristischer als auch auf psychologischer Seite Konsens bezüglich dieser Aussage. Grundlage sind folgende Überlegungen: Wenn ein Zeuge die **Wahrheit** sagt, dann **rekonstruiert** er das Erlebte aus seinem **Gedächtnis.** Wird eine Aussage aber **erfunden,** muss die lügende Person hierzu ihr **Allgemeinwissen** heranziehen, sie aktiviert also u.a. verschiedene **Schemata** darüber, wie ein entsprechender Vorfall (Diebstahl, Überfall etc.) abgelaufen sein könnte. Dies ist aber eine schwierigere Aufgabe als der bloße Abruf (das Erinnern) aus dem Gedächtnis und macht sich u.a. in **geringerem Detailreichtum** besonders während des freien Berichtens über das Erlebnis, in **selteneren Schilderungen eigener psychischer Vorgänge zum Tatzeitpunkt** sowie **unerwarteter Komplikationen** bemerkbar. Außerdem sind deutlich **weniger** Selbstbelastungen (einschließlich des **Zugebens von Erinnerungslücken**) oder **Selbstkorrekturen** des „lügenden" Zeugen zu erwarten, da er in stärkerem Maße bemüht ist, glaubwürdig zu erscheinen.

Neben dieser **Inhaltsanalyse** wird auch die Konstanz der Aussagen über einen längeren Zeitraum betrachtet **(Konstanzanalyse),** denn es ist – vor allem bei wichtigen Zeugen – sehr wahrscheinlich, dass sie mehrmals über einen längeren Zeitraum hinweg vernommen werden. Im Rahmen der Konstanzanalyse werden also **Übereinstimmungen, Widersprüche, Auslassungen** und **Ergänzungen** in den verschiedenen Aussagen zu einem Sachverhalt betrachtet. Dabei wird natürlich nicht unberücksichtigt gelassen, dass durch den **Zerfall von Gedächtnisspuren** oder durch **Verschmelzungen** mit anderen Informationen auch bei *wahren* Aussagen Abweichungen entstehen können. Verschiedene Studien zeigen darüber hinaus, dass Teile *konstruierter* Geschichten über einen längeren Zeitraum in nahezu der gleichen Güte produziert werden können.

Und schließlich wird bei der Betrachtung der Glaubhaftigkeit der Aussage die Kompetenz des Zeugen herangezogen **(Kompetenzanalyse).** Hierbei muss u.a. geklärt werden, ob der Befragte aufgrund seiner **kognitiven Fähigkeiten** und seines **Vorwissens** überhaupt in der Lage ist, den von ihm geschilderten Sachverhalt zu erfinden. Diese Frage stellt sich z.B. häufig bei Sexualdelikten mit kindlichen Opfern. Kann das Kind die berichteten Vorgänge nur durch eigene Erlebnisse hervorgebracht haben, oder ist es möglich, dass es Informationen auch aus anderen Quellen (Biologieunterricht, Fernsehfilme, heimliche Beobachtung von Erwachsenen, Suggestion etc.) bezogen hat? Auch wenn dies für viele ein Tabuthema darstellen mag, die Tatsache, dass Missbrauchsanschuldigungen wiederholt zu Unrecht erhoben wurden, macht solche Überlegungen nötig.

Bei der Zeugenbefragung (speziell auch bei Kindern oder in einem Sachverhalt weniger kompetenter Personen) wird auch auf deren **Wortwahl** geachtet. Ein Hinweis für eine **suggestive Beeinflussung** kann beispielsweise sein, dass plötzlich Ausdrücke und Wendungen verwendet werden, die dem **sonstigen Wissensstand**, **Sprachgebrauch** und **Wortschatz** nicht entsprechen.

Über allen hier geschilderten Analysearten stehen aber bei der Begutachtung von Zeugen in einem Gerichtsprozess die **Objektivität** und die **Unvoreingenommenheit** des **Gutachters**. Beide Gutachtereigenschaften werden durch die Beachtung des wissenschaftlichen Prinzips gewährleistet: Darunter versteht man, dass ein Gutachter grundsätzlich von verschiedenen möglichen Hypothesen bezüglich des tatsächlichen Tatherganges auszugehen hat. Das heißt, der Gutachter muss sowohl annehmen, dass die Aussage eines Zeugen richtig ist als auch dass sie aus verschiedenen Gründen falsch sein kann. Darüber hinaus muss er die Hypothesen so lange gegeneinander prüfen, bis die Wahrscheinlichkeit einer Hypothese signifikant überwiegt. Dies ist eine Anforderung, die der Bundesgerichtshof zu Recht noch einmal mit seinem Urteil vom 30. Juli 1999 deutlich unterstrichen hat. Dennoch, trotz aller Sorgfalt bleibt bei jeder Begutachtung ein gewisses Restrisiko einer Fehleinschätzung bestehen.

Aufgaben zur Lernkontrolle

1. Erklären Sie die Begriffe der prognostischen und der inkrementellen Validität im Kontext der psychologischen Personalauswahl.
2. Unstrukturierte Einstellungsinterviews gelten allgemein als wenig verlässlich in ihrer Prognose des künftigen Berufserfolges. Warum sind strukturierte Interviews besser?
3. Aus welchen Teilverfahren kann ein Assessment-Center bestehen?
4. Wieso kann sich unser Vorwissen negativ auf die korrekte Wiedergabe eines Ereignisses auswirken?
5. Nennen Sie je zwei suggestive und zwei nicht-suggestive Fragen.
6. Wieso ist die Wortwahl eines Zeugen ein wichtiger Hinweis auf seine Glaubwürdigkeit?

13 Markt-, Werbe- und Konsumentenpsychologie

13.1 Über Markennamen und eine Regel der Werbegestaltung

Begriffe **Markenname ♦ Markenwert ♦ AIDA-Regel ♦ Werbepsychologie ♦ Konsumentenpsychologie ♦ Marktpsychologie** *Lernziele*

THINK! Denken Sie mal wieder! Was, schätzen Sie, sind **Markennamen** wie Coca-Cola, Microsoft oder IBM wert? Und vor allem, *warum* sind sie es wert? Haben Sie ein paar Zahlen im Kopf oder zumindest eine Größenordnung? Jetzt werden Sie vielleicht staunen: Der **Markenwert** von Coca-Cola beträgt sage und schreibe 69.000.000.000 $; bei Microsoft sind es etwa 65 Milliarden und IBM liegt bei 53 Milliarden Dollar (Sander, 2001). Warum werden Markennamen mit so viel Geld aufgewogen? Ganz einfach, weil im Markennamen eine große Zahl verschiedenster **Eigenschaften** und **Erlebnisse** kumuliert sind, wie z.B. die Wertschätzung, die man einem Produkt entgegenbringt; sein Image; die Begeisterung, die es vermittelt; ein ganzer Mythos, wie z.B. bei Marlboro oder Camel; und nicht zuletzt die Fähigkeit zum Auslösen einer Kaufabsicht oder zur Erhaltung der Produkttreue. Achten Sie doch einmal bei den Markenlogos von Abb. 13.1 darauf, welche Gedanken und Gefühle Sie beim Betrachten haben.

Abb. 13.1 Beispiele unterschiedlichster Makenlogos

Menschen machen Marken und Marken machen Menschen. Doch wie viel **Werbung** braucht eine Marke? Und mit welchen **psychologischen Methoden** kann man Werbung möglichst effizient gestalten? Dass dies eine äußerst wichtige Frage ist, machen die **Preise** für Werbung deutlich. Ein zwanzig Sekunden langer Werbespot kostet z.B. beim ZDF nach der Preisliste vom Januar 2003 in der Zeit nach 19 Uhr durchschnittlich 15.767 Euro und ist damit immer noch preiswerter als eine halbe vierfarbige Seite im FOCUS, die ab 24.900 Euro zu haben ist. Ist eine Werbung schlecht gemacht, dann ist im günstigsten Fall nur das Geld verloren. Im schlimmsten Fall ist sogar ein Schaden für das Image des Produktes entstanden. Bereits der berühmte Autobauer

Henry Ford (1863-1947) war sich wohl schon dieses Problems bewusst und soll einmal gesagt haben: *„Ich weiß genau, dass die Hälfte jedes Dollars, den ich für Werbung ausgebe, rausgeworfenes Geld ist. Ich weiß nur nicht, welche Hälfte!"*

Abb. 13.2 Beispiel für eine Werbung nach der AIDA-Regel (nach Holzschuher, 1956)

Werbung verfolgt eine ganze Reihe von **Zielen**. Sie will **wahrgenommen** werden, will **Aufmerksamkeit** erheischen, im **Gedächtnis** bleiben, **Emotionen** auslösen und die richtigen **Kaufhandlungen** initiieren. Eine der wohl bekanntesten und ältesten **Regeln** der Gestaltung von Werbung, welche viele dieser Aspekte berücksichtigt, ist die von Lewis im Jahre 1898 konzipierte **AIDA-Regel** (vgl. Abb. 13.2). AIDA ist ein Akronym und steht für die englischen Begriffe **A**ttention, **I**nterest, **D**esire und **A**ction oder zu Deutsch: Aufmerksamkeit, Interesse, Drang und Aktion. Die AIDA-Regel ist zwar alt, aber noch keineswegs veraltet. Auch heutzutage wird Werbung häufig nach dieser Regel aufgebaut. Auf weitere **psychologische Aspekte** guter **Werbe-** und **Verkaufsstrategien** werden wir im Verlauf dieser Lektion zu sprechen kommen.

Werbung will allerdings nicht nur zum Kauf animieren, sie will uns auch noch nach dem Kauf in unserer Entscheidung bestärken, will erreichen, dass wir eine **Produkttreue** entwickeln oder sogar andere Menschen von den Vorzügen eines Produktes überzeugen. Hier trifft die **Werbepsychologie** auf die **Konsumentenpsychologie**, die wiederum ganz nahe an der **Marktpsychologie** ist. Die Marktpsychologie befasst sich z.B. mit Fragen, wie ein neues Produkt gestaltet werden muss, welche Eigenschaften es braucht oder welchen Preis man dafür verlangen kann, damit der Markt es akzeptiert. Von tausend neuen Produktideen gelangen nur 43 später in den Handel und davon wiederum können sich nur 36 längerfristig behaupten (Robertson, 1971). Da die Entwicklung eines Produktes bis zur Marktreife viel Geld verschlingt, setzt man heute häufig auf eine **entwicklungsbegleitende Marktforschung**, um das Risiko eines Flops möglichst gering zu halten.

13.2 Wahrnehmung, Aufmerksamkeit und Involvement

Begriffe „top-down" und „bottom-up"-Einflüsse ♦ persönliches Involvement ♦ Produktinvolvement ♦ Situationsinvolvement ♦ Medieninvolvement ♦ Aufmerksamkeitslenkung ♦ Eye-Catcher ♦ unterschwellige (subliminale) Wahrnehmung ♦ Product Placement   *Lernziele*

Damit Werbung **wirken** kann, muss sie **wahrgenommen** werden. Erinnern wir uns an das **Modell der Wahrnehmung** in Lektion 2 (Abschnitt 2.3), dann gibt es sowohl „top-down" als auch „bottom-up" Möglichkeiten, um Einfluss auf das zu nehmen, was wir wahrnehmen. „Top-down" sind es unsere **Wünsche**, unsere **Erwartungen** und unsere **Erfahrungen**, die unsere Aufmerksamkeit lenken. Haben wir z.B. den Wunsch, einen neuen Computer zu kaufen, dann ist plötzlich jeder Werbeprospekt eines Elektronikmarktes von Interesse für uns und er sticht förmlich aus dem Rest der alltäglichen Werbung heraus. Auch Computerzeitschriften, die uns vorher vielleicht extrem langweilig erschienen, können nun zum begierig gelesenen Stoff werden. Kurz und gut, wir sind hoch involviert. **Involvement** ist ein Begriff aus der **Sozialpsychologie** und ein Maß dafür, in welchem **Ausmaß** die **eigene Person** von etwas **betroffen** bzw. **innerlich an etwas beteiligt** ist. Aus Sicht der **Werbepsychologie** drückt Involvement vorrangig die **erwartbare Tiefe der Informationsverarbeitung** aus. In unserem Beispiel des geplanten Computerkaufs lag ein hohes Involvement vor, was dazu führt, dass **aktiv Informationen gesucht** werden. Erinnern wir uns an die Zeit, bevor wir den Wunsch nach einem neuen Computer hatten und demzufolge nur gering involviert waren, dann werden wir wohl zugeben müssen, dass die meisten Computerprospekte eher schnell im Altpapier gelandet sind, ohne von uns beachtet zu werden. **Geringes** Involvement ist aber nicht einfach weniger als hohes Involvement, es ist vielmehr eine **andere Form** der Informationsverarbeitung. Tab. 13.1 gibt einen Überblick über die **Auswirkungen** des Involvements auf verschiedene **Verhaltensweisen**.

Verhaltensweisen	hohes Involvement	geringes Involvement
Informationssuche	• aktive Suche nach Produkt- oder Markeninformation	• begrenzte Suche nach Produkt- oder Markeninformation
Kognitive Informationsverarbeitung	• Informationen werden auf verschiedenen Stufen verarbeitet • Widerstand gegen diskrepante Information und Verwendung von Gegenargumenten	• vereinfachter Übergang von Aufmerksamkeit zum Ausprobieren • passiver Empfang von diskrepanten Informationen; begrenzte Gegenargumente
Einstellungsänderung	• schwierig und selten	• häufig, aber vorübergehend
Wiederholung von Informationen	• bloße Zahl der Wiederholungen ist weniger bedeutsam als der Inhalt	• bloße Zahl von Informationen kann in Überzeugung resultieren
Markenpräferenz	• Markentreue ist üblich	• Routinekäufe ohne Treue
Persönlicher Einfluss anderer Personen	• andere Personen werden befragt und deren Verhalten wird imitiert	• andere Personen üben wenig Einfluss aus

Tab. 13.1 Einfluss des Involvements auf das Konsumentenverhalten (nach Robertson et al., 1984; zitiert in Anlehnung an Moser, 1990)

Neben dem **persönlichen Involvement**, von dem wir in unserem Beispiel ausgegangen sind, unterscheidet man in der Werbepsychologie noch weitere Formen des Involvements. Eine davon ist das **Produktinvolvement**. Gemeint ist hier selbstverständlich nicht, dass ein Produkt persönlich betroffen wäre, wenn wir es kaufen würden, sondern vielmehr, dass ein **Produkt** als solches **Einfluss** auf unsere **Involviertheit** nimmt. Zweifelsohne werden unsere „Ich-Beteiligung" und die

Tiefe der Informationsverarbeitung höher ausfallen, wenn es sich bei dem Produkt um ein Auto und nicht um ein Päckchen Taschentücher handelt. Sobald ein **Konsument** die Sorge hat, dass er mit dem **Kauf** eines bestimmten Produktes einen **Fehler** begehen kann und dass dieser Fehler sich möglicherweise sogar langfristig und kostspielig auswirkt, wird sein Involvement automatisch steigen. **Markenprodukte** setzen nicht nur auf eine **erhöhte Involviertheit** der Konsumenten, sie versuchen auch, diese gezielt durch Werbung zu erreichen, führt sie doch dazu, dass die Konsumenten eher bei ihrer gewohnten Marke bleiben (**Markentreue**), als das **Risiko** einzugehen, mit einer neuen Marke oder einem No-Name-Produkt einen Fehler zu begehen.

Selbstverständlich kann die Involviertheit eines Konsumenten auch durch eine spezielle Situation beeinflusst werden. Dieses **Situationsinvolvement**, wie es z.B. auf einer Kaffeefahrt mit Verkaufsveranstaltung oder auf einem Messeverkauf durch den Entscheidungsdruck entsteht, bleibt jedoch nur so lange aufrechterhalten, wie der Kunde tatsächlich eine **Kaufabsicht** hat.

Da auch die verschiedenen Medien eine unterschiedlich starke Involviertheit der Rezipienten mit sich bringen (**Medieninvolvement**), ist dies bei der Gestaltung von Werbung zu berücksichtigen. Zeitungen oder Fachzeitschriften erfahren z.B. mehr Zuwendung durch die Rezipienten als Fernsehsendungen. **Printmedien** sind deshalb bei der Versorgung **hoch involvierter** Konsumenten eher im Vorteil. Das Fernsehen hingegen bietet die besten Möglichkeiten, eine große Masse **gering involvierter** Zuschauer mit entsprechend konzipierter Werbung zu beeinflussen.

Die durch Involvement moderierten „top-down"-Einflüsse auf die Wahrnehmung benötigen allerdings in jedem Fall ein ausreichendes „bottom-up"-Signal. Eine schlecht gestaltete Plakatwand am Straßenrand wird möglicherweise trotz „top-down" gesteuerten **Wahrnehmungsinteresses** nicht erfasst, weil die Zeit im Vorbeifahren einfach zu kurz war, um Schrift oder Objekte zu erkennen. Vielleicht signalisierte uns jedoch die Farbe des Plakates, dass es sich hierbei um eine Werbebotschaft eines Elektronikkaufhauses handelt, und wir werden deshalb vielleicht schon beim nächsten Mal etwas langsamer vorbeifahren. Einer guten Werbung muss es gelingen, **innerhalb von Sekundenbruchteilen** eine **Information zu übermitteln**, und sei dies nur durch die vertraute Firmenfarbe, die signalisiert, dass an dieser Stelle weitere Informationen vorhanden sind.

Da Werbung letztendlich immer mit dem Ziel gestaltet wird, Produkte zu verkaufen, versucht sie auch, unsere Aufmerksamkeit selbst dann zu erreichen, wenn wir „top-down" gar keinen **Wunsch** nach dem beworbenen Produkt haben und nur **gering involviert** sind. Möglich wird dies durch so genannte **Eye-Catcher** (Blickfänger), d.h. **Reize**, die **unwillkürlich** unsere **Aufmerksamkeit** auf sich ziehen. Würden wir beispielsweise auf einem Werbeplakat eine große, sich abseilende Spinne zeigen, können wir sicher sein, dass mehr Menschen automatisch hinschauen werden als bei einem Plakat ohne Spinne. Allerdings birgt diese Art der **Aufmerksamkeitslenkung** die Gefahr, dass alle nur die Spinne sehen, nicht aber die Werbebotschaft. Dazu kommt dann noch das Risiko, dass das beworbene Produkt bei vielen Menschen vom negativen Image einer Spinne belastet wird. Wesentlich angenehmere Eye-Catcher sind dagegen erotische Stimuli, Kindergesichter oder auch einfach ungewöhnlich und unerwartet gestaltete Bilder.

Weitere Möglichkeiten, die Aufmerksamkeit auf eine Werbung zu lenken, bestehen durch **formale Gestaltungsaspekte** wie **Größe, Bewegung, Intensität, Position, Mehrdeutigkeit** und **Neuartigkeit**. Je größer eine Annonce ist, desto mehr Aufmerksamkeit zieht sie auf sich. Moderiert wird dieser **Größeneffekt** auf die Aufmerksamkeit durch die **Position** der Annonce innerhalb einer Zeitung oder Zeitschrift bzw. innerhalb einer Druckseite. Besonders vorteilhaft für eine Werbung sind die Anfangs- und die Endseite, wie z.B. beim Telefonbuch oder den Gelben Seiten. Innerhalb einer Seite sind die Mitte oder der äußere Rand zu bevorzugen. Die **Intensität** von Farben oder Geräuschen kann selbstverständlich auch unsere Aufmerksamkeit erregen. Intensiv leuchtende Signalfarben wirken hierbei wie ein Eye-Catcher. Eine ähnliche Wirkung haben **mehrdeutige** oder **neuartige Reize**. Hier versuchen wir automatisch, et-

Abb. 13.3 Beispiel für den Einsatz eines Babys als Eye-Catcher

was zu erkennen oder Neues zu verarbeiten. Und schließlich ist noch die **Bewegung** ein recht wirkungsvoller Aufmerksamkeitsmagnet. Die Bandenwerbung im Fußballstadion ist solch ein Beispiel für den Einsatz von Bewegung zur Aufmerksamkeitslenkung, ein anderes wäre das häufig zu sehende Laufband mit variablen Werbebotschaften.

Natürlich können die verschiedenen Gestaltungsaspekte auch **miteinander kombiniert** werden. Ein aus verkehrspsychologischer Sicht allerdings unvernünftiges Beispiel hierfür wäre eine am Ortseingang (Position) platzierte Werbewand (Größe) mit rollenden Plakaten (Bewegung), auf denen erotisch dargestellte Frauen (Eye-Catcher) etwas zweideutig (Mehrdeutigkeit) für Bier werben. Es wäre interessant, die Zahl der Auffahrunfälle oder auch Geschwindigkeitsüberschreitungen vor und nach Montage einer solchen Werbetafel miteinander zu vergleichen. (Weitere Beispiele unterschiedlicher Gestaltungsmittel finden Sie in Abb. 13.4 auf der nächsten Seite.)

Ein bezüglich der Werbung immer wieder kontrovers diskutiertes Thema ist die Frage, ob auch eine **unterschwellige (subliminale) Wahrnehmung** einer Werbebotschaft einen positiven Effekt hat. Eine der berühmtesten Untersuchungen hierzu geht auf den Marktforscher **James Vicary** (1957) zurück. Da Vicary seine Untersuchung nur unzureichend dokumentiert hat, gibt es heute in der Literatur die verschiedensten Angaben dazu. Wir verwenden für die Beschreibung dieses „Klassikers" der Beeinflussung durch unterschwellige Wahrnehmung die Angaben von **Georg Felser** (1997).

Vicary hat nach Absprache mit einem Kinobesitzer aus New Jersey während einer Filmvorführung alle 5 Sekunden die Worte „*eat popcorn*" bzw. „*drink coca cola*" mit einem zweiten Projektor in den laufenden Film eingeblendet. Die Darbietungszeiten sollen dabei kleiner als 3,4 ms gewesen sein und es entstand offensichtlich beim Publikum keine den Film störende Wahrnehmung, sonst hätte Vicary diese Vorgehensweise nicht sechs Wochen lang durchführen können. Im Resultat dieser Manipulation sollen der Pop-Corn-Verbauch um 18% und der Coca-Cola-Kon-

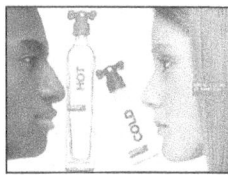    

Abb. 13.4 Verschiedene Beispiele für Parfümwerbung.
Achten Sie einmal darauf, welche Gestaltungsmittel eingesetzt werden, um unsere Aufmerksamkeit zu lenken.

sum um 57 % gestiegen sein. Da Vicary keine weiteren Einzelheiten mitteilt, können wir das glauben oder nicht, in jedem Fall sollte uns die Frage nach einer Kontrollgruppe auf der Zunge liegen. Vielleicht haben ja einfach nur ein paar schöne, warme Wochen den Cola- und Pop-Corn-Konsum in die Höhe getrieben.

Eine aus experimentalmethodischer Sicht bessere Untersuchung zur Wirkung **subliminal dargebotener Werbebotschaften** wurde von **D. Hawkins** (1970) vorgenommen. Anhand von vier Versuchsgruppen testete er sowohl bei **unterschwelliger** als auch **oberschwelliger Darbietung** des **gleichen Stimulusmaterials** die Wirkung auf die erlebte Intensität des Durstes. Als Testmaterial setzte Hawkins die Reize „*Coke*" und „*Drink Coke*" sowie zur Kontrolle die sinnfreie Buchstabenfolge „*NYTP*" ein. Die unterschwelligen Reize wurden während des 15 Minuten dauernden Experiments 40-mal mit einer Zeitdauer von je 2,7 ms dargeboten. Die oberschwelligen Reize wurden hingegen nur 5-mal deutlich sichtbar präsentiert. Im Ergebnis zeigte sich, dass die unterschwellige Darbietung von „*Coke*" und „*Drink Coke*" im Vergleich zur gleichermaßen unterschwelligen Darbietung der sinnfreien Buchstabenfolge „*NYTP*" zu einer signifikanten Erhöhung des erlebten Durstes führte. Kein Unterschied im Durstempfinden bestand jedoch *zwischen* den beiden unterschwelligen Werbebotschaften „*Coke*" und „*Drink Coke*". Auch die oberschwellige Darbietung von „*Coke*" führte zu einer Steigerung des Durstes, jedoch nicht in einem höheren Ausmaß, als es bereits durch die unterschwellige Darbietung erreicht wurde.

Als **Fazit** dieses Experiments lässt sich folgern, dass die **häufige Darbietung unterschwelliger Reize** wie „*Coke*" dazu benutzt werden kann, **Grundbedürfnisse** wie den Durst **zu erhöhen**. Die Aufforderung zu trinken *(„Drink Coke")* wirkt sich dabei allerdings nicht stärker aus als das vertraute Zeichen „*Coke*". Den gleichen Effekt kann man jedoch auch dadurch erzielen, dass man bedeutend seltener das Wort „*Coke*" oberhalb der Schwelle darbietet.

Obwohl die Untersuchung von Hawkins zumindest nicht *gegen* die Möglichkeit einer unterschwelligen Beeinflussung spricht, ist es bis heute aufgrund anderer Experimente, die keine Effekte fanden, **umstritten**, ob ein **Reizmaterial**, das **weder aufmerksam noch bewusst** verarbeitet wird, irgendeine Form der **Wirkung** erlangen kann. Abgesehen davon wäre eine **unterschwellige Beeinflussung** ethisch sehr bedenklich und sie ist auch in Deutschland als Werbemittel nicht zulässig.

Es ist jedoch auch gar nicht nötig, den Aufwand einer unterschwelligen Darbietung auf sich zu nehmen, nur um Menschen zu beeinflussen, ohne dass sie dies bemerken. Viele **Werbebotschaften** werden gut wahrnehmbar präsentiert und erfüllen ihre Wirkung selbst dann, wenn sie vom Publikum **gar nicht beachtet** werden. Ein Beispiel hierfür ist das **Product Placement**. Darunter ist die Verwendung der zu bewerbenden Produkte in Film- und Fernsehproduktionen zu verstehen. Product Placement kann sehr offen und überdeutlich geschehen, wie beispielsweise beim neuen BMW oder Aston Martin von James Bond. Das Ganze kann aber auch ganz unauffällig vor sich gehen oder durch Gags getarnt werden. In dem Film „Zurück in die Zukunft" bestellt sich Michael J. Fox, nachdem er in die 50er Jahre zurückversetzt wurde, ganz selbstverständlich eine „Cola ohne" und meint damit eine Cola light. Der Barkeeper kann dieses Produkt der Zukunft natürlich noch nicht kennen und fragt verärgert zurück: „Was, eine Cola ohne Glas?" Der Witz der Szene und die Werbung sind hier nicht voneinander zu trennen (vgl. Baacke et al., 1993). Achten Sie einmal beim Fernsehen auf das Product Placement und Sie werden staunen, wie häufig es auftritt. Um eine natürliche Situation herzustellen, können Regisseure oft gar nicht anders, als auch die in solchen Szenen üblicherweise vorhandenen Produkte zu zeigen. Von Product Placement **im engeren Sinne** spricht man deshalb auch nur dann, wenn die Präsentation des Produktes **auffälliger** geschieht, als dies für eine **natürliche Darstellung** einer Szene nötig wäre.

Eine unbeachtete Beeinflussung durch oberschwellige Reize kann selbstverständlich auch rein **verbal** geschehen. Lädt in einer typischen Vorabendserie einer der Darsteller einen anderen am Telefon zu einer Cola ein, um gemeinsam über die Probleme des Lebens zu sprechen, so werden wir vielleicht allein dadurch schon ein wenig manipuliert. War das Gespräch der beiden Darsteller erfolgreich, greifen wir ja vielleicht bei der nächsten Lebenskrise auch zur Cola.

13.3 Lern- und gedächtnispsychologische Aspekte

Begriffe — **Wiederholung ◆ Neuartigkeit ◆ one-trial-learning ◆ Konditionierung ◆ Funktion von Modellen** — *Lernziele*

Wurde eine Werbung von potenziellen Konsumenten erst einmal wahrgenommen, dann ist schon eine Hürde überwunden. Der nächste Schritt besteht nun darin, möglichst **positiv in Erinnerung** zu bleiben, um damit **langfristig Einfluss** auf das **Kaufverhalten** nehmen zu können. Aus der Psychologie des Lernens und Gedächtnisses (siehe Lektion 3, Abschnitt 3.2) wissen wir, dass eine **Wahrnehmung** zuerst im **sensorischen Speicher** und dann im **Kurzzeit- und Arbeitsgedächtnis** behalten wird. Hier wird nun eine Entscheidung getroffen, die für den Werbetreibenden von hoher Wichtigkeit ist. Entweder gerät die Werbung einfach sofort in Vergessenheit, was bedeutet, dass man sein Geld umsonst dafür ausgegeben hat, oder aber sie bleibt künftig im **Langzeitgedächtnis** erhalten. In diesem Fall kann man zwar auch noch nicht sicher sein, ob man seinen Werbeetat gut investiert hat, aber die Chancen steigen schon etwas.

THINK! Welche Möglichkeiten bietet die Lern- und Gedächtnispsychologie, um diesen Schritt vom Kurzzeit- ins Langzeitgedächtnis möglichst einfach und effizient zu gestalten? Denken Sie einmal kurz nach, bevor Sie weiterlesen!

Die einfachste Möglichkeit, etwas längerfristig zu behalten, wurde – wie Sie sich hoffentlich erinnern – bereits im 19. Jahrhundert von Hermann Ebbinghaus untersucht. Es ist die **mechanische Wiederholung**. Etwas immer wieder zu hören oder zu sehen, führt mit der Zeit zwangsläufig dazu, dass wir es behalten. Der Anstieg der **Lernkurve** ist dabei umso steiler, je kürzer die Abstände zwischen den Wiederholungen sind. Will man ein **neues Produkt** auf dem Markt etablieren und seinen **Bekanntheitsgrad** schnell in die Höhe treiben, dann bietet sich diese Form der Werbung mit massiven Wiederholungen an. Allerdings sind dabei mindestens zwei problematische Aspekte zu beachten. Der erste ist ebenfalls seit Ebbinghaus bekannt: Was schnell gelernt wird, wird auch schnell wieder vergessen. Die logische Konsequenz für die **Werbekampagne** besteht folglich darin, nach einer **Anfangsphase** mit **massiven Wiederholungen** langsam in eine **Erhaltungsphase** mit **gelegentlichen Wiederholungen** überzugehen. Das zweite Problem ergibt sich daraus, dass eine häufige Wiederholung von Werbespots beim Konsumenten zu **Langeweile** und möglicherweise sogar zu einer **negativen Einstellung** gegenüber dem beworbenen Produkt führt. Durch den **Einbau** von kleinen und vielleicht sogar humorvollen **Variationen** in die Werbung ist es allerdings möglich, dieser Schwierigkeit entgegenzutreten.

Damit wären wir bei einem weiteren wichtigen Punkt angelangt – der **Neuartigkeit**. Menschen lernen insbesondere dann, wenn etwas für sie neu und unerwartet ist. Die **Überraschung** durch das **Unerwartete** zieht wie ein **Eye-Catcher** Aufmerksamkeit auf sich und transferiert die Werbung fast direkt in das **Langzeitgedächtnis**. Wird Neuartigkeit noch zusätzlich durch **emotionale Stimuli** angereichert, besteht die Chance, dass es sogar zu einem **one-trial-learning** kommt, d.h. die Werbung wird bereits nach einer **einzigen Präsentation** nicht mehr so schnell vergessen.

Eine weitere Form des Lernens, die wir ebenfalls schon kennen gelernt haben, ist die **Konditionierung**. Insbesondere bei **niedrig involvierten** Rezipienten einer Werbung bietet sie sich an. Die **klassische Konditionierung** ist beispielsweise gut geeignet, um ein zu bewerbendes Produkt mit positiven Emotionen zu versehen. Alles, was wir brauchen, ist ein unkonditionierter Stimulus (UCS), z.B. ein erotischer Reiz, der natürlicherweise zu einer Reaktion mit positiven Emotionen führt (UCR). Bieten wir nun kurz vor dem UCS den zu konditionierenden Stimulus (CS) an – z.B. eine Eiscreme –, sollte dies nach einigen Wiederholungen zu einer konditionierten Reaktion (CR), d.h. ebenfalls zu positiven Emotionen führen. Auch wenn der CS trotz wiederholter Konditionierung nicht zu einer gleich starken Reaktion wie der UCS führt, kann man doch einen positiven Effekt für das beworbene Produkt erzielen. (Vgl. auch Lektion 3, Abschnitt 3.1.2.)

Einige Werbungen setzen auf Mechanismen, die eher dem **operanten Konditionieren** entsprechen. Inhaltlich versprechen solche Werbebotschaften eine **Belohnung,** wenn wir das beworbene Produkt kaufen und benutzen. Beispiele hierfür wären die Parfümwerbung, die uns höhere Attraktivität suggeriert, wenn wir den entsprechenden Duft tragen oder der Müsliriegel, welcher uns mit einem höheren Fitnessgefühl belohnt. Allerdings ist zu bedenken, dass zum **Zeitpunkt der Werbung weder** das Kaufverhalten **noch** die Belohnung **real existieren.** Sofern es dennoch zu einer Art operanter Konditionierung kommt, ist diese rein **kognitiver Art.** Das Verhalten, ein Produkt zu erwerben, kann man sich vorstellen und genau planen. Die Belohnung, die das Produkt verspricht, kann ebenfalls in einer **Erwartung** vorweggenommen werden. Das Einzige, was in diesem Fall nicht eintreten sollte, ist, dass der Kunde beim tatsächlichen Kauf die **erwartete Belohnung** seines Verhaltens **nicht erhält.** Tritt die Belohnung nicht ein, ist er enttäuscht und wird das entsprechende Produkt wohl kein zweites Mal erwerben.

Immer wieder sind in der Werbung auch **bekannte Personen** aus dem **öffentlichen Leben** zu sehen. Häufig haben sie für uns eine **Modellfunktion** (vgl. Lektion 3, Lernen am Modell), sind berühmt, beruflich oder sportlich erfolgreich, haben eine hohe Autorität und werden als sympathisch erlebt. Idealerweise kann sich die **Zielpopulation** der Werbemaßnahme gut mit dem Modell **identifizieren.** Wenn ein berühmter Rennfahrer beispielsweise im Alltag das Auto einer bestimmten Marke bevorzugt, suggeriert dies, dass der Wagen von hoher Qualität sein muss, andernfalls würde so ein ausgewiesener Experte sich nicht mit ihm begnügen. Das Werben mit Modellen ist eine sehr erfolgreiche Methode. Allerdings ist sie bei echten Berühmtheiten nicht ganz billig. Manche Werbeagenturen setzen deshalb aus Kostengründen auf das „**Modell von nebenan**", einen sympathischen Mitmenschen mit **hohen Identifikationswerten.** Bekannte Beispiele hierfür sind der „Melitta-Mann" oder „Frau Sommer" aus der Kaffeewerbung; „Herr Kaiser" von der Versicherung oder „Peter von Frosta" von der gleichnamigen Tiefkühlkost.

Ist es gelungen, eine Werbung mit **positiven Attributen** im **Langzeitgedächtnis** zu verankern, kann darauf gehofft werden, dass sich ein **potenzieller Käufer** im Falle eines **Bedürfnisses** nach einem entsprechenden Produkt für das beworbene **entscheidet.** Ob er dies tun wird, hängt von verschiedenen Faktoren ab. Stellen Sie sich einen Mann vor, der ein Parfüm für seine Freundin kaufen möchte. In der Parfümerieabteilung eines großen Kaufhauses dürfte er schnell überflutet sein von der Fülle der Düfte, die auf ihn einströmen, und den zahlreichen kunstvoll gestalteten Flakons und Verpackungen. Selbst wenn er, beeinflusst durch vorausgehende Werbung, schon eine gewisse Vorstellung einer Parfüm-Marke hatte, ist es durchaus möglich, dass er sich in der Konkurrenz mit den anderen Marken nicht mehr korrekt erinnert. Der **Abruf aus dem Gedächtnis** ist durch die **Reizüberflutung** in dieser Situation beeinträchtigt.

Eine gute Werbung würde versuchen, diesem Dilemma durch geschickt eingebaute **Abrufhilfen** zu entgehen. Beispielsweise könnte das Parfüm in einer typischen Situation einer jungen Liebesbeziehung dargestellt werden. Das führt nicht nur zu positiven Emotionen beim Betrachten, sondern auch zu einem leichteren **Wiedererinnern**. Unser „Held" in der Parfümerieabteilung wird bei der Auswahl gewiss an seine Freundin denken und sich an verschiedene gemeinsam erlebte Situationen erinnern. Ist eine von ihnen ähnlich derjenigen der Werbung, sollte im **Idealfall** nahezu **automatisch** das beworbene Parfüm **assoziiert werden**. Ist die Erinnerung gelungen, hängt die letztendliche **Kaufentscheidung** immer noch davon ab, ob der Duft in den vielen Regalen **gefunden werden** kann (**Wahrnehmungspsychologie**) und ob der **Preis** den **Vorstellungen** entspricht (**Marktpsychologie**). THINK! Denken Sie einmal für andere Produkte darüber nach, was eine Werbung alles leisten und über längere Zeit aufrechterhalten muss, bis wir uns als Konsumenten zum Kauf entschließen. Hierbei wird Ihnen gewiss nochmals deutlich werden, wie wertvoll ein Markenname sein kann.

13.4 Sozialpsychologische Aspekte

Begriffe **Konformitätsdruck ◆ Meinungsführer (opinion leader) ◆ Reziprozität ◆ Konsistenz ◆ Verknappung ◆ Unzugänglichkeit ◆ Attraktivität ◆ Sympathie** *Lernziele*

Neben der Wahrnehmungs- und der Gedächtnispsychologie ist ganz besonders die **Sozialpsychologie** von großer Bedeutung für die Markt-, Werbe- und Konsumentenpsychologie. Dies leuchtet sofort ein, wenn man z.B. an den **Konformitätsdruck** durch **Gruppen** denkt. Um von einer Gruppe als zugehörig anerkannt zu werden, kann es gerade im **Schulalter** von Bedeutung sein, die gleiche Kleidung einer bestimmten Marke zu tragen. Sind die Eltern beispielsweise aus finanziellen Gründen nicht in der Lage, ihr Kind mit entsprechenden Markenartikeln auszustatten, so ist es durchaus schon vorgekommen, dass die Kinder sich diese Kleidung aufgrund des hohen Gruppendruckes im Kaufhaus gestohlen haben.

Es muss nicht immer die ganze Gruppe sein, die einen Konformitätsdruck ausübt. Es reicht ein anerkannter **Meinungsführer (opinion leader)**, der vorgibt, was „in" und was „out", was „gut" und was „schlecht" ist. Meinungsführer sind insbesondere für die effiziente **Verbreitung** von **Botschaften der Massenmedien** wichtig. Da nicht jeder ein Meinungsführer ist, kann man fragen, welche **Charakteristika** und **Eigenschaften** er üblicherweise mitbringt. Meinungsführer sind nicht immer identisch mit Gruppenführern. Sie können durchschnittliche Menschen sein, die jedoch sehr **gesellig** sind, beruflich und/oder privat **viele Kontakte** haben, die üblicherweise durch verlässliche Quellen **gut informiert** sind, ein **hohes Selbstbewusstsein** besitzen, gerne **Ratschläge** geben und auch erhalten sowie an **aktuellen Strömungen der Zeit** interessiert sind. Für die Werbeindustrie kann es von Vorteil sein, gezielt die Meinungsführer anzusprechen und sie dann die weitere Arbeit erledigen zu lassen. Nicht zuletzt deshalb werden Meinungsführer auch oft mit **Werbegeschenken** bedacht, um ihr Verhalten und die Funktion, die sie damit übernehmen, positiv zu verstärken.

Werbegeschenke sprechen aber noch eine weitere Gesetzmäßigkeit in uns an, die **Reziprozität**. Hinter diesem schwierigen Wort verbirgt sich eine ganz alltägliche Regel des menschlichen Miteinanders. Haben wir von einem anderen Menschen eine **Leistung**, einen **Gefallen** oder ein Entgegenkommen erhalten, so stehen wir gewissermaßen in dessen **Schuld** und verspüren ein **Bedürfnis**, dieses **Ungleichgewicht** wieder **auszugleichen**. Reziprozität könnte man gewissermaßen in der Umkehrung der Regel *„Gibst Du mir, geb ich Dir"* sehen, denn geben wir zuerst, dann steht der andere in der Schuld. *„Geb ich Dir, so wirst Du mir geben"* lautet das Geheimnis der Reziprozität. Beispiele für diese gewiefte **Verkaufsstrategie** gehen von der kostenlosen Produktprobe über den Sekt, den der Autoverkäufer uns „großzügigerweise" bereits vor Vertragsabschluss zukommen lässt, bis hin zu dem unaufgefordert erhaltenen Satz von Weihnachtspostkarten, die uns verschiedene Hilfsorganisationen Jahr für Jahr mit einer Spendenaufforderung ins Haus schicken. Es fällt tatsächlich nicht leicht, diese Karten dem Altpapier zukommen zu lassen oder sie sogar ohne Gegenleistung einfach eigennützig zu verwenden. Spätestens wenn die erste dieser Karten tatsächlich verschickt wurde, hat man so gut wie verloren und wird wahrscheinlich eine Spende überweisen.

Die **Reziprozitätsstrategie** zählt zu den erfolgreichsten **Manipulationsmethoden**. **Robert B. Cialdini** (1997) schildert ein Beispiel einer Meisterleistung des Einsatzes der Reziprozitätsregel. Anhänger der Hare-Krishna Sekte versuchten einige Zeit, Spenden in belebten Fußgängerzonen und an Flughäfen zu sammeln. Da große Teile der Bevölkerung ihnen mit Argwohn begegneten, war dieses Unterfangen wenig erfolgreich. Dies änderte sich schlagartig, als die Krishna-Jünger damit begannen, „Geschenke" zu verteilen, wie das Lehrbuch der Sekte, die Sektenzeitschrift oder sogar eine schöne, große Sonnenblume. Eine Rücknahme der „Geschenke" wurde stets konsequent verweigert, so dass der Beschenkte unter den **Reziprozitätsdruck** geriet. Da man das „Geschenk" nicht zurücknehmen wollte, wurde „großzügig" die Möglichkeit einer Spende angeboten. Als effektivstes „Geschenk" bewährte sich das Verteilen von Sonnenblumen am Flughafen. Da die Reisenden unter Zeitdruck standen und das Urlaubsportemonnaie gefüllt war, spendeten sie tatsächlich für eine Blume, mit der sie nichts anfangen konnten und die bei der nächsten Gelegenheit wieder abgelegt wurde. Die Krishna-Jünger sammelten selbstverständlich die Blumen wieder ein, um das ganze Reziprozitätsspiel mit dem nächsten Opfer von vorne zu beginnen.

Eine weitere wirkungsvolle **Werbe-** und **Verkaufsstrategie** wird mit dem Begriff der **Konsistenz** bezeichnet. Die **Konsistenztheorie** geht davon aus, dass Menschen danach streben, **Inkonsistenzen** und **Dissonanzen** zwischen Kognitionen wie **Urteilen, Meinungen, Gedanken** und **Überzeugungen** zu vermeiden, da diese zu einem **Unbehagen** führen. Gleichermaßen fühlen wir uns unwohl, wenn wir etwas versprechen und uns dann nicht daran halten. *„Wer A sagt, muss auch B sagen"*, lautet auf einen einfachen Nenner gebracht die Kernbotschaft der Konsistenzregel.

Eingesetzt wird diese Strategie u.a. beim **Autoverkauf** und zwar in der **Angebotsphase**. Stellen wir uns einen Kunden vor, der gerade von der Probefahrt mit dem schicken, neuen Sportwagen zurückkommt. Im Vergleich zu seinem über zehn Jahre alten Auto wird der Neuwagen über wesentliche Verbesserungen verfügen, so dass es dem Verkäufer leicht fallen wird, den **Kunden** dazu zu bewegen, **ganz öffentlich** ein paar **lobende Worte** über das Fahrzeug zu artikulieren. Je mehr Zeugen dabei sind, desto besser. Nachdem der Kunde damit „A" gesagt hat, rechnet ihm der Verkäufer ein sensationelles Angebot aus und betont, dass der Kunde damit genau das Auto extrem günstig bekommt, welches ihm gefällt und welches er haben möchte. Ganz nebenbei wird er gewiss auch erwähnen, dass das Angebot noch vom Firmenchef oder der Hausbank abgesegnet werden muss, aber da wird es wohl keine Probleme geben. Die meisten Kunden sind in dieser Phase bereits in die Falle geraten und werden den Verkäufer dazu auffordern, einen entsprechenden Vertrag aufzusetzen, womit sie ein zweites Mal „A" sagen. Der Verkäufer bedankt sich für das Vertrauen mit einem „teuren" Werbegeschenk (**Reziprozität**) und bittet den Kunden um ein paar Tage Zeit für die Formalitäten. Selbst wenn man den Vertrag sofort machen könnte, ist diese Zeit wichtig, damit der Kunde ausführlich in seinem Familien- und Bekanntenkreis von dem neuen Auto schwärmen kann, welches er bald so günstig bekommen wird. Ruft der Verkäufer ihn dann an, um ihm mitzuteilen, dass leider die Hausbank das Angebot nicht zulässt, dann hat der Kunde nach all den vielen „A's", die er bereits gesagt hat, kaum eine andere Wahl, als auch zu dem teureren Angebot „B" zu sagen. Kommt der Verkäufer ihm jetzt noch mit einer kleinen „Zugabe" entgegen, wird der Ärger auch schnell verpufft sein.

Eine weitere, im Verkauf gerne eingesetzte Strategie besteht in der **Verknappung** oder **Unzugänglichkeit** der Ware. Gibt es scheinbar nur noch wenige Exemplare eines bestimmten Produktes und wurde dieses in einer Werbeaktion gerade angepriesen, dann entsteht leicht die Haltung, es schnell zu kaufen, so lange es noch verfügbar ist. Dass das halbe Lager mit dem entsprechenden Produkt gefüllt ist, können wir als Kunden ja nicht wissen. Ein knappes Gut erscheint uns häufig wertvoller und erhöht so unsere **Bereitschaft zum Kauf**.

Verknappung und Unzugänglichkeit lassen sich auch miteinander **kombinieren**. Interessiert sich ein Kunde für ein Produkt, kann sich aber noch nicht so ganz zum Kauf durchringen, dann wird ein geschickter Verkäufer ihm vielleicht mitteilen, dass er neben dem Ausstellungsstück nur noch ein weiteres vorrätig hat (**Verknappung**) und dass dieses bereits für einen anderen Kunden reserviert ist (**Unzugänglichkeit**). Im selben Atemzug wird er aber erklären, dass auch der andere Kunde noch nicht verbindlich zugesagt hat und dass er ihn schnell anrufen wird, um nachzufragen, ob er noch Interesse an dem Produkt hat. Man möge doch bitte so lange warten und sich das Ausstellungsstück ruhig sorgfältig anschauen. Vielleicht bekommt unser Kunde sogar einen Kaffee angeboten (**Reziprozität**). Ein guter Verkäufer wird jetzt vielleicht auch schnell im Hinterzimmer einen Kaffee trinken, freilich ohne dabei zu telefonieren, denn jede Minute, die der Kunde mit der Begutachtung des Produktes verbringt, bedeutet, dass er „A" sagt. Kehrt der Verkäufer zum Kunden zurück, wird er ihm mitteilen, dass der andere Kunde zwar sehr interessiert sei, sich aber noch nicht endgültig entscheiden kann. Da er (der aktuelle Kunde) jedoch schon so lange warten musste, möchte er ihm entgegenkommen und ihm die Möglichkeit zum Kauf des „letzten" Exemplares geben. Dem anderen Kunden würde er dann eben absagen. Vermutlich wird unser Beispielkunde mit dem guten Gefühl nach Hause gehen, dass er gerade einen günstigen Kauf machen konnte. Dem Verkäufer, welcher ihn doch eigentlich geschickt **manipuliert** hat, wird er wahrscheinlich sogar noch für seinen Einsatz dankbar sein und ihn in guter Erinnerung behalten.

All diese **Strategien** der **Werbung** und des **Verkaufs** können, wie wir gezeigt haben, nahezu beliebig miteinander kombiniert werden. Natürlich benötigen eine Verkäuferin oder ein Verkäufer bei ihrem Einsatz ein gewisses Fingerspitzengefühl und einiges an Erfahrung. Es muss genau erkannt werden, in welcher **Kaufphase** sich ein **Kunde** befindet, um dann im richtigen Moment eine geeignete Strategie einsetzen zu können. Erleichtert und moderiert wird all dies noch durch Faktoren wie **Attraktivität** und **Sympathie**. Sie tragen wesentlich dazu bei, dass die **Kommunikation** zwischen **Werbetreibenden** und **Verkäufern** auf der einen Seite und den **Kunden** auf der anderen Seite zustande kommt und aufrechterhalten bleibt.

13.5 Marketingtechnische und weitere psychologische Aspekte

Begriffe   Zielgruppe ◆ Werbeträger ◆ Reichweite des Werbeträgers ◆ Werbewirkung   **Lernziele**

So viel durch psychologisches Wissen auf der einen Seite in der Werbung und im Verkauf auch geleistet werden kann, so dürfen auf der anderen Seite einige Erkenntnisse des **Marketings** nicht vergessen werden. Vor jeder Werbeaktion sollte man sich ein möglichst klares Bild über die anvisierte **Zielgruppe** machen und Überlegungen anstellen, mit welchem **Werbeträger** man diese Zielgruppe am besten erreicht. Hierbei ist zweifelsohne auch eine **Kosten-Nutzen-Rechnung** aufzustellen, bei der die **Reichweite eines Werbeträgers** eine wesentliche Rolle spielt. In der Regel wird Werbung umso teurer, je mehr Menschen dadurch angesprochen werden. Ein vernünftiges Abwägen zwischen Zielgruppe, Werbeträger und Reichweite kann dazu beitragen, die Kosten gering zu halten.

Empfehlenswert ist es, sowohl in der **Konzeptionsphase** einer Werbemaßnahme als auch während ihrer **Durchführung** immer wieder **Tests** mitlaufen zu lassen, die ihre Effizienz prüfen. Die Wirksamkeit von Werbung lässt sich aus psychologischer Sicht problemlos messen. **Wahrnehmungs-**, **Emotions-**, **Motivations-**, **Persönlichkeits-**, **Lern-** und **Gedächtnispsychologie** liefern ein umfangreiches Methodenarsenal, um **Werbewirkung** aus den verschiedensten Blickwinkeln analysieren zu können. Nachdem Sie inzwischen das ganze Buch durchgearbeitet haben, dürften Sie erahnen, wie viele Möglichkeiten die Psychologie dabei zu bieten hat.

Aufgaben

1. Warum können Markennamen einen so hohen Wert haben?
2. Was versteht man unter der AIDA-Regel?
3. Unter hohem oder geringem Involvement versteht man das Ausmaß, in dem wir von etwas betroffen bzw. innerlich an einer Sache beteiligt sind. Welchen Einfluss hat das Involvement auf verschiedene Verhaltensweisen eines Konsumenten?
4. Was sind Eye-Catcher?
5. Welche Erkenntnisse der Lern- und Gedächtnispsychologie können in der Werbung eingesetzt werden?
6. Wieso ist die Reziprozität ein für den Verkauf so bedeutsamer Mechanismus?
7. Formulieren Sie einen Satz, mit dem Sie einen anderen Menschen unter Einbezug konsistenztheoretischer Überlegungen zum gemeinsamen Joggen überreden wollen.

zur Lernkontrolle

Lösungsvorschläge

Lektion 1

1. Die unabhängige Variable (UV) des Schnittpunkts der beiden Linien wird vom Experimentator systematisch variiert, um ihren Einfluss auf das Erleben der Versuchsperson, d.h. den Täuschungsbetrag (abhängige Variable, AV) zu ermitteln.

2. Aufgrund eines vorliegenden Phänomens wird eine möglichst präzise Hypothese über die vermuteten Ursachen aufgestellt. Zur Prüfung der Hypothese werden die angenommenen Ursachen in Form der unabhängigen Variablen systematisch verändert. War die Vermutung richtig, dann sollte sich ein Effekt dieser Variation in der abhängigen Variablen zeigen. Im Idealfall ist die AV funktional durch die UV bestimmt: f(UV)=AV.

3. Beispielsweise bei der Untersuchung des Zusammenhangs von Lärmbelastung und Konzentration; von Arbeitszufriedenheit und Motivation, von Sonnenscheinstunden und Depression, von Erziehungsstil und Schulleistung, von Attraktivität und Berufserfolg usw.

4. Alltagsbeobachtungen entstehen mehr oder minder planlos und zufällig. Bei der systematischen Verhaltensbeobachtung hingegen wird vorab festgelegt, was wann und wie zu beobachten ist. Ein Beobachtungsplan, vorgefertigte Protokollbögen und ein Training der Beobachter soll möglichst hohe Objektivität sicherstellen.

5. Ein Experiment soll geplant, wiederholbar, objektiv, reliabel und valide sein und muss zudem über eine passende Kontrollgruppe verfügen. Die experimentellen Variablen (unabhängigen Variablen) sollen beliebig variierbar sein.

6. Ohne eine Kontrollgruppe kann man nicht sicher sein, ob der gemessene Effekt nicht auch ohne die Variation der UV eingetreten wäre.

7. Unter der Reliabilität ist die Zuverlässigkeit einer Messung zu verstehen. Sie ist umso höher, je geringer die Abweichungen wiederholter Messungen sind. Die Validität ist ein Maß für die Gültigkeit der Messung, d.h. dafür, ob eine Messung bzw. ein Test auch das misst, was sie bzw. er zu messen vorgibt.

8. Es können systematische und unsystematische Störquellen vorhanden sein. Wichtig ist, dass man sie möglichst erkennt und ihren Einfluss z.B. durch Eliminieren, Konstant halten oder Randomisieren ausschaltet.

9. Die Statistik bietet die Möglichkeit, große Datenmengen durch Kennwerte wie z.B. den Mittelwert, die Varianz und die Standardabweichung zu beschreiben. Darüber hinaus kann unter anderem der Zusammenhang zwischen verschiedenen Ereignissen mathematisch präzise ermittelt werden. Die Statistik ist im Grunde ein Multifunktionswerkzeug für alle Psychologen, die Daten erheben.

Lektion 2

1. Unter Sinnesmodalitäten werden die verschiedenen Dimensionen unserer Wahrnehmungsmöglichkeiten verstanden, z.B. Sehen, Hören, Geschmack, Geruch, Tasten. Sinnesrezeptoren sind zur Abbildung

äußerer Reize spezialisierte Zellen unseres Körpers. Die Haarzellen des Innenohres beispielsweise können Lautstärke und Tonhöhe abbilden, die Stäbchen und Zapfen auf der Retina des Auges sind dagegen für Helldunkel-Wahrnehmungen und Farbwahrnehmungen geeignet.

2. Die Psychophysik ist ein Teilgebiet der Psychologie, welches sich mit der Erforschung des Zusammenhangs zwischen physikalischem Reiz und phänomenalem Erleben befasst.

3. a) Das Genauigkeitsintervall entspricht dem Dynamikbereich. → falsch

   b) Die Unterschiedsschwelle ist im phänomenalen Erleben immer gleich. → richtig

   c) Das Unsicherheitsintervall besteht aus zwei Unterschiedsschwellen. → richtig

   d) Die Absolutschwelle ist das Gleiche wie die Unterschiedsschwelle. → falsch

   e) Der Dynamikbereich ist für alle Sinnesrezeptoren gleich. → falsch

   f) Der Dynamikbereich beginnt an der Absolutschwelle. → richtig

4. Das Weber'sche Gesetz sagt aus, dass ein Reiz proportional zu seinem Ausgangswert wachsen muss, damit er als gerade eben größer wahrgenommen wird.

5. Die Wahrnehmung von Kontrasten ermöglicht es uns, Objekte im Raum leichter zu erkennen, indem Konturen wie Ecken und Kanten stärker akzentuiert werden. Rezeptive Felder wie On-Zentrum- und Off-Zentrum-Neurone erzielen durch den Mechanismus der lateralen Inhibition Kontrastverstärkungen der Wahrnehmung.

6. Überlappung, Größe, Linearperspektive, atmosphärische Perspektive, Licht und Schatten.

7. Unter „bottom-up"-Prozessen versteht man die Verarbeitung derjenigen Reize, die von den Sinnesrezeptoren übermittelt werden. Welche Reizaspekte dabei im Detail bevorzugt werden, hängt von „top-down"-Einflüssen ab, wie z.B. Erwartungen, Wissen und Motivationen.

8. Nähe, Gleichheit, Geschlossenheit, gute Fortsetzung, Symmetrie, Prägnanz, Figur-Grund-Unterscheidung, gemeinsames Schicksal.

9. Als Säugling können wir uns noch nicht zielgerichtet verhalten, aber der Körper bewegt sich dennoch von selbst (z.B. strampeln) oder wird von außen bewegt. In einem ersten Schritt wird hierbei gelernt, welche Bewegungen mit welchen Empfindungen und Effekten in der Umwelt einhergehen. Bereits mit ca. 2 Monaten beginnen dann die Säuglinge, zielgerichtet nach Dingen in ihrer Umwelt zu greifen. Das ideo-motorische Prinzip nimmt an, dass dies deshalb funktioniert, weil die zuvor erlernte Beziehung zwischen Bewegungen und Effekten nun umgekehrt eingesetzt wird, d.h. die Vorstellung (Idee) eines Handlungseffektes löst automatisch die dazu passende Bewegung (Motorik) aus.

Lektion 3

1. Nach den Überlegungen der Behavioristen wird beim Lernen eine Verbindung zwischen einer spezifischen Ausgangssituation und einer bestimmten Verhaltensweise aufgebaut und durch die Gabe von Belohnungen verstärkt.

2. Einer natürlicherweise vorhandenen Beziehung zwischen einem unkonditionierten Stimulus (UCS; z.B. der Anblick von Fleisch) und einer unkonditionierten Reaktion (UCR; dem vermehrten Speichelfluss)

wird ein zu konditionierender Reiz (CS; z.B. eine Glocke) hinzugefügt. Betätigt man die Glocke (CS) jeweils kurz vor der Darbietung des Fleisches (UCS), so kann sie nach wenigen Durchgängen die konditionierte Reaktion (CR) des vermehrten Speichelflusses selbstständig hervorrufen.

3. Die Ermüdungsmethode, die Schwellenmethode und die Methode inkompatibler Reize. (Zur Erklärung siehe Abschnitt 3.1.3.)

4. Bei der negativen Verstärkung wird durch eine bestimmte Verhaltensweise ein unangenehmer, negativer Reiz entfernt. Da dies in der Konsequenz positiv ist, wird das entsprechende Verhalten bei erneutem Vorliegen der Situation sehr wahrscheinlich wiederholt.

5. Komplexe Verhaltensweisen können gut durch das Lernen am Modell (Beobachtungs-, Nachahmungs- oder Imitationslernen) erworben werden. Besonders effizient ist dies, wenn das Verhalten des Modells verstärkt wird; das Modell hohen Status genießt; der Beobachter sich mit dem Modell identifizieren kann; er für seine Aufmerksamkeit dem Modell gegenüber verstärkt wird und das Verhalten des Modells gut wahrnehmbar ist.

6. Der sensorische Speicher, das Kurzzeit- und Arbeitsgedächtnis, das Langzeitgedächtnis.

7. Im prozeduralen Gedächtnis werden motorische Fähigkeiten, wie z.B. das Fahrradfahren oder das Klavierspielen, gespeichert. Im deklarativen Gedächtnis hingegen ist unser Faktenwissen abgelegt, z.B. alles, was Sie bislang im Telekolleg an Inhalten gelernt haben. Beides sind Gedächtnisbereiche des Langzeitgedächtnisses.

8. Man kann hierbei zwischen proaktiven und retroaktiven Interferenzen differenzieren. Eine proaktive Interferenz liegt dann vor, wenn ältere Gedächtnisinhalte zeitlich neuere überlagern, eine retroaktive Interferenz hingegen im umgekehrten Fall, wenn neuere Gedächtnisinhalte sich hemmend auf ältere auswirken.

Lektion 4

1. Merkmalstheoretische Ansätze, die Prototypentheorie sowie die Überlegung, Begriffsbildung als Aufbau von Netzwerken relationaler Verknüpfungen zu betrachten.

2. Hull zeigte seinen Probanden nacheinander fünf Karten, auf denen jeweils ein „chinesisches" Zeichen zu sehen war, welches er z.B. als „yer", „li", „ta", „deg" oder „ling" bezeichnete. Die Aufgabe der Pbn bestand darin, nachfolgend dargebotene Zeichen selbstständig richtig zu bezeichnen. Mit zunehmenden Versuchsdurchgängen gelang ihnen dies immer besser, bis sie schließlich die klassifizierenden Merkmale eines „yer", „li", „ta", „deg" oder „ling" gelernt hatten.

3. Bei einfachen Problemen sind die Lösungswege in allen Details durchschaubar (z.B. Kannibalen-Missionare-Problem). Bei komplexen Problemen hingegen ist dies nicht möglich (z.B. Lohhausen-Simulation).

4. Der Begriff der funktionalen Gebundenheit drückt aus, dass Objekte vorrangig in ihrer aktuellen oder üblichen Funktion verwendet werden. Es fällt uns beispielsweise leicht, eine Wasserflasche zum Aufbewahren von Flüssigkeiten einzusetzen. Sie funktional zu entbinden, um damit z.B. Löcher für Steckzwiebeln in den Boden zu drücken, ist wesentlich schwerer.

5. Denken als Oberbegriff zur Begriffsbildung und zum Problemlösen ist ein zielgerichteter Prozess, der sich in produktives und reproduktives Denken unterteilen lässt.

6. Elektroenzephalografie (EEG), Magnetenzephalografie (MEG), Positronen-Emissions-Tomografie (PET) und die funktionelle Magnetresonanztomografie (fMRI). Einen Überblick über deren Eigenschaften finden Sie in Tabelle 4.2.

7. ❶ Die Phase der Präparation, in der das Problem bewusst und entsprechendes Wissen gesammelt wird.
   ❷ Die Inkubationsphase, die auch „schöpferische" Phase genannt wird und in der es zu einer vorbewussten Weiterverarbeitung kommt.
   ❸ Die Phase der Illumination, welche durch den plötzlichen, lösenden Einfall gekennzeichnet ist.
   ❹ Die Phase der Verifikation, bei der die gefundene Lösung beurteilt wird.

Lektion 5

1. Motivation: alle in uns ablaufenden Prozesse und Faktoren, die für die Auslösung, Steuerung und Aufrechterhaltung unseres Verhaltens von Bedeutung sind.
   Motiv: ein primär psychologisch und sozial bedingter Beweggrund für eine bestimmte Handlung.
   Trieb: ein primär biologisch bedingter Beweggrund für eine bestimmte Handlung.
   Bedürfnis: Oberbegriff für Motive und Triebe.

2. Maslows Bedürfnishierarchie ist ein Modell, das die Entwicklung und Relevanz einzelner menschlicher Bedürfnisse beschreibt. Maslow geht davon aus, dass diese Hierarchie bei nahezu allen Menschen aufzufinden ist. Auf der untersten Ebene stehen die basalen physiologischen Bedürfnisse (z.B. Hunger und Durst), danach folgen die Sicherheitsbedürfnisse (z.B. eine feste Wohnung als Schutz vor Witterungseinflüssen, rechtsstaatliche Ordnung als Schutz vor Selbstjustiz), das Bedürfnis nach sozialen Bindungen (z.B. Bedürfnis nach Liebe der Eltern und des Partners, Zugehörigkeit zu einer Familie), das Bedürfnis nach Selbstachtung (z.B. Anerkennung der eigenen Arbeitsleistung durch andere, Nachgehen einer Erwerbsarbeit) und als oberstes Bedürfnis die Selbstverwirklichung (z.B. Erreichen der eigenen intellektuellen Grenzen, Erweiterung des eigenen „geistigen Horizonts").

3. Das Motiv, eine Handlung auszuführen, entsteht, wenn das Ziel der Handlung für den Handelnden von Bedeutung ist, also einen Wert besitzt, und wenn er gleichzeitig die Erwartung hat, dass er dieses Ziel durch seine Handlung überhaupt erreichen kann.

4. Man unterscheidet zwischen internaler und externaler Attribution. Wenn eine Person den Erfolg einer eigenen Handlung (z.B. ein dreigängiges Menü erfolgreich gekocht zu haben) sich selbst zuschreibt, also internal attribuiert, dann ist sie entweder davon überzeugt, dass ihr das Essen gelungen ist, weil ihre Fähigkeit, was das Kochen betrifft, sehr hoch ist (stabile, internale Attribution) oder weil sie sich diesmal besonders angestrengt hat (variable, internale Attribution). Wenn sie external attribuiert, könnte sie glauben, dass es eben nur Glück war, dass ihr das Essen gelungen ist (external, variabel), oder aber dass dieses Menü gar nicht so schwer war, sie aber eigentlich nicht kochen kann (external, stabil). Die Motivation, auch in Zukunft mehrgängige Menüs zu kochen (bzw. ein bestimmtes Verhalten zu zeigen), ist höher, wenn jemand internal attribuiert, und niedriger, wenn er external attribuiert.

5. Emotionen: komplexes Muster an Veränderungen in der physiologischen Erregung (Herzschlagrate steigt), dem Gefühl (Freude), den Kognitionen (jemand erkennt, dass die richtigen Zahlen im Lotto gezogen wurden) und dem Verhalten (er springt jubelnd von seinem Sessel auf). Emotionen sind von hoher Intensität und dauern nur vergleichsweise kurz an.
   Stimmungen: sind länger anhaltende, weniger intensive Zustände ohne Reaktion auf ein bestimmtes Ereignis (z.B. wenn jemand heute schon den ganzen Tag schlechte Laune hat, obwohl sich in letzter Zeit nichts Negatives ereignet hat).

Affekt: Oberbegriff für Stimmungen und Emotionen.

Alle Emotionen weisen zwei Grundeigenschaften auf: Sie lassen sich mindestens in den beiden Ausprägungen „angenehm" oder „unangenehm" beschreiben. Sie wirken sich motivierend und handlungseinleitend (bzw. handlungsunterbrechend) aus.

6. Arten des Emotionsausdrucks (Beispiel: Ärger / Angst):
Stimme (laut/zitternd), Körperhaltung (drohend aufgebaut/verkrampft), Körperbewegung (Drohgebärden, z.B. geballte Faust/Abwehrhaltung der Arme) und Mimik (zusammengezogene Augenbrauen/ nach oben gezogene Augenbrauen, aufgerissene Augen).

7. Die facial-feedback-Theorie geht davon aus, dass beim Auftreten von Emotionen nicht nur unser Gehirn unsere Muskeln (z.B. die des Gesichtes) aktiviert, sondern dass auch der umgekehrte Weg möglich ist. Wenn wir unser Gesicht zu einem Lächeln verziehen, fühlen wir uns besser, weil an unser Gehirn ein Lächeln „gemeldet" wird.

8. Eustress: „positiver", kaum schädlicher Stress (z.B. Hochzeitsvorbereitungen)
Distress: „negativer", auf Dauer schädigender Stress (z.B. Prüfungsphasen)

Lektion 6

1. Psychodynamische Persönlichkeitstheorie (Freud), Theorie der Persönlichkeitstypen (Kretschmer), Theorie der Persönlichkeitseigenschaften (Eysenck), behavioristische Ansätze (Watson), sozial-kognitive Ansätze (Bandura)

2. Extraversion (mit den Extrempunkten extravertiert und introvertiert) und Neurotizismus (mit den Extrempunkten stabil und instabil)

3. Die individuelle Persönlichkeit entsteht durch die individuelle Verstärkungs- bzw. Lerngeschichte eines Menschen. Unterschiedliche Reaktionen in gleichen oder ähnlichen Situationen sind auf unterschiedliche Verstärkungserfahrungen zurückzuführen.

4. Unter dem g-Faktor (general intelligence) wird ein genereller Intelligenzfaktor verstanden, der an allen Intelligenzleistungen beteiligt ist. Hingegen sind s-Faktoren (specific intelligence) verschiedene, spezielle Intelligenzfaktoren, die den g-Faktor ergänzen. Vertreter dieser Theorie war Spearman.

5. Cattell unterschied die fluide und die kristalline Intelligenz. Kristalline Intelligenz = Wissen und Fähigkeiten, die auf kulturelle Erfahrungen und Sprachgewandtheit zurückzuführen sind. Fluide Intelligenz = davon unabhängige Fähigkeiten wie Abstaktionsfähigkeit und schlussfolgerndes Denken.

6. Während der Normierung werden möglichst viele Personen mit einem Testverfahren getestet. Anhand der dabei erzielten Ergebnisse, genauer mit der Verteilung der Ergebnisse lassen sich dann später getestete Personen beurteilen und einordnen.

Lektion 7

1. Gruppe: mehr als zwei Menschen, Interaktion, wechselseitige Beeinflussung, gemeinsames Ziel, „Wir"-Gefühl
Gruppenarten: z.B. Primär- vs. Sekundärgruppen, ingroup vs. outgroup

2. Unter Gruppenkohäsion versteht man den Zusammenhalt in der Gruppe. Bei homogeneren Gruppen ist die Kohäsion höher als bei heterogeneren.

3. Explizite Gruppennormen sind eindeutig festlegte, z.T. niedergeschriebene Normen, nach denen alle Gruppenmitglieder ihr Verhalten auszurichten haben, wodurch wiederum die Kohäsion der Gruppe gesichert wird. Implizite Gruppennormen sind nicht eindeutig festgeschrieben, aber ebenso wichtig. Sie bilden sich durch die Interaktion der Gruppenmitglieder untereinander heraus und enthalten Erwartungen über „gruppenübliche" Denk- und Verhaltensweisen.

4. Konflikt: tatsächlich vorliegender und wahrgenommener oder fälschlicherweise angenommener Interessengegensatz, der innerhalb einer Person oder zwischen verschiedenen Personen auftreten kann und bei dem nicht die Interessen aller befriedigt werden können.

   Mobbing: meist über einen längeren Zeitraum andauernde schikanöse Handlungen einer oder mehrerer Personen gegen andere Einzelpersonen oder Personengruppen mit der Absicht, dem/den Opfer(n) Schaden zuzufügen.

5. Verschlechterung der Arbeitsbedingungen (Versetzung an einen schlechteren Arbeitsplatz etc.), Einschränkung der sozialen Beziehungen am Arbeitsplatz (Verbot oder Verweigerung der Kommunikation mit den Kollegen), Angriffe auf die Person des Opfers (verbale Attacken, sexuelle Belästigung etc.)

Lektion 8

1. Das Gurr- und Lallstadium geht etwa von der 6. Woche bis zum 9. Monat. Anschließend folgt zwischen ungefähr dem 10. und dem 18. Monat das Einwortstadium, an das sich das Zweiwortstadium anschließt, welches schließlich in den Telegrammstil übergeht.

2. Mit Hören kann man all diejenigen Prozesse bezeichnen, die dazu dienen, ein akustisches Signal fehlerfrei für die weitere Verarbeitung zur Verfügung zu stellen. Unter Verstehen hingegen ist die Interpretation des Gehörten zu begreifen. Da es auf der Ebene des Hörens wie auch des Verstehens zu unterschiedlichen Störungen kommen kann, muss beides voneinander unterschieden werden.

3. Vokale können aufgrund ihrer unterschiedlichen Formanten identifiziert werden.

4. Durch Bewegungen von Kiefer, Zunge, Lippen und Gaumen können die Resonanzräume des Ansatzrohres gezielt beeinflusst werden, so dass unterschiedliche Laute entstehen.

5. Die wesentlichen Leistungen sprachlicher Kommunikation sah Bühler in der Darstellung, dem Ausdruck und dem Appell. Alle drei entstehen durch verschiedene Beziehungen. Bei der Darstellung ist es die Beziehung zwischen Zeichen und Objekten. Beim Ausdruck ist es diejenige zwischen Zeichen und Sender und beim Appell geht es um die Beziehung zwischen Zeichen und Empfänger.

6. Sie wollen mit diesem Axiom darauf hinweisen, dass jegliche Art von Verhalten einen kommunikativen Charakter hat und dass es demzufolge keine kommunikationsfreien Zustände zwischen Menschen geben kann.

8. Die vier Seiten des Kommunikationsquadrates sind der Sachinhalt, der Appell, die Selbstkundgabe sowie die Beziehungsebene. Die vier Schnäbel und die vier Ohren symbolisieren auf Seiten des Senders bzw. Empfängers je eine der Seiten des Kommunikationsquadrates. Trifft z.B. der Schnabel der Sachinformationsebene auf ein Ohr der Beziehungsebene, dann kann es zu Missverständnissen kommen.

Lektion 9

1. Unter Reifung verstehen wir spontane, genetisch vorprogrammierte Wachstums- und Entwicklungsimpulse, die die Grundlage bilden für die Leistungs- und Verhaltensänderungen, die ein Mensch in Laufe seines Lebens zeigt. Die Reifung steht damit im engen Zusammenhang mit der Anlage-Seite in der „Anlage-Umwelt-Problematik".

2. Pränatale Entwicklung: vorgeburtliche Entwicklung eines Kindes im Bauch der Mutter. Man unterscheidet folgende Stadien (siehe hierzu auch Abschnitt 9.2.1):
   - das Keimzellenstadium (1. bis 2. Woche) - Mangelernährung der Mutter, zu hohes Alter der Mutter und ungenügendes Einnisten der Keimzelle in den Uterus
   - das embryonale Stadium (3. bis 8. Woche) - mögliche Schädigung durch Infektionen der Mutter, z.B. Röteln (speziell 3. bis 4. Woche)
   - das fötale Stadium (9. bis 38. Woche) - mögliche Schädigung durch Drogen

3. Jüngere Kinder schreiben ihrer Umwelt - auch leblosen Gegenständen oder Pflanzen - Intentionen zu. Dies bezeichnet man als animistische Interpretation der Umwelt. Beispiel: *Der Apfel wächst und wird groß und süß, damit er uns besser schmeckt.*

4. Enkodierstrategien, d.h. Strategien für die bessere Einspeicherung neuen Wissens, lassen sich unterteilen in Memoriertechniken (systematisches Wiederholen der Wissensinhalte, z.B. beim Vokabellernen) und Kategorisierungsstrategien (Ordnen des Wissens nach Oberbegriffen, z.B. inhaltliches Ordnen der Vokabeln, bevor sie gelernt werden). Daneben gibt es auch Strategien, die den Abruf bereits eingespeicherten Wissens erleichtern, z.B. Eselsbrücken (... „gar nicht" wird gar nicht zusammengeschrieben ... etc.).

5. Im Alter lassen die Gedächtnisleistungen nach aufgrund ... :
   - geistiger Defizite (Fähigkeitshypothese);
   - einer ineffektiven Informationsverarbeitung, v.a. das Tempo und die Informationsverarbeitungskapazität lassen nach (Verarbeitungshypothese);
   - negativer Attributionsstile der älteren Menschen, d.h. sie trauen sich bezüglich ihres Gedächtnisses weniger zu und nutzen es infolgedessen seltener. Daher fehlt ihnen v.a. Übung in der effektiven Nutzung des Gedächtnisses (Motivationshypothese).

Lektion 10

1. Durch die Vermittlung von Wissen sollen die Lernenden einerseits möglichst hoch qualifiziert werden, andererseits sollen auch Unterschiede im Wissen und in der Lerngeschwindigkeit ausgeglichen werden – dies nennt man Egalisierung. Gebräuchliche Wissensvermittlungsmethoden sind der Frontalunterricht und das kooperative Lernen, aber auch Gruppendiskussionen und Einzelunterricht.

2. Im Frontalunterricht wird das Wissen vom Lehrer „von der Tafel aus" (frontal) den Schülern vermittelt, die eine eher passive Rolle einnehmen - nämlich die des Zuhörers, dem gelegentlich Fragen gestellt werden. Beim kooperativen Lernen wird den Schülern ein Themengebiet vorgegeben (oder von ihnen frei gewählt), das sie sich selbstständig in der Lerngruppe erarbeiten sollen. Dem Lehrer kommt hier eher die Funktion eines Moderators zu.

3. „under-achiever" = Kinder, die schlechtere Schulleistungen erzielen, als man aufgrund ihres Intelligenzniveaus annehmen würde. „over-achiever" = Kinder, die bessere Schulleistungen erzielen, als man aufgrund ihres Intelligenzniveaus annehmen würde.

4. Lernstörungen = Schwierigkeiten, Verzögerungen und Mängel im Lernprozess eines Schülers, wodurch der üblicherweise zu erwartende Lernerfolg nicht eintritt. Lernstörungen können zeitlich begrenzt (vorübergehend) oder überdauernd auftreten und - nahezu - alle (allgemein/generell) oder nur wenige (bereichsspezifisch) Leistungsbereiche umfassen.

   Lernbehinderung = eine generelle Lernstörung, die nicht nur vorübergehend, sondern überdauernd auftritt und z.T. eine besondere Beschulung erforderlich macht.

5. Teilleistungsstörung = eine nicht nur vorübergehende, d.h. überdauernde Lernstörung, die aber nur einen bestimmten Leistungsbereich betrifft.

   Beispiele: Lese-Rechtschreibschwäche und Rechenschwäche

6. ADHS = Aufmerksamkeitsdefizit-Hyperaktivitätsstörung, auch als Hyperkinetische Störung bekannt. Folgende Symptome sind charakteristisch:
   motorische Überaktivität (herumzappeln etc.), beeinträchtigte Aufmerksamkeit (vorzeitiges Abbrechen von Aktivitäten) und Impulsivität (z.B. Distanzlosigkeit).

Lektion 11

1. Bekannt sind das ICD-10 (International Classification of Diseases, 10th Revision) und das DSM-IV (Diagnostical and Statistical Manual of Mental Disorders). Sie dienen dazu, Störungen weltweit einheitlich zu definieren.

2. Subjektive Ebene - äußert sich in z.B. Gedanken und Befürchtungen des Betroffenen (z.B. *„Gleich bekomme ich keine Luft mehr und muss sterben!"*)
   Verhaltensebene - die Betroffenen vermeiden z.B. für sie vermeintlich gefährliche Situationen oder verfallen in Rituale (z.B. Waschzwang).
   Physiologische Ebene - macht sich z.B. in Schweißausbruch und gesteigerter Herzschlagrate bemerkbar.

3. Tierphobien (Spinnen, Schlangen etc.), situative Phobien (Brücken, Aufzüge etc.), Prüfungsängste sowie Umwelt-Phobien (Gewitter, Dunkelheit etc.)

4. Spezifische Phobien sind Ängste, die sich auf ein spezielles Objekt (z.B. Spinne) oder eine spezielle Situation (z.B. Flugreise) beziehen. Panikattacken treten vermeintlich spontan auf, ohne äußere Reize, scheinen aber durch körperinnere Reize (wie z.B. plötzlich ansteigender Puls etc.), die als bedrohlich interpretiert werden, ausgelöst zu werden.

5. Innerer Drang, etwas zu tun oder zu denken, dem der Betroffene nicht widerstehen kann, den er aber als sinnlos und als belastend bzw. beeinträchtigend erlebt.

6. Man unterscheidet primäre von sekundären, d.h. durch organische Erkrankungen, hormonelle Veränderungen oder Medikamenteneinnahme hervorgerufene Depressionen. Primäre Depressionen lassen sich wiederum unterteilen in unipolare und bipolare Depressionen, bei denen sich depressive mit manischen Phasen abwechseln.

7. In der Psychologie versteht man unter Psychotherapie die Anwendung wissenschaftlich kontrollierter, psychologischer Verfahren, die dazu dienen, psychische Leiden zu lindern und Verhalten positiv zu verändern.

Lektion 12

1. Die prognostische Validität ist im Kontext der Personalauswahl von besonderer Bedeutung, da sie ein Maß für die Güte der Prognose verschiedener Auswahlinstrumente darstellt. Die inkrementelle Validität gibt an, ob die Prognoseleistung eines Auswahlverfahrens durch das Hinzuziehen weiterer Verfahren erhöht werden kann.

2. Strukturierte Interviews sind hinsichtlich der Durchführung (Leitfaden) und der Auswertung (Bewertungsskalen der Antworten) standardisiert und damit objektiver und reliabler als unstrukturierte Interviews. Besteht das Interview aus berufsbezogen ausgewählten Eigenschafts- und Verhaltensfragen an den Bewerber, so kann eine hohe prognostische Validität mit diesem Verfahren erzielt werden.

3. Aus einer Postkorbübung, aus (Selbst-)Präsentationen, Simulationsaufgaben, Rollenspielen, Gruppendiskussionen und verschiedensten Testverfahren wie z.B. Fähigkeitstests.

4. Wir haben über verschiedene Tathergänge Schemata in unserem Gedächtnis abgespeichert (z.B. wie eine Prügelei abläuft, ein Unfall usw.). Da unser Gedächtnis nicht alle Einzelheiten eines einmal erlebten Geschehnisses behält, sondern da vielmehr Gedächtnisspuren zerfallen oder durch neue Informationen überschrieben werden, zieht unser Gehirn zur Rekonstruktion eines Ereignisses auch diese Schemata heran, die mit dem tatsächlichen Tathergang nicht wirklich im Zusammenhang stehen.

5. suggestive Fragen:
Fragewiederholung – *„Bist du dir wirklich sicher, dass es so gewesen ist?"*
Erwartungsfragen – *„Du hast doch sicher gesehen, wie der Täter zugeschlagen hat!"*

nicht-suggestive Fragen:
offene Fragen – *„Was hast du am Tag XY erlebt?"*
Auswahlfragen – *„War es ein Mann oder eine Frau?"*

6. Wenn der Zeuge Wörter verwendet, die nicht zu seinem sonstigen Wissen und Sprachschatz passen, ist das ein Hinweis darauf, dass er von anderer Seite als der Beobachtung bzw. dem Erleben eines Tatherganges Informationen erhalten hat.

Lektion 13

1. Gut positionierte Markennamen beinhalten eine große Zahl verschiedenster Eigenschaften und Erlebnisse, wie z.B. die Wertschätzung, die man einem Produkt entgegenbringt; sein Image oder gar der Mythos, welcher sich um das Produkt rankt. Darüber hinaus ist die Begeisterung wichtig, die es vermittelt, und ganz besonders die Fähigkeit zum Auslösen einer Kaufabsicht oder zur Erhaltung der Produkttreue. Für das „Überleben" eines Produktes in einem hart umkämpften Markt können somit die Eigenschaften des Markennamens von entscheidender Bedeutung sein.

2. Die AIDA-Regel ist eine inzwischen schon über hundert Jahre alte Anweisung, wie Werbung in ihrem Verlauf zu gestalten ist, um möglichst effizient zu sein. AIDA ist ein Akronym für die Begriffe Attention (Aufmerksamkeit), Interest (Interesse), Desire (Drang/Wunsch) und Action (Aktion/Handlung).

3. Je nachdem, ob wir gering oder hoch in einem Kaufprozess involviert sind, kommt es zu unterschiedlichem Verhalten, u.a. bei der Informationssuche und -verarbeitung, der Markenpräferenz und auch hinsichtlich des Einflusses, den andere Personen auf uns haben (siehe auch Tabelle 13.1).

4. Eye-Catcher sind bestimmte Reize, die unsere visuelle Aufmerksamkeit stark auf sich ziehen. Typische Eye-Catcher sind erotische Stimuli, Kindergesichter, Hunde-Welpen, aber auch ungewöhnlich gestaltete Bildkompositionen oder negativ besetzte Reize, wie z.B. sich bewegende Spinnen.

5. Werbung setzt seit langem auf verschiedene Mechanismen der Lern- und Gedächtnispsychologie. Zum Beispiel versucht man Werbebotschaften durch massive Wiederholungen in unser Langzeitgedächtnis einzuschreiben. Auch der Einsatz neuartiger oder überraschender Reize sowohl auf allen Ebenen unserer Wahrnehmungsmöglichkeiten als auch in den Geschichten, die Werbungen erzählen, dient dazu unsere Lernbereitschaft zu erhöhen. Selbst die Konditionierung wird immer wieder eingesetzt, um Produkte mit positiven Emotionen zu verbinden. Nicht zu vergessen ist auch das aus der Psychologie bekannte Modell-Lernen. In der Werbung wird dies z.B. durch sportliche Idole, aber auch durch den „sympathischen Menschen von nebenan" umgesetzt.

6. Unter Reziprozität versteht man das Phänomen, dass Menschen für eine erhaltene Leistung auch eine Gegenleistung erbringen möchten. Diesen Mechanismus nutzen Werbegeschenke aus. So steigt z.B. die Spendenbereitschaft nach „geschenkten" Weihnachtspostkarten wohltätiger Organisationen stärker an, als wenn diese ohne eine solche Vorleistung zu Spenden aufrufen würden.

7. *„Findest du nicht auch, dass Gesundheit unser höchstes Gut ist und Herz-Kreislauf-Erkrankungen durch ausreichend Bewegung vorgebeugt werden kann?" – „Ja?! Dann lass uns zusammen joggen gehen."*

Literaturverzeichnis

Lektion 1

Verwendete Literatur:
Herbart, J.F. (1824/25). *Psychologie als Wissenschaft neu gegründet auf Erfahrung, Metaphysik und Mathematik.*

Weiterführende Literatur:
Bortz, J. (1999). *Statistik für Sozialwissenschaftler*. Berlin: Springer.
Bortz, J. & Döring, N. (2002). *Forschungsmethoden und Evaluation für Human- und Sozialwissenschaftler*. Berlin: Springer.
Dörner, D. & Selg, H. (1996). *Psychologie*. Eine Einführung in ihre Grundlagen und Anwendungsfelder. Stuttgart: Kohlhammer.
Lück, H. (2002). *Geschichte der Psychologie*. Strömungen, Schulen, Entwicklungen. Stuttgart: Kohlhammer.
Lück, H. & Miller, R. (2002). *Illustrierte Geschichte der Psychologie*. Weinheim: Beltz.
Lück, H., Miller, R. & Sewz-Vosshenrich, G. (2000). *Klassiker der Psychologie*. Stuttgart: Kohlhammer.
Ulich, D. (2000). *Einführung in die Psychologie*. Stuttgart: Kohlhammer.
Zimbardo, P. G. (1999). *Psychologie*. Berlin: Springer.

Lektion 2

Verwendete Literatur:
Birbaumer, N. & Schmidt, R.F. (2003). *Biologische Psychologie*. Berlin: Springer.
Heller, O. (1985). Hörfeldaudiometrie mit dem Verfahren der Kategorienunterteilung (KU). *Psychologische Beiträge*, 27(4), 475-493.
Hoffmann, J. (1993). *Vorhersage und Erkenntnis*. Göttingen: Hogrefe.
Fechner, G.T. (1860). *Elemente der Psychophysik*. Leipzig: Breitkopf & Härtel.
Stark, L. & Bridgeman, B. (1983). Role of corollary discharge in space constancy. *Perception and Psychophysics*, 34, 371-380.
Zenner, H.P. (1994). *Hören. Physiologie, Biochemie, Zell- und Neurobiologie*. Stuttgart: Thieme.

Weiterführende Literatur:
Hellbrück, J. (2002). *Hören*. Göttingen: Hogrefe.
Silbernagl, S. & Despopoulus, A. (2001). *Taschenatlas der Physiologie*. Stuttgart: Thieme.

Lektion 3

Verwendete Literatur:
Bandura, A., Ross, D. & Ross, S.A. (1963). Imitation of film mediated aggressive models. *Journal of Abnormal and Social Psychology*, 66, 3-11.
Bartlett, S.F. (1932). *Remembering : a study in experimental and social psychology*. Cambridge: University Press.

Buxton, C.E. (1940). Latent learning and the goal gradient hypothesis. *Contributions tp Psychological Theory*, 2, 6.
Ebbinghaus, H. (1880). Über das Gedächtniß. Berlin, Univ. Diss.
Gollwitzer, P.M. (1999). Implementation intentions: Strong effects of simple plans. *American Psychologist*, 54, 493-593.
Klix, F. (1971). *Information und Verhalten*. Berlin: Verlag der Wissenschaften.
Lefrançois, G.R. (1986). *Psychologie des Lernens*. Berlin: Springer.
Plihal, W. & Born, J. (1997). Effects of early and late nocturnal sleep on declarative and procedural memory. *Journal of Cognitive Neuroscience*, 9, 534-547.
Reinecker, H. (1999). *Lehrbuch der Verhaltenstherapie*. Tübingen: Deutsche Gesellschaft für Verhaltenstherapie.
Thorndike, E.L. (1913). *The psychology of learning*. New York: Teacher's College.
Watson, J.B. (1913). Psychology as the behaviorist views it. *Psychological Review*, 20, 157-158.

Weiterführende Literatur:
Schermer, F. (2002). *Lernen und Gedächtnis*. Stuttgart: Kohlhammer - Urban Taschenbücher.
Spektrum der Wissenschaft Spezial (2002). *Gedächtnis*. Heidelberg: Spektrum der Wissenschaft.

Lektion 4

Verwendete Literatur:
Asendorpf, J.B. (1996). *Psychologie der Persönlichkeit*. Berlin: Springer.
Berry, D.C. & Broadbent, D.E. (1984). On the relationship between task performance and associated verbalizable knowledge. *Quaterly Journal of Experimental Psychology: Human Experimental Psychology*.
Dörner, D. (1979). *Problemlösen als Informationsverarbeitung*. Stuttgart: Kohlhammer.
Dörner, D. (2001). *Die Logik des Misslingens: strategisches Denken in komplexen Situationen*. Reinbek: Rowohlt.
Dörner, D., Kreuzig, H.W., Reither, F. & Stäudel, T. (Hrsg.). (1983). *Lohhausen. Vom Umgang mit Unbestimmtheit und Komplexität*. Bern: Huber.
Duncker, K. (1935). *Zur Psychologie des produktiven Denkens*. Berlin: Springer.
Guilford, J.P. (1950). Creativity. *American Psychologist*, 5, 444-454.
Hoffmann, J. (1993). *Vorhersage und Erkenntnis*. Göttingen: Hogrefe.
Hull, C.L. (1920). Quantitative aspects of the evolution of concepts. An experimental study. *Psychological Monographs*, XXVIII, 1-86.
Hussy, W. (1993). *Denken und Problemlösen*. Stuttgart: Kohlhammer-Urban.
Jülisch, B. & Krause, W. (1976). Semantischer Kontext und Problemlöseprozesse. In: F. Klix (Hrsg.). *Psychologische Beiträge zur Analyse kognitiver Prozesse*. 274-301. Berlin: Deutscher Verlag der Wissenschaften.
Luchins, A. (1942). Mechanization in problem solving - The effect of Einstellung. *Psychological Monographs*, 54(6) whole No. 248.
Meißner, W. (1999). Kreativität. In: R. Asanger und G. Wenninger (Hrsg.). *Handwörterbuch Psychologie*. Weinheim: Beltz Psychologie Verlags Union.
Putz-Osterloh, W. & Lüer, G. (1981). Über die Vorhersagbarkeit komplexer Problemlöseleistungen durch Ergebnisse in einem Intelligenztest. *Zeitschrift für Experimentelle und Angewandte Psychologie*, 28, 309-334.
Wallas, G. (1926). *The art of thought*. New York: Harcourt Brace.
Wiech, K., Preißl, H. & Birbaumer, N. (2001). Neuronale Netzwerke und Schmerzverarbeitung. Ergebnisse bildgebender Verfahren. *Der Anaesthesist*, 1, 2-12.

Lektion 5

Verwendete Literatur:
Darwin, C. (1965). *The expression of emotions in man and animals*. Chicago: University of Chicago Press. (Erstausgabe 1872).
Lepper, M.R., Greene, D. & Nisbett, R.E. (1973). Undermining children's intrinsic interest with extrinsic reward: A test of the overjustification hypothesis. *Journal of Personality and Social Psychology*, 28 (1), 129-137.
Maslow, A.H. (1943). A theory of human motivation. *Psychological Review*, 50, 370-396.
Plutchik, R. (1980). *Emotion: A psychoevolutionary synthesis*. New York: Harper & Row.
Rotter, J.B. (1954). *Social learning and clinical psychology*. Englewood Cliffs, NJ: Prentice Hall.
Selye, H. (1956). *The stress of life*. New York: New American Library.
Stepper, S. & Strack, F. (1993). Proprioceptive determinants of emotional and nonemotional feelings. *Journal of Personality & Social Psychology*, 64 (2), 211-220.
Strack, F., Martin., L.L. & Stepper, S. (1988). Inhibiting and facilitating conditions of the human smile: A nonobtrusive test of the facial feedback hypothesis. *Journal of Personality & Social Psychology*, 54 (5), 768-777.
Wundt, W. (1896). *Grundriß der Psychologie*. Leipzig: Engelmann.

Weiterführende Literatur:
Ekman, P. (1987). *Gesichtsausdruck und Gefühl*. Paderborn: Jungfermann.
Heckhausen, H. (1989). *Motivation und Handeln*. Berlin: Springer.
Zimbardo, P.G. (1999). *Psychologie*. Berlin: Springer.

Lektion 6

Verwendete Literatur:
Amthauer, R. Brocke, B. Liepmann, D. & Beauducel, A. (1999). *Intelligenz-Struktur-Test 2000 (IST 2000)*. Göttingen: Hogrefe.
Asendorpf, J.B. (1996). *Psychologie der Persönlichkeit. Grundlagen*. Berlin: Springer.
Asendorpf, J.B. (2002). Temperament. In H. Keller (Hrsg.). *Handbuch der Kleinkindforschung* (3. Aufl.). Bern: Huber.
Binet, A. & Simon, T. (1905). Méthodes nouvelles pour le diagnostique du niveau intellectuel des anormaux. *Année Psychologique*, 11, 191-244.
Bandura A. (1986). *Social foundations of thought and action: A social cognitive theory*. Englewood Cliffs, NJ: Prentice Hall.
Birbaumer, N. & Schmidt, R.F. (1996). *Biologische Psychologie* (3. Aufl.). Berlin: Springer.
Brähler, E., Holling, H., Leutner, D. & Petermann, F. (Hrsg.) (2002). *Brickenkamp Handbuch psychologischer und pädagogischer Tests*. Band 1 und 2. (3. Aufl.). Göttingen: Hogrefe.
Cattell, R.B. (1963). Theory of fluid and crystallized intelligence: A critical experiment. *Journal of Educational Psychology*, 54, 1-22.
Cattell, R.B., Weiß, R.H. & Osterland, J. (1997). *Grundintelligenztest Skala 1 (CFT 1)* (5. Aufl.). Göttingen: Hogrefe.
Costa, P.T. & McCrae, R.R. (1989). *The NEO PI/FFI manual supplement*. Odessa, FL: Psychological Assessment Resources.
Gardner, H. (1983). *Frames of mind*. New York: Basic Books.
Goleman, D. (1996). *Emotionale Intelligenz*. München: Hanser.
Eysenck, H.J. (1953). *The structure of human personality*. London, UK: Methuen.

Eysenck, H.J. (1983). *Eysenck Persönlichkeitsinventar (EPI)*. Deutsche Übersetzung und Bearbeitung (2. Aufl.): D. Eggert. Göttingen: Hogrefe.
Freud, S. (1980). Vorlesungen zur Einführung in die Psychonanalyse. In: *Vorlesungen in die Einführung in die Psychoanalyse und Neue Folge* (Bd. 1 der Studienausgabe), Frankfurt: Fischer. (Erstausgabe 1916).
Herkner, W. (1992). *Psychologie* (2. Aufl.). Wien: Springer.
King, R.J., Mefford, I.N., Wang, C., Murchison, A. Caligari, E.J. & Berger, P.A. (1986). CSF dopamine levels correlate with extraversion in depressed patients. *Psychiatry Research*, 19, 305-310.
Kretschmer (1961). *Körperbau und Charakter*. Berlin: Springer. (Erstausgabe 1921).
McCrae, R.R & Costa, P.T. (1987). Validation of the five-factor model of personality across instruments and observers. *Journal of Personality and Social Psychology*, 52, 81-90.
Murray, H.A. (1938). *Explorations in personality*. New York: Oxford University Press.
Rorschach, H. (1921). *Psychodiagnostik*. Leipzig: Bucher.
Spearman, C. (1904). „General intelligence", objectively determined and measured. *American Journal of Psychology*, 15, 201-293.
Tewes, U. (1991). *Hamburg-Wechsler-Intelligenztest 1 für Erwachsene, Revision 1991 (HAWIE-R)*. Bern: Huber.
Thurstone, L.L. (1938). *Primary mental abilities*. Chicago: University of Chicago Press.
Vernon, P.E. (1950). *The structure of human abilities*. London: Methuden.
Watson, J.B. (1930). *Behaviorism* (2nd ed.). New York: Norton.
Wechsler, D. (2001). *Hamburg-Wechsler-Intelligenztest für Kinder – III (HAWIK III)* (2. Aufl.). U. Tewes, P. Rossmann & U. Schallenberger (Hrsg.). Bern: Huber.
Weiß, R.H. (1998). *Grundintelligenztest Skala 2, mit Wortschatztest (WS) und Zahlenfolgetest (ZF) (CFT 20)* (4. Aufl.). Göttingen: Hogrefe.
Zimbardo, P.G. (1995). *Psychologie* (6. Aufl.). Heidelberg: Springer.

Lektion 7

Verwendete Literatur:
Asch, S.E. (1955). Options and social pressure. *Scientific American*, 193 (5), 31-35.
Brandstätter, H. (1989). Problemlösen und Entscheiden in Gruppen. In: E. Roth (Hrsg.). *Organisationspsychologie. Enzyklopädie der Psychologie, D/III/3*. Göttingen: Hogrefe.
Dorsch, F., Häcker, H. & Stapf, K. (1996). *Psychologisches Wörterbuch*. Göttingen: Huber.
Glasl, F. (1980). *Konfliktmanagement. Diagnose und Behandlung von Konflikten in Organisationen*. Bern: Paul Haupt.
Ingham, A.G. (1974). The Ringelmann-Effect: Studies of group size and group performance. *Journal of Experimental and Social Psychology*, 10, 371-384.
Knorz, C. & Zapf, D. (1996). Mobbing – eine extreme Form sozialer Stressoren am Arbeitsplatz. *Zeitschrift für Arbeits- und Organisationspsychologie*, 40, 12-21.
Köhler, O. (1927). Über den Gruppenwirkungsgrad der menschlichen Körperarbeit und die Bedingungen optimaler Kollektivkraftreaktionen. *Industrielle Psychotechnik*, 4, 209-226.
Leavitt, H.J. (1951). Some effects of certain communication patterns on group performance. *Journal of Abnormal and Social Psychology*, 46, 38-50.
Leymann, H. (1993). *Mobbing. Psychoterror am Arbeitsplatz und wie man sich dagegen wehren kann*. rororo Nr. 13351. Reinbek: Rowohlt.
Regnet, E. (1992). *Konflikte in Organisationen*. Göttingen: Verlag für angewandte Psychologie.
Rosenstiel, L.v. (1998). Kommunikation und Führung in Arbeitsgruppen. In: H. Schuler (Hrsg.). *Organisationspsychologie* (2. Aufl.). Bern: Huber.

Shaw, M.E. (1964). Communication networks. In: L. Berkowitz (Ed.), *Advances in Experimental Social Psychology* (Vol. 1). New York: Academic Press.
Steiner, I.D. (1972). *Group Processes and Productivity*. New York: Academic Press.
Thomas, K.W. (1976). Conflict and conflict management. In M.D. Dunette (Ed.), *Handbook of industrial and organizational psychology*. Chicago: Rand McNally.
Tuckman, B.W. (1965). Development sequence in small companies. *Group and Organizational Studies*, 2, 419-427.
Zajonc, R.B. (1965). Social facilitation. *Science*, 149, 269-274.
Zapf, D. (1999). Mobbing in Organisationen – Überblick zum Stand der Forschung. *Zeitschrift für Arbeits- und Organisationspsychologie*, 43, 1-25.
Zuschlag, B. (1994). *Mobbing. Schikane am Arbeitsplatz*. Göttingen: Hogrefe.

Lektion 8

Verwendete Literatur:
Bühler, K. (1934) *Sprachtheorie. Die Darstellungsfunktion der Sprache*. Jena: Fischer Verlag.
Curtiss, S. (1977). *Genie: A psycholinguistic study of a modern-day „wild child"*. New York: Akademic Press.
Herkner, W. (2001). *Lehrbuch Sozialpsychologie*. Bern: Huber.
Kleist, H.v. (1805/1998). *Über die allmählige Verfertigung der Gedanken beim Reden*. Frankfurt a.M.: Dielmann.
Schulz v. Thun, F. (1981). Miteinander reden: Störungen und Klärungen: Psychologie der zwischenmenschlichen Kommunikation. Reinbek: Rowohlt.
Schulz v. Thun, F., Ruppel, J. & Stratmann, R. (2001). *Miteinander Reden: Kommunikationspsychologie für Führungskräfte*. Reinbek: Rowohlt.
Stock, A. (1996). *Über die Verständlichkeitsrelevanz von Frikativtransitionen*. Hamburg: Kovac.
Watzlawick, P., Beavin, J.H. & Jackson, D.D. (2000). *Menschliche Kommunikation*. Bern: Huber.

Weiterführende Literatur:
Friederici, A.D. (1999). *Sprachrezeption*. Göttingen: Hogrefe.
Hellbrück, J. (2002). *Hören. Physiologie, Psychologie und Pathologie*. Göttingen: Hogrefe.
Langenmayr, A. (1997). *Sprachpsychologie*. Göttingen: Hogrefe.
Neppert, J. (1998). *Elemente einer akustischen Phonetik*. Hamburg: Buske.
Petursson, M. & Neppert, J. (2002). *Elementarbuch der Phonetik*. Hamburg: Buske.

Lektion 9

Verwendete Literatur:
Baltes, M.M. & Sowarka, D. (1995). Kognitve Intervention im Alter. In: R. Oerter & L. Montada (Hrsg.). *Entwicklungspsychologie. Ein Lehrbuch*. Weinheim: Psychologie Verlags Union.
DeCasper, A.J. & Spence, M. (1986). Newborns prefer a familiar story over an unfamiliar one. *Infant Behavior and Development*, 9, 133-150.
Dempster, F.N. (1981). Memory span: Sources of individual and developmental differences. *Psychological Bulletin*, 89, 63-100.
Dorsch, F.; Häcker, H. & Stapf, K. (1996). *Psychologisches Wörterbuch*. Göttingen: Huber.
Flavell, J.H., Beach D.H. & Chinsky, J.M. (1966). Spontaneous verbal rehearsal in a memory task as a function of age. *Child Development*, 37, 283-299.

Kohlberg, L. (1964). The development of moral character and moral ideology. In: M.L. Hoffman & L.W. Hoffman (eds.). *Review of Child Development Research* (vol. 1). New York: Russell Sage Foundation.

Marcia, J.E. (1966). Development and validation of ego identity status. *Journal of Personality and Social Psychology*, 3, 511-558.

Rieser, J., Yonas, A. & Wikner, K. (1976). Radial localization of odors by human newborns. *Child Development*, 47, 856-859.

Schmidt-Denter, U. (1996). *Soziale Entwicklung*. 3. korr. und aktual. Auflage. Weinheim: Psychologie Verlags Union.

Sodian, B. (1995). Entwicklung bereichsspezifischen Wissens. In: R. Oerter & L. Montada (Hrsg.). *Entwicklungspsychologie. Ein Lehrbuch*. Weinheim: Psychologie Verlags Union.

Steiner, J.E. (1979). Human facial expressions in response to taste and smell stimulation. In: H.W. Reese & L.P. Lipsitt (Eds.). *Advances in Child Behavior and Development* (Vol. 13, pp. 257-295). New York: Academic Press.

Vosniadou, S. (1991). Conceptual development in astronomy. In: S.M. Glynn, R.H. Yeany & B.K. Britton (Eds.). *The Psychology of Learning Science* (pp. 149-178). Hillsdale, N.J.: Erlbaum.

Weinert, F.E. & Knopf, M. (1990). Gedächtnistraining im höheren Erwachsenenalter - Lassen sich Gedächtnisleistungen verbessern, während sich das Gedächtnis verschlechtert? In: R. Schmitz-Scherzer, A. Kruse & E. Olbrich (Hrsg.). *Altern - Ein lebenslanger Prozeß der sozialen Interaktion* (S. 91-102). Darmstadt: Steinkopff.

Willis, S.L. & Schaie, K.W. (1988). Gender differences in spatial ability in older age: Longitudinal and intervention findings. *Sex-Roles*, 18, 189-203.

Zimbardo, P.G. (1995). *Psychologie* (6. Aufl.). Heidelberg: Springer.

Lektion 10

Verwendete Literatur:

Berry, J.W (1976). *Human ecology and cognitive stile: Comparative studies in cultural and psychological adaption*. New York: Sage.

Dorsch, F., Häcker, H. & Stapf, K. (1996). *Psychologisches Wörterbuch*. Göttingen: Huber.

Holz-Ebeling, F. (2001): Koedukation. In: D.H. Rost (Hrsg.). *Handwörterbuch Pädagogische Psychologie*. Weinheim: Psychologie Verlags Union.

Hyde, J.S., Fennema, E. & Lamon, S.J. (1990). Genderdifferences in mathematics performance: A metaanalysis. *Psychological Bulletin*, 107(2), 139-155.

Jansen, H., Mannhaupt, G., Marx, H. & Skowronek, H. (2002). *Bielefelder Screening zur Früherkennung von Lese-Rechtschreibschwierigkeiten (BISC)*. Göttingen: Hogrefe.

Klicpera, C. & Gasteiger-Klicpera, B. (1994). Sind die Lese- und Rechtschreibleistungen der Buben stärker von der Unterrichtsqualität abhängig als jene der Mädchen? *Praxis der Kinderpsychologie und Kinderpsychiatrie*, 43, 2-8.

Klicpera, C. & Gasteiger-Klicpera, B. (1998). *Psychologie der Lese- und Schreibschwierigkeiten*. Weinheim: Psychologie Verlags Union.

Krajewski, K. (2003). *Vorhersage von Rechenschwäche in der Grundschule*. Dissertation, Universität Würzburg.

Küspert, P. & Schneider, W. (2002). *Hören, Lauschen, Lernen*. Göttingen: Vandenhoeck & Ruprecht.

Linn, M.C & Hyde, J.S. (1989). Gender, mathematics, and sciences. *Educational Researcher*, 18, 17-27.

Prado, T.M. & Wieczerkowski, W. (1990). Mädchen und Jungen in einer Beratungsstelle für Hochbegabtenfragen. Ergebnisse, Beobachtungen, Erfahrungen. In: W. Wieczerkowski & T.M. Prado (Hrsg.). *Hochbegabte Mädchen*. Bad Honnef: Bock.

Schneider, W. (1997). Rechtschreiben und Rechtschreibschwierigkeiten. In F.E. Weinert (Hrsg.). *Enzyklopädie Pädagogische Psychologie*, Bd. 3. Göttingen: Hogrefe.

Stock, C., Marx, P. & Schneider, W. (2003). *Basiskompetenzen für Lese-Rechtschreibleistungen (BAKO 1-4). Ein Test zur Phonologischen Bewusstheit für 1.-4. Klassen*. Göttingen: Hogrefe.

Tiedemann, J. & Faber, G. (1994). Mädchen und Grundschulmathematik: Ergebnisse einer vierjährigen Längsschnittuntersuchung zu ausgewählten geschlechtsbezogenen Unterschieden in der Leistungsentwicklung. *Zeitschrift für Entwicklungspsychologie und Pädagogische Psychologie*. 25(2), 101-111.

Ziegler, A., Broome, P. & Heller, K.A. (1999). Golem und Enhancement: Elternkognitionen und das schulische Leistungshandeln in Physik. *Zeitschrift für Pädagogische Psychologie*. 13(3), 135-147.

Ziegler, A., Dresel, M. & Schober, B. (2000). Prädiktoren des Selbstvertrauens von Mädchen und Jungen vor dem erstmaligen Chemieunterricht am Gymnasium. *Psychologie in Erziehung und Unterricht*, 47, 66-75.

Lektion 11

Verwendete Literatur:

American Psychiatric Association (APA). (1994). *Diagnostical and Statistical Manual of Mental Disorders*. (4th ed. - DSM IV). Washington, DC: APA.

Corsini, R.J. (1983). (Hrsg.). *Handbuch der Psychotherapie*. Weinheim: Beltz.

Freud, S. (1980). Vorlesungen zur Einführung in die Psychonanalyse. In: *Vorlesungen in die Einführung in die Psychonanalyse und Neue Folge* (Bd. 1 der Studienausgabe). Frankfurt: Fischer. (Erstausgabe 1916).

Grawe, K. (1992). Psychotherapieforschung zu Beginn der neunziger Jahre. *Psychologische Rundschau*, 43 (3), 132-162.

Laessle, R. G. (1998). Eßstörungen. In: H. Reinecker (Hrsg.). *Lehrbuch der Klinischen Psychologie*. Göttingen: Hogrefe.

Marks, I. (1969). *Fears and phobias*. New York: Academic Press.

Peters, U.H. (1997). *Wörterbuch der Psychiatrie und medizinischen Psychologie*. Augsburg: Bechtermünz Verlag.

Reicherts (1998). Ansatzpunkte Therapeut-Patientenbeziehung: Gesprächstherapeutisch orientierte Psychotherapie. In: U. Baumann & M. Perrez (Hrsg.). *Lehrbuch Klinische Psychologie - Psychotherapie* (2. Aufl.). Bern: Hans Huber.

Reinecker, H. (1998). Zwangshandlungen und Zwangsgedanken. In: *Lehrbuch der Klinischen Psychologie*. Göttingen: Hogrefe.

Rogers, C.R. (1951). *Client-centered therapy*. Boston: Mifflin.

Rothbaum, B.O., Foa, E.B., Riggs, D.S., Murdock, T. & Walsh, W. (1992). A prospective examination of Post-Traumatic Stress Disorder in rape victims. *Journal of Traumatic Stress*, 5, 455-475.

Steil, R. & Ehlers, A. (1998). Posttraumatische Belastungsstörung. In: H. Reinecker (Hrsg.), *Lehrbuch der Klinischen Psychologie*. Göttingen: Hogrefe.

Tscheulin, D. (1992). *Wirkfaktoren psychotherapeutischer Intervention*. Göttingen: Hogrefe.

World Health Organization (WHO) (1991). *International Classification of Diseases*, 10. Revision (ICD 10). Genf: WHO.

Weiterführende Literatur:

Margraf, J. (1996). *Lehrbuch der Verhaltenstherapie* (Bände 1 und 2). Berlin: Springer.

Reinecker, H. (1998). *Lehrbuch der Klinischen Psychologie*. Göttingen: Hogrefe.

Lektion 12

Verwendete Literatur:
DIN Deutsches Institut für Normung e.V. (2002). *Anforderungen an Verfahren und deren Einsatz bei berufsbezogenen Eignungsbeurteilungen.* DIN 33430. Berlin: Beuth Verlag GmbH.
Eisenberg, U. (1996). *Beweisrecht der StPO. Spezialkommentar* (3. Aufl.). München: Beck.
Endres, J., Scholz, O.B. & Summa, D. (1997). Aussagesuggestibilität bei Kindern. In L. Greuel, Fabian & Stadler (Hrsg.). *Psychologie der Zeugenaussage.* Weinheim: Beltz.
Gudjonsson, G. (2003). *The Psychology of interrogations and confessions.* London: Wiley & Sons.
Hesse, J. & Schrader, H. Chr. (2002). *Die perfekte schriftliche Bewerbung.* Eichborn-Verlag.
Loftus, E.F. (1974). Reconstruction of automobile destruction. An example of interaction between language and memory. *Journal of Verbal Learning and Verbal Behavior*, 13 (5), 585-589.
Loftus, E.F. & Greene, E. (1980). Warning: Even memory for faces may be contagious. *Law and Human Behavior*, 4 (4), 323-334.
Loftus, E.F. & Zanni, G. (1975). Eyewitness testimony: The influence of the wording of a question. *Bulletin of the Psychonomic Society*, 5 (1), 86-88.
Schmidt, F.L. & Hunter, J.E. (1998). The Validity and Utility of Selection Methods in Personnel Psychology: Practical and Theoretical Implications of 85 Years of Research Findings. *Psychological Bulletin.* 124 (2), 262-274.
Schuler, H. (1992). Das multimodale Einstellungsinterview. *Diagnostica*, 38, 281-300.
Schuler, H. (1996). *Psychologische Personalauswahl.* Göttingen: Verlag für angewandte Psychologie.
Schuler, H. & Berger, W. (1979). Physische Attraktivität als Determinante von Beurteilung und Einstellungsempfehlung. *Psychologie und Praxis*, 2, 59-70.
Stadler, M., Schindler, H. & Fabian, T. (1992). The influence of eyewitness observation and photographic presentation on the identification of persons in lineups. F. Lösel, D. Bender et al. (Eds.). Psychology and Law: International perspectives.
Undeutsch, U. (1967). Beurteilung der Glaubhaftigkeit von Aussagen. In: U. Undeutsch (Hg.), *Handbuch der Psychologie*, Bd. 11. Göttingen: Hogrefe.

Lektion 13

Verwendete Literatur:
Baacke, D., Sander, U. & Vollbrecht, R. (1993). *Kinder und Werbung.* [Unter Mitarbeit von S. Sommer. Schriftenreihe des Bundesministeriums für Frauen und Jugend, Band 12]. Stuttgart: Kohlhammer.
Cialdini, R.B. (1997). *Die Psychologie des Überzeugens. Ein Lehrbuch für alle, die ihren Mitmenschen und sich selbst auf die Schliche kommen wollen.* Bern: Huber.
Hawkins, D. (1970). The effects of subliminal stimulation on drive level and brand preference. *Journal of Marketing Research*, 7, 322-326.
Holzschuher, L. v. (1956). *Psychologische Grundlagen der Werbung.* Essen: Girardet.
Felser, G. (2001). *Werbe- und Konsumentenpsychologie.* Heidelberg: Spektrum Akademischer Verlag.
Moser, K. (1990). *Werbepsychologie. Eine Einführung.* München: Psychologie Verlags Union.
Robertson, T.S. (1971). *Innovation and the consumer.* New York: Holt.
Robertson, T.S., Zielinski, J. & Ward, S. (1984). *Consumer behavior.* Glenview: Scott.
Sander, M. (2001). Unfassbare Vermögen. *Werben & Verkaufen*, 42, 146-149.
Vicary, J. (1957). Subliminal svengali? *Sponsor*, 11, (30. Nov.), 38-42.

Register

Abrufstrategie 145f.
Abschwächer 37
Absolutschwelle 24
Abstraktionsfähigkeit 156
acceptance 110
ACH, NARZIß 18
ADHS 162ff.
ADLER, ALFRED 20
Adoleszenz 146ff.
Affekt 81
Affektive Störungen 174f.
Aggressivität 98
Agoraphobie 171f.
Ähnlichkeit 106
AIDA-Regel 204
Allgemeine Psychologie 193
Allgemeines Adaptationssyndrom 88
Alter 149ff.
Alzheimer 151
Amnesie 51f.
    anterograde/retrograde ~ 52
Anerkennung 80
Angst 184
    ~, als state 99
    ~konditionierung 40
    pathologische ~ 170
    ~störungen 170ff.
Angststörungsebenen
    physiologische ~/subjektive ~ 170
    Verhaltensebene 170
Ängstlichkeit, als trait 99
Animismus (animistische Interpretation) 144
Anlage 123, 137f., 156
    ~-Umwelt-Problematik 137
Anorexie (Anorexia nervosa) 177f.
Anreiz 74
Ansatz, elementaristischer 18
Anschlussmotiv 75
Anstrengung 76f.
Appell 129, 133
    ~-Funktion 129
    ~ohr 133
Arbeitsgedächtnis (KZG) 47f., 63, 161, 210
Arbeitsklima 112, 117
Arbeitsmotivation 120
Arbeitsproben 190f.
Arbeitsumwelt 117
Artikulation 126f.
    ~sort 127
ASCH, SOLOMON E./Asch-Experiment 110
Assessment-Center 190ff.
Assoziation, freie 181
Attraktivität 214
Attribution 78
    ~smuster, geschlechtsspezifische 168

Attributionsstil (externaler/internaler) 78
Attributionsstrategie 79
Attributionstheorie 78
Aufmerksamkeit 153
    beeinträchtigte ~ 163
    ~slenkung 206
    ~sstörung 163
Augenzeuge 198
Ausdauer 77
Ausdruck 129
    ~sfähigkeit, sprachliche 153
Aussage
    bewusst-falsche ~/~inhalt 200
    ~fähigkeit 194ff.
Auswahlgespräch, multimodal/strukturiert/un- 187f.
Auswahlverfahren, psychologisches 185
Axiome, pragmatische 129

BANDURA, ALBERT 44, 96
Bedeutung (Semantik) 6
Bedingungen, kontrollierte 12
Bedürfnis 74ff.
    ~hierarchie 74f.
    ~struktur 75
Befragung 12
Begabung 156
Begriffsbildung 127
    ~sprozess 55
Behaltensleistung 46
Behaviorismus 19, 35, 37f., 123
behavioristische Lerntheorien 38
Behinderung, geistige 156
Belohnung 79f., 124, 211
    erwartete ~ 211
Beobachter 12
Beobachtungslernen 44
BERGER, WALTER 187
Berliner Schule 18
Berufseignungsdiagnostik 185f.
Berührung (Taktilität) 135
Bestrafung 42, 124
Bewegung
    induzierte/reale ~ 30
    ~sdetektoren/~snachwirkungen 30
Bewerbungsmappe 186f.
Bewusstheit, phonologische 160
Beziehungen, soziale 153
Beziehungsaspekt 130, 132
Beziehungsbotschaft/Beziehungs-Inhaltsaspekt 131
Beziehungsebene 133f.
Beziehungshinweis 133
Beziehungsohr 134
Big Five 94
Bindungsbedürfnis 74f.
BINET, ALFRED 102

binokular 29f.
Blickachsen 29
Blickverhalten 135
Blockbildung 14
BMI (Body-Mass-Index) 178
Boolesche Operatoren 57
bottom-up 31f., 205f.
Broca-Aphasie 126
BÜHLER, KARL 18, 128
Bulimie (Bulimia nervosa) 177ff.
Bummeln, soziales 111

CATTELL, RAYMOND B. 100
Chromosomenfehler 140f.
chunking 48
CIALDINI, ROBERT B. 213
Coartikulation 125
compliance 110
CR (konditionierte Reaktion) 39f., 211
CS (konditionierter Stimulus) 39f., 211

Darstellung 129
DARWIN, CHARLES 83
Datenreduktion 16
Dauerstress 88
DECASPER, A.J. 139
Deindividuation 112
Denken 55ff.
 divergentes/konvergentes ~ 71
 kreatives ~ 69
 kritisches ~ 153
 logisches/schlussfolgerndes ~ 68
 moralisches ~ 147, 149
 produktives/reproduktives ~ 68, 71
Denkprozess 55, 68
 kreativer ~ 70
 Präparationsphase/Inkubationsphase/
 Illuminationsphase/Verifikationsphase 70
Denkpsychologie 18
Denkstörungen 176
Depression 175f., 183
Deprivation 74
Determinismus, reziproker 96f.
Dezibel (dB) 24
DIN-Norm (33430) 192
Diskrepanzdefinition der LRS 160
Distanz, räumliche (interpersonaler Raum) 135
Distress 89
Dopamin 98
DÖRNER, DIETRICH 65f.
Down-Syndrom 140f.
Drahtbiegeprobe 190
Druckrezeptoren 22
DSM-IV 170
DUNCKER, KARL 61
Dynamikbereich 23, 24
Dyskalkulie (Rechenschwäche) 161

EBBINGHAUS, HERMANN 18, 45
Ebene, begrifflich-abstrakte 129
Ebenmerklichkeit 25
Echogedächtnis 47
Echtheit 182
Effekt (E) 37
Egalisierung 152
Eigengruppe (ingroup) 105
Eigenschaftsrelationen 59
Einschätzung der Geschwindigkeit 195
Einschätzungen, akustische/visuelle 194f.
Einspeicherung 195
 ~sstrategie 145
Einstellung 62, 64
 ~sänderungen 110
 ~sgespräch 192
 ~sinterview, multimodales/strukturiert/un- 187f.
Einwortstadium 122
Einzelunterricht 154
EKMAN, PAUL 85
Elektroenzephalografie (EEG) 69
emotionale Reaktion, angeborene/erlernte 83, 99
Emotionen 73, 81ff.
 Auslösung von ~ 83
 handlungseinleitende/-unterbrechende ~ 89
 motivationale Komponente 89
 positive ~ 211
 vorgetäuschte ~ 86
Emotionsausdruck 83, 84ff.
 echter/falscher ~ 199
Empathie 182
Empfänger 128, 133
Empfindlichkeit, tonhöhenabhängige 24
Enkodierstrategie 145
Entscheidungskompetenzen 107
Entspannungstraining 89
Entwicklung
 ~ bereichsspezifischen Wissens 144, 146
 kognitive ~ 143f.
 moralische ~ 147ff.
 motorische ~ 142f.
 pränatale/vorgeburtliche ~ 139f.
 Wahrnehmung der ~ 141
Entwicklungsphasen, anal/oral/phallisch 91
Entwicklungspsychologie 137ff., 193
Entwicklungsschritte 137, 138ff.
Entzug 42
Ereignisschemata 195
Erfolgserwartung 76, 97
Ergebnisattribution 77
Ergebnis-Folge-Erwartung 77
Erinnerungen
 schwache ~ 196
 subjektive ~ 194
Erinnerungslücken 200
Erkennen, bewusstes 32
Erleben

akustisches ~ 22
phänomenales/psychologisches ~ 23
Erleichterung, soziale 111
Ermüdungsmethode 40
Ersparniseffekt 50
Ersparnismethode 45f.
Erwartungs-Wert-Modelle 77
Erwartungs-Wert-Theorie 76f.
Es 91, 181
Eskalation, symmetrische 132
Ess-Brech-Sucht/Ess-Störungen 177f.
Eustress 89
Experiment 12
    Feldexperiment 13
    Laborexperiment 12, 14
    Quasiexperimente 14
Experimentalgruppe 13
Experimentieren 10f.
Extraversion 67, 93, 98
Eye-Catcher 206f., 210
EYSENCK, HANS-JÜRGEN 93

facial-feedback 87
Fähigkeiten 156
    kognitive ~ 7, 188ff., 200
    mathematisch-naturwissenschaftliche ~ 165, 167
    sprachliche ~ 196
    verbale ~ 103
Fähigkeitshypothese 150
Faktoren (Variation) 9f.
Familienähnlichkeit 58
Farbensehen 22, 27
FECHNER, GUSTAV THEODOR 17, 23
Fehleinschätzung 199
Fehlervarianz 14
Felder, rezeptive 28
Feldexperiment 13
FELSER, GEORG 207
Figur-Grund-Unterscheidung 33f.
Filterungsprozesse 195
Flooding (Reizüberflutung) 184
FOA, EDNA B. 174
Focusing 183
Förderklassen 154
Formanten 125
Forschungsfeld/Forschungsfragen 8
Fovea centralis 27
Frankfurter Schule 18
Fremdeinschätzung 95
Fremdgruppe (outgroup) 105
Frequenz 24
FREUD, SIGMUND 20, 91, 181
Frontalunterricht 152, 154
Führungsstil 112
fully functioning person 182
Funktionale Gebundenheit 60, 62, 64
funktionelle Magnetresonanztomografie (fMRI) 69

Funktionen, kognitive 150
Furchtstruktur 174

Ganglienzellen 28
GARDNER, HOWARD 101
Gedächtnis 6, 153, 200
    deklaratives/episodisches ~ 47f.
    Echogedächtnis/ikonisches ~/sensorisches ~ 47
    Kurzzeitgedächtnis/Langzeitgedächtnis 47f.
    Meta-Gedächtnis/semantisches ~ 48
    prospektives Gedächtnis 47, 49
    prozedurales ~ 47f., 53
    retrospektives ~ 47ff.
Gedächtnisabbau 150f.
Gedächtnisänderung 196
Gedächtniseinflüsse/Gedächtnisstrukturen 195f.
Gedächtnisentwicklung/Gedächtnisspanne 145
Gedächtnisinhalte, Reorganisation von 49f.
Gedächtniskapazität 7, 145, 161, 196
Gedächtnisleistung 145, 150, 156
Gedächtnispsychologie 68
Gedächtnisspur 50, 195, 198, 200
Gedächtnisstrategien 145f., 149f.
Gedächtnistafel 53
Gefühle 81
Gegenübertragung 182
Gehirnstrommessung 69
Gehör 22, 24
Genauigkeitsintervall 23
Geruch 22
    ~ssinn 142
Geschlecht
    biologisches/psychologisches ~ 138
    ~seffekt 151
    ~srolle/~rollenerwerb 138
    ~sunterschiede 164ff.
Geschmack 22
    ~ssinn 142
Gesichtsausdrücke 84f., 86, 135
    universelle ~ 85
Gesichtsfarbe 86
Gesprächslenkung, nichtdirektive 183
Gesprächspsychotherapie (GT) 182, 185
Gestaltgesetze 18, 33f.
Gestaltpsychologie 18
Gestaltungsaspekte 206
    Bewegung/Größe/Intensität/Mehrdeutigkeit
    Position 206f.
    Neuartigkeit 206f., 210
Gestik 84, 133f., 135
Gestikulieren, rhetorisches 135
g-Faktor (general intelligence) 100f.
GLASL FRITZ 114
Glaubhaftigkeit 190
Gleichgewicht 22
Grammatik 6, 127
    ~erwerb 122, 124

GRAWE, KLAUS 185
Grundemotionen 82
Grundfrequenz 125
Gruppe 105ff., 212
    heterogene/homogene ~ 106
Gruppenarbeit 153f.
Gruppenbildungsprozess 108f.
    Formierungsphase 108
    Konfliktphase 108f.
    Leistungsphase/Normalisierungsphase/
    Normierungsphase/Normüberschreitungen 109
Gruppendiskussion 154, 190f.
Gruppendruck/Gruppenlokomotion 110
Gruppenführer/-hierarchien/-zusammenhalt 106
Gruppennormen 109f., 112, 117
Gruppenproduktivität 106f., 110ff.
Gruppenstruktur, formelle/informelle 107
Gruppenziel 106, 110
GUILFORD, JOY P. 71
Gültigkeit 13
Gurren 121f.
Gutachter 201
GUTHRIE, EDWIN R. 37

Haarfollikel-Rezeptoren 21f.
Haarzellen 22
Halluzinationen 176f.
Handeln 34f.
Handlung 21, 34ff.
    ~seffekt/~ssteuerung 35
    ~s-Ergebnis-Erwartung 77
    ~skompetenz 36
    ~srelationen 59
Haut 21f.
    Druckrezeptoren 22
    Haarfollikel-Rezeptoren/Meissner-Körperchen/
    Merkel-Zellen/Pacini-Körperchen/Tastscheiben 21f.
    Mechanorezeptoren (Tastsinne) 21
HAWKINS, D. 208
HECKHAUSEN, HEINZ 77
Hell-Dunkel-Adaption 194
Helligkeitseindruck 28
HELMHOLTZ, HERMANN VON 17, 27
Hemmung, soziale 111
HERBART, JOHANN FRIEDRICH 17
Heuristiken 64
HIPPOKRATES 92
Hochbegabung 156
HOFFMANN, JOACHIM 35, 60
Hören 22, 24, 124f.
Hörfehler 125
Hormone 88, 98, 175
HULL, CLARK L. 56
HUNTER JOHN E. 189
Hyperaktivität 158, 162ff.
Hypothese 9f., 11

ICD-10 170
Ich 91
Identifikationswert 211
Identität 146
    ~sfindung 147
ideo-motorisches Prinzip 35
Imitationslernen 44
Impulsivität 162
Individualpsychologie 20
Informationsfluss 107
Informationsverarbeitung 37, 55, 205
ingroup 105, 110
Inhaltsanalyse 200
Inhaltsaspekt 130, 132
Inhaltsebene 134
Inhibition, laterale 28, 30
Intelligenz 67, 100f., 150f., 156
    allgemeine ~ 158, 161
    Emotionale/Soziale ~/ 101
    fluide/kristalline ~ 100, 150f.
    generelle ~ 100f.
    hierarchische/spezifische ~ 100
    interpersonale/intrapersonale ~ 101
    ~quotient (IQ) 102f.
    ~test 102, 188f.
Intensitätsunterschiede 26
Intentionalität 19
Interaktion 123
Interdependenz 105
Interesse 167
    ~ngegensatz 113
Interferenz, proaktive/retroaktive 51
    ~bildung (Verschmelzung) 196, 200
Interpunktion der Kommunikationsabläufe 130
Intervallverstärkung 42f.
Introspektion, systematische 18
Intrusionen 174
(In-)Stabilität, emotionale 94
Involvement 205
    persönliches ~/Produkt~ 205
    Situations~/Medien~ 206
IQ 102f.

Jugendalter 146ff.
JÜLISCH, BERND 63F.
JUNG, CARL GUSTAV 20

Kannibalen-Missionare-Problem 63
KANT, IMMANUEL 17
Kanten (Verbindungen) 59,
Kategorienunterteilung 26
Kategorisierungsstrategie 145f.
Kausalverständnis 144
Keimzellenstadium 139
Kennwert 15
Kernspintomografie 69
Klassifikationssysteme 170

Klinische Psychologie 169ff., 193
Knoten (Begriffe) 59
Koalitionen 114
Kognition 81
Kognitive Umstrukturierung 184
Kognitive Wende 19
Kohäsion (Zusammenhalt) 106
KOHLBERG, LAWRENCE 147
KÖHLER, WOLFGANG 18, 44
Kommunikation 128ff.
    gelungene/misslungene ~ 133
    analoge ~ 130, 132, 135
    digitale ~ 130, 132
    drei Aspekte der ~ 128f.
    gestörte ~ 129, 131
    nonverbale ~ 134ff.
    symmetrische/komplementäre ~ 131
Kommunikationsmodell nach Schulz von Thun 133f.
Kommunikationsprobleme 134
Kommunikationsquadrat 133
Kommunikationsstrukturen 107f.
Kompetenzanalyse 200
Kompromisse 115
Konditionierung 19, 74
    Angstkonditionierung 40
    klassische ~ 38ff., 183f., 210f.
    operante ~ 41ff., 95, 183f., 211
    rückwirkende ~ 39
    Simultankonditionierung/Spuren- 39
    verzögerte ~ 39
Konflikt 113ff.
    ~bewältigungsstrategien 120
    ~eskalation/~handlungen 114
    ~management 114f.
    ~phase 108f.
    ~potenzial/sozialer ~ 113
    ~verarbeitung 119
Konformität 110
    ~sdruck 212
Konfrontation 174, 183f.
    ~sverfahren 41
Konfrontieren 183
Konsequenz (Effekt, E) 37
Konsistenz/~theorie 213
Konstanzanalyse 200
Konstitutionstypen 93
    athletische/leptosome/pyknische 93
Konsumentenpsychologie 203ff.
Kontingenzmanagement 184
Kontraste 27f.
Kontrastsensitivität 142
Kontrastverstärkung 28
Kontrollgruppe 13
Kontrollüberzeugung 78, 151
Konvergenzwinkel 29
Konzentrationsschwäche 162
Kooperativität 114

Koordinationsverlust 112
Körperbewegung 84, 135
Körperbild, verzerrtes 178f.
Körperhaltung 84, 87, 135
Korrelation (r) 16
KRAUSE, WERNER 63f.
Kreativität 67, 69ff., 153
KRETSCHMER, ERNST 93
KÜLPE, OSWALD 18
Kurzzeitgedächtnis (KZG) 47f., 210
KÜSPERT, PETRA 161

Laborexperiment 12, 14
Lallstadium 121f.
Landkarte, kognitive 44
Langzeitgedächtnis (LZG) 47f., 160, 162, 195, 210f.
Laufzeitunterschiede 26
Laut 160f.
    ~, (Phon) 126f.
    ~bildung (Phonation)/~formung (Artikulation) 127
    ~heitseindruck 25
    ~kombinationen 124
    ~stärke 24
Legasthenie 159f.
Leistungsängstlichkeit 158
Leistungsfähigkeit 156
Leistungshandeln 77
Leistungsmotiv 75
Leistungsmotivation 76ff., 97, 153f., 157
Leistungsorientierung 168
Leistungstests 102, 187, 189f.
Lernbehinderung 156, 157f.
Lernen 37ff., 137, 183
    ~ durch Einsicht 44
    Emotionalität 50
    kooperatives ~ 153
    latentes ~ 43f.
    pränatales (vorgeburtliches) ~ 139
    selbstorganisiertes ~ 155
    verstehendes ~ 156
Lernerfahrungen 75, 96
Lernfähigkeit 156
Lernkriterium 45
Lernkurve 18, 210
Lernmedien 155
Lernpsychologie 68
Lernstörung 157f.
Lernvorgänge 37ff.
Lesegeschwindigkeit/-leistung/-verständnis 164
Lesen, lautierendes 160f.
Lese-Rechtschreibschwäche (LRS) 159ff.
LEWIS 204
Lexikon, orthographisches 160
LEYMANN, HEINZ 117
Licht (Wellenlänge) 27
Lidschlagfrequenz 200
LOFTUS, ELISABETH F. 196

Lohhausen-Simulation 66ff.
Lokalisation 25f., 14
LORENZ, KONRAD 11
Löschung 41
LRS (Lese-Rechtschreibschwäche) 159ff.
LUCHINS, ABRAHAM 62
Luchins' Wasserkrüge 62f.
Lügensymptome 200

Machtmotiv 75
Machtstreben 119
Machtstruktur 106
Machtverteilung 107
Magersucht 177f.
Magnetenzephalografie (MEG) 69
major-group factors 100
Mangel-/~motivation 74
Manie 175
Manipulationsmethode 213
MARBE, KARL 18
Markennamen/Markenwert 203
Marketing 215
Marktforschung 204
Marktpsychologie 203ff.
MASLOW, ABRAHAM H. 74f.
Mechanorezeptoren (Tastsinne) 21
Meinungsführer (opinion leader) 212
Meissner-Körperchen 21f.
Memoriertechnik 145
Merkel-Zellen 21f.
Merkmale
    klassifizierungsrelevante, charakteristische ~ 56f.
    psychische ~ 137
Merkmalstheorien 57
Messen, psychologisch 26
Messmethoden, psychologische 10
Metaanalyse 166
Meta-Gedächtnis 48
Metakommunikation 130
Methode der inkompatiblen Reize 41
Mikropausen 125
Mimik 84f., 87, 133f., 135
    echte/falsche ~ 86, 199
Mindmapping 52f.
Mindmaps 155
minor-group factors 100
Misserfolgserwartung 97
Mittel, arithmetisches (m) 15f.
Mittelwert 14, 16, 103
Mittel-Ziel-Analyse 64
Mnemotechniken 52f.
Mobbing 107, 115ff.
    ~handlungen 116, 120
    ~opfer/~täter 115, 117
    ~phase 119
    ~prozess, Phasenmodell 119f.
    ~ursachen 116ff.

Modellfunktion 211
Modell-Lernen 44f., 96, 124
Mongolismus 140f.
monokular 29f.
Morpheme 127
Motiv 73ff.
    altruistisches ~ 199
Motivation 73ff., 112
    extrinsische ~ 79f.
    intrinsische ~ 79f., 167
    sinkende ~ 153
    ~sanalyse 199
    ~shypothese 150
    ~spsychologie 73
    ~sverlust 112
Motivstruktur 75
Motorik 7, 35
Mutter-Kind-Interaktion 140

Nachahmung 124
Nasale 127
Negativismus 177
Netz, neuronales 49
Netzhaut 27
Netzwerk, semantisches 59
Netzwerkmodell der PTBS 174
Neugierde 7f.
Neurose 180
Neurotizismus 93
Neutralisation 173
Norm (statistische)/Wertenormen 169
    gesellschaftliche ~ 147ff.
Normierung 102f.
Nozizeption (Schmerzsinn) 23
Nuckelrate 139

Obertöne 125
Ober-Unterbegriffsrelationen 59
Objektivität 13, 16, 102f., 186f., 201
OFF-Zentrum-Neurone 28
one-trial-learning 49, 210
ON-Zentrum-Neurone 28
opinion leader (Meinungsführer) 212
Organon-Modell 128
Orientierungsreaktion 99
outgroup 105, 110
over-achiever 157

Pacini-Körperchen 21f.
Pädagogische Psychologie 152ff.
Panikattacken/Paniksyndrom mit Agoraphobie 172
Paraphasien, phonematische/semantische 126
PAWLOW, IWAN PETROWITSCH 19, 38
Peer-Group 147
Peer-Kontext 146
Personenauswahl
    psychologische ~ 185ff.

~verfahren 186ff., 192
Personenidentifikation/Personenwahrnehmung 198f.
Persönlichkeit 91
    ganzheitlich funktionierende ~ 182
    kreative ~ 71
Persönlichkeitsansätze
    behavioristische ~ 95f.
    sozial-kognitive ~ 96
Persönlichkeitsbild 95
Persönlichkeitseigenschaften 92, 98f., 102f., 156
Persönlichkeits-Entfaltungsverfahren 102
Persönlichkeitsmerkmale 67
Persönlichkeitspsychologie 91ff., 193
Persönlichkeitstests 189f.
    psychometrische ~ 102
    psychodynamische ~ 91f.
Persönlichkeitstheorien 91
Perspektive, atmosphärische/lineare 29f.
Perspektivenübernahme 147f.
Phi-Phänomen 30
Phobien 171, 183f.
    soziale/spezifische ~ 171
Phon (Laut) 126f.
Phonation (Lautbildung)/Phoneme 127
Physiologische Psychologie 17
PIAGET, JEAN 144
Planung 13
PLATON 128
Plosive (Verschlusslaute) 125, 127
PLUTCHIK, ROBERT 82
Positronen-Emissions-Tomografie (PET) 69
Postkorbübung 190f.
Posttraumatische Belastungsstörung (PTBS) 173f.
Potenzialanalyse 190
Präsentationsaufgaben 190f.
Preparedness 39
primacy-recency-effect 50
Primärfaktoren der Intelligenz 100
Primärfarben 27
Primärgruppe 105
Proband (Pb) 14
Problem 60
    dialektische Barriere 66
    Eigendynamik/Transparenz/Variablenzahl/
    Variablenvernetzung 65
    Intransparenz 65, 67f.
    komplexes ~ 65f.
Problemlösefähigkeit 103, 156
    mathematisch-naturwissenschaftliche ~ 166
Problemlösen 55f., 60ff.
    einfaches ~ 61ff.
    komplexes ~ 61, 65ff.
Problemlöseprozesse 61
Problemlöseverfahren, algorithmische/heuristische 64
Product Placement 209
Produktivität 106f., 110ff.
    potenzielle ~ 112

Programme, motorische 6
Propriozeption (Tiefensensibilität des Körpers) 23
Prosodie (Stimm-Melodie) 124
prospektives Gedächtnis 47, 49
Protokollbogen 12
Prototyp/~entheorie 58
Psychiatrie 169
Psychoanalyse 20, 180, 184f.
Psychologie
    ~ der Informationsverarbeitung 19
    empirische ~ 17
    experimentelle ~ 18
    forensische ~ 193ff.
    naturwissenschaftliche ~ 10
Psychologische Diagnostik 193
Psychophysik 17, 23ff.
Psychose 180
Psychotherapie 181
PTBS (Posttraumatische Belastungsstörung) 173f.
Punkt schärfsten Sehens 27

Qualifizierung 152
Quasiexperimente 14
Querdisperation 29
Quotenverstärkung 42f.

Randomisieren 15
Raumorientierung 26
Reaktion, konditionierte (CR) 39f., 211
Reaktion, unkonditionierte (UCR) 39f.
recall (aktiver Abruf) 51
Rechenschwäche (Dyskalkulie) 161
Rechtspsychologie 193ff.
recognition (passives Wiedererinnern) 51
Reflex 39, 142f.
Regeln, kulturelle 135
rehearsal 48, 50
Reifung 137, 139
Reiz (Stimulus) 19, 37
    äußerer ~ 21
    ~intensitäten 24
    physikalischer ~/~qualitäten 23
Reiz-Reaktion-Reiz-Abfolgen der Kommunikation 130
Reiz-Reaktions-Verknüpfungen 37
Reizsubstitution 38
Reizüberflutung 211
Relation (Beziehung) 59
    Eigenschaftsrelationen/Handlungsrelationen/
    Ober-Unter-/Unter-Oberbegriffsrelationen 59
Reliabilität (Zuverlässigkeit) 13, 16, 103, 186
Resonanzkörper 127
Response (R, Reaktion) 37
Response-Effect-Assoziationen 37
Ressourcenkonflikt 114
Restrained Eating 179
Resultate, experimentelle 13
Retina (Netzhaut) 27

Reziprozität 212ff.
 ~sdruck/~sstrategie 213
Riechzellen 22
Risikofaktoren, vorgeburtliche 139f.
Ritalin 163
ROGERS, CARL 182
Rolle 106, 109
 ~nerwartungen/~nverteilung 166
 ~nspiel 184, 190f.
 ~nstruktur, horizontal/vertikal 106

Sachinformation/Sachverhaltsohr 133
Sanktionen 109
Schachtelaufgabe 61
Schalldruckpegel/Schallintensität 24
Scheinbewegungen 30
Schemata 98, 195, 200
Schizophrenie (Schizophrenia simplex) 176f.
 hebephrene/katatone/paranoid-halluzinatorische 177
 Symptome 176f.
Schmeckzellen 22
Schmerzsinn 23
SCHMIDT, FRANK L. 189
SCHNEIDER, WOLFGANG 161
Schreikinder 140
Schriftspracherwerb 159f.
SCHULER, HEINZ 187
SCHULZ VON THUN, FRIEDEMANN 133
Schwarzweißsehen 22, 27
Schwellenmethode 40f.
Sehen 22
 photopisches ~/skotopisches ~ 22, 27
Sehschärfe 142, 194
Sekundärgruppe 103
Selbst 97
 ideales/reales ~ 98, 182
Selbstachtung 75
Selbstaufmerksamkeit 112
Selbstbestätigung 98
Selbsteinschätzung 95
Selbstexploration 182
Selbstkonzept 98, 117, 157, 167, 182
 bereichsspezifisches ~ 167
Selbstkorrekturen 200
Selbstkundgabe 133f.
 ~ohr 134
Selbstreflexion 147
Selbstverpflichtung 76
Selbstverstärkung 80
Selbstverwirklichung 75
Selbstvorstellung 190f.
Selbstwerterhaltung 119
Selbstwertgefühl 79, 97, 118, 177, 179
Selbstwirksamkeit 97
 ~serwartung 79, 96f., 118, 157, 166
SELYE, HANS 88

Semantik 6, 127, 129
Sender 128
Sensorik 7
s-Faktor (specific intelligence) 100
Sicherheitsbedürfnis 74f.
Simulationsaufgaben 190f.
Simultankonditionierung 39
Sinneseindrücke, komplexe/Sinnesempfindungen 21
Sinnesmodalitäten 22f.
Sinnesrezeptoren 21f., 34
Situation (Stimulus, Reiz, S) 37
Situations-Ergebnis-Erwartung 77
Situations-Reaktions-Verknüpfungen 37
Skalierungsverfahren 26
SKINNER, BURRHUS F. 19, 37, 41f.
Skinner-Box 41f.
social-leader 112
SODIAN, BEATE 144
Sozialpsychologie 105
SPEARMAN, CHARLES 100
Speicher, sensorischer 47, 210
SPENCE, M. 139
Sprachanalyse, auditive 125
Sprachentwicklung 157, 165
Spracherwerb 55, 121ff., 159
Sprachgebrauch 201
Sprachproduktion 121f., 124, 126
 verlangsamte ~ 126
Sprachrezeption 121, 124, 126
Sprachsegmentierung 124
Sprachverständnis 126
Sprachwahrnehmung 123
Sprachzentrum (Gehirn)/Sprechapparat/-werkzeuge 126
Sprechrate 200
Spurenkonditionierung 39
Spurenzerfallsthese 50f., 195, 200
S-R-E-Assoziationen 37
S-R-K-Beziehung 35
Stäbchen 22, 27
Stadium
 embryonales/fötales ~ 139
 Konventionelles/Präkonventionelles ~ 147f.
 Postkonventionelles ~ 148f.
STADLER, MICHAEL 198
Standardabweichung (s) 15f., 103
Statistik 15f.
STEINER IVAN D. 111
Stellenausschreibung 186
Stimme 84, 135, 200
Stimm-Melodie (Prosodie) 124
Stimmung 81, 175
Stimulation 74
Stimulus (S, Reiz) 19, 37
 konditionierter ~ (CS)/unkonditionierter ~ (UCS) 19, 39f., 211
 ~-Response-Assoziationen 37, 41
Störfaktor/Störquelle 14f.

Störung, psychische 169f., 180ff.
Stress 88f.
    ~bewältigung/~prävention 89
    kurzzeitiger ~ 88
    positiver/schädlicher ~ 89
    psychischer ~ 177
    ~reaktionen 88f.
Stressor 88f.
    sozialer ~ 115
Streuung 15
    ~smaß 16
Stupor 176f.
Suggestibilität 196
Suggestion 196f., 200f.
Suggestivfragen 196f.
Suggestivwendungen 197
Sympathie 214
Syntax 6, 127
Systematische Desensibilisierung 183f.

Taktilität (Berührung) 135
task-leader 112
Tasten 22
Tastscheiben 21f
Täuschungsanzeichen, äußere 199f.
Teilleistungsstörung 158ff.
Telegrammstil 122, 126
Temperamente 93
    cholerisch/melancholisch/phlegmatisch/
    sanguinisch 93
    Typenlehre 93
Temperatursinn 23
Teratogene 139f.
Testgütekriterien 102ff.
Testosteron 98
Testverfahren 16, 188f.
    objektive ~ 103
    projektive ~ 103, 189
    psychologische ~ 102
Theorie des Lernens/~ des Verhaltens 37
Theorien 11
    ~wandel 145
Therapie
    Humanistische/klientenzentrierte/
    personenzentrierte ~ 182
    kognitive ~ 183f.
    psychodynamische ~ 180f.
Thermorezeption (Temperatursinn) 23
THOMAS, KENNETH W. 114
THORNDIKE, EDWARD L. 19, 37
Thorndike's Law of Effect 41
THURSTONE, LOUIS L. 100
TiefenkriterienTiefensehen 29
Tiefenpsychologie 181
Tiefensensibilität von Körperbewegungen 23
Tiefschlaf 49
Tierphobien 171

Toleranzbereich 109
TOLMAN, EDWARD C. 43
Tonfall 133
Tonhöhe 24, 125
top-down 31f., 205f.
    ~-Einflüsse 32
Transitionen 125
Trauma 173f.
Traumdeutung 181
Traumschlaf (REM-Phase) 49
Triade, kognitive 175
Trichromatische Theorie des Farbensehens 27
Trieb 74, 91
    ~befriedigung 92
Trisomie 21 140f.
T-Täuschung 8ff.
TUCKMAN, BRUCE W. 108
Tu-Effekt 53
Turm-von-Hanoi-Problem 64
Typikalität 58

Überaktivität, motorische 162
Überdiskriminierung/Übergeneralisierung 122
Übererregtheit 174
Über-Ich 91, 181
Überlappung 29
Übertragung 181
UCR (unkonditionierte Reaktion) 39f., 211
UCS (unkonditionierter Stimulus) 39f., 211
UCS-UCR-Beziehung 39
Umfeld, natürliches 12
Umfrage, repräsentative 15
Umwelt 123, 137f., 156f.
under-achiever 157
UNDEUTSCH, UDO 200
Unsicherheitsintervall 25
Unter-Oberbegriffsrelationen 59
Unterricht, individualisierter/Unterrichtsmethoden 154
Unterschiedsschwelle 25
Unzugänglichkeit von Waren 214
Ursachenzuschreibung 78, 80

Validität 103
    Gültigkeit 13, 16
    inkrementelle ~ 186
    ökologische ~ 14, 65, 68
    prognostische ~ 186, 192
Variable
    abhängige ~ (AV)/unabhängige ~ (UV) 9f.
    experimentelle ~ 13
Varianz (s^2) 15f.
    Fehlervarianz 14
Verarbeitung
    ~ sensorischer Informationen 31
    kognitive ~ 155
Verarbeitungshypothese 150
Verarbeitungstiefe 50, 52f.

Verfahren, bildgebende 69
Vergessen, motiviertes 50, 51
Vergessenskurve 18, 46, 50
Vergleichsverfahren 9
Verhalten (Response, R) 37
    abweichendes ~ 198f.
    geschlechtsrollenkonformes ~ 138
    intentionales ~ 35
    operantes/situationsabhängiges ~ 41
    zielgerichtetes ~ 44
Verhaltensänderung 37, 110, 183
Verhaltensbeobachtung, reine/systematische 11f.
Verhaltenseffekte 37
Verhaltenskonsequenzen 37, 41
Verhaltenssteuerung, antizipative 35
Verhaltenstheorie, intuitive 144
Verhaltenstherapie 41, 183ff.
Verhaltensweisen 205
Verkaufsstrategien 204, 213f.
Verknappung von Waren 214
Verknüpfungen, relationale 59
Verknüpfungsoperatoren 57
Vermeidungsverhalten 170, 172, 174
VERNON, PHILIP E. 100
Verschlusslaute (Plosive) 125
Verstärker 37
Verstärkung 41f., 80
    intermittierende/kontinuierliche ~ 42f.
    Intervallverstärkung/Quotenverstärkung 42f.
    negative/positive ~ 42
    ~sgeschichte 95
    ~spläne 41f.
    stellvertretende ~ 44, 96
Versuchsperson (Vp) 9, 14
Verzerrungsprozesse 195
VICARY, JAMES 207
Vier-Schnäbel-vier-Ohren-Modell 133f.
Vorerfahrungen 63f.
Vorhersagen 11
Vorstellungsgespräch 185
Vorstellungsvermögen, räumliches 166
Vortragsaufgaben 190f
Vorwissen 195, 200
Vulnerabilität 177

Wachstumsmotivation 74
Waffenfokus 198
Wahlreaktionsversuch 58
Wahnvorstellungen 176f.
Wahrnehmung 9, 21ff., 34f.
    akustische ~ 24ff.
    auditive ~ 141f.
    Entwicklung der ~ 141
    perzeptuelle (bewusste) ~ 33f.
    Psychologischer Prozess der ~ 31f.
    unterschwellige (subliminale) ~ 207
    visuelle ~ 27ff., 142

    ~ von Personen 198
Wahrnehmungsapparat/-möglichkeiten 7
Wahrnehmungseindruck/-veränderung 35
Wahrnehmungseinflüsse 194f.
Wahrnehmungsinteresse 206
Wahrnehmungsprozess 55
    visueller ~ 22
Wahrnehmungspsychologie 17, 68
Wahrnehmungsschwelle (Absolutschwelle) 24, 141
Wahrnehmungsstörungen 176
WATSON, JOHN B. 19, 37, 95
WATZLAWIK, PAUL 129
Weber'sches Gesetz 25
WEINERT, FRANZ E. 150
Werbebotschaft
    oberschwellige ~ 209
    unterschwellige (subliminale) ~ 208
Werbepsychologie 203ff.
Werbestrategien 204, 213f.
Werbeträger, Reichweite der ~/Werbewirkung 215
Wernicke Region/Wernicke-Aphasie 126
Wertenormen 169
WERTHEIMER, MAX 18
Wertschätzung, uneingeschränkte, positive 182
Widerstand 181
Wiedererkennensleistung 198
Wiederholbarkeit 13
Wiederholung 210
Willensprozesse 18
Wissen, abstraktes 153
Wissensstand 201
Wissensvermittlung 152ff.
    ~smethoden/Wissenszuwachs 152
Worterkennung, direkte 160f.
Worterwerb 122
Wortschatz 201
WUNDT, WILHELM MAXIMILIAN 17, 82
Würzburger Schule 18

YOUNG, THOMAS 27

ZAJONC, ROBERT B. 111
Zapfen 22, 27
Zeichen, bedeutungshaltige 129
Zellen, spezialisierte 21f.
Zeugenaussage 194, 199
Zielgruppe 215
Zischlaute 127
Zufall 15
Zusammenhang/-smaß 16
ZUSCHLAG, BERND 115
Zuverlässigkeit 13
Zwänge 172f.
Zwangsgedanke/-handlung/-syndrom 172
Zwei-Faktoren-Theorie der Intelligenz 100
Zweiwortstadium 122